机械工业出版社高水平学术著作出版基金项目

# 车用动力电池
## 系统设计与制造

DESIGN AND MANUFACTURE OF
VEHICLE POWER BATTERY SYSTEM

中国汽车工程学会　组编
吴凯　等编著

机械工业出版社
CHINA MACHINE PRESS

本书论述了动力电池产品设计与制造方法，系统阐述了电芯、动力电池包的设计，以及设计过程中的关键问题分析、仿真方法、测试以及可靠性分析等方面的内容，是动力电池开发领域的一部专著。

全书共 7 章，主要介绍了动力电池技术发展历程和应用、电芯产品设计、电池系统产品设计、动力电池系统可靠性管理、仿真方法及在动力电池中的应用、动力电池的测试验证方法及标准，以及动力电池的智能制造技术等，供读者参考。

本书主要面向动力电池企业、电动汽车整车企业、动力电池/汽车科研院所、高等院校汽车学院等动力电池研究领域的工程师、研究人员、教师、学生等。本书既可作为动力电池产品开发与技术研究的重要参考资料，也可用于汽车动力电池的系统性教学。

## 图书在版编目（CIP）数据

车用动力电池系统设计与制造 / 中国汽车工程学会组编；吴凯等编著. -- 北京：机械工业出版社，2024.7. -- ISBN 978-7-111-76335-2

Ⅰ. U469.720.3

中国国家版本馆 CIP 数据核字第 2024N36R55 号

机械工业出版社（北京市百万庄大街 22 号　邮政编码 100037）
策划编辑：何士娟　　　　　责任编辑：何士娟　王　婕
责任校对：潘　蕊　李　婷　封面设计：张　静
责任印制：李　昂
天津市银博印刷集团有限公司印刷
2024 年 11 月第 1 版第 1 次印刷
184mm×260mm · 22.5 印张 · 3 插页 · 476 千字
标准书号：ISBN 978-7-111-76335-2
定价：199.80 元

电话服务　　　　　　　　网络服务
客服电话：010-88361066　机　工　官　网：www.cmpbook.com
　　　　　010-88379833　机　工　官　博：weibo.com/cmp1952
　　　　　010-68326294　金　书　网：www.golden-book.com
封底无防伪标均为盗版　机工教育服务网：www.cmpedu.com

## 编审委员会

（按照姓氏笔画排序）

顾　问　组：王自力　艾新平　孙世刚　孙逢春
　　　　　　李　骏　杨汉西　吴　锋　张进华
　　　　　　陈立泉　林忠钦　欧阳明高　赵福全

编委会主任：吴　凯

技 术 支 持：丁鑫达　王　庆　王　鹏　王国宝
　　　　　　王秋丽　王鹏理　毛宇舟　卢显智
　　　　　　田　达　冯安民　刘海龙　汤李桂
　　　　　　闫传苗　孙占宇　孙悍驹　苏育专
　　　　　　李　宁　李　伟　李　耀　杨友结
　　　　　　吴　泽　吴兴远　吴志阳　宋书涛
　　　　　　张敬东　张盛武　陈小波　陈兴地
　　　　　　陈俊涛　林　震　林叶子　林登华
　　　　　　欧阳楚英　金海族　赵　宾　胡　璐
　　　　　　段贵江　都　鹏　晋文静　曾　超
　　　　　　温耀岭　谢见志　颜　昱　潘先喜
　　　　　　薛庆瑞

# FOREWORD 序一

## 为产业森林播下创新种子

汽车工业已成为我国国民经济的第一支柱产业,是工业王冠上的明珠。回望过去,我国几代汽车人筚路蓝缕、栉风沐雨、忍辱负重,为新中国汽车工业从无到有、从小到大不断接续奋斗。

如今,我国新能源汽车产业已实现跨越式发展,科技水平与产业规模均处于世界领先地位。截至2023年,我国新能源汽车整车、动力电池、电机驱动系统和充电桩/站产销已连续9年位居全球首位,创造了全球汽车发展史上的奇迹。动力电池技术和产业无疑是开路先锋,为中国新能源汽车高科技产业树起了一座丰碑。可以说,没有动力电池的"兴",就没有新能源汽车的"盛"。

作为中国电动汽车科技和产业换道超越的深度参与者,我有过电动汽车动力电池技术落后和产品缺乏的切肤之痛!彼时,电动汽车尚处于萌芽期,动力电池技术和产业前途尚不明朗,缺人才和技术,更缺资金,不少企业犹豫徘徊后选择了放弃。

以宁德时代为杰出代表的高科技产业精英,凭着一股子敢为人先的精神创新创业,首席科学家吴凯博士带领了一批研发人员和工程师躬身入局。凭借在消费类锂电池领域深厚的技术沉淀,宁德时代的团队仅用几年时间,就在动力电池高安全、高能量密度等技术维度实现了原创性突破,并快速实现了产业化。宁德时代不仅在中国让电动汽车用上了先进电池,为汽车强国建设提供了关键支撑,也为全球的交通和能源转型提供了加速度。如今,全球每三辆新能源汽车中就有一辆使用宁德时代电池,并以领先的技术水平让中国的科技力量获得全球认可。

可以说,在我国新能源汽车换道超越、波澜壮阔的洪流中,宁德时代的吴凯先生无疑是最耀眼的弄潮儿和先行者之一。我与吴凯先生相识多年,他是新能源汽车动力电池科技产业界著名的"拼命三郎",他在产品开发上总是追求极致,在科技创新中总是追求更高的目标。除此之外,他即将把自己的科技创新成果变为知识,出版学术专著《车用动力电池系统设计与制造》,并得到了机械工业出版社高水平学术著作出版基金项目的支持。这将是新能源汽车领域的又一力作。我应吴凯先生之邀,为他的这本专著作序,倍感荣幸!

这本专著凝结了吴凯博士及团队多年来对动力电池设计与制造的创新与实践,从电芯的设计到电池包的设计，从电池的性能解决方案到全生命周期管理，再到电池的测试验证与工艺制备，系统且深入浅出地论述了动力电池设计和制造的实践过程。我深信，这部学术与技术并重的专著能够很好地帮助从业人员提升专业知识和技能。作为科普书籍也能够帮助对电池产业有兴趣的读者拓宽视野、增强思维能力。

除此之外，我们更希望这本力作能够为新能源产业的森林播下创新的种子，在传承现有技术的同时，能够激发更多的奇思妙想，让技术不断被超越和颠覆，只有这样，才能使动力电池成为耀眼的新质生产力，成为推动新能源产业高质量可持续发展的不竭动力。

是以为序。

2024 年 9 月 8 日于北京

# FOREWORD 序二

今天，多姿多彩的电动汽车已遍布城市乡村，炫酷夺目的电动商用车开始运行在厂矿码头，人类社会的绿色交通时代已悄然而至。回顾过去一百多年的发展史，电动汽车从19世纪末的昙花一现，到20世纪的几起几落，再到今天的商业化应用，每一步发展都离不开动力电池技术的支持。可以说，动力电池是电动汽车的"心脏"，是决定电动汽车功能和寿命的关键。

我国政府自"八·五"国家高技术计划（863计划）始，在后期一系列国家重大科技计划中（国家重点基础研究发展计划、国家科技重大专项），持续将锂离子电池和动力电池列为重点研发方向。在此引领与支持下，我国锂离子电池与动力电池产业从无到有、从小到大、从弱到强，目前已形成完整的产业链，产品的技术水平和市场竞争力处于世界领先地位。作为行业领军企业，宁德时代在曾毓群董事长的运筹帷幄下，坚持技术创新与质量为本，在锂离子动力电池相关的材料体系、电池工艺、系统集成等方面形成了一系列原创技术，产生了丰富的电池工程学知识；与此同时，宁德时代动力电池的产量和市场占有率多年来保持全球第一的位置。

笔者有幸经历了我国锂离子电池产业从零开始的发展历程，深刻感受到宁德时代创新发展的激情、速度与能力，特别期望宁德时代所建立的电池工程概念、原理与方法能够惠及国内新能源领域的众多企业和广大从业人员。宁德时代首席科学家吴凯所著的这本《车用动力电池系统设计与制造》很好地满足了笔者的期望和广大同行的需求。

该书系统地介绍了动力电芯和电池包的设计方法、动力电池仿真技术、电池系统可靠性管理与测试验证方法，以及动力电池的智能制造技术。可以说，该书内容涵盖了从电芯到系统、从设计到制造、从仿真到验证整个过程中所涉及的基础知识、方法原理和先进技术，为动力电池领域的人才培养提供了一本内容充实的专业教材。

经过通读全书，我有以下几点感受：首先，该书紧紧围绕锂离子动力电池系统设计与制造中的问题，从技术原理上分析解决问题的途径，从工程化的角度评价和优化具体的实施方案，突出了学术性与实用性的高度统一；其次，该书在介绍动力电池系统基础知识的同时，融入了先进的设计和制造方法、最新的工程实践结果，较好地体现出该领域的知识传承与发展；此外，该书引用了许多宁德时代技术创新和工程化成果，这些成果代表了我国动力电池领域的先进水平，无疑会对该领域的广大工程技术人员具有重要的启示和参考价值。

  目前，我国动力电池产业仍处于快速的发展阶段，对于专业人才的需求呈现爆发式增长；同时，对于越来越多的相关应用领域来说，技术研发人员也需要了解和掌握动力电池方面的知识。希望该书的出版对于我国动力电池领域的知识普及和人才培养具有重要的价值。

2024年8月8日

# PREFACE 前言

随着全球科技创新进入密集活跃期,新一轮科技革命和产业变革已成大势所趋。在能源供给形态发生深刻变化,以及云计算、人工智能、大数据等新一代信息技术飞速发展的背景下,汽车工业向电动化、网联化、智能化方向的发展已成为当今时代的潮流和趋势,新能源汽车因此而成为全球汽车产业转型升级、绿色发展的主流方向,以及世界主要汽车大国战略谋划和政策扶持的主要对象。随着动力电池、驱动电机、车用操作系统等关键技术的快速发展,以及产业链、产业生态和基础设施的日益完善,全球新能源汽车市场渗透率快速提升。

研究机构 EVTank 联合伊维经济研究院共同发布了《中国新能源汽车行业发展白皮书(2024 年)》。EVTank 数据显示,2023 年全球新能源汽车销量达到 1465.3 万辆,同比增长 35.4%,市场渗透率达到 18%。其中,中国新能源汽车销量达到 949.5 万辆,占全球销量的 64.8%,市场渗透率达到 31.6%,高于 2022 年同期 5.9 个百分点;新能源汽车销量连续八年位居全球第一。

动力电池作为新能源汽车的"心脏",承载着"双碳"战略这一重要历史使命。回顾过往,动力电池有力地支撑了新能源汽车产业的快速发展。高比能、高安全动力电池设计研发和生产制造,推动了全球动力电池技术变革;高安全、高效率动力电池系统集成技术,极大加速了全球汽车电动化进程;超大规模制造技术和装备突破,极大提升了动力电池制造效率和质量水平,实现了高质量低成本的动力电池大规模应用。一系列研发成果展现出科技创新对产业高质量发展的引领作用,促进了我国新能源汽车实现从政策驱动到市场驱动的转变,为我国迈向汽车强国做出了重要贡献。

动力电池正加快迈向高质量发展新阶段,将会在未来对经济发展和强国建设发挥重要作用。党的二十大报告指出,企业是科技创新主体,也是最活跃的创新力量,要更加突出强化企业在未来国家创新体系中的地位。国家《"十四五"规划和 2035 远景目标纲要》明确,要突破新能源汽车高安全动力电池、高效驱动电机、高性能动力系统等关键技术。一方面,动力电池的发展将进一步推动汽车行业实现低碳化、智能化,成为我国经济增长的新动能,逐步成为引领全球汽车产业转型的重要力量;另一方面,动力电池将推动汽车产业高质量发展,助力建设制造强国和汽车强国,提升我国战略新兴产业核心竞争力。

在此背景下，动力电池产业对人才、技术的需求呈现爆发式增长。教育部、人力资源和社会保障部、工业和信息化部联合印发的《制造业人才发展规划指南》预测，至2025年，节能与新能源汽车行业人才需求达到120万人，人才缺口高达103万人。尤其是动力电池行业，对高理论水平、丰富实践经验的高素质工程师需求激增。为满足人才需求，设立动力电池相关专业的高校也日渐增多。行业、学校、从业人员、学生对电池行业、电池、电池系统的最新技术理论、工程实践结果、研发成果等都有着迫切学习需求。为响应国家"十四五"规划提高技术创新能力号召，在中国汽车工程学会的倡导下，宁德时代作为全球领先的新能源创新科技公司，结合积累的丰富车用动力电池设计、制造技术和经验，基于大量工程研究和创新应用实践结果，将车用动力电池系统设计与制造编撰成本书。其目的是帮助初学者建立电动车动力系统的基础理论知识体系，同时供业内设计研发和制造人员查阅和参照，以此全面服务新能源汽车产业和经济社会发展，共同推动建设现代化产业体系。

本书首次归纳总结了动力电池系统在电芯设计、系统集成和可靠性管理等方面的基础知识和最新成果，全面分析了动力电池系统在设计开发、模拟仿真、智能制造和测试验证等环节所涉及的基础原理和方法论；并面向整车应用需求，系统梳理了电芯和电池包的工艺制程和售后维保。为兼顾本书的理论水平和实践指导作用，在撰写过程中，作者采用了大量的研究开发和工程实践案例，并邀请国内顶尖行业专家参与指导、编写和审核。本书的编撰出版凝聚了许多同业人的厚望、关爱和支持，特别感谢肖成伟研究员级高工、杨汉西教授、艾新平教授对本书的审阅和修改！特别感谢中国汽车工程学会、机械工业出版社一直持续不断的鼓励，促成了本书的出版。诚挚感谢各位专家、朋友对本书的大力支持！

由于时间仓促，书中难免还有不少疏漏和不足，敬请各位专家、同行和读者批评指正。

编　者

# CONTENTS 目录

序一 为产业森林播下创新种子
序二
前言

## 第1章 绪论

**1.1** 车用动力电池技术发展历程 　　2

**1.2** 动力电池在电动汽车中的应用 　　5

**1.3** 我国发展动力电池的意义 　　9

**1.4** 常见名词与缩略语 　　10

　　1.4.1 常见名词术语 　　10
　　1.4.2 常见英文缩略语 　　11

**参考文献** 　　16

## 第2章 电芯产品设计

**2.1** 概述 　　18

## 2.2 动力电芯设计基础 19

    2.2.1 动力电芯的典型结构    19

    2.2.2 动力电芯的设计    19

    2.2.3 机械结构设计    21

    2.2.4 裸电芯设计    24

    2.2.5 电极极片设计    27

    2.2.6 电极材料设计    35

## 2.3 电芯关键性能的设计方法 38

    2.3.1 高能量密度电芯的设计方法    38

    2.3.2 长寿命电芯的设计方法    47

    2.3.3 快充电芯的设计方法    50

## 2.4 电池的智能化设计 55

    2.4.1 电池材料的发展    57

    2.4.2 智能设计的发展    60

## 参考文献 61

# 第 3 章 电池系统产品设计

## 3.1 概述 63

    3.1.1 电池包的发展    63

    3.1.2 电池系统功能需求与设计原则    65

## 3.2 电池包设计方法 65

    3.2.1 系统结构设计    65

    3.2.2 热管理系统介绍及设计    76

    3.2.3 电气设计    84

## 3.3 电池管理系统设计 89

- 3.3.1 概述　89
- 3.3.2 检测概述　93
- 3.3.3 电池状态估算　97
- 3.3.4 故障诊断　103
- 3.3.5 通信　112
- 3.3.6 控制　115

## 3.4 电池系统智能设计　123

# 第4章 动力电池系统可靠性管理

## 4.1 可靠性基础知识　127

- 4.1.1 可靠性的概念及内涵　127
- 4.1.2 可靠性的重要性　128
- 4.1.3 全生命周期可靠性管理体系　128

## 4.2 设计可靠性管理　130

- 4.2.1 动力电池系统可靠性应用场景分析　130
- 4.2.2 动力电池系统可靠性需求分析　135
- 4.2.3 设计可靠性风险评估　137
- 4.2.4 失效模式及影响分析（FMEA）　138
- 4.2.5 故障树分析（FTA）　138
- 4.2.6 可靠性预测　142

## 4.3 工艺制程可靠性管理　144

- 4.3.1 概述　144
- 4.3.2 来料可靠性管理　145
- 4.3.3 防错控制　146
- 4.3.4 智能闭环控制　146
- 4.3.5 自相关性分析与控制　148

## 4.4 市场可靠性管理　149

4.4.1 概述 149

4.4.2 可靠性评估 150

4.4.3 备品备件管理 151

4.4.4 售后维保 151

## 4.5 大数据技术应用与展望 152

4.5.1 制程大数据分析与预警 152

4.5.2 运行大数据分析与预警 153

## 参考文献 155

# 第 5 章　仿真方法及在动力电池中的应用

## 5.1 概述 157

## 5.2 材料、电极极片层级的仿真方法介绍 157

5.2.1 材料级别的仿真 157

5.2.2 极片级别仿真 159

## 5.3 电芯级别的仿真方法应用 162

5.3.1 电芯力学性能仿真 162

5.3.2 电性能仿真 165

5.3.3 电芯热管理仿真 169

5.3.4 多物理场耦合仿真 172

## 5.4 电池包级别的仿真方法 175

5.4.1 热管理仿真技术的应用 175

5.4.2 电池包力学性能仿真 179

## 5.5 工艺仿真技术在动力电池中的应用 187

5.5.1 锂电工艺的特点及其仿真建模的挑战 188

|       |                                          |     |
|-------|------------------------------------------|-----|
| 5.5.2 | 仿真驱动的锂电工艺开发模式               | 189 |
| 5.5.3 | 锂电工艺开发的典型案例——挤压涂布流体动力学模型 | 190 |

## 5.6 安全仿真技术开发及应用　　195

| 5.6.1 | 电芯安全模拟技术研究     | 195 |
|-------|--------------------------|-----|
| 5.6.2 | 电池系统安全模拟技术研究 | 201 |

## 5.7 动力电池仿真技术发展趋势　　206

## 参考文献　　207

# 第6章　动力电池测试验证方法及标准

## 6.1 测试验证概述　　209

| 6.1.1 | 测试验证策略 | 211 |
|-------|--------------|-----|
| 6.1.2 | 测试技术现状 | 213 |
| 6.1.3 | 测试标准现状 | 213 |

## 6.2 现有的测试验证方法　　215

| 6.2.1 | 电性能测试           | 215 |
|-------|----------------------|-----|
| 6.2.2 | 热管理测试           | 217 |
| 6.2.3 | 寿命测试             | 219 |
| 6.2.4 | 安全滥用测试         | 223 |
| 6.2.5 | 机械可靠性测试       | 232 |
| 6.2.6 | 环境可靠性测试       | 234 |
| 6.2.7 | 电子电气和电磁兼容测试 | 236 |
| 6.2.8 | 系统功能测试         | 244 |

## 6.3 新型测试方法及展望　　246

| 6.3.1 | 新型测试方法     | 246 |
|-------|------------------|-----|
| 6.3.2 | 先进测试方法展望 | 255 |

|     |       |                          |     |
| --- | ----- | ------------------------ | --- |
|     | 6.3.3 | 智能测试装备展望         | 257 |

**参考文献** ..... 258

## 第 7 章　动力电池的智能制造

### 7.1　电芯制造技术　260

- 7.1.1　电芯制造工艺流程图　260
- 7.1.2　关键工序及工装设备　261

### 7.2　电池包的制造技术、关键工艺和专用设备　294

- 7.2.1　电池包制造技术的发展　294
- 7.2.2　电池包制造工艺流程　296
- 7.2.3　关键工序工艺和设备　302

### 7.3　锂离子电池极限智造　314

- 7.3.1　锂离子电池极限智造技术的发展　314
- 7.3.2　智能制造新技术　317
- 7.3.3　智能化技术的应用　323

**参考文献**　333

## 附　录

- **附录 A**　DFMEA 严重度评价标准　336
- **附录 B**　DFMEA 发生度评价标准　337
- **附录 C**　DFMEA 探测度评价标准　339

| 附录 D | PFMEA 严重度评价标准 | 340 |
| 附录 E | PFMEA 发生度评价标准 | 341 |
| 附录 F | PFMEA 探测度评价标准 | 342 |
| 附录 G | FMEA AP 矩阵 | 343 |

# 第1章 绪 论

## 1.1 车用动力电池技术发展历程

汽车产业被誉为"人类工业皇冠上的明珠",其动力系统技术水平是全球汽车产业竞争的焦点。车用动力电池技术历史悠久,其起源要早于内燃机。但是受制于当时动力电池的性能,电动汽车爬坡能力差、续驶里程短、最高时速慢、笨重等痼疾无法解决,汽车动力逐渐被内燃机所取代。进入21世纪以来,随着以离子电池为代表的二次电池技术的快速发展和全球加速向绿色低碳转型,电动化重新成为全球汽车产业发展的趋势和潮流。在此背景下,车用动力电池技术不断推陈出新,为之后电动汽车的快速发展奠定了技术基础。当前,锂离子动力电池是市场应用的主流技术路线,广泛应用于乘用车、客车、货车等各类车辆,并在过去十余年间得到了充分的市场验证。但从电动汽车长期发展来看,找寻在安全性、能量密度、充电倍率、循环寿命、耐温性能等多维度均优的动力电池技术仍然是一项艰巨的任务。本节将按化学体系介绍各种动力电池技术。

### 1. 铅酸电池

1859年,法国化学家普兰特发明了可充铅酸电池。铅酸电池是一种以铅及其氧化物为电极活性材料、硫酸溶液为电解液的蓄电池体系。1881年,法国工程师古斯塔夫·土维(Gustave Trouve)装配了世界上第一辆以铅酸电池为动力的三轮车。由于铅酸电池原材料较为丰富,价格低廉,使用可靠,因此这种采用铅酸电池驱动的电动汽车逐渐开始流行并成为当时权贵们的代步工具。

1881年,法国人福尔发现氧化铅堆积的重要性,发明了在铅板上涂铅复合物的技术。该技术使化学反应发生在了活性物表面,减少了铅板的腐蚀。同时,红铅涂层的使用将铅酸电池的比能量提升到12.6W·h/kg。同年,英国人塞龙借鉴排字机的方法,开始使用铅锑合金负极,这大大提高了电池极板的强度和铅酸电池的使用寿命,形成了一直沿用至今的铅粉、铅膏以及板栅的铅蓄电池[1]。

1888年,比利时化学家朱利恩在铅锑合金加入汞,进一步提升了铅网的导电率,降低了电池内部的极化损耗,使得铅酸电池的比能量提高至23.8W·h/kg[1]。

1992年,为了推动铅酸电池在电动车中的应用,国际上成立了铅酸电池联合会。在随后的7年研发实践中,铅酸电池每千瓦时的成本从200美金下降至100美金,比能量从25W·h/kg提升至45W·h/kg,循环寿命从75次增加到了800次,电池满充时间从8h缩短为30min,基本解决了动力电池应用"高比能量、高循环寿命、快速充电"3个关键痛点,使得铅酸电池在电动汽车和混合动力汽车的应用中拥有了一定竞争力[2]。

铅酸电池性能的提升也吸引了众多高科技公司投入到铅酸电池研发中,铅酸电池在技术上取得不断突破。例如美国Electrosource公司发明了水平铅酸电池,该电池具有免维护、轻量化、比功率和比能量大的特点;美国Arias公司发明了双极性铅酸电池,该电池具有比能量高、容量大、成本低等特点;瑞典OPTIMA公司发明了卷式铅酸电池,由于采用了螺旋卷绕技术，该电池具有优越的抗震性，可以在 4 级震动下持续工作 12h，这远远超过了 4 级震动下工作 3h 的应用要求 [2]。

经过多年的发展，铅酸电池已成为市场公认的成熟、可靠、低成本的化学电源，被广泛用作车辆起动电源、通信备用电源，以及电动自行车、电动摩托车和电动三轮车等低速电动车的动力源。铅酸电池在未来仍有一定的发展空间和潜力，但也面临着锂电池的替代、环保压力等挑战。

### 2. 镍氢电池

镍氢电池真正进入人们的视野是在 20 世纪 60 年代，彼时镍镉电池的应用因为环保问题而受到制约，这一形势促使镍氢电池得到了快速发展。镍氢电池采用氢氧化镍为正极、储氢合金为负极、30% 的氢氧化钾水溶液为电解液。充电时，氢氧化镍被氧化为羰基氧化镍，负极储氢合金吸收氢被还原为金属氢化物；放电时，羰基氧化镍被可逆还原为氢氧化镍，同时金属氢化物负极被氧化为储氢合金。

1967 年，瑞士日内瓦巴特尔研究中心在德国戴姆勒 - 奔驰汽车公司和大众汽车公司的支持下开始研究储氢材料。储氢材料最初主要为钛基合金，后来转向镧等稀有金属。

1991 年，美国奥文尼克（Ovonic）公司与美国先进电池联盟签订合同联合开发电动车电池。该组织包括通用汽车公司、克莱斯勒、福特三大汽车公司，其第一个中期合同就是投资 1850 万美元发展镍氢电池 [3]。

镍氢电池的卓越性能让人们对其寄予厚望。美国阿贡国家试验室测试表明，在当时的技术水平下，镍氢电池的功率密度在所有电池中是最高的，达到了铅酸电池的 3 倍。这样的功率水平能满足 6s 内将高级赛车速度从 0 加速到 100km/h 的需求。同时，在 100% 深度放电情况下，镍氢电池的循环寿命可以达到 1000 次，是普通电池的 3 倍。

1986 年，美国发明家奥夫辛斯基申请了镍氢电池的专利；1993 年，三洋电机株式会社发布"密封式镍金属氢化物碱性蓄电池"的专利；1998 年，美国奥文尼克电池公司通过改进钛镍合金的结构和成分，提升了镍氢电池的功率。

镍氢电池最大的应用障碍是其较低的比能量。镍氢电池的额定电压为 1.2V，比能量只能达到 80W·h/kg 左右，仅为锂离子电池的一半。此外，镍氢电池的自放电率较高，常温状态下每 48h 自放电达到 6%，而锂电池对应的自放电率仅 0.7%。因此，镍氢电池在电动汽车的应用主要集中在混合动力汽车，这可以最大限度发挥其高功率的特点。

### 3. 锂离子电池

锂离子电池被誉为 20 世纪最伟大的发明之一。在充放电过程中，锂离子在正负极间来回迁移，因此锂离子电池又被称为"摇椅式电池"。相比于其他电化学储能体系，锂离子电池具有能量密度高、循环寿命长以及自放电率低等优势，被广泛应用于人类社会的生产生活等各方面。

锂电池最早可追溯至 1913 年，当时美国麻省理工学院路易斯（Gilbert N. Lewis）教授首次系统阐述和测量了金属锂的电化学电位。然而，由于化学性质十分活泼，金属锂在空气和水中都极其不稳定，使得随后几十年间锂基电池并未引起人们的关注。直到1958年，美国加州大学伯克利分校哈里斯（William S. Harris）教授提出采用环状碳酸酯作为锂金属电池的电解质，为日后研究有机非水液态锂电池提供一条新的途径。1976年，英国科学家惠廷汉姆（Stanley Whittingham）教授采用层状金属硫化物 $TiS_2$ 为正极、金属锂为负极，构建了第一个金属锂二次电池，其电压超过了2V。但受制于金属锂负极的可充性问题，这款电池并没实现商业应用。

1980年，美国斯坦福大学的古迪纳夫（John B. Goodenough）教授发现了层状结构的含锂金属氧化物 $LiCoO_2$，从而为之后锂离子电池的问世提供了理想正极。1985年，日本学者吉野彰在古迪纳夫（Goodenough）的成果基础上，发明了采用碳材料为负极的锂离子电池，确立了现代锂离子电池的基本技术雏形。鉴于此成就，2019年10月，瑞典皇家科学院将2019年度诺贝尔化学奖授予古迪纳夫（John B. Goodenough）教授、惠廷汉姆（M.Stanley Whittingham）教授和吉野彰，以表彰他们在锂离子电池研究方面所做出的卓越贡献。

1991年，吉野彰以石油焦为负极、钴酸锂为正极，成功构建出世界首款锂离子电池；并通过与索尼公司合作，制备出世界上首批商用锂离子电池。凭借高电压、高比能、长寿命和低自放电的显著优势，基于钴酸锂正极的锂离子电池很快成为消费类电子产品的主要选择，极大地推动了以手机为代表的便携式电子产品的快速发展。之后，随着更多新材料体系的涌现，锂离子电池的电化学性能，特别是能量密度和循环寿命持续提升，商业化大门就此打开。

1996年，古迪纳夫（John B. Goodenough）又发现了橄榄石结构的磷酸铁锂（$LiFePO_4$，LFP），虽然其低温性能和压实密度（Press Density，PD）有待提高，但在安全性和寿命方面有其特长。相比于其他正极，该材料在结构和热稳定性方面呈现出巨大优势，成就了当前广泛使用的磷酸铁锂离子动力电池。磷酸铁锂电池在2012年进入商业化应用的高速成长期，并成为电动客车等商用车的主要选择。1999年，镍钴锰三元正极材料（NCM）结构首次被提出。2005年，3M公司获得三元电池的镍含量相关专利，成为三元电池基础核心专利。2015年，镍、钴、锰摩尔比为5:2:3的三元电池体系成为动力电池市场的主流。2020年，全球首款镍、钴、锰摩尔比为8:1:1的三元电池由宁德时代实现商业化量产。

近年来，锂离子电池的研究一直保持着高强度的发展态势，电极材料的改进、电解质的优化和电池安全性能的提升已经成为研究领域的热点问题。在电极材料方面，石墨、钴酸锂、镍钴锰酸锂和磷酸铁锂仍然是目前应用最广泛的材料，但这些材料均存在容量、能量密度和循环寿命等方面的局限性。因此，新型电极材料的研究和开发尤为重要。

### 4. 氢燃料电池

氢燃料电池在原理上是电解水的逆反应，它通过氢在阳极的氧化和氧在阴极的还原，直接将氢、氧的化学能转换为电能。由于不受卡诺循环的限制，因此氢燃料电池的能量转换效率理论上可以达到83%。

1800年，英国科学家卡莱尔（Anthony Carlisle）和尼科尔森（William Nicholson）发现通电能使水分解成氢气和氧气，这是人类第一次用电流实现的化学反应。1838年，德国化学家舍恩拜因（Christian Friedrich Schonbein）首次提出了燃料电池的原理，即利用氢气与氧气的氧化还原反应发电。

1839年2月，英国物理学家格罗夫（William Robert Grove）根据舍恩拜因（Christian Friedrich Schonbein）的理论，将两个铂电极的一端浸没于硫酸溶液中，另一端分别置于氢气和氧气中，检测到铂电极之间的电流流动以及液面上升（水电解的相反过程）。格罗夫称这种电池为"气体电池"，并发表在《哲学与科学杂志》（Philosophical Magazine and Journal of Science）期刊上。格罗夫因此被称为"燃料电池之父"，1839年也被视为燃料电池诞生年。

氢燃料电池按照电解质种类可分为多个类型，即磷酸型燃料电池（Phosphoric Acid Fuel Cell，PAFC）、质子交换膜燃料电池（Proton Exchange Membrane Fuel Cell，PEMFC）、熔融碳酸盐燃料电池（Molten Carbonate Fuel Cell，MCFC）、固体氧化物燃料电池（Solid Oxide Fuel Cell，SOFC）和碱性燃料电池（Alkaline Fuel Cell，AFC）。磷酸燃料电池采用浸有浓磷酸的SiC微孔膜为电解质，在位于150~200℃的较高温度下工作，但其电极上仍需采用Pt催化剂；质子交换膜燃料电池采用具有高质子传导性的聚合膜作为电解质，其工作温度大约为80~100℃；碱性燃料电池由法兰西斯·汤玛士·培根（Francis Thomas Bacon）所发明，由于其采用氢氧化钾水溶液为电解质，电极可采用相对廉价的银或镍，室温及常压下能量转换效率可到70%——这一转换效率在所有燃料电池中是最高的；固体氧化物燃料电池采用$O^{2-}$固体离子导体（$ZrO_2-Y_2O_3$）为电解质，往往需要在600~1100℃的中高温下工作；熔融碳酸盐燃料电池采用浸有熔融碱金属碳酸盐的$LiAlO_2$多孔陶瓷隔膜为电解质，采用多孔镍为电极，工作温度大约为600~700℃。由于固体氧化物燃料电池和熔融碳酸盐燃料电池的工作温度高，因此其电极材料不需要使用贵金属。

氢燃料电池因本身工作不产生一氧化碳和二氧化碳，也没有硫和颗粒物排放，在反应中只生成水，被认为是更加环保的技术路线。但经过多年研究，发现其在可靠性、成本、性能等方面始终难以完全满足商业化应用需求，因此，在燃料电池堆的功率密度、高效率空气压缩机技术、燃料电池的能量管理等方面仍需持续探索[4]。

## 1.2 动力电池在电动汽车中的应用

动力电池在整车上的应用之路并不平坦，作为新生事物，其发展既受到其他能源体系带来的阻力，也受困于自身技术发展的局限性。在商业化的道路上，许多动力电池技术应用看似只是昙花一现，但是它们带给市场的全新解决方案，让电动化的进程得以持续向前。

## 1. 动力电池的应用历史

1884年，英国发明家派克（Thomas Parker）采用高容量可充电铅酸电池制造了第一辆实用的电动汽车。然而，使用铅酸电池的电动汽车续驶里程短，普遍在40～65km范围，最高车速约为30km/h，远不能够满足消费者需求。相反，比电动汽车晚诞生的燃油汽车解决了续驶里程问题，汽车产业也正式进入了内燃机时代。

混合动力汽车的发展也并不一帆风顺。1900年，保时捷创始人费迪南德·保时捷（Ferdinand Porsche）成功打造了全球第一台混合动力汽车Lohner-Porsche "Semper Vivus"。该车采用仅有44个单元的蓄电池，以及两台由DeDion-Bouton内燃机驱动的发电机。发电机为前轮安装的两台轮毂电机提供电能，剩余的能量用来为蓄电池充电。在其后的十余年间，多款混合动力电动汽车被设计制造出来。但由于当时电力驱动系统的主要作用是弥补内燃机的性能缺陷，随着内燃机技术在成本、体积、效率等方面的快速提升，并逐步能够满足当时动力驱动的要求，以及混合动力汽车技术因使用电动机、电池而带来的额外成本增加，使得混合动力汽车同电动汽车一样失去了市场竞争力，在20世纪30年代后逐渐消失。

20世纪下半叶，全球连续发生三次石油危机，这促使电动汽车和混合动力汽车的研究开发再次进入了一个活跃期。在1990年1月的洛杉矶汽车展上，通用汽车的总裁向全球推介Impact纯电动概念轿车；1992年福特汽车推出采用钙硫电池的Ecostar电动汽车；1995年，标致推出了标致106 Electric纯电动轿车，这款车成为当时欧洲最受欢迎的电动汽车。该车采用镍镉电池为动力源，其最高车速达90km/h，续驶里程为100km。

随着技术的进步，铅酸电池再次回归到人们的视野。1996年，世界第一辆现代电动汽车通用EV1诞生。EV1采用32块铅酸电池为主能源，电池系统总重533kg，被放置于车身底部呈T形排列。在电池电量消耗量为85%时，车辆可以在市区行驶112km或者在高速上行驶144km。电池没电时，用户可以使用110V车载充电器或者独立式220V充电装置进行快速充电，充电时间分别为15h和3h。为了增加续驶里程，通用对EV1的电池进行了更新换代，选择镍氢电池作为动力源。新的电池系统包含26个13.2V、77A·h的镍氢电池模组，总的电能储存达到了26.4kW·h，整车续驶里程也增加至200km，充电时间减少至8h。虽然EV1在全球掀起了一股电动汽车浪潮，但2003年通用召回了全部EV1并尽数销毁，让这场声势浩大的浪潮戛然而止[5-7]。

1997年是混合动力汽车发展的关键之年，丰田普锐斯（Prius）混合动力轿车下线。该车采用镍氢电池，其油耗相比同级别燃油车型降低一半，仅为3.22L/100km，这说明在不改变车主用车习惯的情况下可以节省一半的油。在当时油价大幅上涨的形势下，该车对消费者而言极具吸引力，获得消费者的广泛青睐。同一年，日产汽车也推出了世界上第一辆采用锂离子电池的电动汽车Prairie Joy EV。该车采用圆柱形锂离子电池，其最高车速达到120km/h，单次充电行驶里程超过200km。1999年，本田汽车发布混合动力汽车——本田洞察者（Insight）。几年后，该车型成为第一辆在日本打败汽油车夺下销售冠军的油电混合动力汽车。

2008年，特斯拉公司开发的Tesla Roadster上市销售，将电动汽车发展推向了高潮。该车为全球第一辆单次充电能够行驶320km以上的电动车，其采用18650圆柱形锂离子电池为动力源。由于当时18650电芯在消费类产品中已广泛使用，全球每年生产量高达10亿多支，因此在众多纯电技术路线中，Tesla Roadster率先实现了规模量产。

在科技部、财政部、发展改革委、工业和信息化部等政府部门的推动下，我国的电动汽车产业实现了高速发展。比亚迪汽车2006年研制成功首款纯电动轿车F3e，2008年研制成功首款插电混动轿车F3DM，此后开启了纯电和插电混动双技术路线。2009年北汽集团成立北汽新能源公司，该公司成为国内首家新能源汽车股份制公司和首家新能源汽车上市公司，并在2013—2019年连续7年位居我国纯电动汽车销量第一。2014—2016年，以蔚来汽车、理想汽车、小鹏汽车为代表的新能源汽车新势力开始崭露头角，北汽、上汽、广汽等传统企业也纷纷筹划高端纯电品牌。2015—2023年，我国新能源汽车产销量连续9年蝉联世界第一。

**2. 动力电池的主要应用类别**

电池性能的持续提升，为其在多领域应用打下了基础，并形成了不同类型的细分市场。根据应用市场，我们可以按照纯电动汽车、插电式混合动力汽车、增程式汽车对动力电池系统进行分类。不同动力系统对于动力电池的要求也各有不同。

作电动汽车的动力源，动力电池主要用来为整车提供电能、驱动汽车行驶。从性能要求来看，动力电池包可分为功率型、能量型和能量功率兼顾型三种。能量型动力电池包以高能量密度为特点，由于可以存储更多的电能，其主要应用于纯电动汽车；功率型动力电池包以高功率密度为特点，由于其输入/输出功率较大，而能量密度相对不高，主要应用于非插电式混动车或用作48V/12V起停电源系统；能量功率兼顾型动力电池包则是在保证其具有较高能量密度的同时，还具有较高的输入/输出功率特性，主要应用于插电式混合动力汽车、增程式汽车。表1-1给出了三类动力电池包的特性及其主要应用场景。

表1-1 三类动力电池包的特性及其主要应用场景

| 电池包类型 | | 特点 | 主要应用场景 |
| --- | --- | --- | --- |
| 能量型 | 常规寿命 | 高能量密度 | 纯电动私家车 |
| | 长循环寿命 | | 纯电动运营车 |
| 能量功率兼顾型 | | 兼顾能量和功率密度 | 插电式混合动力汽车，增程式汽车 |
| 功率型 | | 高功率密度 | 混合动力汽车，车载48V电源，12V电源等 |

纯电动汽车以动力电池作为唯一动力来源。在行业发展初期，纯电动汽车续驶里程不长，其单次续航普遍在200km水平，这给终端用户带来了极大的里程焦虑。基于此，动力电池能量密度经历了几次大提升。截至目前，满充电单次续驶里程达1000km的纯

电动汽车已问世量产。与此同时，动力电池功率特性也得到了大幅提升，已能有效满足汽车爬坡、加速等高功率应用需求。此外，过往被终端诟病的补能速度太慢的问题也大为改善。通过以换电为代表的商业模式的创新，以及以超充为代表的技术上的突破，纯电动汽车的补能速度已与燃油车接近。此外，对于"开多停少"的纯电动运营车，其动力电池寿命也通过长循环寿命技术得以满足。结合纯电动汽车低的运营成本，使得纯电动汽车在运营车领域广受欢迎。至此，纯电动汽车所需的经济性、动力性、便捷性和寿命等均得到了保障。

插电式混合动力汽车和增程式汽车，具有动力电池和内燃机双动力源。其中，增程式汽车的内燃机不直接驱动车辆，仅向动力电池补充能量；插电式混合动力汽车在传统燃油车上加装了一套电驱动系统，发动机和电机均可以单独驱动车辆，也能共同驱动车辆。得益于内燃机这一动力源的存在，插电式混合动力和增程式汽车所采用动力电池包的电能一般为同级别纯电动汽车的 1/4～1/3。而考虑到两类汽车具有纯电动行驶的工况需求，其动力电池包的输出功率又需要达到纯电动汽车动力电池包一样的水平，以此带动电机单独驱动整车。因此，用于这两种车型的动力电池包的功率/电能比一般为纯电动汽车的 2～3 倍，即：

$$\frac{P_{\text{PHEV-REV}}}{E_{\text{PHEV-REV}}} = k\frac{P_{\text{BEV}}}{E_{\text{BEV}}}$$

式中，$P_{\text{PHEV-REV}}$、$E_{\text{PHEV-REV}}$ 分别为插电式/增程式汽车电池包的功率和电能，$P_{\text{BEV}}$、$E_{\text{BEV}}$ 分别为纯电汽车电池包的功率和电能；$k$ 为参数，取值范围为 2～3。

功率型电池，由于其 $P/E$ 值往往能达到 30 甚至 50 以上，具备很强的功率输出能力，因此适合应用于混合动力汽车。在混合动力汽车中，电池系统往往只能储存 1～2kW·h 的较少电能，但可输出几十到上百千瓦的功率。混合动力汽车通过电驱系统和燃油系统的耦合，确保内燃机总是处在最佳工况，同时通过短时纯电驱动减少因起步、慢速行驶时发动机所处的低效区间时间，从而使油耗降低 40%～60%。同时，由于电驱系统可以辅助起步，使得起步无怠速，也提升了驾驶体验。此外，混合电动汽车在高速行驶时其燃油动力系统给电池充电，而低速行驶时其电池系统放电为整车提供动力，因此，不需要外部充电系统。由于电池包小，成本增加不多，因此混合动力汽车广受市场欢迎。

功率型电池也适合用于 48V 轻混系统。轻混系统通过起停、制动能量回收以及加速辅助、短时纯电行驶等方式，可以帮助燃油车实现 10%～15% 的节油效果。48V 系统的电能储存量一般为 0.3～1kW·h，功率输出为 10～20kW。除此以外，以往 12V 系统都是采用铅酸电池。随着对禁铅的诉求越来越强烈，以及高功率锂离子电池的开发越来越成熟，很多 12V 系统也逐渐开始采用高功率锂离子电池。与铅酸电池相比，锂离子电池可以在保证同样电能、功率的情况下，使电池系统的体积大幅度减小，同时寿命延长 2～3 倍。

## 1.3 我国发展动力电池的意义

在新一轮交通和能源变革当中,新能源汽车产业成为重要的牵引力量。动力电池作为核心零部件,是能源存储和转化的中枢,其成本占到纯电动汽车整车的40%左右。动力电池的安全可靠性、使用寿命、性能等指标对整车的设计、开发和运维都至关重要,是影响新能源汽车发展以及市场接受度的决定性因素。动力电池产业的高水平发展,不仅可以有效拉动经济增长,更可为我国汽车强国战略提供关键支撑。

### 1. 先进技术支撑汽车强国

动力电池研发尺度跨度大,交叉学科多,研发难度大;涉及材料、化学、机械、热力学、传热学、流体力学、电学、系统与控制等多学科,其关键技术包括先进电池材料、电化学设计技术、热管理技术、电能管理技术和安全管理技术等。因此动力电池技术易学难精,其前沿技术一直是各国争夺的高地。中国、美国、日本、韩国以及欧盟等国家和组织在动力电池的研发和应用方面均制定了战略规划,以期通过对动力电池产业链技术的深度掌控,实现新能源汽车产业的自主、可控。

2014年,习近平总书记在上海考察时指出:"发展新能源汽车是我国从汽车大国迈向汽车强国的必由之路"。在这一战略指引下,我国动力电池产业蓬勃发展,科技攻关力量不断增强,科技成果转化速度不断加快,成功开辟了方壳锂离子动力电池技术路线,并在性能上取得了全面领先。截至2023年,我国动力电池产业市场规模连续9年全球第一,在全球装车量前10名的动力电池企业中,中国企业占据6席。

除了在数量上拥有领先优势外,中国动力电池正在实现高水平"走出去"。由于技术上占据主导地位,福特主动邀请宁德时代赴美建厂,蜂巢能源、国轩高科、远景动力、亿纬锂能、欣旺达等动力电池企业以及华友钴业、龙蟠科技、新宙邦、海亮新材料等锂电材料厂商也纷纷制定出海计划。我国动力电池技术应用已覆盖超过60个国家和地区。

当前,我国动力电池研发已经全面进入人工智能阶段,依靠强大算力和大数据模型,进行高效、高质量的海量电池数据分析和预测,构建起动力电池全生命周期解决方案。在电池材料原创性创新方面,我国率先在市场推出钠离子电池、多元磷酸盐电池、半固态电池、凝聚态电池等,实现动力电池技术的持续引领。

### 2. 高端智造建设制造强国

汽车制造是一个国家制造实力的重要标志,核心零部件的制造水平则是其中的关键。动力电池生产制造属极精密超高速的控形控性制造,要求极高的生产效率、极优的生产质量和极快的柔性制造,否则便不能满足大规模的安全使用要求。

我国已经成为动力电池制造装备的全球中心,锂电池制造装备产业规模由2017年的175亿元增加至2022年的859亿元,占全球市场份额约50%。锂电设备国产化率达到90%以上,其中关键工序的装备国产化率达到80%以上。最先进产线生产效率可达

14GW·h/年。

在产品质量方面，传统制造业中往往以 6Sigma 为目标，即产品缺陷率为百万分之 3.4。但一辆电动汽车中往往有上百支电芯，一万辆车的电芯数量就已经超过 100 万，这其中任何一个电芯失效都可能会带来安全隐患，6Sigma 的缺陷率水平难以满足市场要求。我国已有企业将产品缺陷率改善三个数量级，达到十亿分之一级别，远超国际水平。2021—2023 年，世界经济论坛分别授予宁德时代宁德、宜宾、溧阳三座工厂"灯塔工厂"称号，这是世界上仅有的三座动力电池灯塔工厂，代表我国已经成为全球动力电池"数字化制造"和"全球化 4.0"示范者。

### 3. 全产业链自主可控

党的二十大报告提出，要"着力提升产业链供应链韧性和安全水平"，动力电池产业链自主可控关乎新能源汽车产业安全。我国虽然在动力电池技术和制造上实现领先，但仍需在保障原材料供给等领域提升产业链自主可控能力。

2020—2022 年，正值我国电动汽车高速发展之时，动力电池原材料碳酸锂价格从 4 万元 /t 涨至 60 万元 /t，按照一辆家用电动汽车需要 30 ~ 50kg 碳酸锂计算，电动汽车的成本增加上万元。由于我国锂盐上游原材料主要来自澳洲锂精矿和南美锂盐，国内开采较少，导致我国虽然是碳酸锂需求大国，却不拥有定价权，只能被动承受涨价风险，行业一度喊出"无锂寸步难行"，严重影响了动力电池的供应。

面对碳酸锂暴涨风险，工信部等部门多措并举，建立了重点原材料价格部门联动监测机制，引导上下游企业加强供需对接，持续提升国内资源供给水平，同时支持龙头企业按照国际规则联合开发海外资源，最终帮助碳酸锂价格企稳。我国是世界上产业门类最齐全、产业体系最完整的、全球唯一制造业全产业链国家，但许多产业在全球生产与分工体系中缺乏话语权和主动权。碳酸锂事件再一次说明了系统工程师需要从全产业链视角审视"卡脖子"问题，避免起个大早，赶了个晚集。

## 1.4 常见名词与缩略语

### 1.4.1 常见名词术语

充放电倍率：衡量电池充放电速度快慢的一种量度，它表示电池在规定时间内充放电至其额定容量时所需要的电流值，充放电倍率通常用字母 C 表示。

直冷：利用整车空调系统中的制冷剂，将其引入电池内部蒸发器中以达到冷却目的。

热泵：能将热能由低温物体转移至高温物体的装置。

功能安全：不存在由电气 / 电子系统的功能异常表现引起的危害，而导致不合理的风险。

电子电气系统：由电气和 / 或电子要素，包括可编程电子要素所构成的系统。

热失控：电池单体放热连锁反应引起电池温度不可控上升的现象。

安全目标：作为整车层面危害分析和风险评估结果的最高层面的安全要求。

安全状态：相关项在失效的情况下，没有不合理风险的运行模式。

故障容错时间间隔：为了保持预期功能或者达到/保持某种安全状态，由电气/电子系统的功能/要素或者其他技术来实施的技术解决方案，以探测并减轻/容许故障、或者控制/避免失效。

均方值：一组数据的平方的平均值，通常用来描述信号或数据的强度或者幅值，记为 $E[X^2(t)]$。

功率谱密度：衡量信号强度分布的参数，描述信号在不同频率上的功率。

防呆：生产过程中一种预防不合格品流出和被接收的系统方法。

过程控制：生产过程中对环境、设备、人员、来料、加工方法等输入要素的控制。

产品检测：对生产过程结果是否符合设计要求的检测。

电连接片焊接：用激光焊接工艺将电连接片和电芯极柱进行焊接，使电芯串联或并联。

整车 Y 电容：①主动设计的安规电容，这些电容通常成对出现，布置在正负极与电平台之间，用于改善部件及整车的 EMC（电磁兼容性）性能；②被动形成的寄生电容，包括线缆与接地屏蔽层之间形成的杂散电容以及部件金属壳体之间形成的结构电容。

### 1.4.2 常见英文缩略语

与车用动力电池相关的常见英文缩略语见表 1-2。

表 1-2 与车用动力电池相关的常见英文缩略语

| 本书所用缩略语 | 英文全称 | 中文释义 |
| --- | --- | --- |
| 5M1E | Man/Machine/Mateial/Method/Measurement/Environment | 人/机/料/法/测/环 |
| 5W2H | Who/When/Where/Why/What/How/How much | 七问分析法，一般用于问题描述 |
| 8D | Eight Disciplines Problem Solving | 也称为团队导向问题解决方法或 8D report，是一个处理及解决问题的方法，常用于品质工程师或其他专业人员 |
| ADC | Analog-to-Digital Converter | 模数转换器 |
| AFE | Analog Front End | 模拟前端 |
| AGREE | Advisory Group on Reliability of Electronic Equipment | 电子设备可靠性咨询组 |
| AGV | Automated Guided Vehicle | 自动导引运输车 |
| AP | Action Priority | 行动优先顺序数 |
| APQP | Advanced Product Quality Planning | 产品质量先期策划 |
| ASIL | Automotive Safety Integration LeveL | 汽车安全完整性等级，ISO26262 所定义的功能安全等级，ASIL D 为最高等级 |
| ASPICE | Automotive Software Process Improvement and Capacity Determination | 汽车软件过程改进及能力评定 |
| ATL | Amperex Technology Limited | 新能源科技有限公司 |

（续）

| 本书所用缩略语 | 英文全称 | 中文释义 |
|---|---|---|
| BD | Brownian Dynamics | 布朗动力学 |
| BDU | Battery Energy Distribution Unit | 电池能量分配单元 |
| BMS | Battery Management System | 电池管理系统 |
| BMU | Battery Management Unit | 电池管理单元 |
| BPS | Pressure Sensor | 气压传感器 |
| CAE | Computer Aided Engineering | 计算机辅助工程设计 |
| CAN | Controller Area Network | 控制器局域网 |
| CAN2.0 | Classic CAN | 传统CAN |
| CANFD | CAN with Flexible Data Rate | 速率可变CAN |
| CANH | CAN High | CAN高电平 |
| CANL | CAN Low | CAN低电平 |
| CATL | Contemporary Amperex Technology Limited | 宁德时代新能源科技股份有限公司 |
| CC/SC | Critical Character/Significant Character | 关键特性重要特性 |
| CCD | Charge Coupled Device | 电荷耦合器件，文中指视觉检测 |
| CCS | Cells Contact System | 电芯连接系统 |
| CEI | Cathode Electrolyte Interface | 阴极固态电解质界面层 |
| CFD | Computational Fluid Dynamics | 计算流体力学 |
| CII | Continuous Improvement Indicator | 持续改善指标 |
| CI-NEB | Climbing-Image Nudged Elastic Band | 爬坡弹性带 |
| CLTC | China Light Vehicle Test Cycle | 中国轻型汽车行驶工况 |
| CMC-Na | Carboxymethyl Cellulose-Na | 羧甲基纤维素钠 |
| CMC | Cell Management Circuit | 电芯管理单元 |
| CMD | Classical Molecular Dynamics | 经典分子动力学 |
| CMT | Cold Metal Transfer | 冷金属过渡焊接 |
| CMU | Cell Measurement Unit | 电芯测量单元 |
| CNT | Carbon Nanotube | 碳纳米管 |
| CP | Control Plan | 控制计划 |
| CPK | Process Capability Index | 过程能力指数 |
| CQI | Chartered Quality Institute | 特许质量协会也被称为IQA质量保障协会，是英国专业的协会机构以促进品质管理活动的健康发展，它的前身是于1919年成立的工程检验协会 |
| CSC | Cell Supervision Circuit | 电池监控单元 |
| CSU | Current Supervision Unit | 电流传感器 |
| CTB | Cell to Body | 电芯集成车身 |
| CTC | Cell to Chassis | 电芯集成底盘 |
| CTP | Cell to Pack | 电芯集成电池包 |
| D | Detection | 可探测度 |
| DC | Direct Current | 直流 |
| DCR | Directive Current Resistance | 直流阻抗 |
| DDD | Discrete Dislocation Dynamics | 位错动力学 |
| DEM | Discrete Element Method | 颗粒离散元法 |
| D-FMEA | Design-FMEA | 潜在设计失效模式及影响分析 |

（续）

| 本书所用缩略语 | 英文全称 | 中文释义 |
|---|---|---|
| DFT | Density Functional Theory | 密度泛函理论 |
| DFX | Design for X | 面向产品全生命周期各环节的设计 |
| DMADV | Define，Measure，Analyze，Design，Verify | 界定，测量，分析，设计，验证 |
| DMAIC | Define，Measure，Analyze，Improve，Control | 六西格玛管理中的流程改善工具 |
| DPD | Dissipativeparticledynamics | 耗散离子动力学 |
| DV | Design Verification | 设计验证 |
| ECM | Equivalent-Circuit Model | 等效电路模型 |
| EIS | Electrochemical Impedance Spectroscopy | 电化学阻抗谱 |
| EKF | Extended Kalman Filter | 扩展卡尔曼滤波法 |
| EMC | Electromagnetic Compatibility | 电磁兼容性 |
| ENW | Engineering Notice Waiver | 工程暂允 |
| EOL | End of Life | 寿命终止 |
| EPI | Error Proofing Instruction | 防错验证说明书 |
| ESD | Electro-Static Discharge | 静电释放 |
| ETA | Event Tree Analysis | 事件树分析 |
| EV | Electric Vehicle | 电动汽车 |
| FAE | First Article Evaluation | 首件评估 |
| FC | Failure Cause | 失效起因 |
| FDM | Finite-Difference Methods | 有限差分法 |
| FE | Failure Effect | 失效影响 |
| FEM | Finite Element Method | 有限单元法 |
| FM | Failure Mode | 失效模式 |
| FMEA | Failure Mode and Effects Analysis | 失效模式与影响分析 |
| FMECA | Failure Mode Effect and Criticality Analysis | 失败模式的效应和鉴定分析 |
| FMEDA | Failure Mode Effects and Diagnostic Analysis | 失效模式、影响及其诊断分析 |
| FMMEA | Potential Failure Mode Mechanism and Effect Analysis | 故障模式、机理及影响分析 |
| F-P | First-Principles | 第一性原理 |
| FPC | Flexible Printed Circuit | 柔性电路板 |
| FRACAS | Failure Report Analysis and Corrective Action System | 故障报告、分析及纠正措施系统 |
| FSR | Full Scale Range | 全量程 |
| FTA | Fault Tree Analysis | 故障树分析 |
| FTTI | Fault Tolerant Time Interval | 故障容错时间间隔 |
| FVM | Finite Volume Method | 有限体积法 |
| GND | Ground | 电线接地端 |
| HEV | Hybrid Electric Vehicle | 混合动力汽车，可以由发动机和动力电池共同提供动力的汽车 |
| HP-RTM | High Pressure Resin Transfer Molding | 高压树脂传递模塑 |
| HV | High Voltage | 高电压 |

(续)

| 本书所用缩略语 | 英文全称 | 中文释义 |
| --- | --- | --- |
| HVIL | High Voltage Interlock Loop | 高压互锁 |
| IBN | In-band Noise | 带内噪声 |
| IEC | International Electrotechnical Commission | 国际电工技术委员会 |
| ISO | International Organization for Standardization | 国际标准化组织 |
| LBM | Lattice Boltzmann Method | 格子玻尔兹曼 |
| LCR | Inductance, Capacitor, Resistance | 电感，电容，电阻 |
| LFM | Latent-Fault Metric | 潜伏故障度量 |
| LFP | Ferrous Lithium Phosphate | 化学式为 $LiFePO_4$，简称 LFP 磷酸铁锂电芯 |
| LV | Low Voltage | 低电压 |
| MC | Monte Carlo | 蒙特卡罗模拟 |
| MCU | Micro Controller Unit | 微控制器单元 |
| MD | Molecular Dynamics | 分子动力学方法 |
| MES | Manufacturing Execution System | 制造执行系统 |
| MGG | Micro Gas Generator | 火药引爆装置 |
| MISRA | Motor Industry Software Reliability Association | 汽车工业软件可靠性联会 |
| MSA | Measure System Analysis | 测量系统分析 |
| MSD | Manual Service Disconnet | 手动维修开关 |
| MTBF | Mean Timebetween Failure | 平均故障间隔时间，一个可修复产品，两个相邻故障间的工作时间的平均值 |
| MTP | Module to Pack | 模组集成电池包 |
| MTTF | Mean Time to Failure | 失效前的平均时间，一批不可修复的产品，发生故障以前工作时间的平均值 |
| MTTR | Mean Time to Repair | 平均修复时间，修复性维修所需时间的平均值 |
| MUX | Multiplexer | 多路复用器 |
| NEB | Nudged Elastic Band | 第一性原理的弹性带 |
| NTC | Negative Temperature Coefficient | 负温度系数热敏电阻 |
| NUDD | New/Unique/Difficult/Different. | 新产品早期质量风险识别和管理的方法论，是新特性（New）、唯一性（Unique）、困难性（Difficult）、差异性（Different）的简称 |
| O | Occurrence | 发生度 |
| OBC | On-Board Charger | 车载充电机 |
| OCV | Open Circuit Voltage | 开路电压 |
| OI | Orientation Index | 取向度 |
| ORT | Ongoing Reliability Test | 产品可靠性测试，或产品连续性测试 |
| P2D | Pseudo-2-Dimensional | 准二维电化学仿真模型 |
| PC | Preventive Control | 预防控制 |
| PCB | Printed Circuit Board | 印制电路板 |
| PCM | Prepreg Compression Molding | 预浸料模压成型 |
| PD | Press Density | 压实密度 |
| PDCA | Plan/Do/Check/Act | 在质量活动中要求把各项工作做出计划、计划实施、检查实施效果，然后将成功的纳入标准，不成功的留待下一循环去解决 |
| PEO | Polyethylene Oxidized | 聚氧化乙烯 |

（续）

| 本书所用缩略语 | 英文全称 | 中文释义 |
| --- | --- | --- |
| PFM | Phase Field Models | 相场理论模型 |
| P-FMEA | Process-FMEA | 潜在过程失效模式及影响分析 |
| PID | Proportional Integral Derivative | 按被控对象的实时数据采集的信息与给定值比较产生的误差的比例、积分和微分进行控制的控制系统 |
| PLC | Programmable Logic Controller | 可编程逻辑控制器 |
| PPAP | Production Part Approval Process | 生产批准程序 |
| PSD | Power Spectral Density | 功率谱密度 |
| PTC | Positive Temperature Coefficient | 正温度系数热敏电阻 |
| PTD | Phase Transition Dynamics | 相变动力学 |
| PTS | Parts Technical Specifications | 零件技术规格书 |
| PV | Production Validation | 生产验证 |
| PVDF | Polyvinylidene Difluoride | 聚偏二氟乙烯 |
| PWM | Pulse Width Modulation | 脉冲宽度调制 |
| QM | Quality Management | 质量管理 |
| RBD | Reliability Block Diagrams | 可靠性框图 |
| RMS | Root Mean Square | 称为有效值，是一种用于描述信号强度或振幅的统计量 |
| RPN | Risk Priority Number | 风险系数或风险顺序数，是事件发生的频率、严重程度和检测等级的乘积 |
| RSD | Reliability Safety Department | 产品安全与可靠性部门 |
| RTC | Real Time Clock | 实时时钟 |
| S | Severity | 严重度 |
| SAE | Society of Automotive Engineers | 美国汽车工程师协会 |
| SAR | Successive Approximation Register | 逐次逼近寄存器型 |
| SBC | System Basic chip | 系统基础芯片 |
| SEI | Solid Electrolyte Interface | 固体电解质界面 |
| SEM | Scanning Electron Microscope | 扫描电子显微镜 |
| S-FMEA | System-FMEA | 潜在系统失效模式及影响分析 |
| SMC | Sheet Molding Compound | 片状模压成型复合材料 |
| SOC | State of Charge | 荷电状态 |
| SOE | State of Energy | 电池的能量状态 |
| SOH | State of Health | 健康状态 |
| SOP | State of Power | 电池的功率状态 |
| SOR | Standard Operating Requirements | 标准测试要求 |
| SPC | Statistical Process Control | 统计过程控制 |
| SPI | Serial Peripheral Interface | 串行外设接口 |
| SPM | Single-Particle Model | 单颗粒模型 |
| SPME | Single Particle Model with Electrolyte | 带电解液的单颗粒模型 |
| SPR | Self Piercing Riveting | 自穿刺铆接 |

（续）

| 本书所用缩略语 | 英文全称 | 中文释义 |
|---|---|---|
| SSR | Software Safety Requirement | 软件安全要求 |
| UART | Universal Asynchronous Receiver/Transmitter | 通用异步收发传输器 |
| UDS | Unified Diagnostic Services | 统一诊断服务，ISO 14229 定义的一种汽车通用诊断协议，位于 OSI 模型中的应用层，它可在不同的汽车总线（如 CAN、LIN、Flexray、以太网）上实现，用于车辆电子系统的故障诊断和通信 |
| VC | Vinylene Carbonate | 碳酸亚乙烯酯 |
| VCU | Vehicle Control Unit | 整车控制单元 |
| VDA6.3 | Verband der Automobilindustrie 6.3：Process Audit | 德国汽车工业联合会（VDA）制定的德国汽车工业质量标准的第三部分，即过程审核 |

# 参 考 文 献

[1] 丁跃浇，张万奎，陈波. 电动汽车铅酸电池的进展 [J]. 湖南理工学院学报（自然科学版），2007（2）：50-52.

[2] 胡信国，阎智刚，章宁琳，等. 国外电动车电池的发展近况 [J]. 电池，2001（3）：138-141.

[3] 温朝仓，蒋利军，詹锋. 电动汽车用镍氢动力电池 [J]. 科学中国人，1997（3）：20-22.

[4] 孙一凡. 谁杀死了电动汽车 [J]. 能源，2023（11）：75-80.

[5] 王成. 通用汽车公司的 EV1 电动车 [J]. 汽车与驾驶维修，1996（12）：2-3.

[6] 鲍文. 美国市场上的首批电动汽车 [J]. 汽车维修，1998（2）：41.

[7] 孙逢春，孙立清，白文杰. 氢燃料电池技术及其在汽车领域的应用现状 [C]// 中国太阳能学会氢能专业委员会. 第三届全国氢能学术会议论文集.[出版者不详]，2001：6.

# 第2章
# 电芯产品设计

近年来,电动汽车动力电池技术的研发得到各国能源、交通、电力等部门的重视,电池的多项性能得到了显著提高,我国在锂离子电池技术方面取得了突破性进展。本章将从电芯外部机械结构设计、内部的裸电芯设计、电极相关的设计、正负极材料设计、电解液及辅料设计等逐步介绍各层级的设计逻辑及设计过程的关键参数(例如快充、动力电池充放电过程中的膨胀应力、安全性等)。

## 2.1 概述

在动力电池领域,一般称动力电池的单个最小单元为电芯或单体,它是具有充放电特性的完整个体。电池组由多个电芯通过串并联组装而成,并一般加装有采样装置。电池组放入电池箱体,并配备电池管理系统、热管理系统后,便成为电池包。电池一般为常用的统称,指具备充放电功能的电化学能量存储体。

目前动力电池中,一般以二次电池为主,且锂离子电池是当前动力电池的主流。目前锂离子动力电池电芯中,按其外形特征可分为软包电芯、圆柱电芯、方壳电芯,如图2-1所示;按其正极材料可分为磷酸铁锂电池、三元电池、锰酸锂电池和两种及以上混合体系的电池,见表2-1。

a) 软包电芯

b) 圆柱电芯

c) 方壳电芯

图2-1 不同外形特征的锂离子动力电池电芯

表2-1 采用不同正极材料的锂离子动力电池

| 项目 | 三元材料 | | 磷酸铁锂<br>(LFP) | 磷酸锰铁锂<br>(LMFP) | 锰酸锂<br>(LMO) |
|---|---|---|---|---|---|
| | 镍钴锰酸锂<br>(NCM) | 镍钴铝酸锂<br>(NCA) | | | |
| 材料质量容量/<br>(mA·h/g) | 150~220 | 180~220 | 130~160 | 130~160 | 100~120 |
| 安全性 | 中 | 中 | 高 | 高 | 高 |
| 成本 | 中 | 中 | 低 | 低 | 低 |
| 循环寿命 | 中 | 中 | 高 | 高 | 低 |
| 缺点 | 高镍材料环境敏感性高、加工难度较大、部分金属价格高 | 高镍材料环境敏感性高、加工难度较大、部分金属价格高 | 导电性差、需碳包覆,能量密度低、低温性能差 | 导电性差,需碳包覆和纳米化 | 能量密度低、Mn溶解、循环性能差 |

## 2.2 动力电芯设计基础

电芯主要由正极（又称阴极）、负极（又称阳极）、隔离膜、电解液及外部密封壳体组成。其工作原理是依靠锂离子在正极和负极之间来回移动进行能量的转换。充电时，Li$^+$从正极脱出，经过电解质与隔离膜后嵌入负极，满充电状态下负极处于富锂状态；放电过程则相反。由于锂离子的工作过程涉及正负极材料、电解液的化学变化，因此在设计电池时，除了要深度理解电池结构外，也需要掌握材料特性、化学体系搭配等专业知识。

### 2.2.1 动力电芯的典型结构

在电芯的设计和开发过程中，电芯结构对电芯的外观、性能、安全可靠性、制造品质、系统界面等都有重大影响。在2.1节介绍了动力电芯按照外形特征分类（图2-1），在实际设计过程中，确定外形特征后，依据内部卷芯的极耳分布位置，可将其分为同侧出极耳、两侧出极耳（图2-2）；在制作卷芯时，可分别选择方形卷绕式、叠片式、圆形卷绕式（图2-3）。目前三种电芯的成形结构在市场上都很常见，其中方形卷绕的代表企业为宁德时代等，圆形卷绕的代表企业为松下等，叠片式的代表企业为LG、比亚迪等。不同的成形电芯结构适配不同的应用场景，丰富了市场的产品类型。

a) 同侧出极耳　　　　　　b) 两侧出极耳

图2-2　同侧出极耳和两侧出极耳的电芯示意图

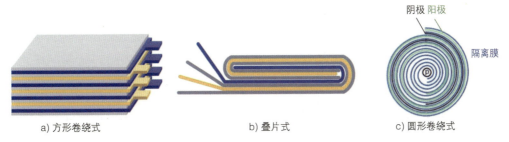

a) 方形卷绕式　　　　b) 叠片式　　　　c) 圆形卷绕式

图2-3　方形卷绕式、叠片式、圆形卷绕式卷芯示意图

### 2.2.2 动力电芯的设计

#### 1. 动力电芯的外观尺寸设计

早期动力电池的标准尺寸由德国汽车工业协会（VDA）制定，用于汽车动力电池

的标准化设计和制造。最早一款标准电芯为 VDA PHEV2（壳体尺寸为长 148mm，厚 26.5mm，高 91mm），采用三元材料体系（电压范围：2.5～4.2V，平均放电电压 3.68V），单体电池的容量大约为 37A·h，体积能量密度为 380W·h/L。系统采用 1P96S（即 1 并 96 串，系统电压范围：240～413V），系统能量为 13.07kW·h。对于 BEV 来讲，配电量及对应的续驶里程明显不足。为了提高单体的能量，主要途径有两条：一是优化化学体系，提高单位体积的能量密度；二是增加单体电池壳体尺寸，在固定空间内装入更多的活性物质。增加单体电池尺寸可在厚度、高度、长度三个维度上进行。但由于电池的高度受限于汽车底盘空间，可增加的空间有限，因此通过改变厚度和长度是增加电芯壳体尺寸的优选方案。图 2-4 所示为几种高度相近但长度和厚度不同的典型电芯。

a) 26.5mm × 148mm × 91mm　　b) 52mm × 148mm × 95mm　　c) 79mm × 148mm × 95mm　　d) 52mm × 300mm × 95mm

图 2-4　几种典型的电芯尺寸

从图 2-4 可以看出，动力电池电芯容量的增加主要从增加单体的厚度和长度来设计。电池的厚度从原来的 26.5mm 增加到 52mm（近 2 倍）、79mm（近 3 倍），单体容量也接近成倍地增加。尺寸为 79mm × 148mm × 95mm 的电池采用三元材料体系时容量为 180A·h，按 1P96S 的系统组成，系统能量为 64kW·h，一般可以实现 500km 的续航，可以满足大部分乘用车的需求。电芯在系统内是串并联排列的，将电芯的长度增加 1 倍，在成组上可以减少 1 列，因此增加电芯壳体长度，除电芯的容量增加外，整个电池系统的体积利用率也可以提高。

**2. 动力电芯的设计关键**

加厚、加长电芯外观尺寸虽然可以增加电芯容量，但同时也对其他设计要素提出了更高要求：

1）从机械结构维度看，单体容量增加，对应的机械件过流能力需要提升，防爆阀的面积和强度需要提升，壳体的厚度和强度需要满足系统分解的要求。

2）壳体厚度和长度增加后，卷芯的长度、厚度设计也需要做出相应的调整。电芯厚度增加后，受应力的限制，方形卷绕式卷芯往往需要设计为多卷芯并联结构（图 2-5）；电芯的长度增加后，卷芯在横向上需同步加长，对电解液的浸润能力、充放电时的电流分布以及卷芯组装等都会产生影响。下面将进行详细阐述。

a) 单卷芯　　　　　　b) 双卷芯　　　　　　c) 多卷芯

图 2-5　方形卷绕式示意图卷芯结构

### 2.2.3　机械结构设计

作为动力电池的关键组成，电池壳体起到对内部卷芯固定和密封的作用。壳体的结构强度、密封性、防水性、散热特性等对动力电池来说至关重要。动力电池基本机械部件主要包含顶盖、铝壳、蓝膜、铜转接片、铝转接片、密封钉、卷芯绝缘片、底托板、顶盖贴片、防爆阀等，如图 2-6 所示。

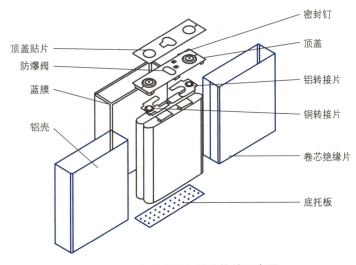

图 2-6　电芯主要机械结构件示意图

#### 1. 密封设计原则

电芯的密封性反映了壳体隔离电芯内部与外部环境的能力。密闭性检测方式主要是氦质谱检测法。该检测方法检测精度高，其最小检测漏率为 $10^{-11} \sim 10^{-12} \text{Pa} \cdot \text{m}^3/\text{s}$。电芯密封方式主要包括橡胶密封和焊接密封两种，如极柱密封采用的是橡胶密封，而壳盖密封采用的是焊接形式。常用的橡胶密封材料主要为氟橡胶，这是因为氟橡胶的耐温、耐压和耐老化性能要优于其他橡胶密封材料。密封材料使用前需采用黏弹性衰减模型获得不同温度下材料黏弹性衰减趋势，再通过阿伦尼斯方程获取温度加速系数，从而估算出密封材料的使用寿命。准确评估密封材料的使用寿命是保证电芯产品密封可靠性的基础。壳盖焊接形式主要包括侧焊和顶焊两种，如图2-7所示。常见的焊接密封失效模式包括出现气孔、炸点以及熔深不足等。为了尽量减少焊接密封失效，需要严格管控壳体与盖板的配合尺寸、工装夹具间隙以及焊接参数。

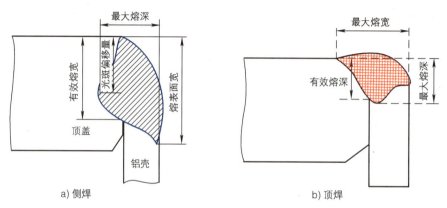

图2-7 电池壳体和盖板的两种焊接方式：侧焊和顶焊

### 2. 防爆阀设计原则

防爆阀的主要功能是防止电芯因内部气压过大而发生爆炸。当电芯因某种原因导致内部气压超过设定临界值时，防爆阀开阀并定向排气，避免电芯发生爆炸。根据设计结构不同，防爆阀可分为分体防爆阀和一体防爆阀两大类。顾名思义，分体防爆阀是指防爆阀单独设计后再集成到壳体上；而一体防爆阀是指直接在壳体上通过冲压、激光刻蚀和化学腐蚀等方式制作防爆阀。根据形状不同，防爆阀又可分为椭圆形防爆阀、圆形防爆阀等，如图2-8所示。

防爆阀的设计关键在于开阀面积和开阀压力。其中，开阀面积决定了危险状态下电芯排放气体的速率和能力。为保证电芯在正常状态下的可靠性、危险状态下的安全性，以及防爆阀在壳体上具有足够的布置空间，防爆阀的开阀面积既不能太大，也不能太小。防爆阀开阀面积的最小值与电芯容量、电池化学体系以及电芯壳体形状相关，其参数设计一般通过模拟仿真而获得。

开阀压力的设计需要考虑电芯在全生命周期内的上限和下限需求。上限开阀压力需符合安全泄压要求，即上限开阀压力要在全生命周期小于壳体/顶盖的焊接强度，以保证在安全泄压前壳体不破裂；下限开阀压力要符合可靠性要求，即开阀压力在全生命周期大于电池正常的内部气压，以保证电池在正常状态时不会开阀。图2-9给出了防爆阀开阀压力的上限和下限需求。开阀压力的设计需要考虑电芯全生命周期的产气、防爆阀的老化、壳体/顶盖焊接的老化等情况，在此基础上通过等效加速实验和仿真来提前预测设计的合理性。

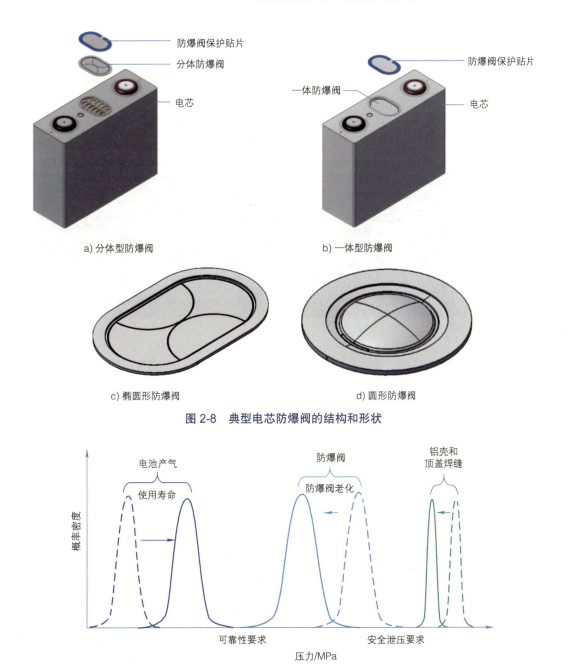

图 2-8　典型电芯防爆阀的结构和形状

图 2-9　防爆阀开阀压力的设计范围

## 3. 机械过电流设计原则

在电芯结构设计中还有比较重要的一项是机械过电流设计，不同类型的电芯有着不同的过电流要求。一般来讲，整个电芯的过电流瓶颈主要集中在转接片与极耳位置（图 2-6 的铜转接片/铝转接片），而转接片材质的选择通常需要与正负极集流体的基材保持一致，即正极转接片采用 Al 材，负极转接片采用 Cu 材。在设计转接片的过流面积时会根据过电流经验参数（Cu 材料过电流系数 $8A/mm^2$，Al 材料过电流系数 $5A/mm^2$）

和最大允许电流进行计算,然后输入工况散热参数进行过电流仿真,以确认设计参数是否满足工况需求。电芯内部在某一条件下过流时的温度分布如图2-10所示。一般来说,快充型、高功率型电芯的过电流需求会成倍增加,其转接片的面积也需要相应的增大。

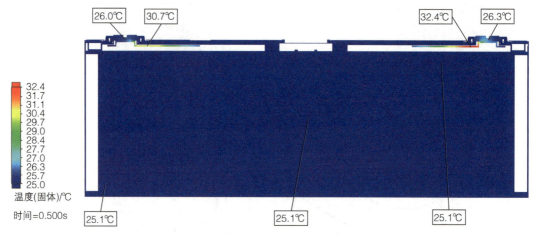

图2-10 电芯内部在某一条件下过流时的温度分布示意图

### 2.2.4 裸电芯设计

在图2-3中,我们已经示意了叠片式、方形卷绕式和圆形卷绕式三种典型裸电芯的结构。电芯由裸电芯、电解液、外部壳体等组成,其中裸电芯是电芯的核心部件,由正极片、负极片、隔离膜以及电芯外部保护胶纸等组成。图2-11所示为方形卷绕式裸电芯的结构。

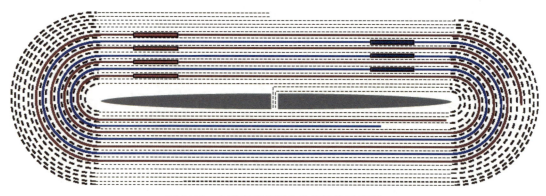

图2-11 方形卷绕式裸电芯的结构示意图

图2-11所示为电芯最核心的部分,其涉及的关键设计因子有:外形尺寸、正极和负极的尺寸、正极和负极极耳中心距、正极和负极极耳的宽度和高度、隔离膜的尺寸、隔离膜的压缩量、正负极容量比(即N/P比)、隔离膜/负极/正极在长度和宽度方向的尺寸冗余等。

## 1. 电极的尺寸设计

在裸电芯层级的设计中,电极的尺寸是影响电池的容量、寿命、倍率及安全等性能的关键参数。以三元/石墨体系为例,在充放电过程中电极反应如下:

正极: $\quad\quad\quad\quad Li[Ni_xCo_yMn_{1-x-y}]O_2 \leftrightarrow Li_{1-a}[Ni_xCo_yMn_{1-x-y}]O_2 + ae^- + aLi^+ \quad\quad$ (2-1)

负极: $\quad\quad\quad\quad\quad\quad\quad\quad xLi^+ + 6C + xe^- \leftrightarrow Li_xC_6 \quad\quad\quad\quad\quad\quad\quad$ (2-2)

从上述电极反应可以看出,充电过程中正极脱出的锂离子必须能够完全嵌入到负极结构中。如果负极设计容量低于正极,那么充电末期负极表面将会发生金属锂的沉积,并可能出现锂枝晶的生长。金属锂活性高,极易与电解液发生反应,一旦负极表面发生金属锂的沉积,电池的电化学性能和安全性就将出现快速恶化。基于这一原因,锂离子电池通常采用正极容量限制性设计,即正极总的容量高于负极总的容量。这就要求在裸电芯设计时负极在长度/宽度方向上要大于正极(图2-12)。在这些参数中,长、宽方向上的尺寸冗余定义为 Overhang$_W$、Overhang$_L$,容量的冗余设计通过 N/P 比来反映。

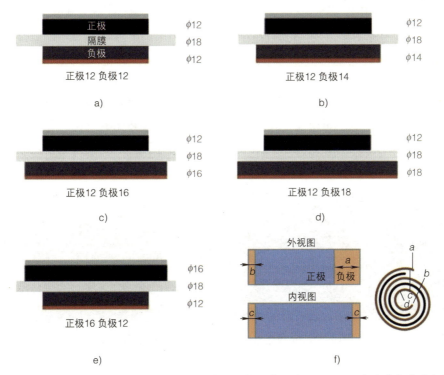

图 2-12 具有不同正极/负极面积比的五种纽扣电池结构示意图(图 a ~ 图 e)和卷绕电池负极面积冗余设计示意图(图 f)

与 Overhang 相关的隔膜(Sep.)、正极极片(Cathode)、负极极片(Anode)设计逻辑如下:

$$\text{Overhang}_{W(\text{Sep. vs. Anode})} = 隔离膜宽度 - 负极宽度 \quad\quad (2\text{-}3)$$

$$\text{Overhang}_{L(\text{Sep. vs. Anode})} = 隔离膜宽度 - 负极宽度 \quad (2-4)$$

$$\text{Overhang}_{W(\text{Anode vs. Cathode})} = 负极宽度 - 正极宽度 \quad (2-5)$$

$$\text{Overhang}_{L(\text{Anode vs. Cathode})} = 负极宽度 - 正极宽度 \quad (2-6)$$

Overhang 无论是长度还是宽度都需要是正值。根据不同厂家的工序控制能力，长度方向 Overhang 一般在 4mm 以上，宽度一般在 2mm 以上。

#### 2. 电极的 N/P 比设计

最小 N/P 比定义为：

$$N/P_{\min} = \frac{克容量_{\text{Anode}} \times 活性物质百分含量_{\text{Anode}} \times 涂布重量_{\text{Anode-LSL}}}{克容量_{\text{Cathode}} \times 活性物质百分含量_{\text{Cathode}} \times 涂布重量_{\text{Cathode-USL}}} \quad (2-7)$$

在充放电过程中，由于电压、电流误差，$N/P_{\min}$ 一般需要大于 1.05。此外，从式（2-7）可以看出，正负极材料克容量的波动也会影响 $N/P_{\min}$ 的比例，活性材料克容量一致性高，$N/P_{\min}$ 就可以设计得小一些；此外涂布重量的波动性是另外一个关键的影响因素，从式（2-7）看出，阳极涂布下限（涂布重量 $_{\text{Anode-LSL}}$）vs. 阴极涂布上限（涂布重量 $_{\text{Cathode-USL}}$）是关键的影响因素，因此提高阴阳极的涂布精度可以改善 $N/P_{\min}$。

涂布过程中的异常，如划痕、漏点等都会引起局部 N/P 比的变化，严重时会引起充电时负极表面析锂。图 2-13 示意了因负极出现划痕而导致的 N/P 变小，以及循环过程中的析锂。

 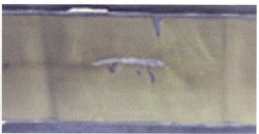

图 2-13 负极涂布过程中出现划痕而导致的析锂

#### 3. 电芯极耳设计

电芯极耳的功能是将正负极集流体上的电流传输给电池的极柱。由于空间的限制，极耳宽度和厚度一般较小。极耳分为局部极耳、全极耳、外接极耳。极耳设计的关键参数包括极耳根部宽度、极耳头部宽度、极耳高度、正负极极耳间距、极耳错位等，具体如图 2-14 所示。极耳的截面积、宽度、高度主要取决于电池过电流的要求、空间尺寸的限制。

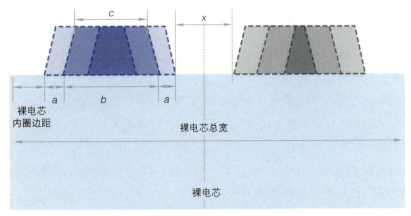

图 2-14　裸电芯极耳设计示意图

$a$—极耳错位　$b$—极耳根部宽度　$c$—极耳顶部宽度　$x$—中间预留尺寸

## 2.2.5　电极极片设计

### 1. 电极的主要组成

电极极片包括正极极片和负极极片。极片通常由活性材料、导电剂、黏结剂、浆料稳定剂和集流体组成。在目前商业化应用的产品中，正极极片中的活性材料一般是锂的过渡金属氧化物和磷酸盐（如 $Li[Ni_xCo_yMn_{1-x-y}]O_2$（NCM），磷酸亚铁锂）；导电材料一般为导电石墨、导电炭黑、碳纳米管等；黏结剂一般为聚偏氟乙烯（PVDF），集流体一般是铝箔。负极极片中的活性材料通常为石墨，或掺有少量硅/碳的石墨；导电材料一般为导电炭黑和碳纳米管等；黏结剂一般为水溶性的丁苯橡胶。与正极不同，为改善负极浆料的黏度和稳定性，负极浆料中往往需添加一定量的羧甲基纤维素钠（CMC-Na）作为丁苯橡胶的共黏结剂；负极集流体一般采用铜箔。

### 2. 电极的关键参数

1）涂布重量：涂布在集流体表面的涂层经充分烘干后其单位面积的重量即为涂布重量，单位为 $g\cdot cm^{-2}$。涂层包含活性物质和黏结剂、导电碳。

2）活性物质占比：集流体表面涂层中，能够参与电极成流反应的物质称为活性物质；活性物质在涂层中的质量占比即为活性物质占比，活性物质占比=活性物质质量/极片涂层的总质量。

3）压实密度：涂布在集流体表面的涂层经过辊压以后的密度，称为压实密度，单位为 $g\cdot cm^{-3}$。由于辊压以后的膜片厚度会随应力释放而发生反弹，或在充放电过程中发生膨胀，因此压实密度存在一定的动态变化。这就要求电芯设计和制造时需考虑不同阶段极片的压实密度和厚度，以便合理设计电芯。

4）克容量：单位质量活性物质能嵌入或脱出的容量，分为嵌锂克容量和脱锂克容量，单位为 $mA\cdot h\cdot g^{-1}$。不同阶段的材料克容量会不同，比如石墨首次嵌锂克容量和首次脱锂克容量差异很大，主要是受石墨表面形成 SEI 膜的影响。因此，要基于实际设计条件选择合适的克容量。

5）首次库伦效率：电极在首次充放电过程中因形成表面固态电解质界面层（Solid Electrolyte Interface，SEI）/阴极固态电解质界面层（Cathode Eletrolyte Interface，CEI）膜、发生晶体结构变化和界面副反应等，导致在首次充放电过程中存在一定的不可逆锂损失，造成电极放电容量普遍低于其充电容量。放电容量与充电容量的比值即为首次库伦效率。正负极材料的首次库伦效率直接影响到 N/P 比，因此对于电芯设计来说非常重要。

6）黏结力：极片黏结力指电极涂层与集流体层之间的结合力。由于涂层脱落会影响电极容量的发挥和极化大小，甚至造成内部短路引发安全性问题，因此电极黏结力对于保障电芯电性能和安全可靠性极为重要。

7）柔韧性：除黏结力外，柔韧性也是电极的一项关键指标，尤其对卷绕式电芯而言。电极柔韧性一般用 180° 多次对折后其透光性来评价。

8）孔隙率：由于锂离子电池正负极活性材料均为微米级粉体，因此制备成电极后，粉体颗粒之间存在孔隙。孔隙在极片中所占的体积百分比即为孔隙率，孔隙率大，则说明极片压实密度低。此时，粉体颗粒间的接触面积减小，电极电子电导差，此外，极片中浸渍的电解液多，且锂离子在极片中的液相传输路径变长。如果孔隙率小，则虽然颗粒间的电子接触会改善，但因电解液在极片中的浸渍量不够，极片的电化学反应界面会减少。因此，为保证极片的电化学性能，极片孔隙率需要控制在合理范围内。

### 3. 电极的结构特征

锂离子电池采用多孔结构的电极。所谓多孔电极，是指由粉体材料通过压制、烧结等方法构成的电极。多孔电极内部存在大量的细小孔道，兼具透气性和导电性。由于多孔电极提高了活性材料与电解液的接触面积，使得反应界面大幅度提高，因此，在同样工作电流下电极上的真实电流密度大大降低，从而大幅度降低反应极化，减小电芯的电压损失和容量损失，提高电芯的倍率性能。

多孔电极总体上可分为两相多孔电极和三相多孔电极。两相多孔电极是指固、液两相，电解液渗透到电极孔隙中，电极反应在固/液界面上进行，这种电极也称为全浸式电极，锂离子电池的正负极属于此类电极。三相多孔电极是指电极中存在固、液、气三相，电极反应在三相界面处进行，有气体参与反应时往往需要采用此类多孔电极。因此，这类电极又称为气体扩散电极，燃料电池采用此类电极。

锂离子电池采用多孔电极设计主要基于以下几个方面的考虑：

1）增强电极稳定性：多孔电极的孔隙结构可以很好地释放充放电过程中由于锂离子嵌入-脱出产生的结构应力，从而减缓离子脱嵌过程对电极结构的破坏。

2）提升电池容量和能量密度：多孔电极能够提供更大的电化学反应面积，提高活性物质的面载量，从而提高活性物质的容量利用率和面容量，提升电池容量和能量密度。

3）改善电池的功率密度：多孔电极可以提供良好的电子和离子导电网络，提高电极材料的电化学活性面积，从而有效提升电极反应动力学，以及电池倍率性能和功率密度。典型多孔电极的断面形貌如图 2-15 所示。

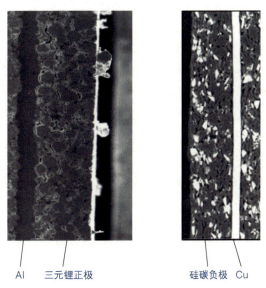

Al　　三元锂正极　　　　硅碳负极　Cu

图 2-15　典型多孔电极的断面形貌

#### 4. 电极设计与性能

通常而言，电极尺寸设计受电芯的厚度、宽度和高度三个参数制约。其中，电芯的厚度一般对应电极极片的层数，而电极层数的上限主要受限于工艺能力，包括极耳焊接层数、多卷芯连接工艺、X-Ray 探测厚度等。电芯的高度一般与电极极片的高度正相关，而电极极片高度主要受限于电极吸液能力。电极极片过高，由于重力作用，在高度方向上电解液的浸润会变得困难，导致寿命后期电解液分布均匀性变差，极片上部电解液回吸需求时间变得更长，会出现局部析锂和容量衰减快的风险，进而导致电芯整体循环寿命衰减加速。电芯的宽度主要与单层电极极片的宽度相关联，关键指标是电极极耳到极片远端边沿的距离。若距离过长，电极串并联结构造成的电流密度分布会不均，易引发内阻非线性增长，加大产热从而影响电芯寿命。

（1）电极高度设计

在电芯设计过程中，电极高度的设计主要考虑高度对电解液浸润速率的影响。由于电解液的浸润极限直接关系到电芯最终的循环寿命，因此研究电解液极限浸润高度和极片孔隙率与电芯寿命的关系，可以构建出电芯极片上限高度与电芯寿命之间的关联关系，从而优化电极高度设计。

在循环过程中，由于副反应的发生，电芯内部活性锂不断被消耗，被消耗的活性锂大部分以副反应产物形式堆积于石墨颗粒表面，从而导致极片孔隙率不断减小，电解液回吸能力逐步恶化。通过研究电解液浸润速率与极片高度和极片孔隙率，以及极片孔隙率与寿命衰减之间的定量关系，构建如式（2-8）所示的描述方程，可以得到最优高度（$h$/mm）计算公式：

$$h = \sqrt{\frac{r_{\text{eff}}\gamma\cos\theta}{2\eta}}(kF+P)t^{\frac{1}{n}} \qquad (2\text{-}8)$$

式中，$r_{\text{eff}}$ 是等效孔径，可与极片层间间距等效，极片层间间距可通过 CT 测量卷芯大面获得，通常情况下由于单层间距过小，测量精度差，因此一般通过测量多层间距计算平均厚度而获得，单位为 μm；$\gamma$ 是电解液表面张力，通过表面张力仪，经悬滴法测定，单位为 mN/m；$\theta$ 是电解液与极片的接触角，通过接触角测试仪测定；$\eta$ 是电解液黏度，通过旋转黏度计测定，单位为 mPa·s；$F$ 是电芯衰减率（SOH，等同于电芯健康状况），对应为电芯寿命终止（End of Life，EOL）容量与初始容量比值（例如：初始 400A·h 电芯，承诺 EOL 容量为 200A·h，则电芯衰减率为 50%）；$P$ 是初始阳极孔隙率，通过理论计算获得，孔隙率 = 1 − 阳极压实密度/材料真密度（其中，材料真密度通过真密度法测定）；$k$、$n$ 是常数，$k$ 介于 0~1 之间，$n$ 介于 1~20 之间；$t$ 是满放后电解液爬液时间，等效为满放后静置时间。

电芯实际设计高度 $H_0$ 与最优高度 $h$ 的关系：$H_0 \leqslant h$。控制卷芯层间间距约为 2μm，电解液黏度 3.0mPa·s，以 80% SOH 为 EOL 截止条件，静置时间 6h，得到了极片初始孔隙率对其最优高度的影响，如图 2-16 所示。

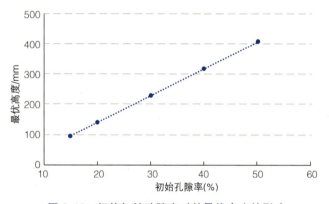

图 2-16　极片初始孔隙率对其最优高度的影响

控制卷芯层间间距约为 2μm，电解液黏度 3.0mPa·s，初始孔隙率为 30%，结合实际工况应用下的平均静置时间，得到不同截止 SOH 所对应的极片最优高度，如图 2-17 所示。

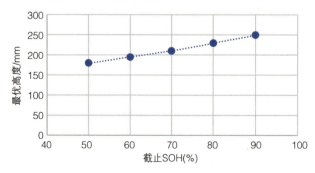

图 2-17　不同截止 SOH 所对应的极片最优高度

控制卷芯层间间距约为 2μm，截止 SOH 50%，初始孔隙率为 30%，结合工况应用下的平均静置时间，得到不同电解液黏度下的极片最优高度，如图 2-18 所示。

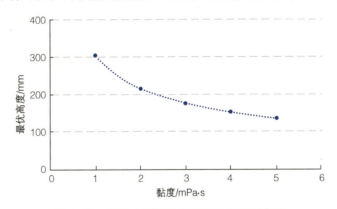

图 2-18　不同电解液黏度下的极片最优高度

控制卷芯层间间距约为 2μm，截止 SOH 50%，初始孔隙率为 30%，电解液黏度为 3mPa·s，得到不同静置时间下的极片最优高度，如图 2-19 所示。

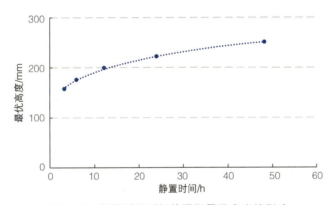

图 2-19　静置时间对极片浸润最优高度的影响

（2）电极宽度设计

构建卷芯（即裸电芯）层级等效电路如图 2-20 所示，通过求解微分方程，可以得到固定极片高度下，不同极片宽度对应的电芯内阻（$R/\text{m}\Omega$）的变化规律。

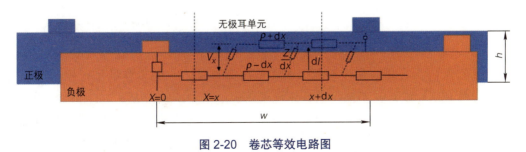

图 2-20　卷芯等效电路图

$V_x$—在电极长度为 $x$ 处集流体之间的电压　$h$—极片高度　$w$—极片宽度

$$R = \frac{(\rho_+^2 + \rho_-^2)\cosh(kw) + \rho_+\rho_-(2 + kw\sinh(kw))}{k(\rho_+ + \rho_-)\sinh(kw)} \quad (2\text{-}9)$$

$$k = \left[\frac{\rho_+ + \rho_-}{N}\right]^{1/2} \quad (2\text{-}10)$$

式中，$\rho_+$、$\rho_-$ 分别是单位长度正、负极集流体电阻（mΩ/mm）；$w$ 为两极耳处间距（mm），等效为卷芯宽度；$N$ 为单位长度物质的比电阻（mΩ·mm）；$k$ 为常数[1]。

基于 6μm 铜箔及 13μm 铝箔电阻率，求解单位长度物质比电阻 $N$。首先采用阴极高度 187mm、阳极高度 190.5mm，宽度 160mm 的 173A·h 电芯进行核算，求解得到 $k$ 值为 0.003448；其次采用阴极高度 42mm、阳极高度 43.5mm、宽度 51mm 的 0.1A·h 小电池进行核算，求解得到 $k$ 值为 0.0035。从上述数据可以看出，单层卷芯（一层阴极 + 隔膜 + 一层阳极）内阻与极片高度相关性小，只与卷芯宽度有关。再基于 $k$ 值 0.003448，计算 187mm 极片高度时不同卷芯宽度的单层内阻，结果如图 2-21 所示。从图中可以看出，初期单层内阻反比于卷芯宽度，随卷芯宽度增加（容量增加），内阻逐渐减小；当卷芯宽度 > 350mm 后，进一步提升卷芯宽度内阻基本不再变化。

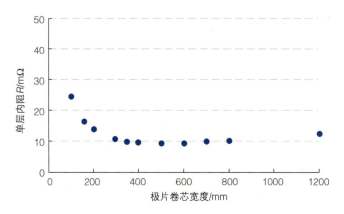

图 2-21 卷芯宽度对单层卷芯内阻的影响

卷芯宽度提升，本质上是电芯容量提升。基于热平衡公式，不考虑环境对流散热，有

$$I^2Rt = cm\Delta T$$

式中，$I$ 为电流，通常与电芯容量呈正比；$R$ 为电阻；$t$ 为时间；$m$ 是吸热或放热物质的质量，单位为 kg，在压实密度等其余参数不变条件下，与电芯容量呈正比；$c$ 为比热容，单位为 J/kg·℃；$\Delta T$ 是温度差，正比于（容量 × 内阻）。从图 2-21 可知，当极片宽度介于 0 ~ 350mm 时，内阻与电芯宽度（等效为电芯容量）呈反比，此时随电芯加宽，绝热温升基本不变；当卷芯宽度 > 350mm 后，随卷芯宽度增加，电芯温升恶化；当卷芯宽度 > 600mm 后，温升比例恶化 > 100%。因此，对于大容量电芯设计，考虑

电芯温升对寿命的影响时，电芯宽度应＜600mm。电芯温升与卷芯宽度之间的关系如图 2-22 所示。

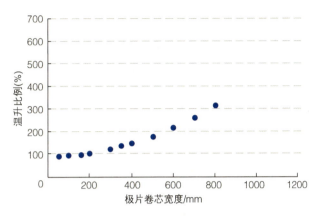

图 2-22 电芯温升与卷芯宽度之间的关系

在卷芯宽度方向上，除了考虑电阻和温升的影响，还需要考虑随着卷芯宽度增加，正负极极耳间距变大，电极极耳到极片远端边沿的距离变长，使电流的传输路径变长，极片上电流密度分布不均匀性变大，导致极片不同位置的电位不均匀性变大，最终使电芯的充电能力变差和寿命老化速率加快。图 2-23 以常用的磷酸铁锂电池体系为例，计算单层卷芯不同宽度对应的电位差趋势图，300mm 宽度的阳极电位差大约 8mV，600mm 时电位差增加了 1 倍多，达到了 18mV，而 1200mm 宽度极片的阳极电位差更是相差了大约 42mV，极大地限制了电芯充电能力发挥。不同的电芯结构设计，需要综合考虑各项性能指标，选择合适的卷芯宽度。

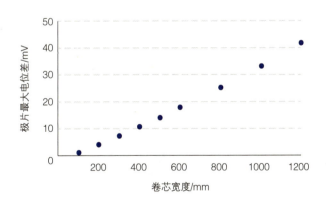

图 2-23 卷芯不同宽度对应的电位差趋势图

（3）电极的厚度设计

在充放电过程中，锂离子在正负极之间穿梭，电极的厚度对锂离子传输的速度有重要影响，从而影响电池反应动力学。过厚的电极设计会导致电池直流电阻增加、负极表面析锂以及循环衰减加速等。图 2-24 所示为某 5A·h 高功率电池在不同正极涂布重量（在电极压实密度一定时，不同的涂布重量对应不同的电极厚度，呈线性，本图形用电极涂布重量来侧面对应电极厚度）时，电池直流电阻的变化。图中数据显示，随电极厚度增加，电池直流电阻呈类线性增加，且在不同 SOC 下呈现类似的趋势。对需要大倍率充放电的高功率产品来讲，电极的涂布重量需要适当降低。

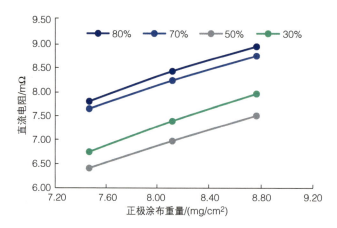

图 2-24　电池容量为 5A·h 时不同正极涂布重量对电池直流电阻的影响

（4）电极的孔隙设计

从图 2-15 所示的典型电极断面图可以看出，锂离子电池电极具有多孔结构。孔隙率和孔曲折度是多孔电极的两个关键参数。孔隙率可以用气压法、渗透法、压汞法进行测量。气压法操作简便、易于掌握，是一种常见的多孔材料孔隙率测试方法。测试时，将样品放入一个密闭的测试仪器中，然后通过不断增加气压的方式，测量气体渗入样品的压力和容积，从而计算出样品的孔隙率。压汞法同样可以用于测量多孔电极的孔隙率。该方法通过测量在一定压力下压入样品的汞量来计算孔隙率。图 2-25 为典型石墨负极在不同压实密度下的孔径分布。从图中可以看出，压实密度增大，大孔快速减少，不利于锂离子的液相传输。当压实密度增加到一定程度时，开孔减小，液相传输快速降低，因此设计电极时需要识别压实密度的边界。

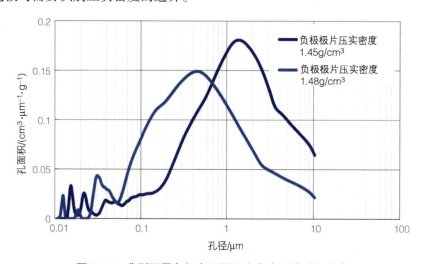

图 2-25　典型石墨负极在不同压实密度下的孔径分布

## 2.2.6 电极材料设计

材料是电芯的核心,动力电芯的制造、性能等都与材料的特性息息相关。商业化锂离子动力电池典型的材料、功能及特征参数见表 2-2,这些材料的信息为如何设计出高性价比的动力电芯提供了依据。本节分别就正极、负极、电解液、隔离膜在高功率电芯中如何设计优化进行阐述。

表 2-2 商业化锂离子动力电池典型的材料、功能及特征参数

| | 材料 | 功能 | 商业化常用材料 | 特征参数 |
|---|---|---|---|---|
| 正极 | 正极活性材料 | 提供电极电势<br>提供锂离子 | 三元 NCM<br>磷酸铁锂 | 克容量<br>压实密度<br>孔隙率<br>膜片电阻<br>延展率<br>反弹 |
| | 黏结剂 | 将正极各组分黏结在一起 | PVDF | |
| | 导电剂 | 提升电子电导 | SP/ CNT[①]/<br>导电碳 KS-6 | |
| | 集流体 | 汇集电子<br>支撑膜片 | Al | |
| 负极 | 负极活性材料 | 电极电势较低一极<br>提供锂离子嵌入/脱出 | 石墨<br>硅碳 | 克容量<br>压实密度<br>孔隙率<br>膜片电阻<br>延展率<br>反弹<br>OI 值 |
| | 黏结剂 | 将负极各组分黏结在一起 | SBR | — |
| | 增塑剂 | 提升浆料稳定性 | 羧甲基纤维素钠 | — |
| | 导电剂 | 提供电子电导 | SP/ CNT/<br>导电碳 KS-6 | — |
| | 集流体 | 汇集电子<br>支撑膜片 | Cu | — |
| 电解液 | 锂盐 | 锂离子载体 | LiPF$_6$ | 电导率<br>黏度<br>锂盐溶度<br>水含量/HF/色度<br>沸点/闪点 |
| | 溶剂 | 溶解锂盐 | EC/PC/DEC/EMC | |
| | 添加剂 | 成膜和改性 | VC[②]/FEC | |
| 隔离膜 | 基材 | 电子绝缘<br>离子导通 | 聚乙烯<br>聚丙烯 | 孔隙率<br>透气度<br>穿刺强度<br>熔点<br>拉伸强度<br>厚度 |
| | 涂层-陶瓷 | 抗氧化<br>抗穿刺<br>耐热 | Al$_2$O$_3$ | |
| | 涂层-聚合物 | 电极间黏结 | PVDF | |

① 碳纳米管(Carbon Nanotube,CNT)。
② 碳酸亚乙烯酯(Vinylene Carbonate,VC)。

## 1. 正极材料设计

正极活性物质在锂离子电池中提供锂源，主要包括层状氧化物型（钴酸锂、三元材料）、聚阴离子型（磷酸铁锂、磷酸铁锰锂）、尖晶石型（尖晶石锰酸锂、尖晶石镍锰酸锂）等几大类型。在正极设计过程中，需先理解材料的需求及关键特征参数，正极材料在设计开发中考虑的主要需求如下：

1）充放电过程中，正极侧的相变或固溶反应相对单一，工作电压相对稳定。
2）活性锂含量及比容量高，助力实现高能量密度。
3）具有完整、致密的导电网络，全生命周期无显著恶化。
4）在工作电压窗口内，材料电化学稳定性好，材质损失较少，助力长循环寿命。
5）兼具环保、安全等特点。

正极活性材料设计过程中需要考虑如下参数：

1）克容量：单位质量活性物质所能发挥出来的容量，单位为 mA·h/g。计算公式为：
克容量 = 容量 / 活性材料质量 = 容量 / (涂布重量 × 活性物质质量百分比)
2）充电克容量：在自定义的电压和电流测试条件下，极片在锂扣式电池中充电时的脱锂克容量，单位为 mA·h/g。
3）放电克容量：在自定义的电压和电流测试条件下，极片在锂扣式电池中放电时的嵌锂克容量，单位为 mA·h/g。
4）首次效率：首次放电克容量 / 首次充电克容量 ×100%。对于正极材料来说，首次效率的损失来自于界面副反应、晶格结构的破坏以及放电末期阻抗的增加。对于负极材料来说，首次效率的损失则主要来自于界面副反应。
5）真密度：是指材料在绝对密实的状态下单位体积固体物质的实际质量，即去除内部孔隙或者颗粒间空隙后的密度，可以通过真密度仪器测量获得，单位为 $g/cm^3$。
6）比表面积：是指单位质量的粉体所具有的总的表面积，单位为 $m^2/g$。
7）充放电电压平台：是指在充放电过程中能量跟容量的比值，对应氧化/还原反应电对的电极电动势，单位为 V。

## 2. 负极材料设计

负极活性物质的功能是接收正极提供的锂，以天然石墨与人造石墨为主。其他负极材料有钛酸锂、硅碳、硅等，这些材料目前还存在成本高或稳定性差等问题，尚未成为主流。在负极设计过程中，需考虑以下要求：

1）嵌锂电位低且平稳，保证全电池具有较高的充放电电压。
2）锂离子可逆脱嵌量大，即比容量高。
3）结构稳定，嵌脱锂过程中体积变化小。
4）电子电导率高，锂离子在其中的固相扩散快；电荷转移阻抗小。
5）与电解质反应形成的 SEI 膜稳定，减少循环过程中对锂的不可逆损耗。
6）具备量产可制造性、经济性及环境友好性。

负极活性材料设计过程中需考虑的参数除上述正极材料所提及的外,还要求材料在充放电过程中的体积变化率小。

### 3. 隔离膜设计

隔离膜是指用于物理隔离正极极片和负极极片的微孔膜,一般为具有微孔结构的高分子膜。其主要功能是防止两极接触而发生短路,同时为电解质提供液相通道,因此需同时具备电子绝缘性和离子传导性。隔离膜的性能对电池的界面结构、内阻,以及电池的容量、循环性能和安全性能具有重要影响。

锂离子电池隔膜需具备以下基本要求:

1)电子绝缘性好,能防止正/负极直接接触,减少漏电流。
2)离子传导能力强,对电解液的浸润性好。
3)机械强度高,保证加工过程中不会撕裂、变形。
4)热稳定性高,在低于熔点温度下尺寸变化小,不会导致正负极短路。
5)化学稳定性高,且具有电化学惰性,不易被氧化和还原,抗腐蚀能力强。
6)厚度及孔径的均匀性高。

基于功能和安全的考虑,锂离子电池一般采用聚乙烯(PE)、聚丙烯(PP)或PP/PE/PP复合多孔膜为隔膜基膜。在设计过程中需要选定基膜厚度,并选用合适的涂层来增强隔膜的机械强度和热稳定性,避免出现内短路。目前常用的隔膜涂层包括陶瓷涂层和聚合物涂层。

### 4. 电解液设计

电解液作为正负极间的离子传输通道,对电池的性能起着至关重要的作用。电解液由溶剂、锂盐和添加剂组成,主要功能包括液相离子传输、提供反应界面、形成保护层降低界面副反应,具体说明如下:

1)液相离子传输:极性溶剂分子与锂盐作用,使锂盐的阴阳离子分离,成为能自由移动的离子,其中,锂离子与溶剂分子络合形成溶剂化离子,阴离子和溶剂化阳离子在电场作用下发生定向移动,实现离子传输。

2)提供电极反应界面:电解液润湿正负极材料表面,形成电极/溶液界面,为电极反应提供场所。显然,低黏度更有利于电解液浸润电极。

3)降低界面副反应:当正负极工作电位超过电解液的电化学窗口时,电解液将发生氧化还原反应,造成电池产气和性能衰减。电解液中的功能添加剂可以在负极侧先于溶剂还原形成固态电解质界面层(SEI),在正极侧先于溶剂氧化形成阴极固态电解质界面层(CEI)。由于这样形成的界面膜具有离子传导而电子绝缘的性质,因此,电解液添加剂可以在不影响电极反应正常进行的情况下,抑制界面副反应。

锂离子电池电解液需具备以下特征:离子电导率高;电化学稳定的电位范围宽;热稳定好,使用温度范围宽;化学稳定,与电池内集流体和活性物质不发生化学反应;安全、无毒、环保。

设计满足上述要求的电解液需要选择合适的溶剂、锂盐和添加剂进行搭配。为满足产品性能要求，电解液配方一般需要设计正交实验进行验证。常见溶剂有碳酸酯、羧酸酯、醚类等，目前车规级电池用电解液溶剂主要是碳酸酯溶剂。常见锂盐包括 $LiPF_6$、$LiBF_4$、LiBOB、LiFSI、LiTFSI 等，目前车规级电池用电解液锂盐主要是 $LiPF_6$。此外电解液的注液量也是关键参数。在设计电解液注液量时，需预先标定电解液消耗速率，并根据消耗速率计算电池在全生命周期所需的最少电解液量，以确保电池不会因为电解液量不足而出现寿命加速衰退。

## 2.3 电芯关键性能的设计方法

经过多年的发展，锂离子电池的应用场景已经从传统的小型消费电子产品领域，逐渐扩展到电动汽车、电动船舶、电动飞机等新兴领域，这些领域对电池的长续航要求日趋迫切，而高能量密度电芯是实现长续航的基础。

与此同时，客户对于电芯寿命的要求也越来越高，尤其是纯电动车型，电芯的寿命直接决定了电动汽车的使用年限、全生命周期行驶里程。对于私家车而言，电芯的实际使用需求大多为 15 万～20 万 km，而对于循环次数更多的运营车，实际使用寿命需求一般为 30 万～60 万 km，最高甚至达到 80 万 km，质保年限大多为 5～10 年，因此对电芯的循环存储性能提出了较高的要求，需要设计相应的长寿命电芯来满足客户的需求。

此外，与传统燃油车相比，"充电时间长"仍然是限制电动汽车大规模普及的痛点。充电便利是电动汽车终端用户最核心的诉求之一，也是目前制约电动汽车行业进一步快速发展的关键所在。根据相关调研数据，在喝一杯咖啡的时间（约 10min）内，即可将电池充电到 80% SOC 以上，会极大缓解客户的里程焦虑并带来一个非常好的驾车体验。为此，快充电芯的设计十分关键。

针对这些市场需求，在保证电芯安全性和可靠性的基础上，本节将重点介绍高能量密度电芯、长寿命电芯、快充电芯的设计方法。

### 2.3.1 高能量密度电芯的设计方法

提升电池单体能量密度主要包括三种途径：一是提高活性物质在电池中的体积和质量占比，如采用厚且压实密度高的电极，降低隔膜和集流体的厚度，减少电极中黏结剂和导电剂等非活性物质的用量等；二是采用克容量更高的电极活性材料，提高正负极材料的克容量；三是优化电池机械件，开展轻量化设计，以达到减重和提升体积利用率的效果。

#### 1. 机械件设计

电芯的机械件结构是电芯设计的关键环节，机械件的尺寸及结构直接影响到内部裸电芯所能使用的最大空间，即裸电芯的高度、宽度、厚度等。机械件的结构优化不仅能起到减重的效果，也可为内部裸电芯留出更多空间，从而为设计更高能量密度的电芯提供可能。但同时需确保机械结构组件能够满足电芯的使用要求，保障电芯长期工作的安全可靠性。

机械件结构优化的具体方向包括：①壳体厚度减薄；②顶盖厚度减薄；③极柱高度降低；④折极耳的高度降低等。

### 2. 极片设计

高能量密度电芯的极片设计主要包括极片的尺寸、浆料配方、涂布重量、堆积密度、基材等。这里主要介绍高能量密度电芯的浆料配方、涂布重量、压实密度、基材的特殊设计。

（1）浆料配方设计

提高正负极配方中活性物质的含量，是提高电芯能量密度的重要方法。可采用更少的黏结剂等辅材可以提高配方中活性物质含量，从而实现高活性物质载量和更高能量密度目标。配方设计一般从四个方面展开：①使用高黏结力的黏结剂，降低黏结剂用量；②使用高效导电剂，减少导电剂用量；③使用多功能辅材，比如同时具有黏结、悬浮分散功能的辅材，减少配方中辅材的种类和用量；④提高极片压实密度和降低极片厚度膨胀，提高体积能量密度。

目前三元（NCM）锂离子电池最常使用的黏结剂是油溶性黏结剂（PVDF）。在一定的范围内，提高PVDF的分子量，可以大幅度提高黏结剂的黏结力。大分子量赋予了更高的溶液黏度，因此在极低添加量的情况下，就能满足极片的加工需求。NCM材料的导电性较差，需要加入大量的导电炭黑（SP，全称SuperP，源于益瑞石公司所供应炭黑产品的名称）来形成导电网络。相较于SP，碳纳米管和石墨烯具有更优的导电性能，采用这类导电剂可以减少导电炭的用量。炭黑类、导电石墨类和碳纤维作为传统的导电剂，其在活性物质之间分别可以形成点、面或线接触式的导电网络；碳纳米管和石墨烯属于新型导电材料，其分别可以形成线接触式和面接触式导电网络。碳纳米管导电剂的粉体使用量仅为传统导电剂的 $1/6 \sim 1/2$。导电剂的用量减少等效于活性物质质量占比的提高，进而提升电芯能量密度。此外，采用增塑剂、润滑剂等添加剂来减小颗粒间位移阻力，也可以有效提高极片的压实密度，从而提高电芯的体积能量密度。

石墨负极配方中主要包含主材、导电剂、黏结剂和分散剂。其黏结剂以水溶性黏结剂丁苯橡胶（SBR）为主，搭配水溶性的羧甲基纤维素钠（CMC-Na）增稠剂。其中，SBR起到黏结作用，CMC-Na主要起到提高分散活性物质和维持浆料稳定的作用。近年来，聚丙烯酸（PAA）作为负极黏结剂，被越来越多地应用到锂离子电池中。PAA具有优异的黏结能力，同时具有高黏度的特性，因此，可同时起到SBR和CMC-Na的作用，从而减少配方中黏结剂的总用量。使用导电效率更高的导电剂可以降低导电剂的用量，也是提高负极配方中活性物质含量的重要手段之一。导电炭黑（SP）性价比高，广泛应用于锂离子电池中，但是由于其电导率不太高，在配方中的添加量较大，限制了活性物质的含量。使用导电效率高的单壁碳纳米管（SWCNT）时，极少的添加量就可以在极片中形成较好的导电网络。为了兼顾性价比和高活性物质载量的需求，负极通常使用 SP 和 SWCNT 的复合导电剂。PAA 类黏结剂和单壁碳纳米管的使用，在一定程度上可以抑制负极极片在电池装配和循环过程中的极片厚度反弹和膨胀，从而提高电芯的群裕度和体积能量密度。

（2）涂布重量设计

涂布重量是高能量密度电芯设计中需要考虑的一个非常重要的因素。理论上设计电芯时，我们希望涂布重量越大越好。这是因为电芯涂布重量越大，活性材料占电芯总组成的比例越大，电芯的能量密度越高。实际上在设计电芯的时候，需要考虑综合平衡设计，尤其是功率性能。在压实密度差别不大的情况下，涂布重量实际也就对应了电极厚度，因此，我们需要研究电芯功率性能随电极厚度变化的关系，才能给出最优的涂布重量设计。

（3）压实密度设计

为了提高电芯的体积能量密度，可以将大颗粒与小颗粒按照一定的比例混合，用小颗粒去填充大颗粒之间的缝隙，从而提高颗粒的堆积密度。此外，通过极片层级精细设计，构造"离子和电子高速通道"，可减小锂离子扩散阻力、减缓容量衰减；通过设计梯度孔率电极，可以完美兼顾高能量密度和快充需求。为了提高这种精细结构的生产效率，双层涂布技术应运而生。该技术主要通过配置两种不同的浆料，采用双层涂布，从而提高电极的性能。

（4）基材设计

在锂离子电池中，集流体（基材）通过负载活性材料，并将电极活性物质产生的电子汇集起来形成较大的电流对外输出，为电化学反应提供电子通道，从而使电池实现化学能到电能的转变。

从电芯设计角度，极片的厚度越厚，电芯的体积能量密度越高。极片厚度由电芯的涂层厚度和基材的厚度共同决定。基材厚度的变化影响电芯的力学性能（延伸率和抗拉强度）。从检测数据可知，随着铜箔厚度的减小，铜箔的抗拉强度减小，延伸率大幅度提高，见表 2-3。但在保证电极力学性能的前提下，适当降低铜箔集流体的厚度也是降低电极中非活性物质质量和体积占比、提高电芯能量密度的有效方法。

表 2-3  6μm 和 12μm 铜箔抗拉强度和延伸率对比

| 项目 | 6μm 铜箔 | | 12μm 铜箔 | |
| --- | --- | --- | --- | --- |
| | 延伸率（%） | 抗拉强度 /MPa | 延伸率（%） | 抗拉强度 /MPa |
| 最小值 | 3.98 | 443 | 3.65 | 495 |
| 最大值 | 5.01 | 468 | 3.82 | 508 |
| 平均值 | 4.83 | 451 | 3.76 | 501 |

除铜箔外，铝箔集流体也是影响电芯全生命周期可靠性的重要因素。由表 2-4 可知，不同厚度的铝箔在纵向方向（Machine Direction，MD）的机械拉伸强度不同。随着厚度的降低，铝箔抗拉伸强度大幅度降低，同时延伸率也明显下降。而 MD 方向的抗拉伸强度和延展性能是影响电芯可靠性的重要因素。因此，为保证电芯在全生命周期的力学性能，铝箔集流体需要保证一定厚度。

表 2-4　6μm 和 12μm 铝箔抗拉强度和延伸率对比

| 项目 | 6μm 铝箔（MD） | | 12μm 铝箔（MD） | |
| --- | --- | --- | --- | --- |
| | 延伸率（%） | 抗拉强度 /MPa | 延伸率（%） | 抗拉强度 /MPa |
| 最小值 | 0.9 | 162.7 | 1.24 | 264.1 |
| 最大值 | 1.19 | 165.8 | 1.38 | 267.6 |
| 平均值 | 1.08 | 164.1 | 1.32 | 265.9 |

极片厚度和涂层的压实密度（PD）相关性大。电芯极片在过辊成形时的压力越大，颗粒压实越紧密，电极压实密度越大。但过高的压实密度，可能影响到电芯的极片拉伸强度和延伸率，因此需要确定压实密度对电芯极片影响的规律。图 2-26 给出了压实密度对极片延伸率和抗拉强度的影响。

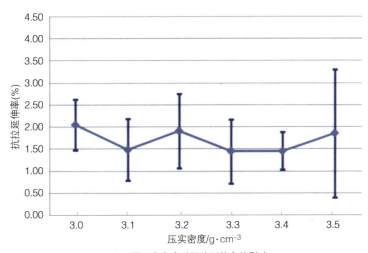

a) 不同压实密度对极片延伸率的影响

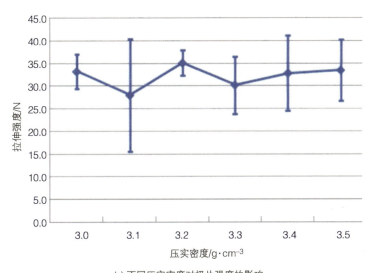

b) 不同压实密度对极片强度的影响

图 2-26　不同压实密度对极片延伸率和极片强度的影响

从图中数据可知，在一定范围内，压实密度对电芯极片的拉伸强度和延伸率影响较小。这主要是因为表面涂层提供不了太大的机械强度，极片机械性能主要受基材的影响，具体的对比数据见表 2-5。虽然压实密度对极片拉伸性能的影响不大，但是随着压实密度的增大，极片的厚度会减小，且随着压缩模量的增大，极片抵抗压缩变形的能力更强，有助于提高极片的抗挤压能力。

表 2-5 不同压实密度下极片的强度和延伸率对比

| 压实密度（PD） | 3.0 | 3.1 | 3.2 | 3.3 | 3.4 | 3.5 |
| --- | --- | --- | --- | --- | --- | --- |
| 强度/MPa | 158.26 | 133.34 | 167.19 | 143.92 | 156.30 | 159.40 |
| 延伸率（%） | 2.06 | 1.49 | 1.91 | 1.44 | 1.45 | 1.85 |

电芯的膨胀率影响电芯在使用过程中内部的应力状态。膨胀率越大，极片的增厚越明显，卷芯产生的内应力越大。卷芯的膨胀率来源于极片的物理反弹、锂离子插入后的体积膨胀以及 SEI 膜增厚等因素的累加，其中电极反应带来的极片膨胀大于极片的物理反弹。而电极反应引起的极片膨胀与所采用的材料的化学体系紧密相关，不同材料体系引起的极片膨胀差别较大。从仿真结果来看，极片的膨胀量越大，电芯内应力越大，电池壳体的机械强度也需求越高。

从图 2-27 可以看出，在无外部约束的情况下，各种石墨负极之间的膨胀率差别较小；当电芯负极中加入 Si 后，极片的膨胀量明显增大。当然图中数据是在外部无约束条件下获得的，在实际电池系统中，由于电芯受外部约束力的限制，电极膨胀率会显著降低。

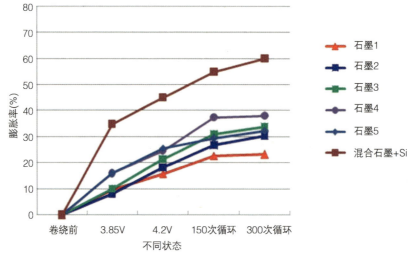

图 2-27 无外部约束力情况下不同负极极片的膨胀率对比

### 3. 材料设计

（1）正极活性材料设计

正极材料在电池卷芯中的质量占比大约为 40%～50%，因此正极活性物质克容量的提升对于能量密度的贡献最大。当前最常用的动力电池正极材料是磷酸铁锂和三元体系材料。

磷酸铁锂正极的克容量目前已接近于其理论值，因此，磷酸铁锂电池能量密度的提升策略主要聚焦于本章前述的电极设计（如压实密度的提升等）和电池放电平台电压的调控。压实密度的提升主要从一次颗粒和二次颗粒的匹配性，以及颗粒粒径大小的级配着手。通过多年的匹配优化，磷酸铁锂正极的压实密度从最初的 2.0g/cm$^3$ 提升到了目前的 2.7g/cm$^3$，并在将来进一步提升至 2.8g/cm$^3$。提高电芯放电电压的措施主要是元素掺杂，比如利用 Mn 掺杂形成不同锰铁配比的磷酸锰铁锂材料，正极的放电电压可以从 3.2V 提高到 3.7V。

三元材料体系则有更多不同的途径去提升其能量密度。镍、钴、锰元素配比的不同，三元材料的克容量会有所不同。Ni、Co、Mn 的氧化电位不同，随着镍元素占比提高，正极材料的克容量也会提高，因此提高镍的含量成为提升 NCM 正极克容量的一个主流选择。如随 NCM111 过渡到 NCM811，正极的克容量从 160mA·h/g 提升到大于 200mA·h/g。然而，随着镍含量的增加，三元正极的热稳定性随之降低，如图 2-30 所示。这就导致为了确保安全，生产制造的品质管控需要更加严格，且电池包系统层级需要进行更多的防护设计，这将会带来成本的增加。

提升充电电压是为了更大程度地利用 Co、Mn 的变价，进一步激活更多的活性锂参与氧化还原反应，从而同步提高三元正极的克容量和工作电压。这样就可以提高 Mn 的含量，降低 Ni、Co 的含量，从而在改善材料热稳定性的同时降低其成本。然而电压提升后，正极材料与电解液的界面副反应也会加剧。为了保障电芯寿命，高压 NCM 往往采用单晶，即单个分散颗粒，而高镍材料往往采用多晶，即一次颗粒团聚的二次颗粒，如图 2-28 所示。因为单晶与电解液的接触面积更小，所以安全性和寿命都会有所改善。其不足则是单晶中锂离子扩散路径较多晶长，因此倍率性能、低温功率性能较差，对材料的生产工艺要求也更高。

早在 2015 年，宁德时代就开始开发单晶正极材料，除了研究 NCM111、NCM523、NCM622 等单晶材料外，还开发了镍含量为 55%、58%、65% 等比例的单晶 NCM 正极材料，并于 2017 年首次实现了量产，带领了整个行业从多晶转向单晶。

NCM 正极采用镍和锰替代了大部分的钴，从而在降低材料成本的同时，提高了正极的克容量。在微观形貌设计上，逐渐使用微米级别的单晶取代多晶团聚体颗粒。由于单晶 NCM 具有微米级的颗粒，颗粒内部取向单一，有利于缓解脱嵌锂过程中材料结构内应力的急剧变化，因此单晶形貌设计有利于降低表面副反应、抑制颗粒开裂，从而大幅度延长正极循环寿命，如图 2-29 所示。

中高镍单晶正极材料的合成工艺较传统的多晶正极材料更加复杂，涉及前驱体制备、高温锂化、机械破碎、气流粉碎、包覆等工序。有效控制关键合成工序是制备高性价比单晶正极材料的必要条件。当前，合成单晶正极材料的关键控制点为前驱体形貌和结构设计、单晶材料的固相合成工艺、粉体粒度调控和材料表层修饰。

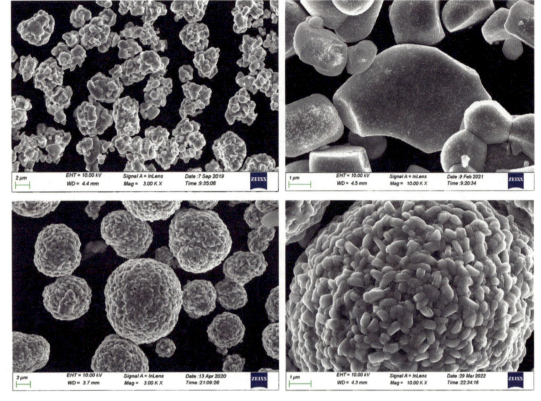

图 2-28 单晶和多晶 NCM 正极材料的形貌结构对比

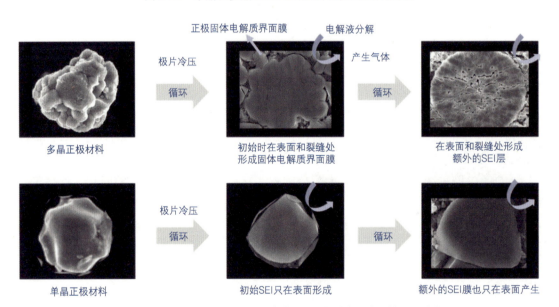

图 2-29 多晶和单晶正极材料在电极压制及循环过程的形貌变化

针对中高镍单晶三元正极材料存在固相扩散路径长、初始阻抗高、倍率性能差、循环阻抗上升快等关键技术问题，我们通过多组分耦合设计、梯度烧结及靶向修饰等技术，成功制备了形貌可控、成分均匀、界面稳定的高性能单晶正极材料。对于中高镍三元材料来讲,大部分与氧近邻的过渡金属元素都是镍,因此其在高电压下存在结构稳定性问题。通过优化包覆工艺,在单晶颗粒表面构建致密均匀的修饰层,可以有效改善材料在循环过程中的界面稳定性,提升材料的高压稳定性,如图2-30所示。

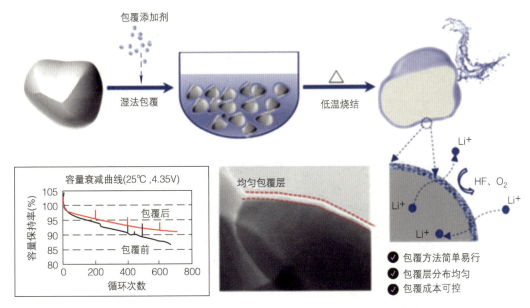

图2-30　表面包覆对单晶三元正极表面结构稳定性和循环性能的影响

通过如上手段的协同作用,宁德时代率先开发出商业化的单晶中镍材料,并成功于2017年开始了大规模量产。

(2)负极活性材料设计

负极材料在电池卷芯中的质量占比大约为15%。虽然负极材料的质量占比低于正极材料,但是负极活性材料克容量的提升空间较大。相比于石墨负极 372mA·h/g 的理论克容量,硅基负极和金属锂负极在克容量上具有巨大优势,尤其是金属锂负极,其理论克容量高达 3860mA·h/g。当采用硅基负极取代石墨负极后,负极实际克容量可从现在的 350~360mA·h/g 提高到 1000mA·h/g 以上。相应地,在正极保持相同的情况下,电芯能量密度有望提高28%以上。但硅基负极和金属锂负极在实际应用条件下的循环稳定性仍有待提高。

(3)隔膜设计

减薄隔膜基膜及其表面涂层厚度,可以提升电芯能量密度,但也会降低隔膜力学性能(穿刺/抗拉强度)和耐热性能,使颗粒物和锂枝晶容易穿透隔膜,引起内部短路或K值不良(用于描述电芯自放电速率的物理量)。此外,当电芯处于短路、过充电、过热等滥用条件或高倍率充电时,隔膜会因电池内部温度的升高而出现热收缩,造成正负极直接接触短路,引发更为剧烈的热失控。因此,降低隔膜基膜厚度和涂层厚度必须同时提高基膜机械强度、耐热性能,并管控孔隙率、透气度等指标。提高聚烯烃隔膜材质的分子量可以改善隔膜穿刺强度和机械拉伸强度,测试数据如图2-31和图2-32所示;采用纳米级陶瓷以及多层堆叠结构可以提升陶瓷涂层骨架的支撑力、改善涂层耐热性能，如图2-33所示。

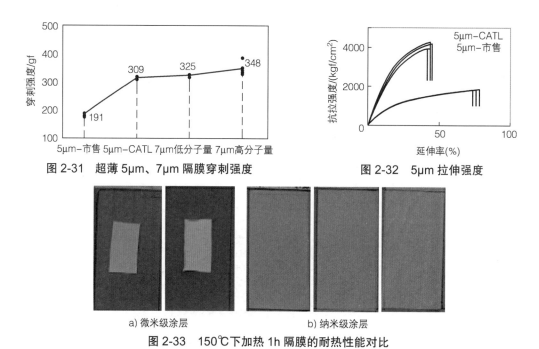

图2-31 超薄5μm、7μm隔膜穿刺强度

图2-32 5μm拉伸强度

a) 微米级涂层　　　　　b) 纳米级涂层

图2-33 150℃下加热1h隔膜的耐热性能对比

（4）电解液设计

高能量密度电芯需要选用高容量、高电压的正极材料（如高镍三元或高电压三元材料）和高容量、低电压的负极材料（如在石墨中加入一定量硅基材料），并采用高压实厚电极设计，这两方面都对电解液设计提出了较大的挑战。一方面，电解液与所采用的正负极材料必须具有良好的电化学兼容性；另一方面，电解液必须能够浸润高压实厚电极，保证电极内部的液相离子传输能力。

通常，高镍或高电压NCM正极在满充及高温状态下具有较强的氧化性，易氧化电解液溶剂导致电芯产气，造成电芯内压增加。如果气压长期积累，严重的话有可能造成电芯防爆阀开启。因此，电解液设计需从正极界面成膜和耐氧化溶剂两个方面着手。成膜添加剂可以在正极表面成膜，提高正极的界面稳定性。1,3-丙磺酸内酯（PS）是目前广泛使用的一种电解液添加剂，该添加剂可以明显降低电池的存储产气。比较三元NCM523正极和人造石墨负极组装的软包电池在70℃、4.4V存储条件下的产气行为时发现，当分别采用参比组电解液（30%<sup>⊖</sup> EC+70% EMC+1M $LiPF_6$）和2%含量的1,3-PS的对照组电解液时，电池12天的产气量从2.4mL/（A·h）降低到了0.6mL/（A·h），同时因产气引起的电池膨胀也大幅度减小，如图2-34所示。除PS外，氰基硅氧烷多功能添加剂TDSTCN也被发现可以用来抑制三元正极产气。研究表明，TDSTCN可以在NCM90正极表面形成富含氰基的坚固CEI膜，抑制过渡金属的溶出；同时其Si-O键可

---

⊖ 电解液中的百分数均为质量分数。

以清除电解液中的 HF，防止 LiPF$_6$ 水解产生的 HF 腐蚀正极。使用电解液添加剂虽然可以有效地抑制电池产气，但通常也会造成电池内阻的增加，这在设计电解液配方时需要加以考虑。

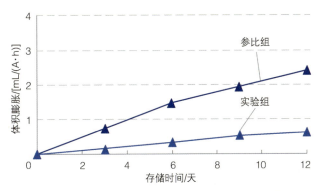

图 2-34  电解液中不含和含有 2% 含量的 1，3-PS 添加剂时，三元 NCM523/ 人造石墨软包电池的高温存储产气行为（基础电解液组成为：30 % EC+70 % EMC+1M LiPF$_6$；高温存储条件为：70℃、4.4V）

通过改变溶剂提高电解液的耐氧化性，也可以降低电池的存储产气。如采用 2，2，2-三氟乙基三氟甲烷磺酸酯（TTMS）和 2，2，2-三氟乙基甲磺酸酯（TM）为电解液溶剂时，NCM811 正极在 4.6V 高电压下的循环性能得到了大幅度改善，但氟代溶剂目前成本较高。

高比能电池往往采用高压实密度厚电极设计。这种电极的孔径小、孔隙率低，导致电解液的浸润非常困难。降低电解液黏度、提高电解液浸润性是解决这一问题的有效途径。

### 2.3.2  长寿命电芯的设计方法

在循环和存储过程中，活性锂消耗是造成电芯容量衰减的主要原因。其中，负极界面副反应引起的活性锂损失占据绝大部分。负极活性锂损失主要是因为 SEI 膜的破裂和修复，以及局部锂析出。随着循环过程中锂离子的插入 / 脱出，石墨颗粒体积不断发生膨胀 / 收缩，导致 SEI 膜破裂。电解液在暴露的石墨表面发生还原以修补 SEI 膜，从而消耗活性锂。此外，局部析锂和静置储存也会消耗活性锂。存储过程中虽然不会出现 SEI 膜的破裂，但是由于 SEI 膜的多孔特征，其并不能完全隔绝溶剂与负极表面的接触，会造成电解液的持续、缓慢还原，尤其是在高 SOC 下。因为负极表面还原性极强，所以电解液中的溶剂分子会不断地被还原，进而导致石墨中活性锂的消耗，并造成 SEI 膜的不断增厚。因此，实现长寿命的关键是降低循环及存储过程中活性锂的损耗速率。

除了正常的活性锂消耗外，在电芯使用过程中还有可能出现容量快速衰减的现象，这种现象称作"跳水"。"跳水"一般发生在电芯使用寿命的中后期。试验数据分析表明"跳水"的原因多种多样，归纳起来主要有如下几个方面：

1）电解液量不足导致离子断桥、充电极化增大而导致析锂。

2）电芯膨胀力过大，使极片被过度挤压，造成极片层间或孔隙内部部分电解液被挤出，导致充电极化过大而析锂。

3）全生命周期动力学设计不当，阳极由于副反应引起SEI增厚、负极阻抗增大，导致充电能力不足而析锂。

4）由于电芯生产过程中的个别制造和设计缺陷，在极片削薄区和卷芯拐角处出现析锂。

5）正极过渡金属溶出后沉积到负极表面，导致负极上的副反应加剧，容量快速衰减。

6）电芯密封性不够，导致外部空气和水汽进入电芯内部，造成容量加速衰减。以上这些问题在电芯设计和制造时均需要重点考虑。

### 1. 长寿命电芯结构件设计

对于长寿命电芯，在进行结构件设计时，对于有明显退化趋势的部件要重点加以考虑，主要涉及密封圈密封性、壳盖焊接强度和电池包约束刚度。设计密封圈时，需要对密封材料进行严格选型，应选择长期压变性能较好的材料，如氟橡胶为密封件材质。壳盖焊接强度需结合电芯全寿命周期的产气情况进行可靠性评估，而电池包对外壳的约束刚度越小，壳盖焊接强度需求越大。

### 2. 极片设计

（1）极片结构设计

首先是针对极片层级的结构设计。从正负极极片来说，通过上、下层梯度孔隙设计（上层孔隙大，下层孔隙小）有利于电解液在极片中的离子传输，从而减少充放电过程中的极化。尤其是负极极片，既能减少极化又能减小负极整体的表面积，从而降低循环存储过程中的活性锂消耗，改善循环存储寿命。此外，针对较高能量密度要求的厚涂布电芯，可采用斑马涂布的方式[2]，在不同区域涂覆不同的活性物质，或者涂覆不同厚度的相同活性物质，如图2-35所示，调整不同区域的CB值，有利于改善电解液的浸润，有效避免因为电解液浸润不足而导致的析锂，从而延长电芯的使用寿命。

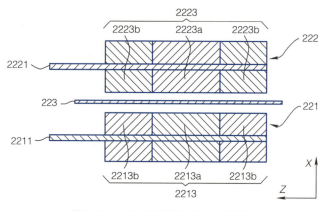

图2-35 不同区域涂层设计示意图

（2）配方设计

除了极片结构，正负极配方也需适当优化。首先是选择高稳定的黏结剂，确保其在全生命周期中发挥良好的黏结性能，不会导致活性颗粒间失联以及活性颗粒与基材间的脱离。针对负极，开发水溶性黏结剂体系，构建黏结网络，加强对石墨主材的黏结，并一定程度上抑制石墨的膨胀，减少循环过程中因体积膨胀导致的 SEI 膜破裂，从而减少活性锂损失，改善循环寿命。其次是导电剂，利用炭黑和碳纳米管点线结合的方式，组成高效稳定的导电网络，降低极化和缓解极片内部的极化不均一现象，提高活性材料利用率，进一步减缓电芯容量衰减。

另外，针对三元体系过渡金属溶出的问题，可以通过在正负极配方中加入一定量的螯合物添加剂，用于螯合固定过渡金属离子（尤其是锰离子），也能在一定程度上改善电芯的循环存储性能。

正极中的黏结剂、导电剂、添加剂及溶剂的种类及用量对主材克容量发挥和电芯的循环都有重要的影响，因此电解液组成需要与主材适配，才能延长电芯使用寿命。

在正极配方中，高黏结力的聚偏氟乙烯（PVDF）可以减少体系黏结剂的用量，显著提高主材的含量。这一方法不仅有利于提高极片的压实密度，还能减小膜片电阻，提高电芯能量密度的同时延长电芯的循环寿命。导电炭黑作为性价比较高的一款导电剂，添加量相对较大。碳纳米管（CNT）导电效率高，在极片中分布贯穿主材颗粒间，较少的添加量就起到非常好的导电效果。为了兼顾高主材含量和高导电性，通常在正极组成中使用复合导电剂。通过炭黑搭配碳纳米管（CNT）可以有效降低极片欧姆阻抗，改善电芯循环性能。加入与体系相匹配的高效分散剂有利于搅拌过程中主材和导电剂的均匀分散，减小极片的电化学反应阻抗。在电芯使用后期，随着极片中电解液的消耗，电芯会出现贫液现象，导致锂离子在极片中的液相传输受阻，电芯循环性能加速衰退。因此，添加对电解液亲和性好、吸液能力强的保液剂，可以有效提升极片的吸液速度和保液能力。保液剂在电解液消耗过程中，能可逆释放电解液，从而保持锂离子在极片中的液相通道，避免电芯"跳水"。

目前长寿命电芯常用的负极配方主要包含主材、导电剂、黏结剂和分散剂。长寿命负极一般使用丁苯橡胶（SBR）和丙烯酸多元共聚物（PAA）组成的混合黏结剂，同时辅助使用少量的羧甲基纤维素钠来提高活性物质的分散性和负极浆料的均匀性与稳定性。PAA 类黏结剂在磷酸铁锂电池中，由于其较好的包覆效果，可以降低活性物质在充放电过程中的副反应，延长电芯的寿命。将 PAA 类黏结剂进行锂化处理，可有效提升 $Li^+$ 在极片中的传输速率，降低电极欧姆阻抗和极化，从而改善负极循环寿命。长寿命电芯中的负极活性物质在嵌锂过程中体积膨胀较大，循环过程中容易出现厚度增大，从而导致电解液断桥、电芯"跳水"。因此，在设计长寿命负极时，需要加入具有高电导率和高刚性的单壁碳纳米管，同时复合石墨烯等二维导电材料，抑制循环过程中的极片膨胀。此外，单壁碳纳米管能提供较好的导电网络和电解液的浸润性，提高电芯循环寿命。

### 3. 材料设计

**（1）正负极活性材料设计**

磷酸铁锂电芯的容量损失主要来源于负极的活性锂损失，正极几乎不发生容量损失。三元材料体系（尤其是高镍三元体系）本征结构稳定性差，在充放电循环过程中易出现颗粒破碎、粉化，且高 Ni 含量易诱发释氧和界面副反应，恶化电极界面并加剧电池容量衰减。为减少这些不利影响，通常采用控制晶体生长方向、元素掺杂、表面包覆等方式对三元正极材料进行改性。

石墨的结构和形貌直接影响负极动力学及其表面活性位点，因而在长寿命电芯的设计中非常重要。为了改善石墨负极动力学，主要手段是表面包覆处理。但表面包覆层在改善负极嵌脱锂反应动力学的同时，也会带来表面活性位点的增加，造成循环、存储过程中活性锂损耗的增大。因此，表面包覆处理需要在改善动力学与降低锂损耗之间找到最佳平衡点。

**（2）隔膜设计**

长寿命电芯需要隔膜具有足够的耐氧化和抗疲劳性能，以保障电芯的可靠性和安全性。此外，需要优选黏结剂提升隔膜表面涂层对电解液的浸润性，以保障循环后期隔膜上仍吸附有较为充足的电解液。选用小颗粒陶瓷粉体作为表面涂层可以改善隔膜的抗氧化性、耐温性和抗老化能力，并提高隔膜的力学性能。

**（3）电解液设计**

电解液作为电芯四大主材之一，决定了负极表面 SEI 膜的组成和性质，在长寿命电芯的设计中扮演着极为重要的角色。无论是三元体系，还是磷酸铁锂体系，负极石墨表面 SEI 膜都是活性锂消耗的主要去向，占据了整个电芯容量损失的一半以上。因此，从电解液出发降低活性锂损失是实现长寿命的基础，其中成膜添加剂的选择尤为关键。为避免 SEI 膜在循环过程中出现反复的破裂/修复，需要所形成的 SEI 膜具有良好的柔韧性。截至 2024 年 7 月，行业应用比较多的 SEI 膜成膜添加剂是一些含不饱和键的化合物，如碳酸亚乙烯酯（VC）。这类添加剂往往可以在负极表面发生还原，形成柔性的类聚合物膜，从而改善负极的界面稳定性。此外，考虑到夏季使用和快充时电池温度可达 40~50℃，负极表面 SEI 膜还需要具有较高的热稳定性。提高 SEI 膜热稳定性的方法是增加 LiF、$Li_2O$ 等无机物的含量。有文献报道[3]，可采用 1，3，5-三（3，3，3-三氟丙基）环三硅氧烷（$D_3F$）作为电解液添加剂可以达到此目的。一方面，$D_3F$ 富含多氟多硅，形成的 SEI 膜中无机成分含量较大；另一方面，锂化的石墨在高温下可以引发 $D_3F$ 的开环聚合，有针对性地修复 SEI 膜，并避免 SEI 膜在后续循环中再次破裂。

## 2.3.3　快充电芯的设计方法

常规锂离子电池以高倍率快速充电时会出现快速的寿命衰减，造成寿命衰减的主要原因有两个：一是极化过大导致的负极表面析锂；二是快速充电导致的电池内部温升过大以及温升不均匀。因此，为满足快速充电的应用需求，我们需要专门设计快充型电芯。

影响锂离子电池快充性能的因素包括极片涂层厚度、孔隙率、迂曲度（即传输通道的实际长度与两个位置间直线长度的比值）、电解液离子电导率，以及活性物质粒径、锂离子在活性颗粒中的固相扩散系数等。因此，改善电池的快充性能需要从以下几个方面开展工作：

1）选择合适的负极材料。常规锂离子电池采用石墨为负极活性物质，由于石墨的嵌锂电位接近于金属锂的沉积电动势，因此快充产生的较大极化会导致锂在负极表面的析出，从而给电池带来短路风险。为降低负极极化，一方面需要减小石墨粒度、增大其比表面积（BET），以此降低界面反应阻抗和固相扩散阻抗；二是优化石墨的晶格取向，提高锂离子在其中的固相扩散速率；三是在石墨表面包覆无定形碳层，改善石墨与电解液的接触界面。此外，采用钛酸锂（LTO）为负极也是一种选择，虽然这种材料的容量较低，但其较高的嵌锂电位可以有效避免析锂的风险。

2）优化电解液的组成。低黏度、高离子电导率和高锂离子迁移数的电解液可以有效降低液相欧姆极化和锂离子的液相传质极化，而合适的添加剂有利于改善SEI膜的性能，降低锂离子通过SEI膜的传质阻抗。

3）合理设计电极。降低负极极片的厚度、压实密度，可以缩短锂离子的液相传输距离、提高锂离子的液相传质能力，从而降低多孔电极内部的液相欧姆极化。

### 1. 快充电芯结构件设计

锂离子电池的结构对其快充性能具有显著影响。极耳的位置、大小、焊接方式，以及极柱等结构件的接触面积都会影响电池内部的电流分布和温度分布。不均匀的电流分布容易引起局部极化过大和析锂，从而影响电池快充性能。采用多极耳设计、单极耳组合设计，以及优化极柱、连接件以及焊印的过流面积等措施，可以提升电芯的大倍率快充性能。

### 2. 极片设计

（1）梯度孔隙结构设计

负极极片孔隙率是影响电池充电能力的主要因素之一。极片孔隙率越大，电解液在电极中的体积占比越高，离子传输路径越丰富，电极液相欧姆极化越小。但提高孔隙率无疑会降低电极的压实密度，从而降低电池能量密度。为了在提升快充能力的同时降低对能量密度的影响，理想的电极极片应当在厚度方向具有图2-36所示的梯度孔隙分布：靠近集流体的涂层孔隙率低，远离集流体的涂层孔隙率高，即上部涂层具有低压实密度、高孔率，下层涂层具有高压实密度、低孔率。这种结构设计可以有效降低液相传输通道的迂曲度和液相传输引起的欧姆内阻。如图2-37所示，梯度孔率可以表征锂离子在极片内部的液相传输距离，均化厚度方向每一微区欧姆极化（即固相欧姆极化和液相欧姆极化之和），从而在提高材料利用率的同时，降低电极表面的液相欧姆极化，避免锂的沉积。此外，梯度孔率设计还可以降低极片厚度方向的浓差极化（图2-38），极大地提升电池的快充能力。

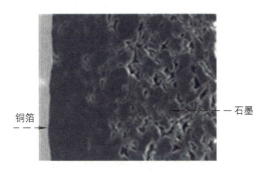 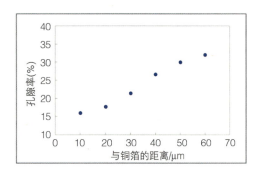

图2-36 孔隙梯度电极结构及其厚度方向孔隙率分布的示意图

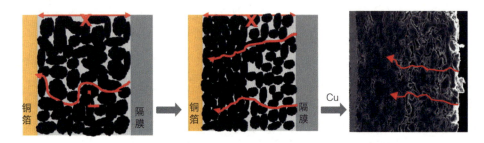

图2-37 梯度孔率电极中锂离子的传输示意图

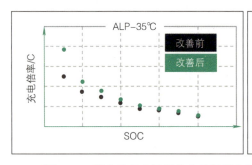 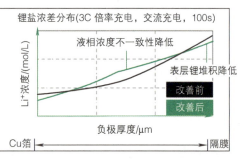

图2-38 梯度孔率电极的快充性能及在其高倍率充电条件下厚度方向的浓差分布

梯度孔率分布除了可以通过调整上下层石墨颗粒的大小来实现外，还可以利用浆料的配方差异来实现。如图2-39所示，上部涂层采用低压实密度黏结剂，以降低负极颗粒之间的接触面积，从而提升上层的孔隙率；而下部涂层采用高压实密度黏结剂，以增强负极颗粒之间的结合力，从而减小下层的孔隙率。

（2）低迂曲度设计

迂曲度是反映极片内部液相传输能力的

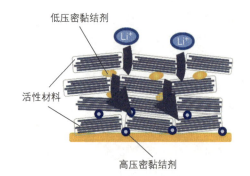

图2-39 利用黏结剂实现极片厚度方向孔率梯度分布的示意图

一个关键参数,也是快充负极设计时需要重点优化的指标。一般来说,低迂曲度有利于缩短锂离子的液相传输距离,提升电极快充能力,如图 2-40 所示。此外,快离子环也是提升负极快充性能的一种有效手段。其基本原理是通过改变负极材料表面特性来降低负极/电解液的界面阻抗,同时改善负极材料的固相传输性能。当然,快充材料的设计还要从能量密度、成本和量产工艺可行性等方面进行多维度研判。

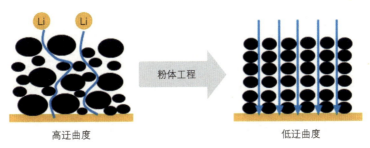

图 2-40　快充负极迂曲度优化设计示意图

（3）涂层配方设计

为提升电芯的快充性能,电极配方需要以提升动力学过程以及高倍率长寿命性能为目标开展优化设计。正极配方中,通常需要提高导电剂在整个配方中的占比,来降低电芯在高倍率应用场景下的欧姆极化。其中,导电剂以导电炭黑、CNT 以及石墨烯为主,用量比例高出常规体系数倍,以提高阴极的电子导电能力,实现极片膜片电阻的大幅降低。黏结剂以 PVDF 为主,其用量比例略高于常规体系,以改善颗粒间以及涂层与集流体之间的黏结效果。由于 PVDF 极性较强,对活性主材无表面包覆作用,因此对锂离子传输及其去溶剂化过程基本无影响。与之相反,一些非氟黏结剂由于可在活性材料颗粒表面成膜,容易导致极片膜片电阻异常升高以及电池功率显著下降等一系列问题。但值得一提的是,这类包覆型黏结剂能改善电芯高倍率循环过程中的容量衰减以及长周期循环过程中的 DCR 增长。此外,配方体系内,往往需要引入一些非极性分散剂,以保证碳材料的充分分散,并避免电芯前工序生产中存在的风险问题,如浆料凝胶、浆料流平性差、涂层开裂以及碳分散不均等。

负极配方的设计思路主要基于以下几点：

1）尽可能减少羧甲基纤维素钠的使用量。羧甲基纤维素钠的主要作用是润湿分散石墨以及浆料的增稠稳黏,但由于其在石墨表面容易形成包覆层,通常会引起负极倍率性能的下降,因此,减少羧甲基纤维素钠的用量可以有效降低石墨表面的电荷传输阻抗,改善电极功率特性。

2）提升石墨负极的保液能力。为降低大电流下负极界面极化过大导致的局部析锂风险,以及避免电芯循环后期因电解液消耗量过大而导致的容量"跳水",负极导电剂通常采用由导电炭黑、CNT 以及石墨烯组成的复合导电剂,以此提升石墨负极的界面浸润性及其保液效果。导电剂用量不可过多,否则会引发电芯的首效降低、不可逆容量损失增大、存储过程中容量保持率下降等诸多问题。此外,负极添加剂应以成膜添加剂为主，以促进形成坚韧且薄的 SEI 膜，从而满足高功率下的循环和存储性能的需求。

除涂层配方外，浆料的配方设计也需要考虑涂布工艺要求。由于快充电芯的极片厚度较薄，因此浆料的配方设计必须满足超薄涂布的工艺需求。在实际涂布生产过程中，为避免涂布机台振动导致刮刀撞辊，最小湿膜涂布厚度往往存在一定的极限。为解决这一问题，正负极浆料需要在维持黏度的同时降低其固含量。

### 3. 材料设计

（1）正负极活性材料设计

快充引起的温升过高将导致副反应加剧，电芯寿命缩短，甚至带来安全性问题。提升正极材料的电子和离子导电性、降低其反应阻抗可以有效减小电池的产热。对于三元正极材料来说，提升钴含量、降低材料粒径、改善界面包覆层等措施均可以降低正极的初始直流阻抗。此外，电芯在快速充电的过程中，需要考虑负极材料对锂离子的快速接收能力。当充电速度过高时，负极表面有可能出现析锂，从而带来安全隐患。因此，快充负极材料的设计主要是提升其对锂离子的接收能力。除采用快充型石墨外，改善负极极片的液相传输及其界面阻抗也是提升负极快充性能的关键。

（2）隔离膜设计

在锂离子电池的充电过程中，锂离子的传输过程主要涉及：$Li^+$ 从正极晶格中脱出，在电解液中溶剂化，通过液相扩散/电迁移等途径通过隔膜到达对向电极，在负极表面去溶剂化，嵌入石墨层间并在其中扩散。提高快充性能需要加强上述传输过程，其中隔膜的孔隙率和厚度对锂离子的传质过程具有重要影响。隔膜孔隙率越小，锂离子通过隔膜的传质过程越慢；厚度越大，锂离子的传质距离越长，通过隔膜的传质速度越慢。所以，快充电芯需要采用薄且高孔隙率的隔膜。而这与电池安全性是相矛盾的，因此除厚度和孔隙率外，隔膜的浸润性、耐蚀能力，以及孔径、穿刺强度和热稳定性等指标在设计快充电芯时也需要重点加以考虑。

（3）电解液设计

理想的快充电解液不仅需要具有高的离子电导率和高的锂离子迁移数，而且能够有效抑制界面副反应、降低电极界面阻抗。通过引入低黏度溶剂，降低离子传输阻力，可以显著改善电芯的充电能力。然而，低黏度的溶剂分子因其分子量较小，往往具有更高的扩散和渗透能力，容易穿过 SEI 膜在石墨负极表面发生还原分解和穿过 CEI 膜在正极发生氧化分解，从而增加电芯产气及寿命恶化的风险。有鉴于此，快充电解液通常需要搭配合适的正负极界面成膜剂。

通过调控 SEI 组分与结构，可提升电芯的充电能力，但大量成膜剂的使用会造成电极表面膜厚度过大，反而造成电芯充电能力的下降，尤其是在低温下。因此电解液中成膜添加剂的含量需要根据实际情况进行优化。有文献报道[4]，非牺牲全氟阴离子添加剂（LiNFBS）可以改善 SEI 膜的界面化学和结构，其原理为长全氟阴离子的 LiNFBS 可以吸附在石墨电极表面并排斥界面处的溶剂和其他添加剂分子，减少添加剂和溶剂的还原分解，使得 SEI 膜变得更薄、更均匀，从而降低电极界面阻抗，改善电芯的动力学和低温性能。

## 2.4 电池的智能化设计

电芯研发是融合多需求、多界面、多尺度、多物理场、高灵活度的复杂性系统工程。随着研发经验的积累以及数字化工具和人工智能的发展，电芯设计也逐步开始走向智能化。根据动力电池研发过程中的智能化水平，电池的智能化设计由低到高可划分为 5 个层级（即 Level1～Level5），如图 2-41 所示。

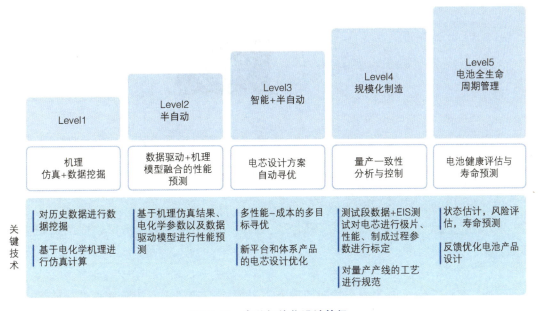

图 2-41 电芯智能化设计等级

Level1：机理仿真＋数据挖掘层级。这一层级可以通过对电池性能需求、设计参数、测试结果和工艺制程等历史数据的深度挖掘，采用 AI 加速计算＋大模型的方法深化机理的研究和仿真，把握需求趋势和产品迭代方向。

Level2：数据驱动＋机理模型融合的性能预测层级。该层级可以通过人工智能＋机理仿真计算融合的方案，完成从微观材料到宏观电池的尺度跨越，准确捕捉设计参数与电池性能的关系。

Level3：电芯设计方案自动寻优层级。该层级可以通过对客户需求的梳理，自动完成材料选型、极片设计、电池设计等流程，并利用优化算法提供最优化的设计方案。

Level4：量产一致性分析与控制层级。该层级可以将量产中发现的设计优化点反馈给设计端，并采用大模型对电池生产过程中的一致性进行控制和分析。

Level5：电池健康评估与寿命预测层级。该层级可以对电池售后的状态进行评估，包括状态估计、风险评估、寿命预测等，具备在线检测和事后回溯解析能力，并反馈给电池产品的设计。

智能化可为电芯设计赋能,是实现全业务链自主联动和全场景自动化的基础。智能化设计是一种可根据用户端需求,快速设计、评估及自优化闭环的电芯研发平台。它可以通过全方位的数据结构化和关联化,实现数字孪生;也可以通过对电芯设计的全维度仿真,实现设计方案的快速评估。智能化设计的主要功能包括大数据建模、需求解析、趋势分析、最优设计、性能预测等。通过自动化分析,智能化设计还可快速孵化知识创新点。图 2-42 给出了智能设计的示意图。

图 2-42　智能设计示意图

电芯设计智能化建设可分为四个部分。

1）底座现代化:端到端建立各研发环节统一的技术底座,实现数据系统间互联互通。

2）数据透明化:唯一真实数据源,实现研发数据全局透明,构建电芯数字孪生。

3）流程自动化:推式流程打通协同断点,实现端到端流程无阻和电芯研发网络顺畅运转。

4）场景智能化:精确捕获高潜预研方向,赋能研发工作和产品长期规划,实现持续技术创新。

电芯设计智能化场景见表 2-6。智能化设计价值主要体现在以下三点:

表 2-6　电芯设计智能化场景

| | |
|---|---|
| 需求分析 | 需求模型化,需求层级解构及权重定义,精准画像,需求趋势分析 |
| 知识模型 | 代系知识模型化,匹配客户需求,实时设计防呆 |
| 设计元素 | 元素参数结构化、关联化 |
| 设计模型 | 拟人化设计模型,基于需求在设计规范约束下自动完成参数循优,输出方案 |
| 电芯仿真 | 材料、极片、裸电芯、电芯的电/力/热全维度仿真 |
| 大数据预测 | 来料/设计/制程/测试大数据模型预测 |
| Gap 分析 | 安全/性能/可能性/成本全方位满足 Gap 分析 |
| 智能 DOE | 搜索系统内寻知识图谱、外查文献专利,基于调研结果自动完成验证方案 |
| 智能分析 | 基于知识图谱构建智能 FA、数字化 FEMA、因果链分析等风险识别工具 |
| 知识创新 | 智能化赋能研究人员识别新的技术点,人和 AI 协同创新 |

1)对于个人工作:数智化可同时提供全量的历史经验与新技术的探索支持,工程师将从繁重且低价值工作中脱身,投入到与 AI 协同的创新工作中,脑力将得到更为合理和更为充分的利用。

2)对于技术发展:基于数据库数智化可以快速构建衍生技术,且可以通过训练和迭代逐步增强其对新技术的预测能力,加快技术迭代,保持技术的领先性。

3)对于公司发展:数智化无疑将开启人类社会的新纪元,技术将向着更高、更快、更强发展,数智化将成为公司国际化竞争力的基石。

## 2.4.1 电池材料的发展

锂离子电池的发展主要还是依靠电池材料体系的创新。图 2-43 给出了电池材料体系的发展趋势。正极材料以磷酸铁锂、磷酸锰铁锂、镍钴锰氧化物、富锂锰基材料、高电压正极材料开发为主,负极材料聚焦在人造石墨、天然石墨、硅基材料等方面,而电解液主要是液态电解液、半固态电解液以及全固态电解质。

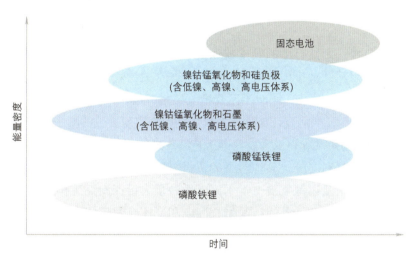

图 2-43 锂离子电池材料体系发展趋势

### 1. 正极材料

正极材料的发展主要有三大技术路线:①以磷酸铁锂为主的长寿命、高经济性路线,下一步聚焦开发兼顾高比能、长寿命和高安全性的磷酸锰铁锂材料;②以镍钴锰氧化物为主的高能量密度路线,而镍钴锰氧化物又可分为 4.4V 以上高电压路线和 8 系以上的高镍高容量路线;③更高比能量的固态电池,由于固态电解质的特性,可以兼容 4.5V 甚至更高电压的正极材料。

磷酸锰铁锂材料的主要挑战指标是克容量、压实密度和寿命。需要综合考虑材料的粒径大小级配、优化元素分布均匀性,通过第一性原理仿真选择合适的掺杂元素,尤其需要考虑材料表面的钝化处理方法。

4.4V 以上的高电压镍钴锰三元材料主要是攻关锰溶出问题和高电压下的电解液稳定

性问题。8系以上高镍含量镍钴锰三元材料主要是改善材料的本征安全性能，以及在电芯设计上改善电芯的安全稳定性。

在研的 4.5V 以上的高电压正极材料主要有高电压镍锰酸锂材料和富锂锰基材料。镍锰酸锂材料的主要挑战是要解决高电压下电极材料与电解质之间的副反应，以及副反应对电池体系的破坏，研发的方向聚焦在如何构造稳定的正极材料与电解质界面膜。富锂锰基材料的关键挑战在于首次充放电效率低、循环寿命差、充放电过程中的析氧等问题，这些问题使其距实际应用还有较远的距离。

此外，为了满足不同场景的使用需求，将不同的正极材料混合在一起，开发混合正极材料，也是一种弥补不同正极材料问题的有效办法。

### 2. 负极材料

负极材料的未来发展受到综合因素的影响：一方面是应用场景的各种痛点会催生各项技术的进步，从而实现负极材料的演变；另一方面，全球法律法规的要求也会引导负极材料的发展方向。总体来说，负极材料会向着性能更优、性价比更高、碳排放更低的方向进化。

首先是石墨负极，天然石墨的碳排放和成本有先天优势，因此如何高效地延长天然石墨寿命的同时保留其低碳排放和低成本的优势非常关键。人造石墨则需要考虑如何实现极致的快充电、长寿命性能，同时不断降低其碳排放值。

其次是硅负极材料，如何设计出理想的材料结构来实现有效的膨胀吸纳以保障其充放电过程的体相和界面稳定性，以及开发匹配工艺路线来保障量产落地和成本控制是关键。

除石墨和硅负极材料之外，其他类型的负极材料也在积极探索中，其中最具代表性的是金属锂负极。关于金属锂负极，学术界已经做了大量探索性工作，但从目前进展来看，其在高面容量充放电条件下的枝晶生长问题和低库仑效率问题还不能有效解决。我们有理由相信随着技术和产业的进步，负极材料会持续升级优化，以更好地满足电池性能需要，更好地解决应用领域的痛点。

### 3. 电解液

锂离子电池的电解液可分为液态、半固态和全固态三个典型形态。

液态电解液是目前锂离子电池中大规模使用的主流，其发展方向以进一步提升离子导电率和电化学稳定性为主要方向。选择高介电常数和低介电常数的溶剂搭配，可以形成良好的互补效应。高介电常数溶剂优先与锂离子络合，低极性溶剂优先排布于低极性（如隔膜、阳极）材料表面，从而使混合溶剂既具有高溶剂化能力，又具有低介电常数溶剂的低黏度（高流动性）及低界面能（高润湿能力）性能。而添加剂的开发是非常值得期待的，成膜添加剂已有 VC、FEC、DFEC、PS、PST、SN、DTD、LiBOB 等，许多新的添加剂材料也正在开发中，通过少量的添加剂来达到良好的界面改性，无疑具有事半功倍的效果。

半固态电解液主要是指液态电解液和固态电解液混合使用的过渡态，这里不单独做介绍，下面会重点介绍全固态电解质。

使用固态电解质的电池体系称为固态电池。与液态锂离子电池相比，固态电池的主要差异是采用固态电解质替换了电解液和隔膜。固态电解质可以兼容更广泛的新型正负极材料，可实现更高的能量密度。固态电池技术可以分为三代，如图2-44所示。第一代固态电池只是将电解液和隔膜替换为固态电解质，其他正负极体系都和现有锂离子电池体系相同，因此能量密度并没有明显提升，实际价值不大。第二代固态电池是将负极材料更换为锂金属负极，由于锂金属克容量是现有石墨负极的10倍，因此能量密度可以提升至400W·h/kg以上。第三代固态电池除了采用锂金属负极外，正极也替换为更高电压的材料，可以进一步提升固态电池能量密度至500W·h/kg以上。

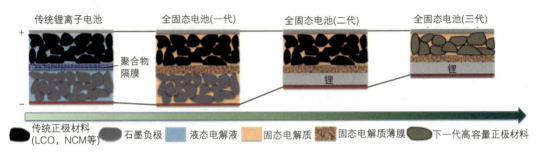

图2-44　固态电池技术发展趋势

按照固态电解质种类，固态电池可以分为三种主要技术路线。

（1）聚合物固态电池

聚合物固态电池通常采用可解离锂盐的聚合物材料，如聚氧化乙烯（Polyethylene-Oxidized，PEO）作为固态电解质。这种电解质具有加工性好、成本低、可兼容现有锂离子电池工序等优点，是最早实现小批量产业化应用的固态电池技术。法国Bollore公司于2011年即推出了搭载30kW·h聚合物固态电池包的电动汽车Bluecar和电动客车Bluebus，但该固态电池包的能量密度仅有100W·h/kg，缺乏市场竞争力。虽然这类固态电池曾经商业化，但是未能持续运营下去。聚合物固态电池的低能量密度是材料体系本征特性决定的。一方面目前主流的PEO聚合物电解质的电化学窗口较窄，只能适配低电压的磷酸铁锂正极；另一方面因为聚合物只有在较高的温度（60～80℃）下才能具有足够快的离子迁移能力，所以聚合物电池还需要搭载额外的加热设备，降低了成组效率。因此，聚合物固态电池的发展受限于缺乏高电压稳定性和高离子电导率的聚合物电解质材料。原则上，可以通过聚合物共混、交联以及掺杂无机填料等策略改善聚合物材料的物理化学性能。一旦在材料体系方面取得突破，聚合物固态电池易于加工和低成本特性就有望推动其快速实现产业化。

（2）氧化物固态电池

氧化物固态电池通常采用具有快离子导体结构的氧化物材料（如锂镧锆氧）作为固态电解质。氧化物固态电解质通常具有比聚合物高2～3个数量级的离子电导率，以及高的电化学稳定性，可以适配高电压正极。但是，氧化物电解质材料的硬度很高，导致其与活性材料之间的固/固界面阻抗大，这一问题极大地限制了氧化物固态电池的性能发挥。而且，氧化物固态电解质的加工性差，通常需要高温（>800℃）烧结形成致密的陶瓷薄膜，工艺难度极高，这也导致氧化物固态电池的产业化进度最慢。美国Quantum Scape公司一直聚焦于氧化物固态电池开发，但其展示的样品还处于小容量的实验室层级，仍需攻克规模化制备难题。

（3）硫化物固态电池

硫化物固态电池采用玻璃态或晶态的硫化物材料，如锂磷硫化合物（Lithium Phosphorus Sulfur Compounds，LPSC）作为固态电解质。因为硫离子对锂离子的束缚作用比氧离子弱，所以硫化物材料离子电导率比氧化物要高一个数量级，达到了与液态电解质相当的水平。此外，硫化物电解质硬度低、加工性更好，因此也被认为是最有应用前景的固态电池路线。中国、日本、韩国、美国等多家公司都有重点布局和开发硫化物固态电池。但硫化物路线也并非完美，仍然面临一些关键瓶颈问题需要解决：首先，硫化物与空气中水分接触会释放剧毒硫化氢气体，在电池制造和使用过程中都面临安全风险；其次，硫化物缺乏流动性，电极材料体积变化会导致固/固接触不良，电池界面阻抗增大；最后，由于高锂含量和复杂的合成工艺，硫化物材料成本很高。因此，硫化物固态电池要实现产业化应用仍需解决材料、界面、工艺及成本等诸多难题。

综上所述，固态电池能够兼顾高安全性和高能量密度的优势使其成为应用可能性最高的下一代电池技术，但目前无论是聚合物、氧化物路线，还是硫化物路线，都不能完全满足产业化的要求，推动固态电池发展仍需基于材料体系本征特性考虑开发出真正具备产品竞争力的方案。尽管固态电池在能量密度、安全性能等方面有望取得突破，但是受限于固态电解质材料本征特性（高锂含量、缺乏流动性等），固态电池在倍率性能、成本等方面仍面临较大挑战，未来固态电池与锂离子电池的关系可能并非互相替代，而是互相补充。实现固态电池产业化一方面可以满足更多长续航场景需求，如超长续航的高端电动汽车、电动重型货车等，另一方面也可以推动一些新型应用场景的电动化，例如对能量密度及安全性要求更高的航空场景、深海场景等。

### 2.4.2 智能设计的发展

随着计算机技术和人工智能的高速发展，探索基于计算机仿真这种更加高效、快速、精准的研发模式，对于提升动力电池企业的竞争力非常重要。然而对于电化学这种唯象理论模型来说，往往又存在很多物理过程/现象的机理不清晰、学术界认识不统一、模型的输入量和输出量没有明确的学术定义，且较难表征/量化的部分。而且在锂离子电池仿真过程中往往涉及从微观到宏观的跨尺度建模，使得仿真技术很难达到高准确性、高效率、高通用性的特征。生成式人工智能（GenAI）的快速发展使其在各领域广泛应用并收获价值，推动我们思考其在电池领域带来的长远影响和启示。

1）智能趋势分析与情报检索AI工具建设：接入开源分子数据库、专利/文献、实验/计算数据，通过GenAI整理外部文献中的实验数据进行论文提炼，了解前沿技术趋势，收集高潜前沿技术方向。根据检索结果自动输出高潜前沿技术热力图，支撑预研方向判断和选择，并自动生成技术选择和下一步行动建议，快速接入模型，生成与给定数据集相似的新数据。另外，利用 AI 越来越精准的策略解读和自然语言交互，从多语言、多模态数据来源中搜集纵横全行业、全产业链信息进行情报检索，全面覆盖商业、技术及政策法规，感知预测爆发点，挖掘技术与商业模式黑马情报检索，实时追踪新能源及相关行业趋势，掌握产业链上下游技术/商业布局，预测消费者以及政治/社会/经济/自然环境变化，赋能快速响应与决策。

2）利用机器学习与人工智能加速锂电相关材料的发现与优化：利用 AI 算法实现材料研发全流程自动化、持续自行迭代的闭环，包括多数据源自动搜索与生成候选分子，机器学习模型预测分子属性加速筛选，自动实验验证分子属性，并利用所得实验结果数据迭代优化模型训练，循序学习实现模型自动迭代。从基于 AI 模型的单维度（如导电性）分子性质预测，到多维度构效预测模型，进而构建生成有机创新材料分子的大模型，并通过分子逆向合成与 AI 科学家实验，进行自动化、智能化的端到端分子生成与筛选。将整个材料开发与优化过程提速 3~4 个数量级，模拟电池模型迭代周期从 2~3 个月缩短为 10min，材料性能仿真测试从天级缩短为秒级。也能通过 GenAI 生成和筛选高潜分子进行电解液配方设计，可以结合客户/市场需求，对数十亿种配方进行筛选，快速找出满足客户需求的最优配方推荐，减少试错。GenAI/AI 在材料研发未来模式中的赋能方式已在医药等相关行业落地或在学术文献中得到验证，实现价值捕捉的技术可行性较高。

3）通过 GenAI/AI 算法构建仿真代理模型，提速参数校准和模型求解：依托强大 AI 算力实现全连接、可模拟、能计算全面智能化转型升级系统性解决跨尺度建模和计算模拟问题，在全量数据能力分析的基础上，通过数据+知识+深度大数据算法分析的关联，实现知识经验指导数据分析；大数据分析反补仿真模型，从而进一步接近真实的电芯机理，指导设计开发。大数据算法分析如数据森林、神经网路等对数据深度探索预测。同时通过历史大数据，结合目标性能要求，使用成熟寻优建模方法，对逆向参数寻优，给出优化的解决方案，更精准探索到性能与参数的量化关系通过逆向寻找符合的性能需求的，设计参数 DOE 或优解。结合数据库、专家经验、参数辨识、物理寻优的方法，应用及改进模型，实现从内核程序到用户界面的全流程自动建模仿真平台。

## 参 考 文 献

[1] 查全性. 化学电源选论 [M]. 武汉：武汉大学出版社，2005.

[2] 宁德时代新能源科技股份有限公司. 电极组件、电池单体、电池及电极组件的制造方法和设备：2021800068500[P].2021-03-26.

[3] Yuanke Wu, Ziqi Zeng, Sheng Lei, Mengchuang Liu, Wei Zhong, Mingsheng Qin, Prof. Shijie Cheng, Prof. Jia Xie. Passivating Lithiated Graphite via Targeted Repair of SEI to Inhibit Exothermic Reactions in Early-Stage of Thermal Runaway for Safer Lithium-Ion Batteries[J/OL]. Angewandte Chemie, 2023, 62(10), https://doi.org/10.1002/anie.202217774

[4] KIM H S, KIM T H, KIM W, et al. Interface Engineering with Nonsacrificial Perfluorinated-Anion Additives for Boosting the Kinetics of Lithium-Ion Batteries[J]. ACS Applied Materials&Interfaces，2023，15（7）：9212-9220.

# 第3章 电池系统产品设计

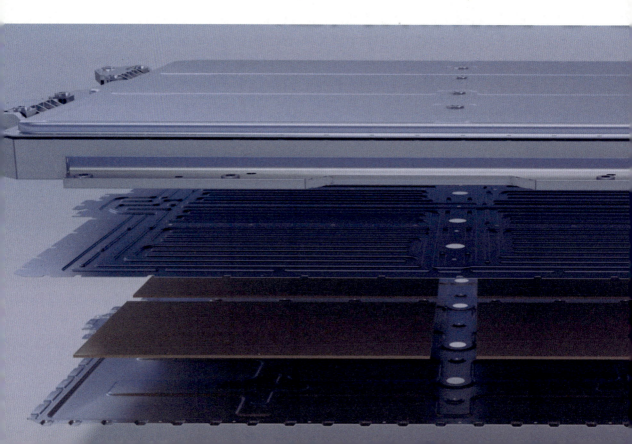

## 3.1 概述

动力电池作为新能源汽车核心零部件,决定了整车的动力性能。动力电池包的重要组成部分包括电芯组件或模组、结构件、热管理结构、电气结构以及电池管理系统。本章对电池包的设计进行全面且系统的介绍,首先将对电池包的发展、需求分析及设计原则与功能要求进行概述,其次将进一步阐述电池包系统成组技术、关键结构件设计、热管理设计、电气设计、安全设计,旨在帮助读者对电池包设计有更透彻的认知。

### 3.1.1 电池包的发展

电池包成组技术的发展路线经历了模组集成电池包(Module to Pack,MTP)、电芯集成电池包(Cell to Pack,CTP)、电芯集成车身(Cell to Body,CTB)、电芯集成底盘(Cell to Chassis,CTC)几个阶段,其主要发展路线如图 3-1 所示。

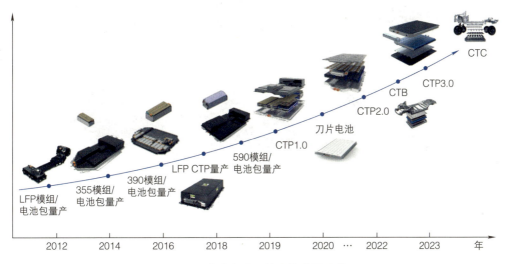

图 3-1 电池包成组技术的发展路线

MTP 电池包成组形式:由电芯组装成模组,再由模组装成电池包。2019 年之前,这种技术方案在乘用车领域被广泛采用,其模组件经历了从小模组到大模组的发展过程,技术体系成熟,目前仍有部分厂家使用此种技术方案。根据模组的大小和类型以及模组的发展过程,可将模组分为 355 模组、390 模组、590 模组、三明治模组、双排模组以及双拼模组,体积成组效率为 90%~91.5%。

355 模组(长度为 355mm 的标准模组)如图 3-2a 所示,一般有 4~12 个电芯,采样方式为线束采样或 Press-fit("鱼眼端子")方案,重量能量密度在 216W·h/kg 左右,体积成组效率可以达到 90%。自 2016 年起,390 模组(长度为 390mm 的标准模组)方案出现,如图 3-2b 所示,一般有 4~12 个电芯,采样方式逐渐采用柔性电路板(Flexible Printed Circuit,FPC)和镍片,重量能量密度在 225W·h/kg 左右,体积成组效率可以达到 90.2%;随着动力电池的发展,590 模组(长度为 590mm 的标准模组)的出现正式开启了大模组时代,如图3-2c所示,一般有8~24个电芯,采样方案完全采用FPC和镍片,重量能量密度可达到230W·h/kg,体积成组效率可以达到90.7%。

以上三款模组一般定义为传统模组。随着大模组时代的发展,为进一步提高电池包的成组效率、提高模组的能量密度,三明治模组、双拼模组和双排模组方案进一步得到了发展。三明治模组是指在传统模组中间再增加一块端板,使其在满足机械性能的要求下提升模组长度(可大于800mm),如图3-2d所示。双拼和多拼模组是将两个或多个传统模组沿模组宽度方向拼接起来,每两模组共用一块侧板,如图3-2e所示。取消部分侧板结构可以提高模组的重量能量密度和体积成组效率。双排模组同样是将两个传统模组拼接起来,但不取消模组的侧板。其优势是成组效率高,结构强度好,如图3-2f所示。这三种模组的重量能量密度都可达到240W·h/kg,体积成组效率可达到91.5%。

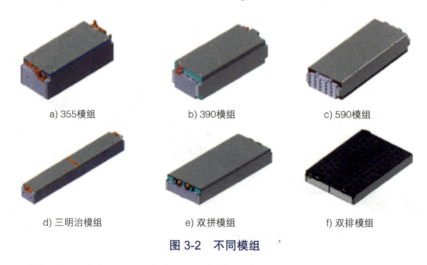

a) 355模组　　b) 390模组　　c) 590模组

d) 三明治模组　　e) 双拼模组　　f) 双排模组

图3-2　不同模组

CTP电池包成组形式:CTP指由电芯直接组装成电池包,省略了模组的过渡单元,又称无模组电池包技术。这一概念由宁德时代在2019年首次提出并在此基础上发布了CTP 1.0产品,这是当前主流的电池包成组技术方案。由于省去了模组,因此极大简化了电池包结构和成组工艺——电池包结构件减少40%,体积利用率提升20%。后来行业又衍生出了多种CTP技术方案,比如宁德时代于2021年和2022年分别研发的CTP 2.0和CTP 3.0产品;比亚迪于2020年发布的刀片电池;特斯拉于2020年发布的4680圆柱CTP等。其中,宁德时代CTP 3.0最高体积成组效率达72%。

CTB电池包成组形式:由电芯直接集成到车身,即电池包上盖直接充当整车地板,减少了部分结构件,节省了电池包与整车地板之间的空间5~15mm,可以提升电池包的能量密度和乘客舱的舒适性、提高整车的刚度和操控性能,同时有利于整车的造型设计。CTB本质上是CTP的一种特殊应用形式,即电池包结构件同时也是车身结构件,二者功能被整合为一体,比如比亚迪的刀片电池CTB,特斯拉的4680 CTB。

2020年,宁德时代在电池创新结构上,除了公司发布的CTP技术,还将进行CTC技术开发,把电芯直接集成到底盘,再把电机电控、整车高压(如DC/DC变换器、

OBC、PDU）、热管理系统等通过创新的架构集成在一起，并通过智能化动力域控制器优化动力分配和降低能耗，使电车进一步增加续驶里程，达到 1000km 以上。通过将动力系统与上车身解耦，可以实现标准化平台底盘，节省整车开发周期和投入，支持将来汽车更快的迭代和投放市场。

### 3.1.2 电池系统功能需求与设计原则

图 3-3 所示为宁德时代典型的 CTP 电池包结构。一般情况下，乘用车动力电池包结构主要包含电芯组件或模组、结构件（箱体、箱盖、胶粘剂、透气阀等）、热管理结构（冷板、加热件、连接管路、隔热件等）、电气结构（高低压连接器、汇流排、采样、高压盒等）、电池管理系统（Battery Management System，BMS，具体在 3.3 节讲述）。设计电池包结构时需要考虑如下方面：零部件的可制造性、电池包的装配性、电池包下线测试、电池包的运输及存储、电池包与整车的装配调试、电池包在用户端使用、电池包的维修、电池包零部件的回收利用等。电池包设计的主要参数包含以下几个方面：机械结构强度（振动、冲击、底球、膨胀等）、热管理（冷却、加热、保温等）、电气（过流、采样、绝缘耐压、电气间隙和爬电距离等）、环境工况（温度冲击、湿热循环、盐雾、高海拔、低气压等）、安全工况（密封、压力平衡、定向泄压、阻燃、防热失控、防火烧等）。

图 3-3 电池集成电池包结构

## 3.2 电池包设计方法

### 3.2.1 系统结构设计

#### 1. 系统成组技术

系统成组技术主要包含 MTP 技术和 CTP 技术：MTP 技术的核心部件是模组，模组与箱体通过螺栓锁付实现载荷传递；CTP 技术取消了模组，电芯与箱体的载荷传递通过结构胶粘接，载荷分布更均匀。CTP 1.0 与 MTP 在电池包 Z 向布置的差异如图 3-4 所示。CTP 1.0 水冷板与箱体集成，电芯与水冷板用结构胶粘接；MTP 水冷板与箱体是分离的，水冷结构高度 10mm；相同包络下，CTP 电池包电芯比 MTP 电池包电芯高度高 10mm，故 CTP 电池包体积成组效率比 MTP 电池包大幅提升。

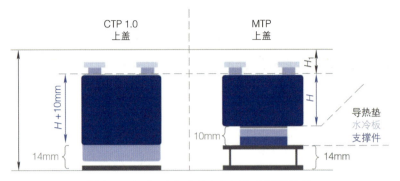

图 3-4　CTP1.0 与 MTP 在 Z 向布置的差异

### 2. 电芯组件结构设计

电芯组件是电池包的核心组件，不同成组技术电芯组件的关键差异对比见表 3-1。

表 3-1　不同成组技术电芯组件的关键差异对比

| 对比项 | CTP 1.0 | CTP 2.0 | CTP 3.0 |
|---|---|---|---|
| 示意图 | 金属端板厚度>20mm，绑带，钢带 | 塑料端板厚度9mm | |
| 单个大小 | 较大 | 大 | 最大 |
| 整包数量 | 一般 6~10 个 | 一般 6 个 | 1~2 个 |
| 固定方式 | 胶粘+锁螺栓 | 胶粘 | 胶粘 |
| 膨胀力 | 绑带+缓冲垫 | 箱体+缓冲垫 | 箱体+弹性夹层 |

CTP 1.0 电芯组件还包含金属端板、钢绑带、缓冲垫和输出极底座。端板和钢带组合承受电芯膨胀力，缓冲垫可以吸收电芯膨胀变形，端板和钢带会占用一定的空间。电芯组件的机械载荷通过端板螺栓锁付和结构胶粘接传递，即端板与箱体通过螺栓锁付，电芯与箱体通过结构胶粘接。输出极底座承担电气接插件固定，同时与端板连接。电芯组件相对独立，对电池包包络的规整性要求较低，相对灵活，可以满足传统性曲车升级改造为电动汽车的应用需求。

CTP 2.0 电芯组件还包含塑料端板和缓冲垫，塑料端板集成输出极底座功能，用于固定电气接插件，同时起到保温和成组工艺作用。塑料端板较薄，与箱体接触，由箱体承受膨胀力，无绑带结构，缓冲垫可以吸收电芯膨胀变形；电芯与箱体通过结构胶粘接传递机械载荷。结构件占用空间减小，与箱体配合更紧密，电芯尺寸进一步做大，体积利用率得到一定提升。电芯组件是工艺过程件，电池包包络一般推荐平板结构，一般适用于纯电动平台新能源汽车。

CTP 3.0 电芯组件还包含弹性夹层和保护罩，弹性夹层能缓冲吸收电芯膨胀，整个电芯组件端部与箱体接触，由箱体承受膨胀力；弹性夹层把电芯连接成一个整体，能提高整体的刚度，电芯底部与箱体通过结构胶粘接传递机械载荷。保护罩主要贴在端部，起到保温和工艺保护作用。整包电芯组件只有 1～2 个，相比 CTP 2.0 省去了横纵梁和端板等结构件，体积利用率进一步提升。由于组件更少，因此对电池包络要求更高，适用于采用形状规则的平板结构的纯电动平台新能源汽车。

### 3. 关键结构件设计

MTP 电池包关键结构件主要包含箱体、箱盖、模组结构件（端板、侧板）、安装支架等，CTP 电池包关键结构件主要包含箱体、箱盖、结构胶、钢带、底护板、安装支架等。下面对以上结构件进行介绍，其中 MTP 结构的箱盖、固定支架和 CTP 的相类似，不再区别介绍。

（1）模组结构设计

模组是利用结构件将一定数量的电芯通过不同的串并联方式组合起来的模块，典型结构如图 3-5 所示，各零部件及其主要功能见表 3-2。

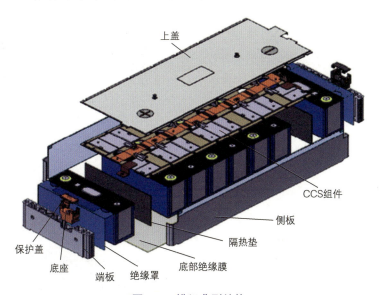

图 3-5 模组典型结构

模组的设计过程：首先基于电池包的系统需求分解出模组的子系统需求，进一步转换成零件需求，形成设计特性，给出模组的概念方案；其次，通过仿真的手段识别设计方案的可靠性；最后，依据可制造性需求细化零部件设计。

（2）模组框架设计

模组框架的主要功能是满足模组的机械强度、模组的安装及模组的吊装需求。模组的框架一般由端板和侧板构成，当端板和侧板材料相同时，一般采用焊接来实现端侧板的连接。焊接具有一致性好、效率高、易工业化、不会产生电化学腐蚀等优点。当端侧板材料不一致时，一般采用螺栓锁付或者铆钉铆接，其生产工艺简单、容易实现，但一致性较差。

表 3-2　模组零部件及其主要功能

| 零部件 | 材质 | 主要功能 |
| --- | --- | --- |
| 端板 | 金属 | 提供模组强度和锁付需求 |
| 侧板 | 金属 | 提供模组强度和锁付需求 |
| 绝缘罩 | 非金属 | 保证电芯和端板间的绝缘 |
| 隔热缓冲垫 | 非金属 | 提供电芯的膨胀空间，保证电芯间的隔热 |
| 上盖 | 非金属 | 保护 CCS 组件，起绝缘防尘作用 |
| CCS 组件 | — | 提供模组的电连接和采样功能 |
| 底部绝缘膜 | 非金属 | 保证电芯和电池包间的绝缘 |
| 底座 | 非金属 | 固定输出极巴片，并保证输出极巴片和端板的绝缘 |
| 保护盖 | 非金属 | 保护输出极巴片 |

模组的机械强度要求包含振动、冲击、模拟碰撞、跌落、挤压和膨胀力等。产品开发初期，工程师会依据客户的机械强度要求，采用仿真软件模拟模组框架能否满足强度需求，以保证在全生命周期内模组框架功能不发生失效。再通过实际的等效测试，对模组的强度进行验证，确保设计的模组方案满足技术要求。

模组的固定分为两种：端板固定和侧板固定。对于长度＜600mm 且宽度＜300mm 的模组，一般采用端板固定（图 3-6），端板一般采用挤铝端板或压铸端板，侧板采用冲压侧板，生产效率高，成本低；对于长度＞600mm 的模组，一般采用侧板固定（图 3-7），单侧板的固定孔一般要求≥3 个，保证模组足够的刚度。侧板一般采用铝挤工艺，成本低、生产效率高。

图 3-6　端板固定模组

图 3-7　侧板固定模组

模组的吊装设计是根据电池包产线的需求，将吊装孔设计在模组的框架上，一方面需要考虑到模组框架上的空间利用和对模组框架强度的影响，另一方面要考虑到吊装设备在电池包中有足够的操作空间。

(3)箱体

箱体通过与电池上盖装配在一起形成一个密封电箱产品,其主要功能是进行上盖、模组、高压盒、电池管理单元(Battery Management Unit,BMU)、电池监控单元(Cell Supervision Circuit,CSC)、高压连接、低压连接、热管理系统等内部零部件的安装固定。箱体承载着整个电箱载荷并隔绝外界环境、保护电箱内部零件,起到密封安全防护的作用,同时实现电池与整车的安装连接,并为整车提供底部防护。

1)MTP箱体方案:对于MTP电池包,由于模组与箱体为间隙装配,底部有冷板间隔,且电芯膨胀力由模组端侧板吸收,因此箱体内部无须设计较高的横纵梁、膨胀梁,仅需提供模组安装点即可。但因为模组重量主要由箱体底板承载,所以也对箱体底部结构强度提出了较高要求。传统的MTP电池包箱体主要有钣金冲压箱体、铝型材箱体、铸造箱体,其图示及介绍见表3-3。由于电池包内部所有结构件均可拆卸,因此MTP电池包箱体无须单独设计底护板。

表3-3 传统的MTP电池包箱体图示

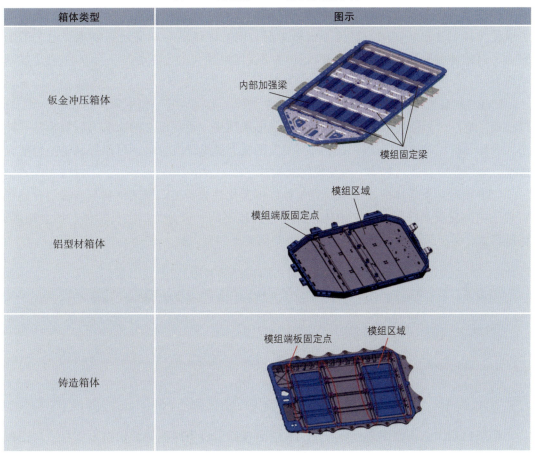

2)CTP箱体方案:CTP箱体承担的功能需求与MTP箱体存在较大的差异,不同产品典型箱体的结构特点见表3-4。

表 3-4  CTP 箱体差异对比

| 对比项 | CTP 1.0 | CTP 2.0 | CTP 3.0 |
|---|---|---|---|
| 示意图 | | | |
| 结构功能 | 承受机械载荷 | 承受机械载荷＋膨胀力 | 承受机械载荷＋膨胀力 |
| 内部结构 | 有横纵梁 | 有横纵梁 | 最多 1 根横梁 |
| 底板 | 集成水冷板 | 集成水冷板 | 平板 |

CTP 1.0 箱体内部电芯区域有横纵梁，外部梁和内部梁组成框架结构提供整个箱体结构刚度。梁上有模组固定螺栓锁付孔，还可以集成电池包挂载安装点。底板可以集成水冷。箱体主要承受振动、冲击、底球、挤压等机械工况；同时需保证电池包的密封性能。箱体可以设计成异形结构，灵活满足不同包络的需求。

CTP 2.0 箱体内部电芯区域有横纵梁，外部梁和内部梁组成框架结构提供整个箱体的结构刚度。中部梁上可以集成电池包挂载安装点，底板可以集成水冷系统。箱体除了承受振动、冲击、底球、挤压等机械工况，电芯区域前后端梁还需要承受电芯的膨胀力，对箱体梁连接部位要求更高，同时须保证电池包的密封性能。箱体一般是规则结构。

CTP 3.0 箱体内部电芯区域一般无横纵梁结构。为提高电池包主频，内部可以设计 1 根横梁。电芯区域前后端梁与箱体边框组成框架结构，承受电芯的膨胀力以及振动、冲击、底球、挤压等机械工况。箱体内部模组区域无横纵梁或少梁，可以提高电池包集成效率，方便箱体制造。箱体一般是规则结构。

CTP 电池包下箱体的主要不同点是箱体框架化趋势明显。框架结构与冷板组合连接实现了箱体集成水冷板。CTP 箱体根据工艺路线不同，可分为铝型材箱体、钣金箱体、辊压箱体、铸造箱体。不同箱体的优缺点对比见表 3-5。

表 3-5  CTP 箱体类型及对比

| 对比项 | 铝型材箱体 | 钣金箱体 | 辊压箱体 | 铸造箱体 |
|---|---|---|---|---|
| 开发难度 | 低 | 高 | 中 | 低 |
| 开发周期 | 短 | 长 | 长 | 中 |
| 重量 | 大 | 大 | 大 | 小 |
| 成本 | 高 | 低 | 中 | 中 |
| 力学性能 | 优 | 良 | 优 | 良 |
| 防腐性能 | 优 | 良 | 良 | 良 |

铝型材箱体结构如图 3-8 所示，CTP 电池包铝型材箱体框架为铝挤出型材，与冷板通过螺栓、自攻钉、铆接、焊接、胶粘等工艺集成为一体。箱体底板/冷板与框架集成后，电芯到外部的距离较小。因此，CTP 箱体一般设计有底护板，并设计有硬质保温缓冲泡棉以对电芯底部进行防护，同时可提升电池包的保温性能。

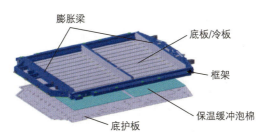

图 3-8 铝型材箱体结构

CTP 电池包铝型材箱体底板结构方案较多，根据强度、成本、轻量化等需求，可选择型材底板、铝冲压底板、冲压冷板、复材底板等不同的底板方案。

铝型材箱体的工艺流程如图 3-9 所示。

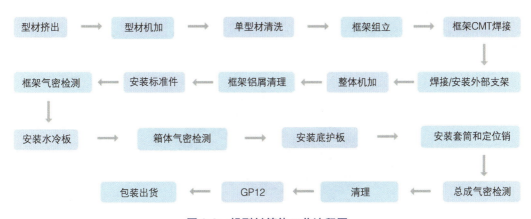

图 3-9 铝型材箱体工艺流程图

钣金箱体结构如图 3-10 所示，钣金水冷板作为箱体主体，内外部焊接集成模组梁、加强梁等结构件，是一种低成本、轻量化的箱体方案。主体可以用钎焊、吹胀等方式形成水冷板，两模组固定梁之间的电芯进行涂胶以相互固定，底部设计补强梁，既能加强箱体刚度，也可保护流道，防止流道磕碰。

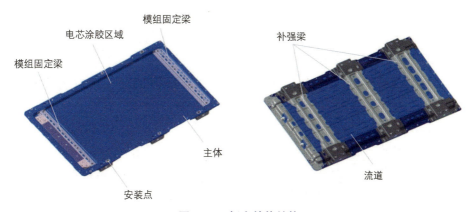

图 3-10 钣金箱体结构

辊压箱体采用的是钢辊压型材。钢辊压成形工艺如图 3-11 所示,其特点在于辊压时带材通过多道次不同形状轧辊进行横向弯曲,并最终形成了特定截面。电箱箱体因力学性能要求较高,为提升箱体强度,辊压箱体边框截面通常多为"日"字形闭口截面。端部搭接位置通过激光焊接连接固定,激光焊接可实现单辊压边框的密封效果,框架均由辊压型材拼焊而成,再与冷板/底板集成。辊压箱体与铝型材箱体的结构很相似,但相对铝型材箱体具有低成本的优势。辊压箱体结构如图 3-12 所示。但是,从另一个方面来说,辊压箱体的辊压模具成本较高,开发周期长,开发灵活性较差,在箱体开发中需要尽量减少截面数量。

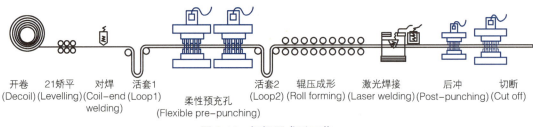

图 3-11 钢辊压成形工艺

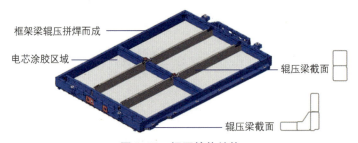

图 3-12 辊压箱体结构

根据箱体方案的不同,铸造箱体分为两种:MTP 成组技术需要铸造整个箱体,而 CTP 技术下铸造箱体仅铸造一体框架,再与水冷板组件进行焊接、铆接或螺接等形式的集成连接,即形成 CTP 箱体结构。

3)CTP 箱体一般设计要求:相比于传统的型材底板类箱体,CTP 箱体底部直接集成冷板或冲压底板,且底面与模组涂胶固定,对电芯和冷板/底板界面的绝缘防护、冷板/底板与框架集成后的电芯涂胶的轮廓度、冷板/底板与框架的连接与密封、电池包底部防护等均提出了新的要求。

随着 CTP 方案模组端板的取消,箱体需要直接承载电芯的膨胀力,内部梁新增了抗膨胀力的要求。箱体一般设计需求见表 3-6。

因箱体涉及内外部很多零件的装配,内部有电芯、高压盒、BMS、线束、冷管等配合界面,外部有支架、连接器、客户挂载等配合界面,此外还有与车身梁间隙、离地间隙等要求,涉及上百处尺寸定义。在箱体实际设计过程中,需要做好尺寸链校核工作,做好箱体尺寸分解;为减少箱体变形,保证箱体尺寸达成,设计上可考虑减少焊接使用,对于非承载结构、非密封结构,应尽量选用冷连接方案,减少热输入对箱体变形的影响，如采用螺栓连接、铆接、胶粘等工艺方案。

表 3-6 CTP 箱体一般设计需求

| 类别 | 设计需求 |
| --- | --- |
| 绝缘防护 | CTP 成组，电芯底部与箱体通过结构胶粘固定，为提升电芯与箱体的连接强度，电芯底部多为开窗设计，需对箱体底面进行绝缘防护设计，采用绝缘喷涂或覆膜方案工艺，也有采用电芯绝缘防护的方案 |
| 轮廓度 | 箱体底部涂胶面轮廓度对涂胶量与粘接效果有着重要影响，对冷板/底板单件来料、框架总成底部平面度、冷板/底板和框架集成工艺等各来料和工序严格管控，确保箱体涂胶面轮廓度达成 |
| 连接与密封 | 冷板/冲压底板和框架的集成方案需要具有良好的密封性与连接强度，常见的结构方案为 FDS 连接、铆接、螺接、FSW 焊接，其中 FDS、铆接以及螺接均需要辅以密封泡棉或密封胶保证与框架集成后的密封，针对不同的底板结构形式，选择合适的连接方式 |
| 底部防护 | 与传统的型材底板箱体对比，CTP 箱体需单独设计底护板，以保护冷板和电芯，保证 Pack 具有良好的抗托球、抗刮底性能 |
| 膨胀梁 | 模组膨胀梁需抵抗电芯膨胀时的变形，膨胀梁抵抗膨胀力变形的能力与截面结构设计相关；一般尽量采用空心结构，筋位结构可参考电芯的膨胀特性进行设计，达到最优的强度；同时也可以在膨胀梁外侧增加支撑梁、拐角支撑件做加强，提高膨胀梁强度 |

（4）箱盖

箱盖主要起到将电芯与外部环境隔绝、防尘防水的作用，同时在电芯热失控的时候，需要确保不被烧穿。按上盖成形工艺类型来分，有钣金上盖、片状模压成形复合材料（Sheet Molding Compound，SMC）的上盖、预浸料模压成形（Prepreg Compression Molding，PCM）复合材料上盖、高压树脂传递模塑（High Pressure Resin Transfer Molding，HP-RTM）的复合材料上盖等。

钣金上盖（图 3-13）常用薄钢板或者铝板通过冲压或者拼焊工艺成形。

聚合物基复合材料因其较高的强度和模量、较低的密度以及轻量化特点，在上盖上应用较多。SMC 复合材料上盖（图 3-14）是用不饱和聚酯树脂浸渍短切玻璃纤维形成的片状材料，然后通过模压成形工艺制备而成（图 3-15）。

图 3-13 钣金上盖

图 3-14 SMC 复合材料上盖

SMC 复合材料上盖存在工艺极限，为了进一步减重，PCM 复合材料上盖得到了广泛的应用。其主要工艺是通过连续纤维浸渍树脂后模压成形，但需要在模压前进行预热，生产节拍较长（图 3-16）。因此，又有 RTM 工艺在复合材料上盖上应用，RTM 成形工艺是先对玻纤进行预成形后放入到模具内直接注射树脂模压成形（图 3-17），生产节拍得到了很大的提升。

图 3-15 SMC 成形工艺流程

图 3-16 PCM 成型工艺

图 3-17 HP-RTM 成形工艺

钣金上盖、SMC 复合材料上盖、PCM 复合材料上盖和 HP-RTM 复合材料上盖主要特点汇总见表 3-7。在制定实际产品方案时，可以根据产品的不同需求选择不同类型的上盖。

表 3-7　4 种不同类型的箱盖主要特点汇总

| 主要特点 | 钣金上盖 | SMC 复合材料上盖 | PCM 复合材料上盖 | HP-RTM 复合材料上盖 |
| --- | --- | --- | --- | --- |
| 密度 /（g/cm³） | 7.8 | 小 | 小 | 小 |
| 壁厚 /mm | 约 0.65 及以上 | 约 2.0 及以上 | 约 0.8 及以上 | 约 0.8 及以上 |
| 生产节拍 | 快 | 慢 | 慢 | 中 |
| 机械强度 | 强 | 弱 | 中 | 中 |
| 拉伸模 /GPa | 约 200 | 约 10 | 约 20 | 约 25 |
| 抗开裂性能 | 优 | 差 | 优 | 优 |
| 成本 | 低 | 中 | 高 | 高 |

（5）底护板

CTP 为实现更高的空间利用率，电芯直接与底板/冷板结构胶粘贴合。底板、冷板作为电池包最低点，在运输过程中很容易磕碰，整车运行中抗刮底能力弱，极易因底板、冷板破损导致电池包报废，严重时可能会发生电池包自燃、爆炸等安全事故。且底板、冷板外露，电池包的保温性能将大大降低。因此，CTP 箱体底部增加了底护板防护结构，并辅以设计保温抗底球结构，从而消除安全隐患并提升保温性能，如图 3-18 和图 3-19 所示。市场上比较常见的底护板包括型材底护板、钣金冲压底护板、三明治复材底护板、复材类底护板等，其中型材底护板具有更好的抗底球、防侧碰性能，但这种护板重量较大、成本较高。钣金底护板需要配合一定厚度硬质缓冲泡棉，方可达到较好的抗底球效果（泡棉需满铺电芯底部区域），但对侧碰性能提升较小。这种护板具有低成本优势，且可参考上盖密封结构设计，实现底护板与箱体之间的密封，为底部密封提供二道防护，因此应用极为广泛。

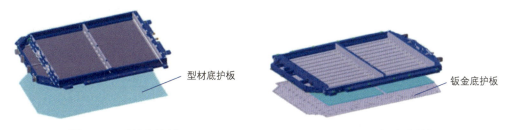

图 3-18　型材底护板　　　　　　　　　图 3-19　钣金底护板

（6）支架

箱体内外部因装配需求设计有较多冲压支架。因为外部支架需要与箱体焊接，且需要满足 720h 以上的使用寿命，所以通常选用铝合金 5083 支架。内部支架因可采用铆接、螺栓等固定，考虑等电势、成本、防腐（内部防腐≥96h）等需求，常选用钢冲压支架。

### 3.2.2 热管理系统介绍及设计

热管理系统是电池包的重要部件，主要包括水冷板和热管理控制单元，其作用是保证电芯在合适的温度环境下正常工作。电池温度的高低对与电池的容量、功率、充放电效率、安全性、寿命等都有显著的影响。温度过高时，电池内部副反应增加，严重消耗了锂离子、溶剂及电解液添加剂等，导致电池性能衰减。电池持续在高温下工作时，其循环寿命和倍率性能均会明显降低，甚至引发安全风险。温度过低时，电池内部电解液电导率明显降低，黏度增加，电池内阻、极化电压增加，充放电功率和容量下降。

由于内阻的存在，电池在充放电过程中发生的产热及温升现象对其性能影响较大。研究表明，电池的产热功率与其工作电流呈接近二次曲线的关系，产热功率随着电流的增大而急剧增大，尤其是在高倍率充放电且环境温度较高的情况下。因此必须采取合适的散热措施，同时对电池充放电功率进行限制，控制温升水平，否则电池会因过热导致性能衰退、寿命缩短，甚至发生热失控。在低温环境下，电池虽在充放电过程中能够产生一定的热量，但不足以使电池快速升温至适宜的工作温度范围。因此在低温环境下，电池的充放电功率和容量性能受限，需要对电池进行预加热，以维持电池的正常运作。

电池内部温度长时间的不均匀分布也会造成电池模块、单体电芯性能的不均衡，在电池包内部高温区域的老化速度会明显高于低温部分，使得电池之间的一致性变差，甚至提前失效，缩短整个电池系统的寿命。

热管理系统作为电池包重要组成的一个子系统，其作用主要是确保电池在正常使用环境和条件下，增强电池系统的环境适应性和工况适应性，不至于因过冷、过热或者温差过大而出现安全隐患、功率缺失、性能打折、寿命加速衰减等问题。

除此之外，热管理系统还承担热安全防护的作用。电池在极端工况下出现热安全问题时，热管理系统通过电池包内的隔热部件将失控电池的热量有效阻隔，并大幅减弱其与相邻电池间的热传递。与此同时，热管理冷却部件将热量及时导出电池系统，从而避免出现热蔓延现象，以实现电池包的热安全有效阻隔。常见热管理系统一般包含冷却组件、加热组件和隔热组件。

**1. 冷却组件**

电池包的冷却组件一般包含换热板、连接管、接头、法兰、管路固定部件，以及采样和等电势等相关的电气组件。电池系统冷却方式有自然冷却、风冷、液冷、直冷，其中风冷、液冷和直冷均为主动式冷却方式，主要区别在于换热介质的不同。目前市场上最常用的是液冷方案，通过液冷换热板与电池进行热交换，从而达到冷却或加热电池的目的。

（1）换热板

电池包换热板通过管路与整车冷却、加热系统相连，并通过导热材料与电池紧贴，从而实现对电池进行冷却和加热的功能。MTP 和 CTP 电池包换热板存在差异,MTP 电池包通常采用图 3-20 所示的挤出换热板结构,通过导热垫与电芯进行热量交换,与箱体不做集成。CTP1.0&2.0 电池包采用图 3-21 所示的冲压换热板结构,通常位于箱体底部或顶部与电池包箱体集成,通过导热胶与电芯进行换热。这种设计除了基本的热管理功能外,还能充当箱体底板承受机械载荷。CTP3.0 电池包采用图 3-22 所示的挤出换热板结构,换热板主要布置在电芯大面,由很多块小的水冷板并联组成系统。这种换热板在热失控时能够隔绝相邻电芯从而减少热扩散,同时能吸收电芯膨胀产生相应的变形。

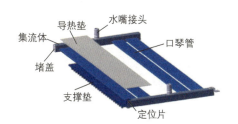

图 3-20　挤出换热板
（MTP 电池包）

图 3-21　冲压换热板
（CTP1.0&2.0 电池包）

1）挤出换热板：MTP 电池包采用微通道挤出换热板,通常包含挤出通道（又称口琴管）、集流体、堵盖、水嘴接头和定位片等。冷板流动介质的分流或分量调节通常通过在集流体内增加分水片或隔水片来完成。各零件之间一般通过焊接（常用钎焊）形成供导热介质流动的密闭流道。口琴管由支撑筋分为多个并联的冷却通道,内部填充流动介质。

图 3-22　挤出换热板（CTP3.0 电池包）

流动介质通过水嘴接头进入到集流体,然后向各口琴管的冷却通道分流,通过口琴管另一端的集流体流出,从而实现加热、冷却功能。换热板与电芯之间有一层导热垫,用于降低接触热阻并附带绝缘防护功能。此外,系统包含缓冲支撑垫,主要用于支撑冷板,保证导热介质与冷板、电芯有充分接触。一般采用发泡硅橡胶材质、金属支撑板和泡棉等,根据材料的压缩曲线及水冷系统支撑力需求进行设计。

CTP 3.0 电池包采用微通道挤出换热板,通常包括挤出通道与集流体,通过焊接形成密闭通道,换热板与电芯大面接触,换热板间采用竹节管并联,通过两端主管路将流量分流到换热板内部,流动介质的流量调节通常通过换热板流阻调节。

2）冲压换热板：CTP 1.0&2.0 电池包采用微通道冲压换热板,换热板包含上盖板和流道板,一般通过焊接（常用钎焊、激光焊等）的方式将两板连接,形成供流动介质流动的密闭流道。根据整车使用工况,换热板至少应满足以下三个基本要求：①流动介质运行和脉冲工作状态下保证不鼓包变形、密封不泄漏,根据整车水泵选型匹配；②电池包冷却板在全生命周期内不应因机械载荷和环境载荷导致破损和腐蚀等；③满足整车对电池包的热管理性能要求,使电池在比较舒适的环境中工作,保证整车动力性能、寿命及安全性能等。

为满足以上要求，冷板设计时在选材方面需考虑强度性能（如抗拉和屈服强度、材料延伸率）、耐腐能力、基本物性参数（如密度、材料热传导系数）等，通常采用1系、3系或6系铝；结构方面需考虑焊接面的最小宽度、流道设计形式、流道走向、流道横截面积（即流道最大宽度、流道高度）等。

若冷板材料强度不足，流道横截面积过大，可能导致冷板在热管理运行和脉冲工作状态下产生局部变形，甚至在机械振动、冲击等工况下出现开裂破损，导致流动介质泄漏。若焊接面过窄，在机械载荷作用下，冷板也可能出现开裂破损情况。若焊接面过宽，焊接时上下两层板界面间气体无法迅速排出，将出现局部鼓包、焊合率不足的情况。因此，当焊接面过宽时，需要局部增加排气孔，以防产生鼓包问题。

如图 3-23 ~ 图 3-25 所示，冲压换热板一般有孤岛、条状及组合流道等形式，焊接时上下层板的间隙为关键控制因素，由供应商的工艺能力、复合层厚度及助焊剂的流动性而决定。相较于条状流道，孤岛式流道结构的间隙控制难度更大，因此冲压换热板通常采用条状或组合流道形式。

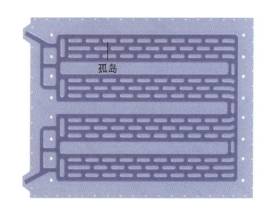

图 3-23 孤岛流道

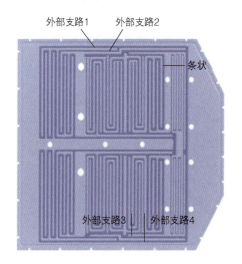

图 3-24 条状流道

图 3-25 组合式流道

为了满足电池的热管理性能要求，换热板一般采用外部多支路并联、内部各支路流道串并联结合的结构。根据电池的热管理性能和整车端水泵的选型，调整各支路的流道截面积大小及流道长度，均匀流动介质的流量分配，降低系统流阻，从而实现良好的电池包冷却、加热与均温性能。换热板设计的合理性通常采用低温纯加热或高倍率充放电的方式来评估。热性能与结构强度性能相互关联，当流道截面过小时冷板流阻增大，且其成形工艺难度增大，模具寿命也将降低；而当流道截面过大时，冷板流阻减小，但内部耐压能力下降，脉冲工况时冷板易产生鼓包。因此需要根据结构强度仿真、流场仿真、热仿真等手段来确认最优的流道设计方案。

（2）连接管及相关组件

换热板进出水口（水嘴）在电池包内部，需要通过连接管及相关组件将冷却液由水嘴引出电池包，然后与整车端相连形成冷却液回路。如图3-26所示，连接管及组件主要有尼龙管、接头、分支管、法兰盘、水冷负温度系数热敏电阻（水冷NTC）等组成。

图3-26 连接管及相关组件

目前常用的管路形式根据材质可分为橡胶管、金属管和尼龙管三种。橡胶管较厚，工艺难度及成本较低，在动力电池发展初期应用较多；金属管耐内部高压能力强，在直冷系统中应用较多；尼龙管密度小、壁厚薄、可以与接头压装，更易实现自动化，能够有效提高生产效率。随着动力电池行业能量密度要求及自动化要求标准的提升，尼龙管在行业内得到广泛的推广与使用。

尼龙管材料有PA、PP等，根据外形分为光管和波纹管。当管路过短时，需要增加波纹段以吸收装配公差、增加缓冲区；当管路过长时，可以通过增加波纹段来吸收公差，同时在包装运输时在波纹段折弯，降低包装成本，提高空间利用率。另外，对于长管路而言，需要间隔性增加固定点，以防止车辆在运行过程中管路与其他部件碰撞或摩擦，导致冷却液泄漏。

为满足液冷系统的耐压要求，对光管段的壁厚有一定要求。由于挤出工艺、材料、挤出模块等差异，波纹段的壁厚小于光管段。因此波纹段在波纹管中属于耐压薄弱区，在设计时需对波纹段的最小壁厚进行分析验证。

由于尼龙管需要与快速接头压装，因此为满足装配工艺要求，波纹段前需考虑预留的光管段长度需大于或等于夹持操作空间长度和快速接头压装段长度之和（图3-27）。若空间受限，无法预留足够长的压装段，则可以减少快速接头压装段长度，通过激光焊接等方式实现管路和接头的连接。

图3-27 光管段长度

若只考虑冷却液流动阻力要求,管路内径应尽量大。但过大的管路内径对应接头尺寸及管路自身成形的转弯半径要求也将增大,在匹配管路尺寸时,需综合考虑空间、成本及流阻要求,因此需要选择最合适的管路规格。

快速接头和法兰盘一般有密封圈组件,从而实现与对手件之间的密封。常用的密封圈材质为三元乙丙橡胶。密封的尺寸设计需对其压缩量和填充率进行校核,以保证被密封件及密封圈本身的性能要求。

### 2. 加热组件

动力电池加热组件是通过提供热量保证电池在适宜温度下工作的一种器件。常见的加热方式包括流动介质加热和接触式电加热。通常 MTP/CTP 电池包采用流动介质加热方式,而当无液体加热热源时采用接触式电加热,或当加热需求更高时与液体加热组合加热。流动介质加热是通过换热板将热量传递给电池包一种加热形式,通常包含流动介质加热器、水泵、阀门、管路、换热板等组件,换热板结构与冷却组件共用。常规的液体加热来源包含正温度系数热敏电阻(Positive Temperature Coefficient,PTC)水热加热器、燃油加热器、热泵、电机余热回收等热源。接触式电加热是通过电热效应转换,将发热组件直接与电池接触的一种加热形式,以膜片与电芯直接接触居多。接触式加热器按产热芯材的不同,可分为金属加热器(如金属加热膜)、有机加热器(如 PTC 加热膜)、无机加热膜器(如碳纤维加热膜)等。

接触式电加热片是膜片与加热芯体组合,通过与电池直接贴合进行热传导的一种组件。以图 3-28 所示的金属加热膜为例,芯体一般使用铜等金属材料,将片状金属材料按照预设形状进行加工成形,再使用绝缘材料将其包裹,形成片状加热膜,并通过黏结剂贴合于电池表面(图 3-29)。通电后,金属内阻发热,形成电热效应,通过黏结剂将热量传递给电池,从而提升电池温度。加热芯体的制程工艺大多采用蚀刻成形法。为满足不同加热需求,可以调整加热片的使用电压、串并联方式、产热芯体材料、芯体的厚度、宽度、长度、布局等方式匹配其需求功率。该加热形式具有成本低、空间需求小、加热效率高等优点。

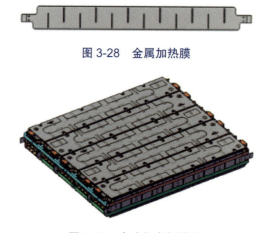

图 3-28 金属加热膜

图 3-29 电池包内部装配

(1)加热膜设计

加热膜的设计主要基于整车端性能需求(电池温升速率、加热过程温差等),针对使用电压、串并联方式、空间布局、加热功率等要素进行设计。

1)加热系统电压:加热系统的电能来源通常为电池内部电源或外接电源。使用内部电源时,加热系统电压为电池系统电压,电压大小随电池电量不同而发生变化;使用外接电源时,加热系统供电电源通常为充电桩,加热系统电压为整车端向充电桩请求电压,电压大小与电池剩余电量无关。

2)加热系统串并联方式:加热膜在电池包内布局可分为串联、并联、串并混合等方式,通常可根据选择的加热膜材料和使用方式进行针对性选择。对于加热过程阻值波动较大的加热膜,如 PTC 加热膜,需要着重考虑加热过程中的功率分配稳定性,一般采用并联电路。而对于加热过程中阻值波动较小的加热膜(如金属加热膜),一般采用串联电路。

3)加热系统空间布局:加热膜主要通过与电池的直接接触进行换热,通常布局在电池底部、侧面及电芯大面。加热膜的选择主要是基于电池可用空间、温升需求、电池内部传热热阻大小等。膜片与电池间的界面处理方式有胶粘、机械固定、弹性预紧、间隙辐射等方式。

4)加热功率计算:加热功率依据整车端加热性能需求进行设计,通过汇总电池包内相应组件的物性信息,如比热容、尺寸、密度、热阻等,核算电池温升所需功率。加热过程中电池周边部件及环境的散失热量也需纳入考虑范围,并对其进行一定功率补偿。常见周边热容部件有箱体、端板、高压盒组件等。设计过程中需考虑加热膜工作温度,保证加热膜界面贴合有效性与电池包安全性能。

(2)加热膜电气控制原理

一般加热系统具有行车加热、充电前预加热、充电加热伴随等几种工作模式。以某款新能源汽车为例,对其电路控制模式进行介绍,电路简易原理如图 3-30 所示。

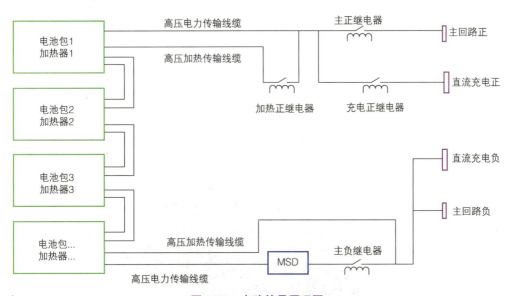

图 3-30 电路简易原理图

1)行车加热模式:加热系统供电源为电池系统,其特点是加热系统所用电压为电池系统电压,继电器控制方式为主负继电器闭合,加热正继电器闭合。

2)充电前预加热模式:加热系统供电源为充电桩或家庭电源电能,其特点是加热系统所用电压为系统电压,可通过调节请求电压实现调节加热速率,继电器控制方式为主正继电器闭合和主负继电器断开,加热正继电器闭合。

3)充电加热同步模式:加热系统供电源为充电桩或家庭电源电能,其特点是可实现加热与充电同步,加热系统所用电压跟随电池两端电压变化,加热速率依据电池两端电压变化,继电器控制方式为主正继电器和主负继电器闭合,加热正继电器闭合。

### 3. 隔热组件

电池间传热过程较为复杂,包含热传导、热对流、热辐射几种方式。热失控过程中,失效电池与相邻电池之间的传热形式大多为热传导与热辐射的综合作用,其中热传导是指在不涉及物质转移的情况下,热量从物体中温度较高的区域传递给相邻的温度较低的区域或从高温物体传递给相接触的低温物体的过程,简称导热。图3-31所示为常用保温隔热材料的导热系数。二氧化硅气凝胶具备相对较低的导热系数,故而模组电池间的隔热组件通常采用气凝胶隔热垫,其组成一般包含隔热层及缓冲层,如图3-32所示。隔热垫的缓冲层一般分为四边框结构、两边框结构和无边框结构等。在设计过程中可根据模组结构和电池膨胀需求选择不同的结构类型。隔热层也可以根据电池体系及容量选择不同类型的气凝胶隔热垫,结合隔热需求选择合适的厚度。

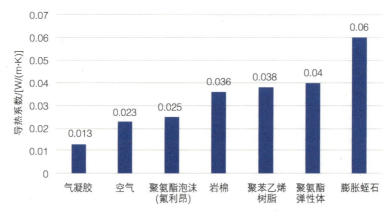

图3-31 常见保温隔热材料的导热系数

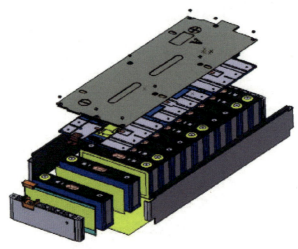

图3-32 电池间隔热组件示意图(黄色部分为隔热层)

常见的隔热垫隔热层可分为纯气凝胶、气凝胶纤维毡材、遮光剂气凝胶复合材料等。气凝胶又可分为二氧化硅、氧化铝、碳化硅等气凝胶材料，其中又以二氧化硅气凝胶最为普遍。二氧化硅气凝胶可通过正硅酸乙酯和水玻璃等硅源经过溶胶凝胶老化后，再经过常压、超临界或冷冻干燥等制备成形。通过选择预氧丝、玻璃纤维、陶瓷纤维等合适的纤维毡作为增强体与二氧化硅气凝胶复合，可以得到具有优异隔热性能的气凝胶纤维毡材。可借用非稳态热流的测试方法评估气凝胶材料的隔热性能。图 3-33 所示为一种预氧丝气凝胶隔热垫在常温及高温下的扫描电镜图。从图 3-33a、图 3-33b 可以看出，预氧丝气凝胶隔热垫在常温下纤维骨架完好，而在高温下纤维骨架局部开始坍塌；进一步在高倍率下观察，如图 3-33c、图 3-33d 所示，预氧丝气凝胶隔热垫在常温下二氧化硅气凝胶颗粒呈现三维网格结构，孔径大小分布均匀，在高温下二氧化硅气凝胶颗粒部分聚集团聚，但仍能维持三维多孔网格结构，可以锁住 70nm 的空气分子平均自由程，避免其自由流动，其三维网状的结构，使得热流在热传导时延网状结构壁的导热路径增长。这些气态与固态的热传导过程结合材料的高孔隙率共同降低热辐射，最终使得气凝胶毡隔热垫具备优异的隔热性能。隔热层的隔热性能提升路线可以考虑选择更耐高温的气凝胶、纤维毡或添加遮光剂等，将其与合适的相变吸热材料组合形成集成搭配方案，以满足更高能量体系电池的热失控防护需求。

a) 常温环境(对照组)　　　　　　　　b) 高温环境(对照组)

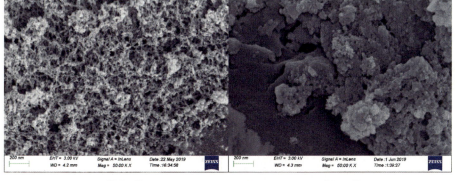

c) 常温环境　　　　　　　　d) 高温环境

图 3-33　预氧丝气凝胶隔热垫常温及高温下的 SEM 图片

### 3.2.3 电气设计

电气连接主要分为高压和低压连接，高压连接主要起到过流的作用，低压连接起到采样信号或信息传递作用。下面主要从电气架构、电气匹配、高压盒设计和模组电气集成设计进行介绍。

#### 1. 电气架构

目前电动汽车电气系统正在向高压化发展，使用额定工作电压 800V 的高压电气系统越来越多。合理的高压部件方案及集成设计可以优化整个高压系统的电连接，减少接触器、熔断器及接插件数量。另外，整个高压架构的设计需满足高压安全要求，包括高压互锁、主被动放电、绝缘监测、预充电、接触器监测和线路保护等功能。

随着整车电性能的提升及对快充性能的更高需求，电流越来越大，温升问题也越发受到重视，冷却系统与各个高压部件的结合也应运而生。图 3-34 所示为一种典型的动力电池电气架构。为保证整个系统成本及空间的最优，可将电池箱体与冷却系统集成，电池能量分配单元（Battery energy Distribution Unit，BDU）与整车高压接口、充电接口和 BMS 进行集成，从而实现零部件高度集成、空间布置及成本最优化。

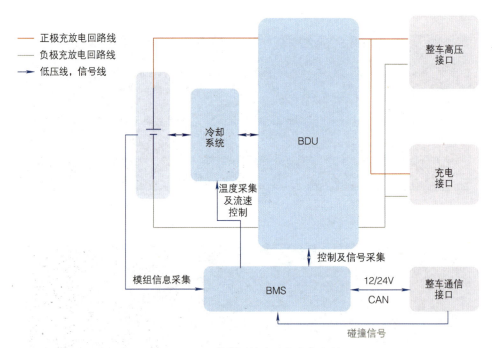

图 3-34 一种典型的电池包电气架构

#### 2. 电气匹配

高压配电主要是通过高压线缆或巴片、熔断器、接触器和高压连接器等相互连接，将动力电池系统的电能输送到车辆高压系统。因此，高压系统的各个电气部件首先应基于电气负载特性来进行选型设计。负载特性主要包括持续电流、最大电压以及瞬时条件下的电流及波形（脉冲时间、频率）等。

（1）电连接技术

动力电池内高压电连接一般包括电芯之间的电连接和外部各个电器件之间及整车接口的高压电连接。通常采用高压线缆、巴片和高压连接器等连接件。

1）高压线缆或巴片：高压线缆或巴片的主要功能是在一定的电压和变化的使用环境下，依然能够安全地传递电流。高压线缆或巴片所需要承受的电流越大，其截面积也就越大，设计时需选择合适的截面积以满足电气性能要求。在正常工作条件下的连接需保证不会受到温升、环境及运行时产生的振动的影响。因此，高压线缆或巴片的布置走向以及防电磁干扰能力就变得非常重要。高压线缆或巴片所使用的材料及其表面处理应考虑到不同材料的热膨胀以及电化学腐蚀的影响。另外，所有相关连接必须保证有足够和持久的接触压力，以满足接触电阻及温升要求，但不应使高压线缆端子或巴片产生不可逆形变。

目前，动力电池模组内部电芯之间的电连接一般是裸铝巴激光焊接，需要根据过流需求、有效焊接面积、连接强度等要求设计合适的截面规格。电池模组的外部高压电连接一般采用的是铜巴或铝巴螺栓锁付连接，也有部分采用焊接或插拔连接等方式。随着整车轻量化需求的提出及行业技术进步，未来的高压连接件更倾向于使用铝材或铜铝复合材料。

2）高压连接器：高压连接器是各高压模块之间可分离的连接接口。为确保其连接的可靠性，设计时应优先考虑接触界面的有效接触面积和镀层匹配。同时，为确保高压回路的安全，高压连接器的功率端子之间以及功率端子与外壳之间应按照过电压等级与相关标准（如IEC60664等）进行设计，严格把控其爬电距离及电气间隙。高压连接器应设计防指触结构，防止操作过程中误伤。

（2）熔断器选型及匹配

1）熔断器选型

① 分断能力校核：熔断器的最大分断能力需满足系统的最大短路电流，最小分断能力需根据具体项目进行匹配设计。

② 冲击电流校核：冲击电流容易对熔断器的狭径产生金属疲劳，影响熔断器的使用寿命，并且冲击电流的时间间隔也会叠加影响熔断器的使用寿命。在校核冲击电流时，需综合考虑整车工况和负载特性。需根据整车实际充放电工况拟合脉冲电流曲线及循环次数，通过实测校核熔断器使用寿命。

③ 熔断器和接触器匹配：熔断器应在接触器失效前提前熔断。根据接触器和熔断器的时间电流曲线，熔断器的熔断时间应小于接触器达到最大分断电流时的承受时间。如图3-35所示，在电流≥2000A时，熔断器熔断时间在接触器耐受时间以下，满足匹配要求。

2）主动熔断器：随着整车电性能的提升，驱动逆变器功率从150kW向250kW甚至更高的300~350kW设计，这使得稳态电流和脉冲电流在熔断器选型设计时冲突明显。若提升熔断器的规格，将很难与接触器匹配；若不提升熔断器规格，则高功率的驱动脉冲电流容易使熔断器提前老化，无法满足全生命周期要求。此时可在短路保护的措施中评估增加主动熔断器，如图3-36所示。

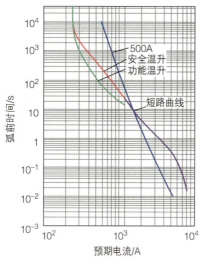 

图 3-35　熔断器和接触器匹配曲线　　　　图 3-36　主动熔断器

主动熔断器结构和工作原理如图 3-37 和图 3-38 所示。BMS 通过电流传感器检测到异常电流或故障后，根据触发策略，BMS 输出脉冲信号到主动熔断器内的火药引爆装置（MGG），MGG 内的火药点燃，推动活塞向下移动，切断铜排；铜排断开后，电流瞬间转移到灭弧室中的熔体上，同时活塞继续向下移动，切断熔体；切断瞬间产生的电弧被灭弧室中的石英砂消灭，最终回路断开。

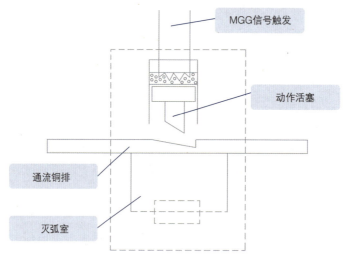

图 3-37　主动熔断器结构示意图

### 3. 高压盒设计

高压盒能够对整车高压配电进行管理和执行，实现对各个电路输出的分别控制，有过流、过电压、过温等安全保护功能，同时也具备 CAN（控制器局域网）通信功能，能够进行实时数据交换。

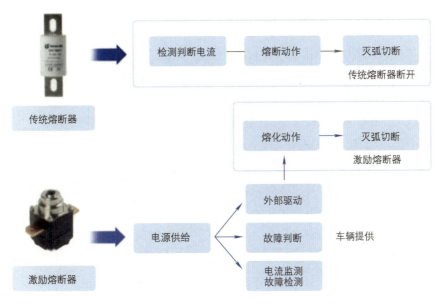

图 3-38 传统熔断器和主动（激励）熔断器工作原理

整车性能的提升、电压和电流的增大以及布置空间的减小，都给高压盒设计带来了极大的挑战。传统的高压盒设计越来越无法满足需求，温升问题、线束干涉问题和电器件体积增大等问题在原有框架下难以解决。基于此，高压盒逐渐从传统高压盒向着水冷及去线束化集成高压盒迈进，并通过整合高压接口和 BMS 形成标准化、智能化的新一代高压盒。

### 4. 模组电气集成设计

模组电气集成的主要部件是电池模组采集集成（Cells Contact System，CCS）组件。CCS 组件的功能主要是实现电池模组中各个电芯电连接、电压采集、温度采集，是电池安全监控中心的核心部分，对电池安全性能起着关键作用。

（1）CCS 组件设计

一般情况下，每个动力电池包含若干 CCS 组件，其个数由电芯总数、成组方式及空间结构等决定。从图 3-39 可以看出，CCS 组件主要由隔离板、母排（Busbar）、连接器、端子、负温度系数热敏电阻（Negative Temperature Coefficient，NTC）、导线等部分组成，其中，隔离板用于实现各带电部件的电气隔离与固定；母排

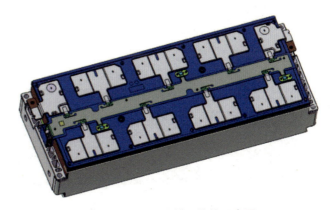

图 3-39 CCS 及模组结构示意图

用于实现各单体电芯的电连接；导线、NTC通过与电芯相连采集电压、温度信号，再连接到连接器，实现电芯电压信号与温度信号的传递。

（2）基本结构设计

从图3-39可以看出，母排一端连接着一个单体电芯的正极，另一端连接着另一个单体电芯的负极，从而实现电芯间的电流传输。最后由单独两个母排连接整个电池模组的总正、总负，作为整个电池的正、负极。

母排作为电池间的电流载体，其过流能力必须满足电池在全生命周期应用中的所有工况，例如汽车急加速、急减速、充电（含快充）、放电等。根据整车设计允许的所有工况，需选取最大电流作为母排的过流设计要求。根据欧姆定律$I = U/R$，在$I_{max}$已知的前提下，需要设计与之匹配的母排内阻。由于电芯尺寸、间距都已固定，而母排的截面积与过流能力之间成正线性相关关系；因此母排的厚度、宽度设计也应与之匹配。通常对母排的设计合理性的验证测试方法为对母排两端通以最大电流$I_{max}$，同时测试其温升是否超过系统需求。由于当前电芯极柱多为铝材，所以母排也多选用铝材质。

（3）采样设计

电池在不同容量、不同工况下的电压和温度不同，对电池使用过程中的电压和温度进行实时监控，能够有效反映出电池的运行状态。电芯电压和温度信号的采样方式，可以是线束或线路板。电压采样通常为在线路板上连接引出多个采样端子，端子另一端与母排相连，将电芯的电压信号传递至线路板。线路板上还连接有温度传感器。温度传感器与电芯或者母排接触，采集电池的温度信号。由于同一工况下电池内部不同区域的温度不同，因此对于温度传感器的布置位置也有对应的要求。通常电池内部温度最高点、最低点和中间点都需要布置有温度传感器。

另外，由于当前大部分动力电池都要求有快充功能，温度传感器的响应速度、采样精度要求也在不断提高。在整车快充工况下，母排的温度与电池温度差异较大。为了更为准确地采集电池温度，温度传感器需紧贴电池上表面布置，以便更为精准地监控电池温度的变化情况。CCS组件需要满足电池包全生命周期中的所有工况及寿命要求，因此需要对CCS组件进行老化建模，再通过等效加速实验来测试CCS组件是否能满足应用年限要求。

（4）CCS组件类型

CCS组件根据承载结构、采用方案、装配工艺等不同，可分为线束CCS、键合CCS、镍片焊接CCS等多种方案，分别如图3-40~图3-42所示。

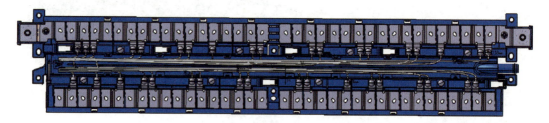

图3-40　线束CCS

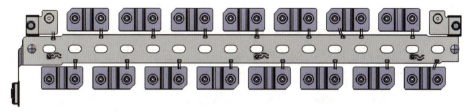

图 3-41　键合 CCS

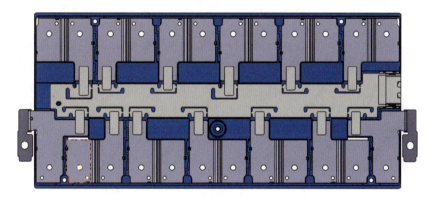

图 3-42　镍片焊接 CCS

线束 CCS 采用线束采样的方案，其导线通过超声波焊接在母排上。线束采样方案具有原材料成本低、工艺相对成熟等优点，但工艺过程复杂，自动化程度难以提高。键合 CCS 采用 FPC 采样的方案，通过铝丝键合连接 FPC 镍片和母排，其自动化程度较高，但键合对工件表面的清洁度、支撑刚度等要求较高，而且需要设置专用的键合设备。镍片焊接 CCS 采用 FPC 的采样方案，在 FPC 上焊接长镍片，镍片的另一端与母排激光焊接连接。镍片焊接 CCS 同样具备较高的自动化程度，同时采样焊点的连接强度高，应用较为广泛。

## 3.3　电池管理系统设计

### 3.3.1　概述

**1. BMS 的功能**

电池管理系统（BMS）是整个电池包的"大脑"，也就是控制中枢，其功能是保障人员和电池安全、满足整车动力需求、延长电池寿命。

BMS 的主要功能可以用五个词来概括：检测、估算、诊断、通信和控制。

检测指的是有效获取高精度的电池包的电压、电流、温度、气压等重要表征信息，并结合电池系统当前场景，实时估算电池包的剩余电量、健康状态、实时功率等能力参数。此外，还需要关注整个电池系统是否有故障或异常发生，即诊断。诊断系统会实时关注电池包的电压、温度、电流、绝缘、熔丝和继电器的状态等特征量，来判断是否有超过阈值及具体严重程度。当然，我们也需要为整车和 BMS 及 BMS 内部的各子节点之间提供有效的交互,即为通信。BMS 通信类型主要有 CAN 通信、菊花链通信等方式。最后,在主要决策单元(VCU、BMS 等)的交互和确定下,开始对系统进行必要的主动控制(如开关继电器、启动关闭冷却系统、开关均衡系统等),除了这些常规的主动控制外,还设计了被动控制系统来确保安全,如熔丝等。最后,在以上检测、估算、诊断、通信和控制系统的共同协作下,方能确保在安全的基础上,电池包在充电、行车和休眠等状态下的最优应用。

### 2. BMS 的架构趋势

典型乘用车的 BMS,主要由 BMU 和 CSC 两大部件组成,其通常管理着近百颗甚至数百颗电芯。在新能源汽车兴起的这 10 多年间,BMS 经历过 CAN 通信分布式、菊花链集中式及菊花链分布式等多次架构迭代。近年来,随着整车电气架构朝着集中控制的方向发展日趋明显,BMS 也出现了将一些控制功能上移到整车域控的发展趋势。同时,随着半导体和通信技术的发展,也正推动着 BMS 的小型化与智能化。

### 3. 典型的 BMS 原理图与性能指标

BMS 的电气原理如图 3-43 所示。CSC 从电芯处测得电压和温度后传输给 BMU,同时,CSU 也将采集到的总回路电流值发给 BMU。BMU 则根据得到的各方信息,估算整个电池系统的健康状态,并通过各类继电器或与其他控制器(如 VCU)的通信,实现对电池系统的调控。BMS 相关性能指标见表 3-8。

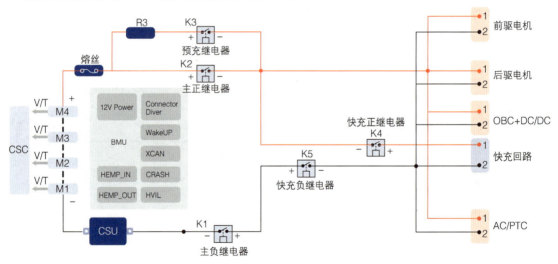

图 3-43 BMS 的电气原理

表 3-8 BMS 相关性能指标

| 项目 | 关键指标 | 指标值 | 备注 |
| --- | --- | --- | --- |
| 存储温度 | 范围 | -40 ~ +105℃ | |
| 工作温度 | 范围 | -40 ~ +85℃ | |
| 工作湿度 | 范围 | ≤ 95%RH | |
| 防护等级 | 等级 | ≥ IP40 | |

（续）

| 项目 | 关键指标 | 指标值 | 备注 |
|---|---|---|---|
| 工作电压 | 范围 | 9～16V | 9～16V：BMS 所有功能正常<br>7～9V：BMS 单板可正常工作（不包括继电器或 CSU） |
| 额定功耗 | 额定电流 | 0.25A@12V | 12V 标准供电电压下测得 |
| | 额定功率 | 3W | |
| 静态电流 | 电流值 | <200μA（在12V，25℃条件下） | 根据客户项目硬件配置，实际静态电流不同 |
| MCU 控制器 | Flash memory | 4MB | 32 位单片机 |
| | EEPROM | 384KB | |
| | RAM | 472KB | |
| | EEPROM 擦写次数 | 125K@10 年 | |
| | Flash 写入次数 | ≥100000 | |
| 单体电压采样 | 范围 | 0～5V | |
| | 分辨率 | 1mV | |
| | 精度 | ±2mV | 2～4.5V，25℃ |
| | | ±3mV | 2～4.5V，−20～65℃ |
| | | ±5mV | 0～5V，−40～125℃ |
| | 单体电压采样通道数 | 可以需求配置 | 单个 AFE 的通道配置：12～16 |
| | 铜巴采样 | 支持 | 单个 AFE 支持 1 路铜巴采样 |
| 模组温度采样 | 范围 | −40～+125℃ | |
| | 分辨率 | 1℃ | |
| | 精度 | ±1℃ | 0～45℃ |
| | | ±2℃ | −40～85℃ |
| | | ±3℃ | 85～125℃ |
| | 模组温度采样通道数 | 可以需求配置 | 每个采样芯片支持 6 个模组温度采样 |
| 高压采样 | 范围 | 0～1000V | 可以分压电阻配置 |
| | 周期 | ≤20ms | |
| | 分辨率 | 0.1V | |
| | 精度 | ±2V | 0～200V |
| | | ±1% FSR | 200～1000V |
| | 路数 | 8 路 8 通道 | 1～6 路为第一路参考点，7、8 路为第二路参考点，具备 MOS 管切断功能 |
| SOC | 精度 | ±3%～±5% | NCM |
| | | ±5% | LFP（BEV） |
| | | ±8%～±15% | LFP（PHEV） |
| SOH | 精度 | <±5% | |
| 唤醒源 | RTC 唤醒 | 支持 | |
| | AFE 反向唤醒 | 支持 | AFE 监控电芯数据，反向唤醒 BMU |
| | 电平唤醒 | ≥4 路 | KL15，快充辅助电源 A+，EVCC，OBC，气压传感器等 |
| | 边沿唤醒 | 1 路 | |

（续）

| 项目 | 关键指标 | 指标值 | 备注 |
|---|---|---|---|
| 唤醒源 | CAN 唤醒 | 支持 | |
| | 插枪唤醒 | 支持 | 支持 CC/CP/CC2 插枪唤醒 |
| | 唤醒输出 | 2 路 | 输出 5V/12V，用于反向唤醒 VCU 等 |
| 高压互锁 | 路数 | 3 路 | |
| 碰撞信号 | 路数 | 1 路 | PWM 波型检测或脉冲检测 |
| 外部温度检测 | 范围 | −40 ~ +125℃ | 快充插座温度 |
| | | −40 ~ +125℃ | 进出水口 |
| | 周期 | 1s | |
| | 精度 | ±1℃ | −20 ~ 60℃（根据具体项目选型） |
| | | ±2℃ | −40 ~ 20℃，60 ~ 125℃（根据具体项目选型） |
| | 分辨率 | 1℃ | |
| 外部模拟量检测 1 | 路数 | 4 路 | 可通过外部模拟量检测通道扩展成 6 路 |
| | 范围 | 0 ~ 5V | 模拟量的电流采集等 |
| | 精度 | ±20mV | |
| 外部模拟量检测 2 | 路数 | 2 路 | |
| | 范围 | 0 ~ 18V | KL30、CPSR 电压 |
| | 精度 | 0.2V@12V | |
| | 路数 | 2 路 | |
| 交/直流充电 | | 支持 | 支持 CC/CP/A+/CC2 信号检测及插枪唤醒，S2 开关控制 |
| CAN 通信 | 路数 | 4 路 | 支持网络唤醒及 CAN FD |
| 绝缘检测 | 检测范围 | 0 ~ 10MΩ | |
| | 精度 | −20% ~ 0% | 50kΩ ~ 10MΩ |
| | | −10kΩ | 10 ~ 50kΩ |
| | | <10kΩ | 0 ~ 10kΩ |
| | 检测周期 | Y 电容为 0.5μF：≤5s；Y 电容为 1μF：≤10s；快检：≤2s； | 0 ~ 500V |
| | | Y 电容为 0.5μF：≤10s；Y 电容为 1μF：≤20s；快检：≤2s； | 0 ~ 1000V |
| 均衡 | 均衡电流 | 峰值 150mA | |
| | 均衡电阻 | 24.5Ω | （根据具体项目选型） |
| | 休眠均衡 | 支持 | |
| 热失控检测 | 气压传感器 | 支持 | |
| 液位检测 | 液位检测范围 | Full/Empty | 用于检测冷却壶 |
| | 状态 | 低电平 | Full 状态 |
| | | 高电平 | Empty 状态 |
| 功能安全 | | 功能安全目标如下，可根据车型要求定制：<br>① 防止电池系统过充（ASILD）<br>② 防止电池系统过温（ASILD）<br>③ 防止电池系统过流（ASILD）<br>④ 防止电池系统欠压后充电（ASILD） | |

## 3.3.2 检测概述

对动力电池的检测主要由以下四个方面组成：电压检测、电流检测、温度检测及其他信号检测。

### 1. 电压检测

BMS 要实现诸多功能，首先得实现电压信息的收集，按照采样对象的不同，可以分为电芯电压采样和高压电压采样。

电芯电压采样的目的及意义：为满足电动汽车对电压及容量的要求，动力电池通常由百余颗电芯串并联组成，其中每个电芯的状态都会影响到电池组的整体性能。而电芯电压正是反映电池系统状态的三个主要基本参数之一。

高压电压采样的目的及意义：高压采样是反映整车高压连接状态的基本数据。BMS 可以通过高压采样值判断整车高压连接状态，进行策略拟定及故障诊断，如高压上下电控制、高压电路状态检测、绝缘检测、继电器粘连检测等。

（1）电芯电压采样

目前 BMS 一般通过模拟前端芯片（Analog Front-End，AFE）完成电芯电压的采样。采样时，AFE 负责接收表征电压大小的模拟信号，并进行放大、滤波、转换为数字信号，以供后续处理和分析。

早期 AFE 通常由离散的电路组件（如放大器、滤波器和模数转换器等）搭建而成，但随着技术及应用的成熟，放大器、滤波器和模数转换器等被集成在了一个芯片上，从而减少了组件之间的连接和功耗，使得 AFE 设计变得更加稳定可靠，同时也降低了制造成本。

如图 3-44 所示，电芯电压采集通过多路复用器（Multiplexer，MUX）开关，分别选通单节电芯进行测量，其模数转换方式，多采用逐次逼近型（Successive Approximation Register，SAR）。一轮选通完成后，即可得出该组所有电芯电压。

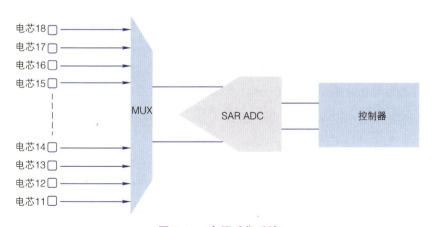

图 3-44 电压采集系统

电芯电压采样误差，主要来源于以下两方面。

1)芯片自身的误差。其误差基于芯片自身硬件设计决定,包括芯片的采样速率、芯片的 ADC 类型、芯片的漏电流等,同时,在 BMS 全生命周期过程中,还存在芯片老化带来的采样偏差。

2)采样线束带来的误差。采样线束分为两个部分:电芯采样线从芯片的极柱通过 FPC 连接到电池模组的接插件,再通过这个接插件由另一段线束连接到 CSC。所以,从电芯到 AFE 芯片经过两段线束,而线束上必然存在阻抗。尤其对于芯片最高节采样通道,更通常与该芯片的供电共用一根采样线束。较大的电流会带来较大的线束压降,从而更需引起开发人员的注意。

(2)高压电压采样

高压电压采样也称总电压采样。目前 BMS 主要使用电阻分压方式进行直接高压采样。在某些项目上,也有通过单体电芯电压累积加和的方式换算总电压。这两种方法一般会同步使用,以实现相互冗余检测。但要强调的是,单体电芯电压累积加和计算无法用于继电器诊断及绝缘检测。

对于高压采样,需要注意如下几个方面。

1)电阻分压个数选取,分压电阻的个数主要与电池包的电压大小相关,对于单个电阻来讲,需要考虑电阻的耐电压。

2)电阻分压阻值选取,分压电阻阻值选择主要考虑漏电流、电阻功率等因素,因此分压电阻阻值不能取太小;但阻值太大又会导致采样电路变得敏感,易受到干扰。

3)分压电阻的精度/温漂选取,基于总电压采样精度 ±1% FSR 的国标要求,分压电阻的精度也必然需优于 ±1%。

**2. 电流检测**

与电芯电压、温度一样,电流强度是另一个反映电池系统状态的主要基本参数。但与电压和温度的多点采样不同,鉴于电池包中电芯大多采用串联方式连接,我们只需对串联后主回路上一个点的电流采样,即能反映每个电芯的流经电流值。当然,对于少数多支路电池系统(如某些商用车项目),还是需要多点采集每个支路的电流值的。实时电流采样,主要用于过流保护、充放电管理、继电器控制(带载切断记录)、热失控检测、SOH、SOP、SOC 计算等多个功能。在工程应用中,通常会在同一个回路配备两个电流传感器来实现冗余采样、相互校验,以确保电流值的准确可靠。同电芯电压采样类似,如何提高采样精度和实时性,也是电流采样工作的难点。

(1)电流采样单元的分类

随着技术的发展,电流传感器技术也在不断的创新,在电池管理系统中用到的电流传感器,根据其采样原理的不同,大致可分分流器(行业内也称为 shunt 分流器)、开环霍尔和磁通门/闭环霍尔三类。

(2)电流采样单元的原理及对比

1)分流器:其构成如图 3-45 所示。分流器中有一个合金电阻,当电流流过预知的合金电阻时，会产生一个电压，检测该电压值，根据欧姆定理 $I = U/R$，即能算出通过电流的大小。要注意的是，分流器中间的合金材质在不同电流下温度会不一样，阻值也会产生细微的变化。所以，为了保证电流精度，使用时会实时检测合金电阻的温度，然后根据校准参数，采用合金电阻不同温度下的阻值进行电流计算。

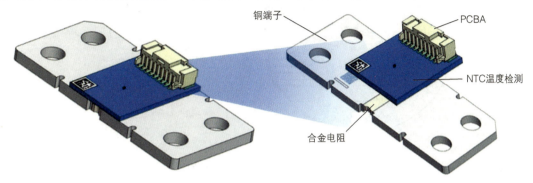

图 3-45　分流器构成示意图

2）霍尔传感器（Hall）：霍尔式电流采样，通过电流—磁场—电压转化，可实现电流的非接触测量，其具体实现分为闭环和开环两种。开环霍尔，通过直接检测霍尔电势来实现电流采样；闭环霍尔，除了开环结构外，还有副边线圈，在检测到霍尔电势的同时通过辅助电路在副边线圈输出反向的补偿电流，用于抵消原边电流产生的磁通，使磁路中的磁通保持为零，并通过检测补偿电流的大小推算原边电流值。

开环霍尔检测原理：磁环将原边电流产生的磁场聚集成特定方向的场强，经气隙中的霍尔元件检测并输出电压信号，经过霍尔芯片集成电路放大校准后，传感器输出精准反映原边电流变化的电压信号 $V_{\text{out}}$，如图 3-46 所示。

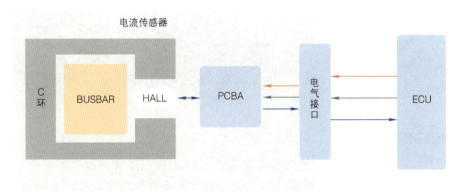

图 3-46　开环霍尔传感器框图

闭环霍尔检测原理如图 3-47 所示，信号处理电路将霍尔元件产生的电压信号放大，滤波和线性化后，通过反馈回路调节副边补偿电流，使其产生与原边电流成正比的磁场；而该信号处理电路输出的电压信号，即可表征原边电流值。

（3）电流传感器技术方案对比

几种不同传感器的优缺点对比见表 3-9。

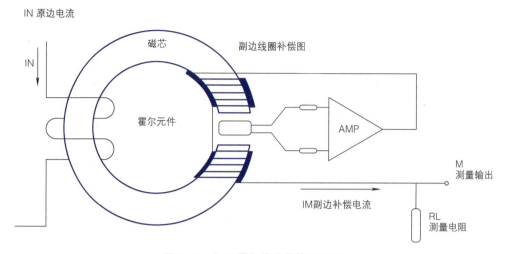

图 3-47 闭环霍尔传感器检测原理

表 3-9 不同传感器对比

| | 分流器 | 开环霍尔 | 磁通门/闭环霍尔 |
|---|---|---|---|
| 优点 | 器件本体成本低<br>结构简单 | 低零漂<br>成本低<br>结构简单<br>低功耗 | 高精度<br>无磁滞<br>低零漂 |
| 缺点 | 对材料要求高<br>需 BMS 做信号处理和分析 | 有磁滞<br>精度比闭环低<br>铁芯较大 | 成本高<br>体积大<br>结构复杂 |
| 图片 | | | |

### 3. 温度检测

为了得到电芯温度信号,通常会在电芯外壳或钯片上布置热敏电阻(NTC),然后由前端采样芯片(AFE)通过检测热敏电阻的阻值来换算出对应 NTC 位置的电芯温度。考虑到成本和空间限制,工程应用中并不会在每颗电芯上都布置 NTC,而是根据不同项目的电池包热仿真结果,在不同特定区域布置 NTC,以监控电池包内电芯温度。由于 NTC 是布置在电芯外壳或者钯片上,与电芯内部真实温度存在差异,特殊工况下这种差异尤为明显。比如,对于某些 NTC 布点在电芯顶盖,且采用底部冷却设计的电池包,底部水冷对电芯顶盖的散热不及时会导致大电流时 NTC 采样高于电芯真实温度。又如,当某些 NTC 布点在钯片上时,大电流下钯片的产热,也会导致 NTC 采样高于电芯真实温度。故此，BMS 在特定工况下还需要对采集的 NTC 温度进行修正，确保得到更接近真实状态的电芯温度值。

图 3-48 所示为分压采样的原理，BMS 采用分压电路实时采样计算热敏电阻的阻值，通常会采用负温度系数的热敏电阻，即，阻值随温度的升高而减小。由于热敏电阻的阻值与温度（R-T 表）整体呈现一个对数关系变化，因此，选取其感应灵敏区间，即能对应到实际应用的温度区间的热敏电阻。

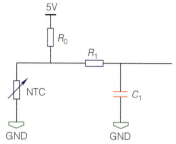

图 3-48 分压采样的原理

BMS 的温度采样精度包括两部分：一是电路本身的采样精度；二是 NTC 的精度。

电路本身的采样精度主要包括上拉电阻精度、ADC 精度、参考电源精度、供电电源精度等。

NTC 的精度表示在某一环境温度下的阻值变化范围。从实际应用来看，常用的精度为 ±1%。常见 25℃ 环境温度下，NTC 的常用类型有 $100k\Omega$、$47k\Omega$ 等。

**4. 其他检测**

其他检测的传感器主要包括气压传感器、烟雾传感器等。这两类传感器在电池包内主要参与热失控检测报警。早期，电池热失控主要依赖 BMS 对电芯电压、温度及电芯采样线掉线等信号的组合进行检测。但在实际运行中发现，这种方法还依然存在一定概率的误报或漏报风险。例如，对于某些先并后串的电芯排布项目，仅其中一节电芯失效，有时并不会引起电压的明显变化；而某些极端情况下的热失控，则会首先烧蚀采样电路板，导致 BMS 因为迅速失去电压与温度信号而无法有效检出热失控。此外，从新能源汽车国家监管平台在 2019 年某时期的 79 起安全事故中了解到，约 40% 的热失控发生在车辆静止时，而此时 BMS 正处于休眠状态，无法有效监测电芯热失控。

随着新能源车在市场的快速普及，国家于 2020 年颁布了 GB 38031—2020《电动汽车用动力蓄电池安全要求》，其中条款 5.2.7b 条规定，电池包或者系统在由于单个电池热失控引起热扩散，进而导致乘员舱发生危险之前 5min，应提供一个热事件报警。自此，气压、烟雾传感器等各类辅助监测方式也加速导入，已逐渐成为 BMS 进行热失控监测的重要手段。

### 3.3.3 电池状态估算

鉴于锂电池本身在使用中存在的安全及使用寿命等的相对复杂性，精准快速地识别电池状态，是 BMS 对电池充放电甚至对整车能量调度进行良好管控的必要前提。但动力电池的观测手段有限，通常主要依赖电压、电流、温度等参数，实现对电池荷电状态、健康状态、功率状态等的估测。因其强时变、非线性的特性，对电池内部状态的精准估计迄今仍是一项富有挑战性的工作。

电池状态估算主要包括荷电状态估算（State of Charge，SOC）、健康状态估算（SOH）、功率状态估算（SOP）以及均衡估算等。

**1. 荷电状态估算（SOC）**

电池的荷电状态可以分别从电量和能量角度进行定义，实际使用中以电量角度的定义比较常见。电量角度一般用百分比表示：在一定的放电倍率下，电池的剩余电量与在相同条件下电池的额定容量的比值即为 SOC，即

$$\text{SOC} = \frac{Q_{\text{rem}}}{Q_{\text{rat}}} \times 100\% \tag{3-1}$$

式中，$Q_{\text{rem}}$ 是电池的剩余容量；$Q_{\text{rat}}$ 是电池的额定容量。

精确的 SOC 估算值可以保护电池免受恶劣情况的冲击，实现对电池的高效利用，同时让用户实时了解当前电池的状态，更好地提升用户驾驶体验，做好 SOC 估算，可以实现：

1）电池的安全使用：通过获取电池 SOC 的实时数据，实时调节电池内外电能交互，可以避免电池受到过充电、过放电、大电流涌入等伤害，从而保护人员与电池的安全、延长电池使用寿命。具体实现方式，请参考 3.3.6 节的充放电功能描述。

2）更好地进行人机交互：电池的真实状态并不能直观被驾驶人员所了解，精确的 SOC 估算可以帮助驾驶人员准确了解电池状态，合理规划驾驶路线。

3）提高电池能量的利用率：如果 SOC 过度偏离真实值，则可能造成电池充电不能完全满充，放电时无法放出应有电量，导致电池能量不能被充分使用。

由于 SOC 不能直接检测，我们只能间接对其进行估算，估算方法主要有三种：开路电压法、安时积分法和卡尔曼滤波法。

（1）开路电压法

开路电压法是通过将电池较长时间静置（工作电流为零）后，测量电池的开路电压（OCV）来估算电池的 SOC。使用开路电压法基于以下两个前提：①经较长时间静置后，电池的开路电压（OCV）与其电动势近似相等；②电池的电动势与 SOC 之间存在一一对应关系，即给出 0~100% 之间任意一个 SOC 值，都有且仅有唯一的一个电动势值与之对应。

对于磷酸铁锂电池，开路电压法在电池的 SOC 高低端有较高的估算精度，如图 3-49 所示，但在平台区，由于电动势与 SOC 对应关系不明显，因此 SOC 的估算误差较大；而对于三元锂电池，由于其全区间电动势与 SOC 都有较为明显的对应关系，如图 3-50 所示，因此，开路电压法可以得到较高的 SOC 估算精度。

受电池需要经过长时间静置的前提条件所限，开路电压法较适合在电动汽车长时间停车后使用，而在电动汽车行驶或充电过程中，电芯电压受电芯内阻、极化电压等诸多变量因素的影响，很难进行准确的 SOC 映射。因此，开路电压法一般用来提供 SOC 的初始值，或对其他方法进行修正。

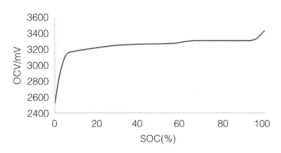

图 3-49 磷酸铁锂电池 OCV-SOC 曲线

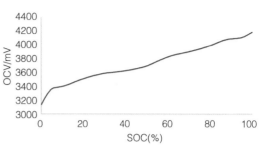

图 3-50 某三元锂电池 OCV-SOC 曲线

（2）安时积分法

安时积分法是在预先知道上一时刻电池 SOC 的情况下，对下一时段电池充入或放出的电荷量进行计算，并根据温度、充放电倍率等影响进行修正，从而得出当前时刻电池的荷电状态。假设上一时刻 $t_1$ 电池的荷电状态为 $\mathrm{SOC}(t_1)$，则当前时刻 $t_2$ 的荷电状态 $\mathrm{SOC}(t_2)$ 可表示为

$$\mathrm{SOC}(t_2) = \mathrm{SOC}(t_1) - \frac{\int_{t_1}^{t_2} i(\tau)\mathrm{d}\tau}{Q_{\mathrm{rat}}} \qquad (3\text{-}2)$$

式中，$Q_{\mathrm{rat}}$ 是电池的额定容量；$i(\tau)$ 是电池的电流，$i(\tau)$ 可以为正值也可以为负值。当 $i > 0$，表示电池放电；当 $i < 0$，表示电池充电。

安时积分法是目前常用的 SOC 估算方法，由于不需要考虑电池内部结构和外部特性，因此几乎适用于所有类型的电池。但安时积分法存在以下三个问题。

1) 严重依赖初始值：若初始值误差较大，则此方法显然会受其持续影响。

2) 存在累积误差：由于电流传感器的精度、采样频率有限以及信号受干扰等原因，用于积分的电流 $i(\tau)$ 与真实值相比必然存在一定的误差。这种误差初始可能不大，但长期持续的安时积分，却很容易将其累积到一个难以承受的程度。

3) 忽略电芯自放电影响：几乎所有电芯都存在自放电现象，即电芯中的电荷会以一定速度自动释放。锂电池的自放电电流很小，一般电流传感器很难进行准确测量；并且，相当一部分的自放电电流会通过如空气、电芯外壳等介质释放，根本无法被外部高压回路中的电流传感器检出。此外，自放电是"终生"存在的，而 BMS 的安时积分法计算却仅工作在车辆行驶或充电等某一特定时间段之内。因此，对于上述各种自放电电流，安时积分法显然无能为力。

（3）卡尔曼滤波法

卡尔曼滤波法作为系统状态估算的重要方法，主要包括针对线性系统的标准卡尔曼滤波算法和针对非线性系统的扩展卡尔曼滤波算法。由于电芯工作具有较强的非线性特性，因此对其 SOC 估算往往采用扩展卡尔曼滤波算法。

由于该算法能够对电芯 SOC 做出最小方差上的最优估算，并且对噪声有很强的抑制作用，因此相比其他算法，其更加适合电流波动剧烈的电动汽车使用环境，对安时积分存在的初始值误差以及累计误差也有较强的修正能力。

当然，该算法精度较高但也仅是相对而言。对于电芯内部复杂的电荷量变化特性以及实际工况下多变的噪声特性，卡尔曼滤波算法依然存在一定量的无法忽视的误差。

如上所述，不同的SOC估算方法都有其天然存在的优缺点，所以在实际应用中，我们往往结合几种算法并辅以下述修正策略进行SOC修正，以提高SOC估算精度。

1）静态修正：电池处于静态且持续一段时间后，通过检测电池OCV和温度，查表获取对应SOC值。

2）满充满放修正：充电时，当电芯电压、充电电流等达到满充条件后，SOC修正到100%；同样，放电时，当电压、电流等达到满放条件后，SOC修正到0%。需要指出的是，根据电芯特性的不同，各厂商对于满充满放条件的定义也各不相同。

3）动态修正：在某些特定的电芯充放电状态下，基于电芯模型，通过电流及电压，换算OCV值，再通过OCV查表得到修正的SOC值。但此方法非常依赖模型参数，且必须考虑温度以及老化的影响。

### 2. 健康状态估算（SOH）

SOH即电池健康状态，也称为电池老化状态。锂离子电芯从使用开始，性能会在略有波动中逐步下降，直到寿命的终点。从长期来看，这是一个不可逆的过程，其下降性能主要包括容量、能量、内阻、最大可用脉冲功率等。

为了精准评估电芯老化状态，需对其进行量化。根据老化不同的表征量，SOH的定义也分为基于容量的SOH、基于内阻的SOH、基于峰值功率的SOH。目前，主要用电池容量进行定义：

$$\text{SOH}_{C(t)} = \frac{C(t)}{C_{\text{BOL}}} \quad (3-3)$$

式中，$\text{SOH}_{C(t)}$是当前时刻电池老化状态；$C(t)$是当前时刻电池最大容量；$C_{\text{BOL}}$是电池出厂时标称容量。

动力电池的使用周期较长，其老化状态对SOC估算、充电能力、脉冲功率（SOP），以及可用容量和可用能量（SOE）的估算都有着较大影响。例如在相同SOC情况下，100% SOH和80% SOH所对应的容量和续驶里程都是不同的。若要提升SOC的估算精度，可以从以下3方面着手：①定期监测电池的健康状态，能让电池更安全的使用；②提供更换电池的时机和电池老化过程的反馈；③更加精准的续驶里程计算。

SOH估算方法主要通过两种方式：基于表征量的估算和基于寿命模型的估算。其中，基于表征量的估算有容量估算、内阻估算；基于寿命模型的估算则分为日历寿命模型和循环寿命模型。

对于基于表征量的估算，由于内阻估算需要实时计算电芯内阻，且精度要求较高，导致在实际应用中很难满足计算要求。所以，目前大多会使用容量来进行SOH估算。

(1) 基于电芯容量的估算

基于容量的 SOH 估算一般使用两点法,即将锂离子电芯从 $SOC_1$ 以一定倍率的电流充电或放电至 $SOC_2$,通过累计充电或放电的容量 $\Delta C$ 算出当前最大可用容量 $C$:

$$C = \frac{\Delta C}{SOC_2 - SOC_1} \quad (3\text{-}4)$$

式中,$SOC_1$、$SOC_2$ 可在静置后通过 OCV 查表获取;$\Delta C$ 通过安时积分得到。

为了提高 SOH 估算精度,需考虑以下因素。

1)电池工作温度:尽可能减小测试温度对安时积分容量 $\Delta C$ 的影响,使之与标称容量测试条件尽可能接近。

2)积分容量:不要与标称容量差太多,比如,使积分容量高于标称容量的 80%。

3)$SOC_1$、$SOC_2$:尽量不要在 SOC-OCV 平台区,避免 OCV 查表误差。

(2) 基于寿命模型

寿命模型法主要是将影响电池老化的因素与容量衰退、内阻增大建立关系,然后通过量化这些影响因素来描述电池性能在全生命周期内的变化。

因直接建立和使用电池老化模型比较复杂,实际应用中,常建立日历衰减和循环衰减模型,并通过查表获得 SOH,同时需要考虑不同温度的影响。

日历衰减,即电池存储时间与寿命之间的关系。某款电芯 25℃ 日历衰减关系见表 3-10。

表 3-10 某款电芯 25℃ 日历衰减关系

| 存储时间/天 | 0 | 300 | 500 | 1000 | 2000 | 3000 | 4000 | 5000 | 6000 | 8000 |
|---|---|---|---|---|---|---|---|---|---|---|
| SOH 衰减(%) | 0 | 2 | 4 | 6 | 10 | 12 | 14 | 16 | 18 | 20 |

循环衰减,即电池充放电循环与寿命之间的关系。某款电芯 25℃ 循环衰减关系见表 3-11。

表 3-11 某款电芯 25℃ 循环衰减关系

| 循环次数 | 0 | 100 | 200 | 300 | 500 | 600 | 700 | 800 | 900 | 1000 |
|---|---|---|---|---|---|---|---|---|---|---|
| SOH 衰减(%) | 0 | 2 | 4 | 6 | 10 | 12 | 14 | 16 | 18 | 20 |

通常,日历衰减和循环衰减会相互结合使用以应对不同老化原因带来的寿命衰减。

### 3. 功率状态的估算(SOP)

电池的功率状态即 SOP,指实时状态下,以确保电芯安全和不损害电芯规格寿命为前提,可允许的充放电电流或功率极限。

在不同的 SOC、电压、电流、温度等条件下,锂离子在电芯内部正负极材料、电解液中的扩散速度各不相同,其外在表现即是电芯的充放电能力的不同。若不能因此变化及时调整电芯的充放电功率,就会影响电芯使用寿命,进而影响车辆的性能和可靠性,在极端情况下甚至会有安全风险。

通常，我们所说的充放电功率极限都是对应于一定时间的，一般包括短时功率、长时功率、持续功率。比如，短时功率对应 10s 功率，长时功率对应 30s 功率。从整车用户来说，自然希望此功率极限越大越好，以确保车辆动力输出不受限，给予用户更好的驾驶性能。而对于电芯的 SOP 估算，则需在考量整车诉求的同时，还应确保：①电芯安全，不过压、不欠压、不过温等；②不损害电芯规格寿命。

SOP 的影响因素比较多，如 SOC、温度、SOH、充放电截止电压、热累积等。在此对主要影响因素说明如下。

（1）SOC

电芯在不同 SOC 下，充放电能力会有不同。特别是在低 SOC 时，需降低放电电流极限，避免过放电；在高 SOC 时，需降低充电电流极限，避免过充电。此外，电芯在高 SOC 区段内循环充放电时，也容易导致寿命衰减较快。

（2）温度

温度会严重影响电芯内锂离子的嵌入和脱出反应速率。低温下，若以较大的电流充放电，则容易造成电芯内局部锂沉积，导致充放电效率降低和容量损失。高温下大电流充放电，则易形成热累积，当温度上升到一定程度时，更有引发热失控的风险。

（3）SOH

随着电芯老化，特别是内阻增大，其输入和输出功率会逐步衰减。因此，必须根据电芯老化程度（SOH）调整 SOP 的数值。

（4）充放电截止电压

鉴于 SOC 估算不可避免地存在一定误差，BMS 也同时根据预设的充放电截止电压值，对充放电电流极限进行限制。

为了获取 SOP 短时功率、长时功率以及持续功率，实际应用中常采用基于大量测试数据的查表方式来计算 SOP，表格一般考虑 SOC、温度。同时在此基础上，纳入充放电截止电压、故障等级、SOH 等影响因素的修正，从而保证电芯的正常使用寿命及功能安全。

### 4. 均衡估算

每一辆车的电池包，往往由大量单个电芯的串联组成（或并联后串联）。单个电芯之间的个体差异也会影响到电池包整体的外在性能表现。

（1）电芯差异形成原因

此类电芯差异的形成原因主要有两个方面。

1）在生产制造过程中，因工艺问题（如研磨搅拌导致电极材料的颗粒大小和导电性分布等不均匀）或材料的影响，即使同一批次同一型号电芯，也存在电芯容量、内阻等参数的不一致。虽然良好的生产管控可以极大缩小此差异，但无法从根本上完全消除。

2）电芯使用环境导致的不一致。比如，不同位置的电芯承受的不同程度的温度、振动等，都可能会扩大其不一致性。

因电芯容量、内阻等关键特性不一致形成的"木桶效应",会迫使电池包内有些电芯长期运行在高 SOC 或低 SOC 区间,从而间接影响电池包整体性能,导致:①电池包可用容量降低,充放电电量不足;②电芯安全性和使用寿命下降。

因此,BMS 需要具备对电芯的均衡功能。本节重点阐述均衡估算方法,关于 BMS 均衡功能,请参考 3.3.6 节中关于 BMS 主动控制方式的描述。

(2)均衡估算方法

1)在静止条件下,计算出电池包内各电芯与最低容量电芯的 ΔSOC。

2)计算出各电芯所需的实际均衡时间:

$$t = \frac{\Delta SOC_n \cdot C}{I_b} \tag{3-5}$$

式中,$C$ 为基于 SOH 的当前满充容量;$I_b$ 为 BMS 硬件所具备的最大均衡电流能力。

关于 $I_b$ 的设计方式,则应遵循如下要点:

1)基于大量测试数据,如电芯自放电以及电芯在实际车辆电气架构下的电量流失等,统计总结单位时间内电芯间可能的最大容量差异如一个月内的容量差异。

2)考虑车辆目标客户的用车场景,如每月每日的开车时间、BMS 是否具备休眠均衡能力等,统计总结单位时间内 BMS 均衡功能的可执行时间。需要注意的是,均衡启动会激起电芯电压的动态波动,BMS 为了确保电芯电压采样的高精度,会在此期间关闭均衡。因此,BMS 均衡功能的可执行时间会根据项目的实际场景不同而各不相同。

3)以单位时间内电芯可能的最大容量差异,除以该期间内 BMS 均衡的可执行时间,即可算出 BMS 硬件设计时,所应具备的最大均衡电流能力 $I_b$。

### 3.3.4 故障诊断

动力电池在使用过程中受到各种内部和外部的不确定因素影响,如电芯内部可能的锂枝晶生长、集流体腐蚀等;电芯外部则可能遭受过充电、过放电、短路、过热、机械撞击等滥用冲击。这些风险因素不仅会降低电池系统的性能和寿命,还会危及人员安全及车辆的可靠性。

因此,BMS 需要具备诊断技术,能够检测和识别电池系统存在的或者即将发生的故障,并采取相应措施进行处理或预防。

本书基于某项目的特定故障设计案例对故障类型及等级划分进行说明。

BMS 故障等级根据对电芯、系统、用户的危害程度划分为:轻微故障(无影响,不上报)、需要维护的故障(对电池影响低,但需要上报)、限制功率的故障(部分限制电芯充放电功率)、靠边停车的故障(完全限制电芯充放电功率)、极限故障(即时停止充放电,若上报无响应,也会在较短时间后主动下高压)。

为了方便故障后分析,BMS 会在故障发生时记录相关信息,包括故障码、故障级别、发生时间以及故障发生时的电池系统状态(如 SOC/ 单体最大电压 / 单体最小电压 / 单体最大温度 / 单体最小温度 / 绝缘阻值等)。

## 1. 电压超限

电压超限包含了超上限与超下限，即过电压与欠电压。同时，该故障也并不仅仅指单体电芯的电压超限，也包含了由大量单体电芯组成的电池包整体的电压超限。

对单体电芯而言，过高的电压会引起内部材料的氧化和损伤，导致容量下降和循环寿命缩短。若因充电导致了过充电或过电压，还会引起电芯大量产热和气体，包括欧姆热和副反应产生的热，甚而增大电芯热失控风险。而过低的电压则会伤害电芯内部正负极材料的结构稳定，也同样影响电芯的循环寿命。并且电芯经历严重欠压后，也更容易在充电时形成过压，尤需要在故障处理时警惕对待。

对电池包而言，过电压、欠电压更多是整车高压架构的故障，如接触器粘连、母排断裂等。

（1）单体电压超限

单体电压诊断指通过测量每个单体电芯的电压值判断是否有过欠压，以及单体电芯间电压是否均衡。若超过故障的阈值范围，将根据故障类型与超限程度判定故障等级，并采取相应措施。在不同的车辆状态时，BMS 在不同故障等级下的处理方式见表 3-12 和表 3-13。

表 3-12 故障等级及处理措施（充电模式）

| 故障等级 | 故障描述 | 故障处理（充电模式） | |
| --- | --- | --- | --- |
| | | 进入充电前 | 进入充电后 |
| 0 | 轻微故障 | 不影响进入充电 | BMS 内部记录，并上报整车或充电设备 |
| 1 | 需要维护的故障 | 不影响进入充电 | 上报整车，但不进行电流或功率限制 |
| 2 | 限制功率的故障（限流充电） | 不影响进入充电 | 根据故障类型按照"正常变化速率"调整充电允许电流，但不影响充电流程 |
| 3 | 靠边停车的故障 | 禁止充电 | 立即发送停止充电请求，按正常流程停止充电 |
| 4 | 极限故障 | 禁止充电 | 立即发送停止充电请求，断开所有接触器 |

表 3-13 故障等级及处理措施（行驶模式）

| 故障等级 | 故障描述 | 故障处理（行驶模式） | |
| --- | --- | --- | --- |
| | | 上高压前或上高压中 | 上高压后 |
| 0 | 轻微故障 | 不影响上高压 | BMS 内部记录，但不上报整车或充电设备 |
| 1 | 需要维护的故障 | 不影响上高压 | 上报整车，但不进行电流或功率限制 |
| 2 | 限制功率的故障（车辆跛行） | 不影响上高压 | 根据故障类型按照"正常变化速率"调整放电和回充允许电流或功率，但无须下高压 |
| 3 | 靠边停车的故障 | 禁止上高压 | 上报故障，直待整车指令后，再断开接触器；若接触器已断开，则 BMS 在本次启动周期内，不再响应上高压指令 |
| 4 | 极限故障 | 禁止上高压 | 上报故障，按照"快速变化速率"调整放电和回充允许电流或功率，35s 若整车未响应下高压要求，BMS 主动断开所有接触器 |

需要补充的是，均衡故障严格意义上属于异常而并非故障，若无项目上的特殊要求，BMS 通常仅做内部记录，并自行开启均衡功能，不会限制充放电功率，也不会有明

显的用户感受差异。

（2）电池包总电压超限

电池包总电压诊断指通过测量电池包的总电压值，判断是否有过欠压。若超过故障的阈值范围，同样也将根据故障等级，采取处理措施。某 LFP 电池包的总电压故障及判断条件见表 3-14。

表 3-14　某 LFP 电池包的总电压故障及判断条件（部分案例）

| 故障名称 | 判断条件 | 故障等级 |
| --- | --- | --- |
| 电池包总压过压 | $V_{bat} > 3.7V \times N$[①] | 3 |
| 电池包总压欠压 | $V_{bat} < 2.8V \times N$ | 3 |

① $N$ 为支路上电芯串联数，$V_{bat}$ 为电池包总电压。

### 2. 温度超限

温度超限包含了高温、低温及温差。

温度过高会引起电芯内部材料的分解、腐蚀和结构变化，加速化学反应、增加气体产生和压力积累，导致容量衰减和循环寿命减少。同样，高温还有引发热失控的风险。

温度过低则会影响锂离子在电芯内部的移动速率。与高温不同，低温对静置电芯并不会有太大影响，但若要在过低温度下充放电，却会加速容量衰减，导致循环寿命减少。但在实际应用中，由于电芯在充放电工况下会发热，因此 BMS 仅需要在初始启动时刻判断是否温度过低即可。若温度特别低，BMS 会直接在初始时刻禁止充放电。但对于绝大部分低温（如 -20℃），则会随着电池包加热或者小电流充放电，使温度渐渐达到正常。所以对于这样一个可恢复的问题，为免因频报故障引起用户误解，BMS 通常不会将之视为故障，而仅作为某种特定工况处理。

温差过大会导致电芯间电荷容纳能力的不同，其外在表现为各电芯充放电速度的不同，即，部分电芯更容易被充满或更容易放电完，从而导致各电芯容量的不均衡，影响电池包整体的充放电性能、循环寿命及车辆续驶里程。

温度诊断指通过测量反映周边电芯温度的采样点温度，判断电芯是否存在过高温、过低温以及温度是否均衡。若超过故障的阈值范围，将根据故障类型与超限程度判定故障等级，并采取相应措施。某 LFP 电芯的单体温度故障及判断条件见表 3-15。具体故障处理方式请参考表 3-12 和表 3-13。

表 3-15　某 LFP 电芯的单体温度故障及判断条件（部分案例）

| 故障名称 | 判断条件 | 故障等级 |
| --- | --- | --- |
| 电池温度过高 1 级 | $T_{max} > 60℃$ | 1 |
| 电池温度过高 2 级 | $T_{max} > 65℃$ | 2 |
| 电池温度过高 3 级 | $T_{max} > 69℃$ | 2 |
| 电池温差过大 1 级 | $\Delta T > 30℃$ | 1 |
| 电池温差过大 2 级 | $\Delta T > 35℃$ | 2 |
| 电池温差过大 3 级 | $\Delta T > 40℃$ | 2 |

### 3. 充放电过流

充放电过流，其本质是锂离子在电芯内部的移动速率，短时内超出了电芯的承受能力或局部承受能力。过流所带来的如析锂、发热、材料结构变化、SEI 膜分解等问题，同样也会引起电芯的循环寿命过快衰减、漏液乃至热失控风险。

需要指出的是，由于车辆加减速、上下坡、外部充放电装置良莠不齐等场景出现的不确定性，因此相比于前文所述的过电压、过温，充放电过流问题在实际中会更易发生，也更需要 BMS 的严格监控。

充放电过流诊断主要是测量电池系统母线上的充放电电流值，判断是否存在充放电过流，并根据故障类型与超限程度判定故障等级，采取相应措施。某 LFP 电池包的充放电过流故障及判断条件见表 3-16。具体故障处理方式请参考表 3-12 和表 3-13。

表 3-16 某 LFP 电池包的充放电过流故障及判断条件（部分案例）

| 故障名称 | 判断条件 | 故障等级 |
| --- | --- | --- |
| 放电过流 1 级 | $>I^{①} \times 105\%$ | 1 |
| 放电过流 2 级 | $>I \times 120\%$ | 2 |
| 放电过流 3 级 | $>I \times 125\%$ | 2 |
| 回充过流 1 级 | $>I \times 105\%$ | 1 |
| 回充过流 2 级 | $>I \times 120\%$ | 2 |
| 回充过流 3 级 | $>I \times 125\%$ | 2 |
| 回路充电过流 | $>I \times 110\%$ | 2 |
| 极限过流 | $>I \times 150\%$ | 3 |

① $I$ 为电池包允许的充放电阈值。

### 4. 绝缘阻值过低

电动汽车的动力电池电压通常为数百伏，其电压平台主要有 400V 和 800V 两种。为确保电动汽车的电气安全，包含电池包、动力电机、逆变器等的高电压系统均须采用浮空不接地设计，即高压系统与车身底盘之间绝缘，无直接电气连接，如图 3-51 所示。

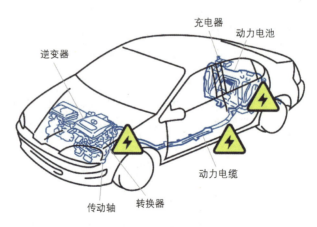

图 3-51 电动汽车高压及电缆部件

但是在实际不同工况下,高压系统的电缆磨损、绝缘介质老化、潮湿环境影响等因素,都有引起与车身底盘间绝缘性能下降的风险。若电池包(即图 3-51 所示的动力电池)的高压正负极线缆,透过绝缘层和底盘之间构成某种漏电回路,即会拉高车身底盘电位,影响低压电气和电机控制器的正常工作。严重的甚至会造成人员触电,或因引发热量积聚效应而导致电气火灾。

因此,根据 GB 18384—2020《电动汽车安全要求》的要求,BMS 须具备对高压系统绝缘性能(即绝缘阻值)实时检测的能力。

如图 3-52 所示,关于绝缘阻值存在电池包高压正极对于车身底盘的阻值 $R_p$,以及电池包高压负极对于车身底盘的阻值 $R_n$。此外,还有电机交流侧的绝缘阻值(用 $R_U$、$R_V$、$R_W$ 表示)。因此,可将绝缘阻值分为直流侧绝缘阻值和交流侧绝缘阻值。行业对电动汽车的绝缘检测,有无源检测 - 母线端电压法和有源检测 - 交流注入法两类方法。

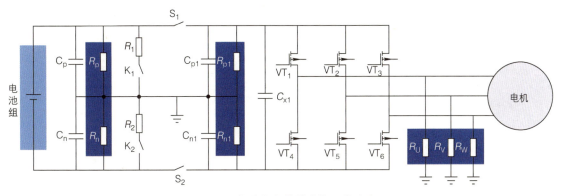

图 3-52 电动汽车等效绝缘阻值分布

1)无源检测 - 母线端电压法,也称国标法。该方法经国标法规 GB 18384—2020 的推荐,利用上下侧流经支路的电流总值相等原理,检测直流侧绝缘阻值 $R_p$ 与 $R_n$。其具体计算推导过程,如图 3-53 和图 3-54 所示。联立式(3-6)和式(3-7),可求出 $R_x$、$R_y$,即绝缘阻值 $R_p$ 和 $R_n$。

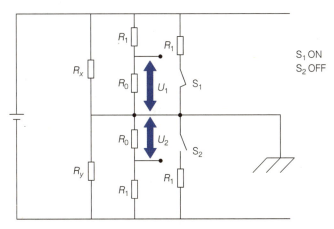

图 3-53 国标法绝缘阻值推导阶段一

该方法的优点是电路和架构简单，缺点则是难以反映交流侧绝缘阻值（如电机绝缘异常）。因其简单可靠，目前已被绝大部分新能源车设计采用。

$$\frac{U_1}{R_0} + \frac{U_1(R_1+R_0)}{R_0 R_x} + \frac{U_1(R_1+R_0)}{R_0 R_1} = \frac{U_2}{R_0} + \frac{U_2(R_1+R_0)}{R_0 R_y} \quad (3\text{-}6)$$

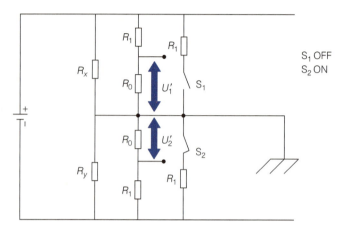

图 3-54　国标法绝缘阻值推导阶段二

$$\frac{U_1'}{R_0} + \frac{U_1'(R_1+R_0)}{R_0 R_x} = \frac{U_2'}{R_0} + \frac{U_2'(R_1+R_0)}{R_0 R_y} + \frac{U_2'(R_1+R_0)}{R_0 R_1} \quad (3\text{-}7)$$

2）有源检测 - 交流注入法，主要通过注入一个交流信号（如方波、正弦波）计算整车绝缘阻值的并联值。其优点是兼顾了直流侧绝缘阻值与交流侧绝缘阻值，但缺点是无法识别具体故障位置。从其衍生的数种检测方案来看，因为受整车 Y 电容影响较大、检测精度过低或者电路结构复杂，检测时间过长，所以，目前在新能源车上已较少应用。

与其他故障处理方式类似，BMS 通过绝缘阻值的异常程度判定故障等级，并采取相应处理措施。某 LFP 电池包的绝缘故障及判断等级见表 3-17。

表 3-17　某 LFP 电池包的绝缘故障及判断条件（部分案例）

| 故障名称 | 判断条件 | 故障等级 |
| --- | --- | --- |
| 正极或负极绝缘阻值低 1 级 | $R < 600\,\Omega/V$ | 1 |
| 正极或负极绝缘阻值低 2 级 | $R < 500\,\Omega/V$ | 2 |
| 正极或负极绝缘阻值低 3 级 | $R < 400\,\Omega/V$ | 2 |
| 正极和负极双边绝缘阻值低 | $R_p < 500\,\Omega/V$ 且 $R_n < 500\,\Omega/V$ | 3 |
| 充电过程绝缘阻值低 | $R < 100\,\Omega/V$ | 3 |

## 5. 熔断器

电池包作为最主要的能量源，当外部高压回路上的设备发生如短路等故障时，电池包内电能就会异常涌出或涌入，从而烧毁回路上其他部件甚至引起火灾。因此，工程师会在电池包的输出端口设置熔断器（某些新能源车也会将主回路熔断器件集成进 MSD

维护开关），以确保应急情况下及时自动切断能量流。

BMS 通过测量并对比熔断器内外侧高压（熔断器内侧高压，即电池包高压 $V_{bat}$）来判断是否出现熔断情况。需要理解的是，若主回路上的熔断器熔断，车辆自然也就失去了一切动力。但对于某些多支路设计的电池包来说，如果只是单支路的熔断器熔断，根据高压回路上设备用电需求的不同，便可以采用更多更灵活的故障处理方式。某 LFP 电池包的熔断器故障及判断条件见表 3-18。

表 3-18 某 LFP 电池包的熔断器故障及判断条件（部分案例）

| 故障名称 | 判断条件 | 故障等级 |
| --- | --- | --- |
| 某用电回路熔断器熔断 | 支路的熔断器外侧电压 ≤ 20%$V_{bat}$ | 根据用电设备功能定义 |

### 6. 接触继电器故障

接触继电器（以下简称继电器）对新能源车的高压回路起着开关作用。BMS 通过控制继电器实现对高压回路的通断电。由于车辆高压回路上的用电设备较多，且大部分设备为容性负载，因此在复杂场景下很难做到完全步调一致的启动与关闭。这使得 BMS 在控制继电器通电的时候，继电器触电在闭合瞬间容易受到电流冲击；而在断电的时候，又因为一定程度的带载断开，会受到触电拉弧的影响。这些现象都会损伤继电器寿命，引发继电器故障，如粘连故障或无法闭合故障。需要重视的是，继电器故障是新能源车一种较常见的故障。并且，由于 BMS 需通过操控多个继电器以特定顺序的开与闭来完成高压上下电，因此单个继电器故障不仅仅影响到是否能开关高压电，还可能因为故障检测的不及时，导致在高压上下电中引发异常大电流而烧毁用电设备，造成安全风险。

图 3-55 所示为继电器工作原理。通过 BMS 的高边或者低边使能输出，为继电器低压线圈供电，线圈通电后利用电磁效应磁化动铁心和静铁心；动铁心在电磁力作用下克

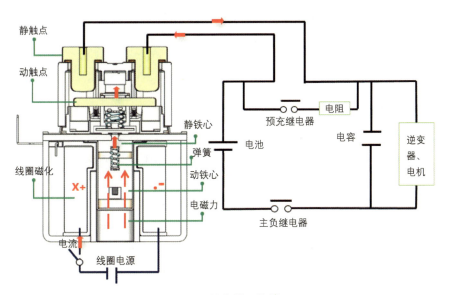

图 3-55 继电器工作原理

服弹簧阻力,带动推杆组件往上运动,使动触点和静触点接触,实现高压回路的闭合导通。当 BMS 的高边或者低边使能输出中止时,低压线圈失去供电,动静铁心失去磁化,动铁心失去电磁力推动,弹簧收缩回原位,动静触点分开,实现高压回路的断开。市面上的继电器可大致分为不带辅助触点检测的继电器和带辅助触点检测的继电器。

继电器故障检测是 BMS 必备功能之一,其检测方式往往与电池系统乃至整车的高压架构设计密切相关。下面以一种较常见的高压架构方案为例(图 3-56),介绍继电器故障诊断策略样例及故障等级。某 LFP 电池包的继电器故障及判断条件见表 3-19。

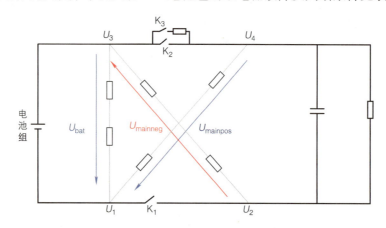

图 3-56　继电器在主回路中的触点诊断
$K_1$—主负继电器　$K_2$—主正继电器　$K_3$—预充继电器

表 3-19　某 LFP 电池包的继电器故障及判断条件(部分案例)

| 故障名称 | 判断条件 | 故障等级 |
| --- | --- | --- |
| 主正或预充继电器粘连故障 | 高压上电前:$\|U_{mainpos}-U_{bat}\| \leq 5\%U_{bat}$ 或 $\|U_{mainpos}-U_{bat}\| \leq 6V$ | 3 |
| 主正继电器开路故障 | 高压上电后:$\|U_{mainpos}-U_{bat}\| \geq 10\%U_{bat}$ 或 $\|U_{mainpos}-U_{bat}\| \geq 12V$ | 1 |
| 主负继电器粘连故障 | 高压上电前:$\|U_{mainneg}-U_{bat}\| \leq 5\%U_{bat}$ 或 $\|U_{mainneg}-U_{bat}\| \leq 6V$ | 3 |
| 预充继电器开路故障 | 预充开启,且高压上电过程中 $\|U_{mainpos}-U_{bat}\| \geq 10\%U_{bat}$ 或 $\|U_{mainpos}-U_{bat}\| \geq 12V$ | 1 |

### 7. 高压互锁故障

高压互锁(High Voltage Interlock Loop,HVIL)检测是用来检测回路中高压连接器连接状态,识别未连接或意外断开故障。高压配电中高压互锁回路分布如图 3-57 所示,手动维修开关(MSD)、主回路接口接插件、快充接口接插件等部件,出于生产组装或维修便利性考量,须以接插方式安装在高压回路上,而不会直接采用焊接固定。但是,此类可插拔连接器如果松动或接触不良,容易在大电流下因阻抗变大发热而最终烧蚀,引发安全风险。所以,BMS 会对此类部件实时实施高压互锁检测。

高压互锁检测原理如图 3-58 所示,在接插件内部集成有两个 HVIL 接口 PIN 脚,当高压连接器插合时,两个 PIN 成短路连接;当高压连接器断开时,两个 PIN 脚开路。在实际产品中，HVIL 接口的 PIN 会比接插件内其他 PIN 脚更短，以确保如果连接器松动，那么 HVIL 接口的 PIN 会首先开路。

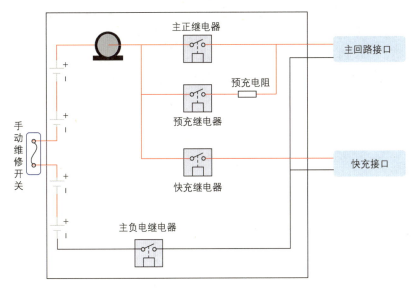

图 3-57　高压配电中高压互锁回路分布

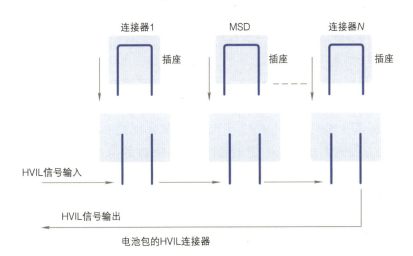

图 3-58　高压互锁检测原理

BMS 的高压互锁检测，即从一端输入某特定信号，再从另一端检测该信号。如果信号频率、占空比或信号电压没有变化，则说明连接正常，反之则说明连接异常。某 LFP 电池包的 HVIL 故障及判断条件见表 3-20。

表 3-20　某 LFP 电池包的 HVIL 故障及判断条件（典型案例）

| 故障名称 | 判断条件 | 故障等级 |
| --- | --- | --- |
| 主回路 HVIL 故障 | 电压 ≤ 1.5V 或电压 ≥ 3.5V | 3 |
| 直流充电回路 HVIL 故障 | 电压 ≤ 1.5V 或电压 ≥ 3.5V | 3 |

### 3.3.5 通信

BMU 作为整车上的电池"大脑",主要负责控制充放电和监控电芯。电池放电和充电过程,需要按照双方(电池和整车、电池和充电机)定义的流程进行通信交互,以此保证充放电功能正常和安全执行。整车上的电池包通常有上百个电芯,BMU 为了监控每个电芯的状态,需要通过高效可靠的通信方式来获取电芯传感器采样数据。

图 3-59 所示为是典型的 BMU 通信拓扑架构,包含 4 路 CAN 通道和 1 路 CMC 通信。4 路 CAN 通道分别是整车 CAN、充电 CAN、调试 CAN 和内部 CAN;1 路 CMC 通信为菊花链通信,本书将着重介绍整车 CAN、充电 CAN 和 CMC 通信。

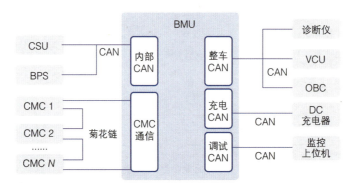

图 3-59 典型的 BMU 通信拓扑架构

**1. CAN 通信**

CAN 通信只使用一对双绞线进行差分信号传输,可以有效地抵抗干扰和噪声;并且有较长的通信距离和较高的通信速率,被普遍应用于整车内的节点通信。

CAN 通信标准(ISO11898)定义了两种整车常用的 CAN 通信协议:CAN2.0 和 CANFD。CAN2.0 的最大传输速率为 1Mbit/s,CANFD 的传输速率可达 5Mbit/s。对于内部 CAN 通信,BMU 和 CSU(电流传感器)以及 BPS(气压传感器)交互的数据主要是电流和气压采样值,数据量较少,可以选用 CAN2.0;对于整车 CAN 和调试 CAN,BMU 与整车和监控上位机交互的数据较多,包含 BMU 采集的所有电芯信息,以及其他高压采集和控制信息。若选用传统的 CAN2.0,总线负荷较高,可以选择 CANFD,满足总线速率要求。图 3-60 所示为典型的整车 CAN 通信结构,在一个整车 CAN 通信总线上,挂载 VCU、BMU 和 OBC 节点。

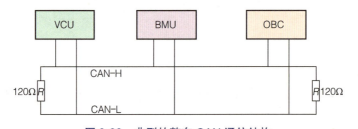

图 3-60 典型的整车 CAN 通信结构

（1）行车通信

在整车通信中，VCU（整车控制器）需要获取电池和耗电设备（电机、空调等）的状态信息来综合判断放电操作（允许上电、正常下电、终止上电等），避免误操作对人、电池或耗电设备的损伤，比如 VCU 读取到 BMU 的绝缘故障信息，判断不能开启放电或停止放电，避免人触电。以下为典型的 VCU 和 BMU 放电交互流程。

1）VCU 周期性读取 BMU 中电池数据和状态信息（电芯电压和温度、绝缘检测状态），来确定是否可以上高压。

2）VCU 发送上高压指令给 BMU，BMU 根据指令进行继电器闭合操作。

3）BMU 周期性发送电池数据和状态信息（电芯电压和温度、检测状态）给 VCU，VCU 根据 BMU 的检测状态信息（继电器触点诊断、绝缘检测、高压互锁检测状态）来决定是否下高压。

4）若 VCU 收到 BMU 严重故障的信息，则发送下高压指令给 BMU，BMU 根据指令继电器断开操作。

（2）慢充通信

在慢充通信中，BMU 需要获取 OBC 的状态信息来判断是否中断充电，从而避免误操作对人、电池或充电设备的损伤。比如，若 BMU 读取到 OBC 工作异常，则停止充电，避免 OBC 再次损伤。以下为典型的 BMU 和 OBC 慢充交互流程。

1）OBC 发送状态信息给 BMU，BMU 根据 OBC 状态和自身故障状态，判断是否可以进入慢充。

2）进入慢充后，BMU 发送电池充电能力（请求电压和电流）给 OBC，OBC 根据电池的充电能力要求以及充电桩和本身的功率输出能力，控制功率输出。

3）若 BMU 检测到满充或严重故障，则发送 OBC 停止工作指令。

（3）快充通信

常见的整车快充通信是 BMU 直接与 DC Charger（充电桩）进行通信交互，完成整个充电交互流程。在快充通信中，BMU 与快充桩需要互相确认双方的状态信息和能力要求，来判断快充操作（允许快充、停止充电、终止充电等），避免误操作对人或电池或充电设备的损伤，比如充电桩根据 BMU 的充电请求信息（根据电池充电能力定义）输出电流。如果充电桩对电池输出电流过大，则引起过电流。以下为典型的 BMU 和充电桩交互流程。

1）握手辨识：BMU 和充电桩互相发送握手报（充电协议版本、电池类型等），确定两个节点是否能正常通信。

2）参数配置：BMU 和充电桩互相发送参数报文（最大允许充电电流和电压），确定两者的充电能力是否匹配。

3）充电阶段：BMU 周期性向充电桩发送充电请求信息（请求电流、电压和充电模式等）；充电桩根据 BMU 的充电请求信息调整功率输出，并发送充电状态报文给 BMU。BMU 也是周期发送充电状态报文给充电桩。

4)停止充电：当 BMU 满充或发生严重故障时，向充电桩发送停止充电命令；当充电桩检测到故障或人工终止时，也需要向 BMU 发送停止充电命令。

#### 2. 菊花链通信

BMU 为了实时监控每个电芯的状态，需要与 CMC 进行高效可靠的通信，实时和稳定地获取每个电芯的采样数据（电芯温度、电压等）。BMU 和 CMC 的通信架构存在两种：①当前主流的 BMU 和 CMC 有线通信结构，即 BMS 采样板之间是通过双绞线连接；②未来前沿的无线 BMS，BMU 和 CMC 之间使用无线传输。无论采用哪种通信结构，BMS 系统对信号传输的时延、可靠性的要求都是一致的：在传输延迟方面，BMU 需要在几十毫秒内获取到所有电芯的温度和电压信息；在可靠性方面，都需要电气隔离、符合 EMC（抗干扰、低辐射）要求等。

图 3-61 所示为目前主流的有线通信拓扑结构——菊花链通信结构。BMU 板上的 MCU 通过 SPI 与芯片进行通信，芯片的主要作用有两个方面：一是为低压板 BMU 提供隔离；二是将电芯采样芯片（即 CMC）的通信协议进行转换，转化成标准的 SPI 或 UART，这是由于 CMC 之间的通信方式各家不一（比如 Linear 的是 Iso-SPI、NXP 的是 Twist Pair、Maxim 的是 Differential Daisy-Chain UART），导致 BMU 板内的 MCU 需要一个转换芯片，来保证与 CMC 通信接口标准统一。CMC 之间的通信物理结构都是通过差分双绞线进行输入和输出的串联，能更好地抵抗干扰。特别注意的是，菊花链路的最后一个 CMC 的输出也需要连接到通信隔离芯片上，形成闭环通信。如果菊花链中间某处发生断线，则可以通过另外一侧的菊花链回路与远端的 CMC 进行通信，提高 BMU 和 CMC 通信的可靠性。

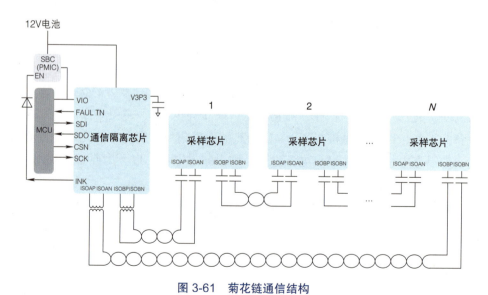

图 3-61 菊花链通信结构

基于上述的菊花链通信结构，MCU 通过命令可以对 CMC 进行控制和数据读取等操作，具体操作如下：

1）BMU 读取 CMC 的电压和温度值。
2）BMU 发送 CMC 的诊断控制命令。
3）BMU 读取 CMC 的诊断结果。
4）BMU 发送给 CMC 的均衡控制命令。
5）BMU 读取 CMC 均衡控制结果。

### 3.3.6 控制

本章所述的有关控制的内容，将着重阐述 BMS 融合前述诸节中检测、估算、诊断等信息，基于动力电池包（即动力电池系统）的各种状态场景，以直接或间接的介入方式，最终确保电池包按既定目标/规则/计划实现功能而进行的监督与纠正活动。

关于电池包状态，可以有多种定义方式。宽泛的定义通常分为对外能量交互状态和非对外能量交互状态。但在实际开发中，开发人员通常会基于具体运用，更通俗直接地将其分为放电、充电、静置、换电、运输等数种场景状态。

#### 1. 控制方式

BMS 作为电池包的"大脑"，具备如下三种主要的操控方法：直接控制、间接控制和被动控制。

（1）直接控制

BMS 能直接对电池包施加影响的手段其实不多，在绝大多数开发项目中，主要通过接触式继电器及均衡开关进行控制，但在某些特殊项目里，也会通过布置爆炸熔断器（PyroFuse）来加强其在危险场景下的管控能力。具体被控部件如下。

1）接触式继电器：作为动力电池能源联网的开关，这是 BMS 最主要也是最频繁的主动控制器件（简称继电器）。图 3-62 所示为个电池包内部高压架构的示意。

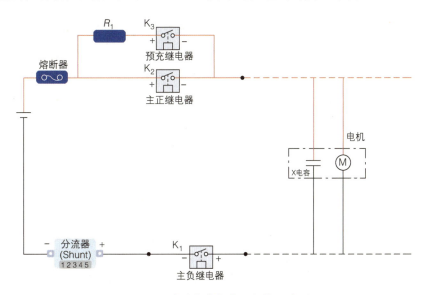

图 3-62 电池包内部高压架构示意图

虽然继电器的设置与数量与不同的高压架构设计有关，但绝大多数场合都会有主正、主负、预充等三个继电器。高压正负端都设置继电器，为了确保对回路的冗余控制。BMS 正是通过开闭这些在高压电路上继电器来实现电芯电能与外界的导通控制。

2）预充电路：外部电机的逆变器中会有个较大电容，如图 3-62 中 X 电容。电容是一个储能元件，在高压电路导通瞬间（继电器闭合）会产生巨大的脉冲电流，其对继电器触点的冲击会影响继电器寿命，甚而导致继电器粘连损坏。因此，需要在电路中增加预充电路（预充继电器 + 电阻），用以减小高压上电时产生的脉冲电流，保护继电器等元器件。当然，待电容充满后，会再次断开预充继电器，避免电流流经预充电阻造成的发热损耗。

3）均衡开关：均衡开关启动与否直接由 BMS 控制，根据被迁移能量的使用方式，主要分为主动均衡与被动均衡。

主动均衡表现为能量的转移，将能量从单体高的转移到单体低的电芯，其优点在于能量损耗较小且能量转移不影响散热，均衡电流一般为 1～2A，比较适合大容量电池组（如储能项目的电池组均衡应用）。目前市场上的主动均衡，大多采用变压原理。但主动均衡的缺点是成本高，电路面积大，需要用到昂贵的开关驱动、控制芯片及变压器等外围零部件，所需布置空间也较大。被动均衡表现为能量的耗散，将单体能量高的电芯通过电阻放电回路，以热量的形式消耗。此类方式的优点在于成本低，均衡电路简单，面积小，均衡调节灵活。在当前的电芯采样芯片 AFE 中，普遍集成有该类均衡开关，外围电路仅需配置均衡电阻器件即可实现被动均衡，均衡电流通常在 200mA 以内。比较适合小容量电池组（如车载 BMS 系统）。当然，被动均衡也有其缺点，如能量利用率低和均衡速度较慢。因多余的能量以发热形式耗散，故还需控制均衡电阻发热量，避免元器件损坏。

AFE 芯片的每一路电芯采样通道均集成了对该电芯的均衡开关。均衡开关的开闭由软件控制，可通过占空比变化灵活调整开启均衡的时间，配合均衡电阻的温度检测数据，可在均衡电阻温升允许范围内最大程度延长均衡时间、提高均衡效率。

主动均衡和被动均衡，并无高下之分，具体应用还是根据项目的适用性。如在早期，由于电芯制造工艺的不完善，同批次电芯间会存在不小的容量差异，为追求极致的能源利用率，开发人员会倾向采用主动均衡；但很快人们就意识到在电池包内布置一块庞大的 BMS 电路板，对于追求高能量密度的新能源汽车而言，无疑是一个"噩梦"。同时，随着电芯生产技术的逐渐成熟，电芯间的容量不一致性越来越小。需要均衡的能量少了，那么它是由主动均衡再利用，还是让被动均衡热耗散，也就没那么重要了。故而当下，被动均衡几乎成了所有新能源汽车的选择。

需要补充的是，均衡并非仅在 BMS 启动时工作，市面上很多 AFE 均具有休眠均衡的功能。即当 BMS 工作时的均衡时长不足以消除电芯自放电差异时，通过在 BMS 休眠前配置 AFE 均衡占空比和均衡计数器，预先设计有效均衡电流与均衡时间，则可以实现在 BMS 休眠时，AFE 依旧保持于电芯的持续均衡放电，从而及时确保电芯容量的平衡。

4）主动熔断器（PyroFuse）：主动熔断器又名爆炸熔丝，其结构如图 3-63 所示，其内部结构原理可参考 3.2.3 节有关主动熔断器的内容。

相比普通熔断器，主动熔断器因为需要应对不同工况场景，由软件实时判断是否启动保护，所以增强了对过流的精准保护能力。此外，主动熔断器也为 BMS 增强了对非电流故障（如车辆碰撞、绝缘等）的应对能力，让 BMS 多了一项安全手段。

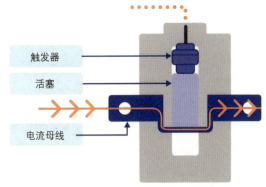

图 3-63　主动熔断器结构

需要强调的是，主动熔断器和传统熔断器一样，也是一次性器件，只要爆破断开，就意味着损坏，需要更换新器件来维持原功能及接通电路。

（2）间接控制

除上述直接控制手段之外，大多数时候 BMS 会基于 CAN 等通信手段，通过与外部其他电子控制器（行业简称 ECU）联动，实现对能量的管控。一种 BMS 与其他 ECU 的连接方式如图 3-64 所示。

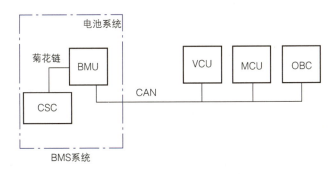

图 3-64　BMS 与其他 ECU 的连接方式

上述分布式 BMS 仅为示例，CSC 与 BMU 一体式的 BMS 同样普遍存在。VCU 为整车控制器，负责整车加减速、制动检测、动力分配、能量分配等功能。MCU 为动力电机控制器。OBC 为交流充电控制器，实施电芯充电时的交直流转换控制。

电芯只是一个能量"存储罐"，即便 BMS 闭合继电器，接通高压回路，也只是为用电打开了阀门，被动地等待外部使用。电能真正的使用控制，其实由高压回路上如动力电机、空调、充电机等电器负载决定的。这些电器负载由 VCU、MCU、OBC 等控制，其运行功率决定了流经电芯的充放电电流的大小。除非 BMS 直接断开继电器或爆破主动熔断器，否则，若想要调整流经电芯的电流方向、电流强弱等参数，就必须与其他 ECU 协调，通过大家"齐心协力"对各自所属用电负载的功率调整，实现对电芯充放电能量的管控。

故而，BMS 与外部 ECU 的通信，如 CAN、LIN 等，可以视为 BMS 对电池系统的间接控制手段。

（3）被动控制

广义上说，所有出现偏差后对既定事实的响应与控制（如故障处理、高压互锁检测、过流过压控制等），都属于被动控制的范畴。但限于篇幅，此节仅以碰撞下高压为例，简要介绍该典型控制方式。

在车载动力电池应用中，对于车辆碰撞等常见交通事故，如何减少事故中高压电泄漏，避免人员次生伤害，也是 BMS 的职责之一。在大部分开发项目中，碰撞信号会用专线直接连接到 BMS，通常为一个 10～100Hz 的 PWM 信号。BMS 会持续检测，并在数个 PWM 周期内完成滤波与碰撞确认，然后迅速断开所有继电器（包括主动熔断器）。这一系列工作，往往在碰撞发生的 500ms 内完成。

BMS 在断开继电器后，会向车辆其他控制器发出高压已下电通知。车辆在收到该通知后，会完成急速放电功能（即运转电机，释放外部电容内的电荷），减少车辆碰撞后人员触电的风险。

2. 控制过程

本节会介绍一些 BMS 的基本功能，希望能通过这些功能，串联起前文相对独立的检测、估算、诊断及各种控制手段的描述，方便读者对上述知识点融会贯通，并理解 BMS 在各功能中的实际控制过程。BMS 的控制功能主要包括以下介绍的放电功能、充电功能、均衡功能，以及智能化故障处理。

（1）放电功能

放电是电池系统最基本的功能，一般在工程实际中很少直接称其为"放电功能"。因高压架构的不同差异，通常会以其核心操作高压上下电作为一个特定功能进行分析与管理。电池包内的高压架构是为满足整车不同的充放电功能和安全要求而设计的，部分高压架构设计如图 3-65～图 3-67 所示。

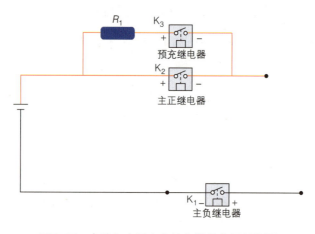

图 3-65　电池包内无充电继电器的高压架构图

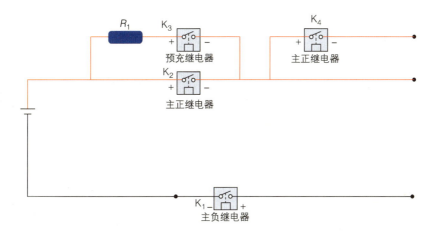

图 3-66　电池包内串联充电正继电器的高压架构图

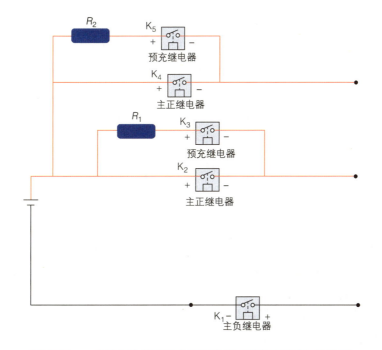

图 3-67　电池包内并联充电正继电器且带预充的高压架构图

高压一旦上电，无异为"封印"于动力电池内的能量打开了通往外界的大门。要承接这通常 400V 或 800V 左右的电压，高压上电首先应是一个在安全目标下的有序过程。这一过程大致分可为系统自检与继电器闭合时序两大部分。接下来以电池包内无充电继电器的高压架构为例，简述 BMS 的高压上电过程。

系统自检：当 BMS 收到上高压指令时，需要在完成电池系统的自检后才能执行继电器闭合操作。该系统自检工作包括电芯诊断、高压回路诊断等内容。对于 BMS 主芯片自检、BMS 自身电路检测等，通常将其视为 BMS 唤醒启动工作的一部分，故此处不再赘述。

1）电芯诊断：电芯是一种"摸得着、看不透"的能量载体。BMS 对其诊断，主要是判断电压、温度、电流、SOC 及 SOH 等数据的最新值与历史值（具体采样及计算方式，请参看 3.3.2 节和 3.3.3 节）。若上高压前检测到异常电流、SOH 低于许可的老化阈值、温度过高或过低等情况，BMS 会报故障，并根据严重程度告警或拒绝下一步上高压动作。有放电需求时，若有任一电芯电压或 SOC 过低，或有充电需求时，存在任一电芯电压或 SOC 过高，那么 BMS 也会发出警告且拒绝上高压。

2）高压回路诊断：即检测高压回路上的绝缘及回路通断特性。若在上高压前检测到绝缘异常，主正继电器（$K_2$）粘连、主负继电器（$K_1$）粘连、继电器寿命超限、继电器外侧存在异常高电压等任一故障，BMS 同样会报故障并停止上高压过程。

> 在某些应用中，预充继电器粘连（$K_3$）、或主负继电器（$K_1$）粘连等特定故障时，BMS 仅会报故障，但不影响执行上高压过程。

继电器闭合时序：BMS 在上高压时的继电器闭合顺序如下：①闭合主负继电器（$K_1$）；②闭合预充继电器（$K_3$）；③基于高压负极，持续采样预充继电器左右两侧电压；④当两侧电压差 ≤ 10V（典型例）或电流 ≤ 20A（典型例）时，闭合主正继电器（$K_2$）；⑤断开预充继电器（$K_3$）。

在此过程中，若出现上述系统自检故障，则 BMS 会中止上高压故障。在乘用车中，整个上高压过程通常在 1s 内完成。

> 在某些项目中，因为主负继电器通常会选择耐冲击更强的型号，故为避免预充继电器粘连，也会将上述①与②的步骤互换。

高压下电过程相对简单，BMS 在确定可以高压下电后，收到下电指令，电流 ≤ 10A（典型例）等条件满足，会先后断开主正继电器（$K_2$）和主负继电器（$K_1$），完成下高压动作。在某些应用中，BMS 会在高压下电过程中执行继电器诊断，并将诊断数据保存到自身 NVM 内，以确保下次启动时能尽快得到历史参考信息。

另外，上述高压下电仅指在非碰撞状态下的下电方式。如果发生车辆碰撞，那么 BMS 会在确定碰撞发生后不做任何其他判断，迅速断开所有继电器。

（2）充电功能

车用动力电池的充电方式可分为交流充电与直流充电。

交流充电，俗称慢充，通过车载充电机（OBC），将电网交流电转换为直流电为动力电池充电，其充电功率通常有 3.3kW、6.6kW、11kW 等不同规格，但最大不超过 20kW。因其充电设备成本低、安装方便、对民用电网改动小等特点，普遍存在于小区、商超等停车区域。

直流充电，又称快充，通过直流充电桩，将电网或储能设备的交流电转换为直流电为动力电池充电，其充电功率能达 250kW 甚至更高，是高速服务区、加油站充电区等快速补电场景下最常用的充电方式。随着动力电池快充技术的进步，发展大功率充电技已是行业内共识。

由于超限的充电电流会引起锂电池内部出现如负极析锂等问题，轻者影响电池使用寿命，重者甚至会导致热失控等极端状况，因此在充电过程中贴合电芯动态特性，精准控制充电电流，尽量缩短充电时间，并使之充电饱满又不过充电，是 BMS 在充电控制上的最大挑战，也是区分 BMS 性能良莠的重要依据。

而若要展现以上性能，BMS 必须在整个充放电过程中着重控制如下几点。

1）过充电过放电保护：过充电、过放电指电池的荷电状态已经达到 100% 或者 0 的情况下，继续对电芯进行充电或者放电的行为。无论是过充电还是过放电，都会对电芯造成损害。因此在电芯使用过程中，需要增加一定的限制来实现过充电、过放电保护。比如电池包中最大电芯电压高于设定的充电阈值时，强制退出充电或者禁止进入充电流程；当最小的电芯电压低于设定的放电阈值时，强制退出放电或者禁止进入放电流程。

同时，需要强调的是，温度对电芯的充放电性能也会有影响，比如，低温下，为避免极化增大对放电性能的影响，过放保护阈值需设定得更低。

2）温度保护：温度保护指电芯温度超过或低于安全阈值时发出告警，强制退出充放电流程，或禁止进入充放电流程的保护性措施。电芯作为化学储能装置，一般使用温度在 $-30 \sim 60$℃ 之间，且充放电阈值并不相同。过低的温度会提高电芯在使用过程中枝晶"生长"等风险；过高的温度则会带来如电芯内部 SEI 膜稳定性下降等风险。因此，无论温度过高或过低，都会影响电芯安全及寿命，进而影响整车的安全使用。

由于电芯温度通常是动态变化，充放电引起的电流流动会导致电芯内部温度逐步升高，因此，当温度过高或过低时，BMS 会拒绝进入充放电流程。而一旦进入充放电流程，BMS 就需要考虑温度预判，即在温度接近使用上限前采取保护措施，如降低使用电流、限制功率跛行等。

3）过流保护：过流保护是指在充放电过程中，当电流超过安全阈值时对电池包采取的安全保护措施，包含充电过流保护、放电过流保护以及回充过流保护。

相比于过充电、过放电或温度保护，过流保护的功能策略更为复杂。在考虑保护电芯的同时，还需要兼顾实用性。譬如电动汽车在起步或者加速阶段，要求电池包能提供比较大的放电电流来满足车辆动力性能的需求。此时如果对电池包进行严苛的过流保护，会导致车辆动力性能不足，直接影响用户体验。同时，对于电芯来说，其过流承受能力指标本身也与电流的持续时长有关。如，大多数磷酸铁锂电池是支持短时间内的过载放电的。所以，基于不同车型及不同的电芯特性，BMS 会针对例如 3s、15s、30s、持续使用等不同场景，进行不同阈值的过流保护控制。同时，温度对电池充放电性能的影响也较明显，特别是高温下充电或低温下充放电场景。为了能在保证安全、寿命等可靠性基础上充分发挥电芯能力，BMS 过流保护也会根据温度差异而采取不同的控制阈值。如果存在超期、超限的过流充放电现象，BMS 就需请求整车降低充放电电流，或者请求限制功率；如若现象依旧严重且"忍无可忍"，BMS 便会主动"出手"断开继电器，切断高压回路。

显然，要实现上述控制功能，BMS 需要对电流、电压、温度等基本数据实时采样，需要持续实时估算电芯 SOC、SOH 等，需要持续诊断电芯及系统可能的故障与失效，并根据预存的电芯特性参数表，持续计算当前工况下的 SOP，再根据 SOP 值调整可允许的最大电流值。具体的采样及 SOX 计算方式，请参考 3.3.2 节和 3.3.3 节。

（3）均衡功能

该功能描述及控制方式请参看本章前述"直接控制"部分的均衡开关章节。

（4）智能化故障处理

BMS 故障大致可以分为系统故障与 BMS 板级故障两大类。系统故障，通常指被控对象如电芯、高压回路、继电器以及其他 ECU 等的故障；板级故障则指如传感器、采样线、电子元器件、软件等 BMS 系统自身的故障。如 3.3.4 节所述内容，基本属于系统故障。

就 BMS 而言，其对故障的处理手段并不多，根据故障可能造成的危害程度对故障分级，选择采取记录、报警、降功率、下高压等一种或多种组合形式。通常，故障处理会遵循如下两个设计原则。

1）精准定位源故障。

2）在确保安全的前提下，留有使用余量。

初期的锂离子电池应用，特别是车载应用中，开发人员对故障发生场景、危害、多重关联性等认识不足，会普遍秉持"疑罪从重"的态度，采取的故障处理方式往往相对保守。但随着锂离子电池在新能源汽车、储能等行业的大规模应用兴起，人们对 BMS 故障的认识也日趋深刻与成熟，故障处理也越来越智能化。

比如 12V 供电电压不足故障，这个几乎在所有乘用车 ECU 上都存在的故障，在早期的 BMS 中，却会因为电压不足的程度不同，引起诸如电流传感器故障、温度传感器故障、CAN 通信故障、异常重启等各种失效报警。这也导致了该类故障发生时，总会误导开发人员的排查方向，耗时耗力。直到积累了多次经验之后，才在后来的 BMS 设计时被溯源归一。

再比如电流传感器故障，若 BMS 失去对电流的监测，即失去了过流保护能力，也会影响 SOC 等估算精度。在过往，延时下高压、禁止继续使用是一个必然的处理方式。但实际上，电流传感器仅是一种对电流强弱的检测手段，其失效并不意味着过流，也无法表征整个高压回路出现问题。特别是在行车场景下，若电芯没有过电压、欠电压、过温、碰撞、绝缘故障等问题，且各用电负载功率可控，那么允许车主低功率行车显然更为合适。

若再进一步，假如电流传感器失效的同时又出现了温度传感器故障，即同时失去电流、温度两种检测手段。显然，这两个轻度故障的叠加，可能就比任何单一故障要严重得多，这就又需要加强故障应对手段了。

另外，为免车主让车辆持续"带病工作"而出现更严重的危害，开发人员也会对一些低危害故障限定使用期限（如 1 个放电周期），当使用超期即会抬高故障等级，加强故障应对。

如此，通过逐步深化分析与精细化处理，BMS 避免了对一些偶发性干扰或轻度故障"苛责过严"的问题，在确保人、车安全的基础上，使整个系统变得更安全，也更智能化和人性化。

## 3.4 电池系统智能设计

随着数字化技术特别是人工智能的迅猛发展，在各个领域的应用已经展现出巨大的潜力，也推动着我们思考如何实现设计的智能化。近年来，我们对将自动化设计以及智能设计包括人工智能技术等引入电池系统设计进行了多方面的实践尝试，在提高设计质量和效率上取得了不错的成果，可以预见，加大对智能设计尤其是人工智能用于设计的投入和推广力度会是未来的一大趋势，智能设计将具有极其重要的战略意义和应用前景。

对于智能设计来说，不管智能设计的方法如何，其根源都有如下几个模块：输入模块、设计模块以及最后的结果输出模块。设计模块则为设计的逻辑、函数的映射关系。比如，对于电池包的智能设计来说，可以依据功能模块分为如下多个模块，而对于每一个设计模块，都可以类比为 $y = f(x,a)$ 的函数模式，通过分析清楚函数关系，即建立了从需求的输入到结果输出的映射关系。电池包智能设计的功能模块如图 3-68 所示。下面分别从交付物、输入、设计逻辑、数据库、工作流程五个部分进行分析解释。

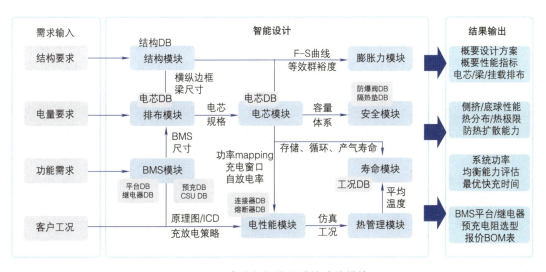

图 3-68 电池包智能设计的功能模块

（1）交付物

交付物是模块的产出内容，相当于函数值 $y$。设计模块的产出需要具体分析，不能笼统归结为一份报告或是一张图纸，而应该细化到报告或图纸中的每个参数值，一个模块的交付物可能直接是对最终产品性能的交付，如结构设计模块输出电池产品的挤压耐受边界，也可能是某个中间产出作为另一个模块的输入，如电芯设计模块输出充电窗口供系统设计模块进行快充时间的评估等。交付物模块基于平时实际业务产出梳理，也可以联合其他相关设计模块共同检查交付物完整性进行查缺补漏。

（2）输入

输入是用于函数计算所必需的参数，相当于自变量 $x$，通常因项目需求和方案而异，是该模块设计能够正常开始的技术前提。输入基于交付物来整理，在确定模块交付物后，根据实际业务经验基本可以快速定义出交付物所必需的输入。如进行熔断器选型必须有对应的电流工况需求输入。这部分与前述的交付物部分类似，也可以联合其他相关设计模块共同检查交付物完整性进行查缺补漏。

（3）设计逻辑

设计逻辑部分主要是指输入和输出的映射关系，即为函数 $f(\ )$，这种映射关系可以通过简单的函数公式来计算，也可以通过仿真模拟来完成，还可以通过人工智能的算法来计算，其中可以参考公司内部的设计策略、设计规范、校核逻辑等。需要注意的是，该部分不能完全照搬照抄原本的业务逻辑，而至少有两点必须进行调整：

1）设计逻辑需要进行统一：对于可以建立模型的，需要校准；对于设计策略、规范等，鉴于不同的业务人员水平存在高低，要邀请专家进行多轮专业评审，综合众人的智慧，才能形成有效的知识沉淀。

2）设计逻辑要和 IT 系统开发人员进行沟通，确保能用最高效最合理的算法来实现功能并全面考虑各种不同场景下的防错需求。

（4）数据库

数据库部分存储了设计所需的其他参数 $a$，是公司本身的数据和经验积累，作为设计参考，通常不因项目需求方案的变化而更改。这部分参数可以是选型零部件的基本参数，如传感器额定电压、采样精度等供直接调用，也可以是一些总结沉淀得到的经验数据，如历史满足国标要求达到的主频值等供设计参考。数据库信息只作为各设计模块的输入，需要由各设计职能组的专人进行维护，统一数据和接口格式，确保及时更新，管理变更版本。

（5）工作流程

工作流程明确定义该设计模块应该在什么时候被引用及其与其他模块之间的关系，用于把各个模块串联成一个有机的整体，从而构成能实现完整功能的智能设计系统。

展望未来，智能设计在新能源电池系统设计中的应用还将呈现出以下几个趋势。

一是智能化和自动化的程度将不断提高。随着智能设计的不断进步和应用场景的不断拓展，电池系统设计的智能化和自动化水平将不断提升。设计人员将能够通过更加智能的设计工具和平台，以一种轻松便捷的交互方式实现更加高效、精准的电池系统设计。同时，智能设计也将逐渐替代部分重复性、烦琐性的设计工作，释放设计师的创造力和想象力。

二是以大数据指导设计的理念将更加深入人心。在人工智能的支持下，电池系统设计将更加注重数据的收集、分析和利用。设计师将通过对公司内部资源及外部市场动向的一系列大数据分析，深入了解电池的性能表现、制造工艺、成本构成和使用规律等，从而更加精准地把握设计需求和优化方向。同时，数据的共享和开放也将成为新能源电池系统设计领域的重要趋势，推动整个行业内从上游到下游的合作与交流。

三是跨学科创新将成为电池系统设计的重要特征。智能设计的引入将使得电池系统设计不再局限于传统的工程领域，而是需要与其他领域进行深度融合和交叉创新。例如，与计算机科学、材料科学、控制理论、环境工程等领域的结合，将为新能源电池系统设计带来更多的创新思路和解决方案。

当然，将智能设计运用在新能源电池系统设计上也面临着一些挑战和困难。首先，数据的获取和处理会是一个关键的问题。新能源电池系统及整车运行相关的性能数据往往类型多、来源广、体量大，且还可能涉及隐私权限等层面，如何有效地收集、整合和利用这些数据，是智能设计在应用过程中需要解决的重要问题。其次，人工智能算法的准确性和可靠性也需要不断验证和提升。虽然智能设计在很多领域已经取得了显著的成果，但在新能源电池系统设计这一全新特定领域，还需要针对实际情况进行深入的研究和持续的优化迭代。

综上所述，将智能设计运用在新能源电池系统设计上具有广阔的前景和巨大的潜力。通过智能设计的引入和应用，我们可以更加高效、精准地进行新能源电池系统的设计和优化，推动新能源技术的普及和应用。同时，我们也需要正视挑战和困难，不断加强研究和创新，为新能源电池系统设计的未来发展注入新的活力和动力。

# 第4章
# 动力电池系统可靠性管理

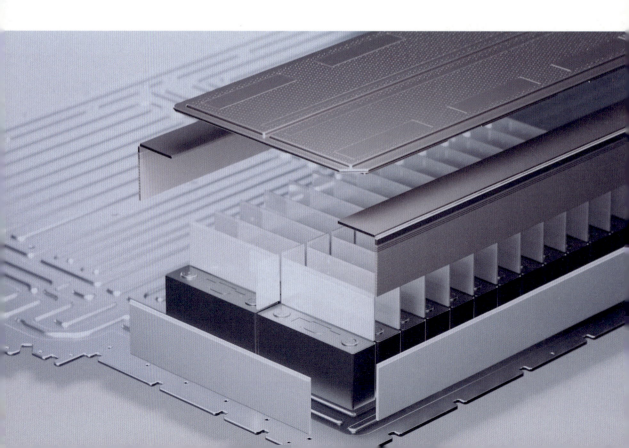

## 4.1 可靠性基础知识

### 4.1.1 可靠性的概念及内涵

可靠性包含狭义可靠性和广义可靠性两种。狭义可靠性是指系统、产品或服务在特定的时间内和特定的条件下,按照规定的功能和性能要求正常运行的能力,一般用系统和产品的故障率或失效率来表达。故障率、失效率越低,产品和系统的可靠性越高,否则可靠性越低。因此,产品的可靠性是反映其质量的一个重要指标。高质量的系统和产品不仅能够达到或超过用户的期望,而且还具备稳定、一致和持久的性能,也就是高可靠性。通过优质的设计、制造和质量控制,可以降低产品的缺陷率、故障率和失效率,从而提高产品的可靠性。由此可见,可靠性与设计、过程控制和质量管理体系等密切相关[1]。

广义可靠性除了包含狭义可靠性的内容外,还包含维修性和维修保障性等方面的内容。其性能指标包括安全性、可靠性、维修性、保障性、测试性和环境适应性六项,具体"六性"的定义见表4-1。由表可见,广义可靠性是一个多维度、综合性的概念,它不仅关乎产品的设计和制造质量,还涉及产品的使用和维护等方面,是衡量产品质量和性能的重要指标之一。

表4-1 "六性"的定义

| "六性" | 定　义 |
| --- | --- |
| 安全性 | 产品所具有的不导致人员伤亡、系统毁坏、重大财产损失或不危及人员健康和环境的能力 |
| 可靠性 | 产品在规定的条件下,在规定的时间内,完成规定功能的能力 |
| 维修性 | 产品在规定的条件下和规定的时间内,按规定的程序和方法进行维修时,保持或恢复其规定状态的能力 |
| 保障性 | 产品的设计特性和计划的保障资源能满足其使用要求的能力 |
| 测试性 | 产品能及时并准确地确定其状态(可工作、不可工作或性能下降),并隔离其内部故障的能力 |
| 环境适应性 | 产品在其寿命期预计可能遇到的各种环境的作用下能实现其所有预定功能、性能和(或)不被破坏的能力 |

可靠性概念起源于70多年前。1950年12月7日,美国成立了"电子可靠性专门委员会",这标志着可靠性工程的萌芽;1952年,美国成立了"电子设备可靠性咨询组"(AGREE),该组织于1957年发布了一篇题为《电子设备可靠性》的报告。该报告从根源上指出,可靠性本质上是一个设计问题,仅仅通过质量检验不能保证产品的可靠性。此后不久,来源于美国国防部的可靠性标准大量出现,标志着可靠性工程在美国的兴起。

我国的可靠性工程起步于20世纪70年代末,原航空工业部着手开展了可靠性方面的研究工作。20世纪80年代中期,国防科工委颁布了《航空技术装备寿命和可靠性工作暂行规定(试行)》。在这一暂行规定进一步统一了承制方和使用方对可靠性的认识,明确了可靠性工程的发展方向和工作方法,促进了可靠性工作自上而下的推进。

在70余年的发展过程中,可靠性工作经历了重大的变化和发展。我国可靠性工作实现了由"重性能、轻可靠性"到"可靠性与性能同等重要"的观念转变,并完善了可靠性管理体系。近年来，随着新能源产业对动力和储能电池产品的安全性和可靠性要求越来越高，可靠性方法体系和技术实践在新能源行业的应用也越来越广泛。可靠性既可以用时间度量，也可以用概率度量。表 4-2 介绍了可靠性的常用指标的定义、单位及度量类别。

表 4-2 可靠性主要指标

| 可靠性指标 | 可靠性指标定义 | 单位 | 度量类别 |
| --- | --- | --- | --- |
| $\lambda(t)$ 故障率 | 在某一时刻以前工作的产品，在继续工作的单位时间内发生故障的概率 | 菲特（Fit） | 概率 |
| $t_R$ 可靠寿命 | 对于给定可靠度 $R(t)$，产品工作至可靠度为 $R(t)$ 的时间 | h | 时间 |
| $R(t)$ 可靠度 | 产品在规定条件下、规定时间内，完成规定功能的概率 | % | 概率 |
| $A(t)$ 可用度 | 可维修的产品，在某特定的瞬间，维持其功能的概率 | % | 概率 |
| MTBF | 平均故障间隔时间，即一个可修复产品在两个相邻故障间的工作时间的平均值 | h | 时间 |
| MTTF | 失效前的平均时间，即一批不可修复的产品在发生故障以前工作时间的平均值 | h | 时间 |
| MTTR | 平均恢复时间，即修复性维修所需时间的平均值 | h | 时间 |

### 4.1.2 可靠性的重要性

为提升新能源汽车的市场竞争力，业界正在不断努力提高动力电池系统的性能，以及可靠性设计、极限智造、分析和评价等技术能力。动力电池系统的可靠性对于保障车辆安全性、动力性能、续驶里程和经济性，以及市场接收度等具有极其重要的作用和意义，具体体现在以下几个方面：

1）安全性：动力电池系统在电动汽车和混合动力车辆中扮演着核心角色。可靠的动力电池系统能够确保电池在各种条件下稳定运行，避免故障和失效引发的事故和火灾风险。特别是在高温、低温、振动和碰撞等极端环境条件下，可靠性的保证对于防止安全事故具有重要意义。

2）动力性能和续驶里程：动力电池系统的可靠性直接影响电动车辆的动力性能和续驶里程。电池系统的故障和失效会导致电量损失、能量损耗和性能下降。动力电池系统高的可靠性可以确保电池的长寿命、高能量密度和功率输出特性，从而延长车辆的续驶里程、保障一致的驾驶体验。

3）经济性：动力电池系统的成本是电动车辆成本的主要构成之一。可靠的电池系统能够降低产品的维修和更换成本，提高产品的使用寿命。同时，高的可靠性也能有效降低产品的召回和保修风险，降低企业的质量成本和声誉损失。

4）可持续发展：可靠的电池系统可以延长电池的服役寿命，提升材料和电池在全生命周期的利用价值，从而减少资源损耗和浪费，降低生产能耗和排放。因此，提高电池系统的可靠性对于新能源产业的可持续发展也具有重要的作用和意义。

### 4.1.3 全生命周期可靠性管理体系

全生命周期可靠性管理是指将可靠性指标融入质量管理体系中，按照可靠性体系建设、可靠性管理、可靠性技术三大模块进行组织架构建设的一种管理体系[2],其组织架构如图4-1所示。其中,可靠性管理模块包含设计可靠性、来料可靠性、工艺可靠性和应用可靠性四大可靠性管理体系;可靠性技术模块包含机理研究、模型仿真、系统安全及大数据分析等技术。在此架构基础上,根据产品的全生命周期可靠性管理需求,进一步识别关键管理要素,开展精细化管理。通过落实到各细分机构的具体责任人,进一步对关键管理要素进行标准化固化,从而减少经验依赖、提升产品可靠性。

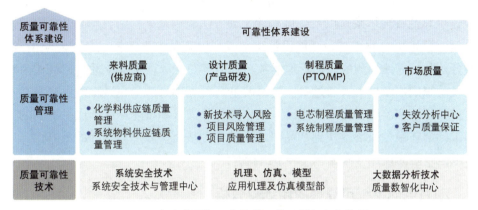

图 4-1 全生命周期可靠性管理体系的组织架构图

产品的可靠性风险管理,需结合产品的全生命周期开发流程和系统可靠性工程方法[3],在综合实践的基础上建立和完善管理体系。图4-2给出了具体的流程示例。其中,产品

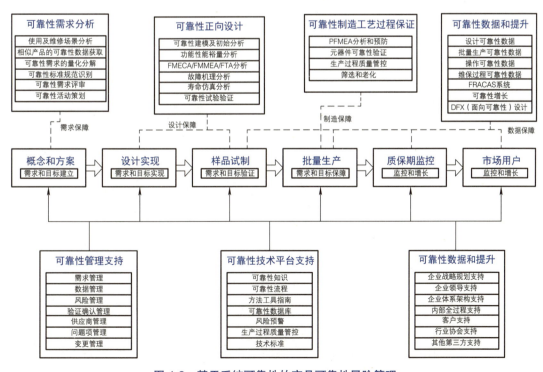

图 4-2 基于系统可靠性的产品可靠性风险管理

的全生命周期开发流程包括概念和方案、设计实现、样品试制、批量生产、质保期监控、市场用户运用等环节和阶段；系统可靠性工程包括可靠性需求分析、可靠性正向设计、可靠性制造工艺过程保证、可靠性数据分析等方法；可靠性支持平台包括可靠性管理支持、可靠性技术平台支持和可靠性数据与提升平台支持。

## 4.2 设计可靠性管理

设计可靠性管理体系是以系统可靠性工程方法论为基础，结合产品业务实践和应用场景分析，识别可靠性需求，开展设计可靠性风险评估、失效模式及其影响因素分析、故障树分析和可靠性预测的一种管理体系。其中，安全可靠性风险通过 FMEA 系统来识别。在风险识别的基础上，通过对关键风险进行可靠性预测量化风险发生概率和寿命分布，通过可靠性实验论证失效严重度，结合内外部需求和行业标准形成一系列的安全可靠性测试标准体系，最终落实到产品研发活动中，从而保障产品设计的可靠性。以下将就动力电池系统的设计可靠性管理环节进行介绍。

### 4.2.1 动力电池系统可靠性应用场景分析

场景分析旨在理解并获悉市场和客户的需求，进而以满足甚至超越客户需求为目标开展应用产品设计。一般来说，场景分析是一个持续的过程，需要技术认知的积累与沉淀。图 4-3 给出了场景分析的框架图。场景分析主要就是弄清楚"谁"+"在什么情况下"+"解决什么问题"。当然，场景必须是与产品功能实现相关。

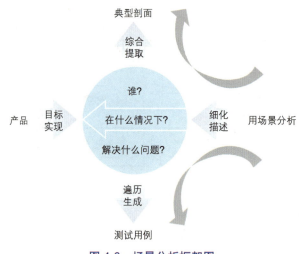

图 4-3 场景分析框架图

1)"谁"可理解并形象定义为"用户"，其可以是真实使用产品的人、物等。对于零部件/组件/子系统来说，可以是围绕上一级系统提出的需求。

2)"在什么情况下"需要从时间与空间两个维度来描述。其中，时间维度可以理解为产品从装配、调试、使用、维修与维护、报废全生命周期"时间"阶段；空间维度可以理解为更广义的"空间",包括不同的环境、载荷、应力等。这两个维度的遍历就形成了功能与环境矩阵。

3)"解决什么问题"的描述可以理解为亟须解决的痛点问题,它可以是客户现在、将来的需求、期待,甚至是目前还未被察觉到的需求等,例如续驶里程的要求、快充需求、安全要求等[4]。

使用场景分析一般包含四个层级,分别是用户画像、场景、任务剖面与事件,如图4-4所示。其中,用户画像是一种刻画用户需求的模型。它通过收集和分析用户的多维度信息,如社会属性、消费习惯、偏好特征等,来抽象出用户的全面信息。这些信息可以包括用户的行为模式、使用产品的方式、遇到的问题以及他们对产品或服务的期望等。场景分类是场景在宏观层面的描述,包含场景分类和场景名称。"解决什么问题"用来描述需要解决的问题以及服务上的用户体验等。剖面与事件是描述微观层使用场景(颗粒度小)下,在如何解决问题细节上的交互体验。剖面是事件的合集,可以包含单个事件,也可以包含多个事件。

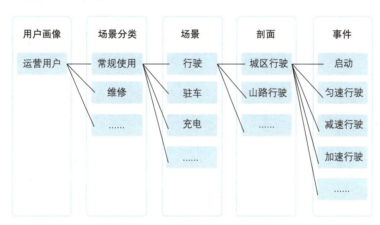

图4-4 使用场景分析思维导图

为帮助读者理解使用场景的分析流程,下面以运营车(如出租车、网约车等)为例,介绍了用户画像、场景、任务剖面与事件。表4-3给出了针对这一需求的场景与剖面。其中,用户画像为运营车;场景包括使用场景和维修场景。使用场景又包含行驶、驻车、充电;维修场景包含运营维护、故障探测、故障维修、故障件运输、信息追溯。对应于每一具体场景,我们可以给出工作剖面与事件组合,如行驶场景下的城区行驶、高速/高架行驶、郊区行驶、山路行驶、乡村行驶等;驻车场景下的正常驻车、低压用电(12V、24V)、转换器用电等;充电场景下的充满、未充满、过充电、浮充、低压用电、转换器用电等,并给出工作剖面的编号,以及所包含事件的编码及顺序。

在此基础上,给出事件列表(表4-4),并列出每个工作剖面下所有事件可能的交叉情况,形成事件交叉矩阵表,即每个工作剖面下,所有可能发生事件的组合,形成测试事件流(包含先事件和后事件);分析事件流概率,给出事件流概率表(表4-5);将整车事件映射到电池包,将其作为分析主体,进而分析电池包事件对应的关键功能要求,并量化性能参数;将映射后的电池包事件按功能类型进行合并,形成表4-6所示的电池包事件表。结合环境矩阵(表4-7),融入可靠性试验设计原则,以鉴定试验的原则为指导,生成标准测试事件串,输出图4-5所示的使用场景分析输出测试用例。

表4-3 场景与剖面举例表

| 用户画像 | 场景 | 工作剖面(事件组合) | | |
|---|---|---|---|---|
| | | 编号 | 名称 | 包含事件及顺序 |
| 运营车<br>(出租车、<br>网约车) | 使用 | A01 | 城区行驶 | B01~B16 |
| | | A02 | 高速/高架行驶 | B01~B16 |
| | 行驶 | A03 | 郊区行驶 | B01~B16 |
| | | A04 | 山路行驶 | B01~B16 |
| | | A05 | 乡村行驶 | B01~B16 |
| | 驻车 | A06 | 正常驻车 | B17 |
| | | A07 | 低压用电(12V、24V) | B17~B18 |
| | | A08 | 转换器用电 | B17、B19 |
| | 充电 | A09 | 充满 | B17、B20、B24、B25 |
| | | A10 | 未充满 | B17、B21、B24、B25 |
| | | A11 | 过充电 | B17、B22、B24、B25 |
| | | A12 | 浮充电 | B17、B23、B24、B25 |
| | | A13 | 低压用电(12V、24V) | B17、B24~B26 |
| | | A14 | 转换器用电 | B17、B24~B25、B27 |
| | 运营维护 | A27 | 正常运营 | B50~B53 |
| | | A28 | 久放不用 | — |
| | 故障探测 | A29 | 后台预/报警 | B54~B55 |
| | | A30 | 整车仪表盘提示 | — |
| | | A31 | 安全排查 | B56~B57 |
| | 维修 | A32 | 维修前诊断 | B58~B60 |
| | 故障维修 | A33 | 执行维修 | B61~B62 |
| | | A34 | 维修后检测 | B63 |
| | 故障件运输 | A35 | 集中运输 | B64~B67 |
| | | A36 | 散件运输 | B64~B67 |
| | 信息追溯 | A37 | 数据记录 | B68~B70 |
| | | A38 | 现场拍照 | B71~B73 |
| | | A39 | 上传系统 | B74 |

表4-4 事件举例列表

| 编号 | 事件 |
|---|---|
| B01 | 打火起动 |
| B02 | 起步 |
| B03 | 加速行驶 |
| B04 | 匀速行驶 |
| B05 | 减速行驶 |
| | …… |

表 4-5 事件流概率分析

| 后事件 | 打火起动 | 起步 | 加速行驶（正常马力） | 匀速行驶 | 紧急制动 | 连续加速/减速切换 | 转向 | 爬坡（持续大功率） | 下坡（正常持续制动） | 超车（短时大功率） | 制动（正常短时刻） | 减速带减速（持续减速） | 车辆停车 | 倒车 | 高压状态等待 | 下高压 |
|---|---|---|---|---|---|---|---|---|---|---|---|---|---|---|---|---|
| 打火起动 | — | 0 | 0 | 0 | 0 | 0 | 0 | 0 | 0 | 0 | 0 | 0 | 1 | 0 | — | — |
| 起步 | 1 | — | 0 | 0 | 0 | 0 | 0 | 0 | 0 | 0 | 0 | 0 | 0 | 0 | — | — |
| 加速行驶 | 0 | 0.4 | — | 0.2 | 0.02 | 0.3 | 0.4 | 0.25 | 0.3 | 0.2 | 0.05 | 0.6 | 0 | 0.02 | | |
| 匀速行驶 | 0 | 0 | 0.1 | — | 0.02 | 0.3 | 0.25 | 0.01 | 0.2 | 0.1 | 0.05 | 0 | 0 | 0.02 | | |
| 减速行驶 | 0 | 0 | 0.05 | 0.1 | — | 0.3 | 0.2 | 0.25 | 0.3 | 0.03 | 0.3 | 0.04 | 0 | 0.04 | | |
| 连续 | 0 | 0.03 | 0.2 | 0.5 | 0.04 | — | 0.02 | 0.05 | 0.03 | 0.05 | 0.05 | 0 | 0 | | | |
| 转向 | 0 | 0.03 | 0.05 | 0.02 | 0.1 | 0.01 | — | 0.02 | | 0.4 | | | 0 | 0.2 | | |
| 爬坡 | 0 | 0.1 | — | 0.01 | 0.02 | 0.01 | 0.02 | — | 0.01 | 0.03 | 0.05 | | 0 | 0.03 | | |
| 下坡 | 0 | 0.1 | | 0.02 | 0.02 | 0.01 | 0.02 | — | | 0.03 | 0.05 | | 0 | 0 | | |
| 超车 | 0 | 0.02 | 0.4 | 0.01 | 0.02 | 0.01 | 0.06 | 0.05 | 0 | — | 0.05 | | 0 | 0 | | |
| 制动 | 0 | 0.02 | 0.05 | 0.1 | | 0.04 | 0.02 | | 0.3 | 0.02 | — | | 0 | 0.2 | | |
| 减速带 | 0 | 0 | 0.05 | 0.01 | 0.5 | | 0.02 | 0.02 | | 0.02 | 0.04 | | 0 | 0.01 | | |
| 车辆停车 | 0 | 0 | 0 | 0.02 | 0.2 | 0.01 | 0.02 | 0.02 | 0.02 | 0.05 | 0.04 | — | | 0.4 | | |
| 倒车 | 0 | 0.3 | 0.05 | 0.01 | 0.02 | 0.01 | 0.02 | | | 0.05 | | | 0 | — | | |
| 高压状态等待 | — | | | | | | | | | | | | | | | |
| 下高压 | — | | | | | | | | | | | | | | | |
| 加权 | 1 | 1 | 1 | 1 | 1 | 1 | 1 | 1 | 1 | 1 | 1 | 1 | 1 | 1 | | |

表 4-6 电池包事件

| 编号 | 整车事件 | Pack 事件 |
|---|---|---|
| B01 | 打火起动 | 电池包上电，继电器闭合<br>唤醒 BMS<br>完成诊断，继电器闭合<br>BMS 发送上高压状态到 VCU<br>BMS 连续接到 VCU 上高压命令 |
| B02 | 起步 | 电池包放电 |
| B03 | 加速行驶 | 电池包放电 |
| B04 | 匀速行驶 | 电池包放电（恒定倍率） |
| B05 | 减速行驶 | 电池包回充 |
| | …… | |

表 4-7 环境矩阵

| 环境分类 | 环境 | |
|---|---|---|
| 典型环境 | 温度 | 存储温度范围 |
| | | 使用温度范围 |
| | | 温度变化范围 |

(续)

| 环境分类 | 环境 | |
|---|---|---|
| 典型环境 | 湿度 | 湿度范围：15%～95% |
| | | 湿热循环 |
| | 路面（振动、冲击） | 坑道路谱 |
| | | 柏油路谱 |
| | | 沙地路谱 |
| | | 颠簸路谱 |
| | | 减速带路谱 |
| | 盐雾 | 中性 |
| | | 碱性 |
| | | 酸性 |
| | 凝露 | 冷凝水 |
| | 砂石、泥浆 | 砂石、泥浆 |
| | 气压 | 高海拔气压 |
| | 光照（紫外线） | 紫外线 |
| | 灰尘 | 喷尘 |
| | 热辐射 | 热辐射 |
| | 洗车（高压水喷射） | 高压水喷射 |
| | 有害/腐蚀气体 | 有害/腐蚀气体 |
| | 冷却液压力交变 | 冷却液压力交变 |
| | …… | |

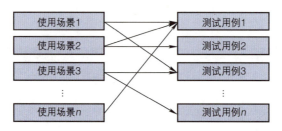

图 4-5 使用场景分析输出测试用例示意

鉴定试验事件标准测试原则：

1）选择发生概率最高的事件串，可以是多条事件串的组合。

2）选择发生概率最高的环境条件。

3）事件串和环境条件耦合在一起循环。

4）循环时间依据目标来做，如果超出范围，则需要进行事件串和环境的加速，此时要打破第1）、2）条规则，执行第5）条和第6）条。

5）选择产品工作机械环境。

6）选择产品工作极限负载。

针对第1）条原则，需要确定发生概率最高的事件串，即概率大的事件串。为规避

事件数量对事件串的概率影响,可采取平均概率衡量事件串的概率大小。具体计算公式如下:

$$P(x_k) = \frac{\sum_{i=1}^{N_k-1} p(a,b)}{N_k} \quad (4\text{-}1)$$

式中,$x_k$ 是第 $k$ 条事件串;$N_k$ 是第 $k$ 条事件串的事件数量;$p(a,b)$ 是事件 $a$ 到事件 $b$ 的概率;$P(x_k)$ 是第 $k$ 条事件串的概率,即该条事件串上所有事件发生的平均概率。

基于可靠性试验设计原则,分析影响电池包组件性能的失效机理和环境因素,并对环境因素展开敏感性分析,明确环境类型以及环境敏感因素;依据事件串与环境敏感因素制定对应的测试条件,测试要求覆盖所有事件的最大概率事件串/环境,同时考虑最敏感和次敏感因素,最终确定测试环境剖面。

## 4.2.2 动力电池系统可靠性需求分析

### 1. 可靠性需求定义

需求是基于使用场景(图 4-6),对产品或过程的操作、功能和设计的特性或约束的表述,这种表述必须是明确的、可测试的、可度量的及可接受的。而可靠性需求是指产品在规定条件下和规定时间内,完成或保持客户要求功能的能力。

图 4-6 动力电池系统的使用场景示例

通常,高质量的可靠性需求描述具备如下特征:完整性、一致性、无二义性、可行性、必要性、无冗余等。

**2. 可靠性需求来源**

1)外部需求:从公司外部收集的需求,来源包括客户、市场、行业会议、竞争对手等,主要针对细分市场需求。

2)内部需求:如 DFX(面向产品全生命周期各/某环节的设计)需求、架构需求和关键技术落地需求。

3)标准:参考 GB 38031—2020《电动汽车用动力蓄电池安全要求》、GB 31467.3—2015《电动汽车用锂离子动力蓄电池包和系统》等标准中的要求。

**3. 如何挖掘客户的隐性需求**

隐性需求是指对客户深层次和潜在需求的挖掘,需要应用同理心或让用户深度参与。可通过如下方式挖掘隐性的可靠性需求:

1)让自己成为客户/用户。

2)深入调研用户对产品的使用习惯和使用感受。

3)与客户深入详细地面谈。

4)让客户加入产品开发团队。

**4. 需求分析过程**

需求分析包括以下三个过程:

1)原始需求收集汇总。客户的原始需求是零散的,且需求资料可能是非正式的(如邮件、社交软件等传递需求),因此需要进行统一梳理,并建立需求管理系统。梳理客户需求时,需要站在客户的角度考虑客户真正的需求,将客户的语言转换成内部可执行、可落地的需求。

2)产品需求分解。

产品需求 = 原始需求 + 特性需求 + 系统需求。

其中,原始需求为产品核心,属第一层级需求;特性需求为产品卖点,属第二层级需求;系统需求反映产品功能,属第三层级需求,表 4-8 给出了产品需求分层模型。

表 4-8 产品需求分层模型

| 分类 | 定义 | 需求分层关系 | 需求分解 | 示例 |
|---|---|---|---|---|
| 客户问题 | 客户期望产品解决的问题(内部/外部) | 产品核心(第一层级) | 原始需求 | 原始需求:车辆行驶 200km 就没电了,希望能够实现长续驶里程,不用担心中途没电 |
| 系统特性 | 描述产品为解决客户问题所需的能力 | 产品卖点(第二层级) | 特性需求 | 特性需求:车辆长续驶里驶需求 |
| 系统需求 | 对系统特性进行分析加工后,形成产品的黑盒交付需求,不涉及具体的实现方案 | 产品功能(第三层级) | 系统需求 | 系统需求:①采用高容量的电芯;②Pack 采用高能量密度 |

3)需求分析反馈与需求实现。将客户原始需求归类后导入需求管理系统,并将其转换成可执行、可落地的需求,再分配给相关责任部门分析确认。相关的责任部门包括电芯设计部、结构设计部、BMS 设计部,以及包装设计、测试、售后、质量等部门。完成需求的分析反馈后,组织需求评审进行需求冻结和释放。

需求评审通过后,系统需求分配和分解到设计和验证部门,由相关设计部门进行产品设计以实现定义的产品需求,并由测试部门进行相应的试验验证。需求满足度确认应在设计冻结前完成,以确保需求闭环管理。量产后收集客户评价反馈信息,进行分析总结。可靠性需求分析流程图如图 4-7 所示。

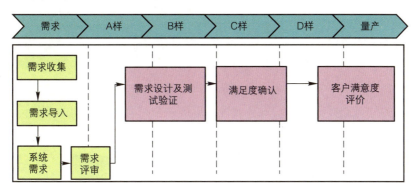

图 4-7 可靠性需求分析流程图

### 4.2.3 设计可靠性风险评估

动力电池系统,主要遵循概念和计划阶段、A 样/B 样/C 样/D 样开发、SOP 量产发布、市场运用的全生命周期阶段,如图 4-8 所示。

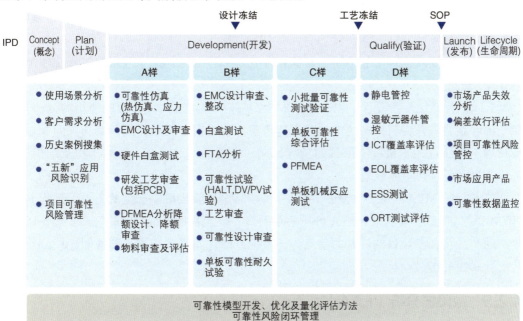

图 4-8 动力电池系统的全生命周期阶段

其中，①概念和计划阶段，主要关注使用场景和需求的识别；② A 样和 B 样的设计开发阶段，主要关注方案可靠性设计、DV 等可靠性评估方法对缺陷的激发和设计方案优化迭代；③ C 样和 D 样的工艺开发阶段，主要关注工艺可靠性设计、PV 等可靠性评估方法，对小批量试制样品的可靠性及稳定批量生产的可靠性做系统评估；④市场运用阶段，主要关注质保期数据监控、市场失效分析等。

### 4.2.4 失效模式及影响分析（FMEA）

#### 1. FMEA 的范围和目的

随着科技的快速发展，用户对产品质量提出了更高的需求，这些高质量需求意味着产品研发和制造过程中对企业工作人员的知识结构和实操能力提出了更高的要求。拥有一套面向团队的、系统的、定性分析的预防性方法的 FMEA 工具就显得尤为重要，它可以有效确定和评估系统、子系统、零件或制造过程的潜在缺陷和故障状态的技术风险，并基于风险定义相关的行动并记录行动的有效性，形成一个符合多方关切的有效沟通工具。

#### 2. FMEA 的流程及工具使用

（1）FMEA 活动开展的情景

1）新设计、新技术或新过程。FMEA 的范围应包括完整的设计、技术或过程。

2）现有设计或过程的新应用。FMEA 的范围包含新环境、新场地、新应用或使用概况（包括工作周期、法规要求等）下的现有设计或过程。FMEA 应当关注于新环境、新场地或新应用对现有设计或过程的影响。

3）对现有设计或过程的工程变更。新技术开发、新要求、产品召回和使用现场失效可能会需要变更设计和 / 或过程。在这种情况下，可能需要对 FMEA 进行评审或修订。

（2）FMEA 的实施方法

FMEA 主要有两种实施方法：根据产品功能（设计 FMEA）或根据过程步骤（过程 FMEA）进行分析。

1）设计 FMEA：设计 FMEA（DFMEA）是一种主要由设计团队使用的分析技术，用于确保在将零件交付生产之前，尽可能考虑并解决潜在失效模式及其相关的失效起因或机理，关注点为子系统或部件的功能传递、界面链接及交互、材料选型及结构造型、部件及界面可靠性验证策划。

2）过程 FMEA：设计 FMEA 用于分析产品设计阶段可能产生的失效，过程 FMEA（PFMEA）则与之不同，PFMEA 分析的是制造、装配和物流过程中的潜在失效，以确保生产的产品符合设计目的。其关注点为子系统或部件间组装步骤、部件间连接公差链及装配可靠性策划。

### 4.2.5 故障树分析（FTA）

故障树分析（Fault Tree Analysis，FTA）是一种系统性的故障分析方法，用于识别和评估系统中可能导致特定事件发生的故障原因。它可以帮助工程师和专家们理解系统中潜在的故障，并采取相应的措施来减少故障的发生。

FTA 主要适用于分析和评估系统的可靠性和安全性，特别是在故障和失效引起的事件中。它可以应用于各种领域，包括工业制造、航空航天、核能、化工、交通运输等。

FTA 的主要目的是帮助分析人员理解和评估系统故障事件的潜在原因和逻辑关系，以识别故障发生的可能性和可能的影响，并提供改进和预防措施。具体的目标包括识别故障路径、评估故障概率、分析故障影响、提供改进措施等。

FTA 的方法和步骤如下：

1）确定分析目标。确定要分析的系统，并明确所关注的特定失效事件或故障模式。

2）定义顶事件。顶事件是故障树的起点事件，整个过程中要分析至最终，不可再分解的失效事件。

3）构建故障树。故障树是一种逻辑图形，由事件和逻辑门组成。具体构建过程为，将导致顶事件发生的基本事件和条件事件添加到故障树中，并使用逻辑门（如与门、或门、非门）表示事件之间的逻辑关系。

4）确定事件概率。对于每个事件，根据现有数据、经验或专家判断，估计其发生概率。这可以基于历史数据、试验结果、文献资料等进行量化评估。

5）进行故障树分析。通过故障树的逻辑运算和事件概率计算，评估顶事件发生的概率。这可以使用布尔代数、故障树求值技术（如沟道切割法、概率传递法）等方法来进行分析。

6）识别重要事件。在故障树分析中，有些事件对于顶事件的发生可能具有更大的贡献。

7）分析结果评估和解释。根据故障树分析的结果，评估和解释顶事件的概率、重要事件的贡献以及系统中潜在的故障和风险。

8）提出改进措施。基于故障树分析的结果和评估，提出相应的改进措施和建议。

9）实施改进措施和监控效果。将制定的改进措施付诸实施，并监控其效果。

为帮助读者理解，下面将列举一个故障树分析的典型案例，以进一步阐明前面章节所介绍的失效流程、工具及方法在实际中的运用。

**案例名称：** 电箱用 NTC 低阻失效。

**背景介绍：** 某一商用车陆续报高温故障，车辆限功率，本案例依据 8D 逻辑展开失效分析。1D：组建团队，将问题相关方和涉及的技术人员组成 8D 团队。2D：问题描述，对失效进行 5W2H 问题描述，弄清问题及主要矛盾。3D：临时/围堵措施，解决眼前矛盾，确保车辆正常行驶。4D：原因分析，对失效机理进行探究及失效原因进行分析。具体分析过程如下：

1）故障件返回后先观察后测试，未发现温度采样线束破损等异常，测试阻值也未发现异常；再依据先静态再动态，通过 NTC 高温失效 FTA（图 4-9），结合可靠性加速试验相关原理制定温、湿度循环试验（图 4-10）进行快速复现，实时监控在第四个循环期间高温复现，锁定失效样品 NTC1 本体故障。

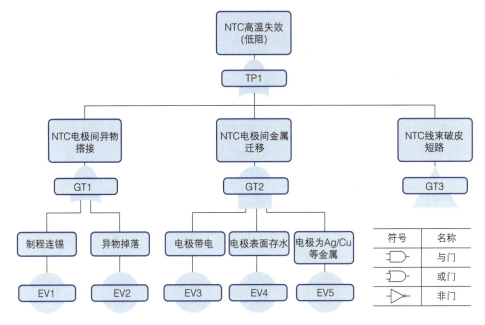

图 4-9 NTC 高温失效 FTA

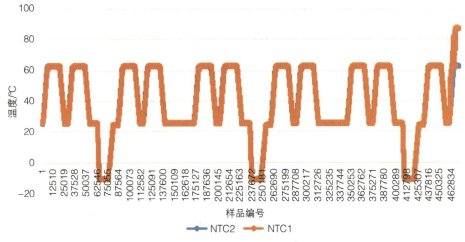

图 4-10 NTC 温湿循环测试温度曲线

2)随后进行无损检测。对 NTC1 进行 X-ray 检测(图 4-11),确认内部无连锡等电极间短接异常。

3)随即进行破坏性拆解,去除表面胶后对其进行 SEM 及 EDS 测试(图 4-12),发现电极间存在银导通。

4)结合 NTC 工作原理发现电极间存在电位差,在电极表面有水的情况下会发生银迁移,从而形成并联回路导致采样回路阻抗变小报高温故障,详细机理如图 4-13 所示。

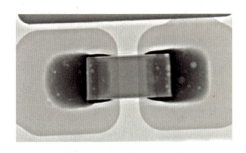

图 4-11 NTC X-ray 图

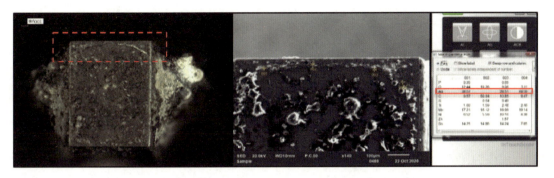

图 4-12　NTC SEM 及 EDS 检测结果

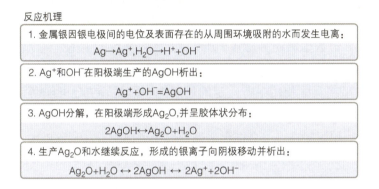

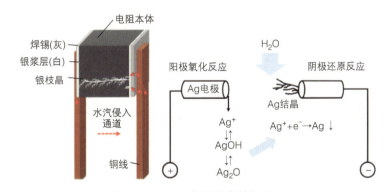

图 4-13　NTC 银迁移失效机理

5）进一步分析发现水在整个失效路径中扮演不可或缺的角色,通过来料端工艺排查,发现失效批次 NTC 保护胶的固化能量参数 SPC 数值存在波动,失效件偏上限,后通过 DOE 发现极限情况下存在保护胶与 NTC 分离情况,进而锁定根本原因为水汽进入 NTC 本体导致本次失效。

5D：纠正措施的选择与验证,针对来料端发生原因、逃逸原因和系统原因,对后续生产产品加严控制 NTC 保护胶的固化能量参数和异常样品拦截。6D：纠正措施执行与确认,确保来料端将措施落地执行。7D：预防措施,同时重新梳理并更新 NTC 防水的测试方法和测试标准,并推广到全集团落地,最终实现闭环管理。8D：团队庆祝,形成完整的教训总结（lesson learn）并分析经验。

### 4.2.6 可靠性预测

电池使用寿命是衡量电动汽车性能指标的关键参数之一。然而，锂离子电池具有很强的时变非线性。在电动汽车上使用时，其实际性能又受运行工况、使用环境等随机性因素影响，使其寿命的精准预测极具挑战性。因此如何准确地预测电动汽车在各种复杂使用场景下的真实寿命表现，不仅有利于电池合理调控使用策略，以延长电池使用寿命，还可以提高电动汽车运行的稳定性，极大地降低电池使用过程中的风险系数。此外，准确预测真实寿命还可以对锂离子电池的开发设计提供指导，缩短产品研发和测试验证周期，加快产品的更新迭代。

由于锂离子电池内部电化学机理十分复杂，因此在实际应用中难以建立准确的退化机理模型来预测锂离子电池的使用寿命。尽管目前也有许多基于数据驱动预测锂离子电池使用寿命的方法，但数据驱动主要基于历史观测数据与统计模型。它通过对试验数据进行分析挖掘得到特征描述来建立模型，不依靠物理或工程方面的原理。这种单纯基于数据驱动建立的模型在实际使用中有一定的局限性。因此，结合机理模型与数据驱动，建立单体电池的使用寿命预测模型目前已成为工程应用的主要方案之一。这种构建方法不仅可以提高模型的预测精度，也有助于明确锂离子电池的寿命衰退机理。

图 4-14 所示为两种典型的电动汽车 24h 内的运行工况示意图，图 4-14a 是私家车运行工况，图 4-14b 是运营车运行工况，其中纵坐标代表电池的剩余电量。从图中不难看出，这两种运行工况均包含两部分，即电量持续变化阶段（运行状态）和电量不变化阶段（静置状态）。根据电池使用状态可以将其实际使用寿命分为两类，即日历寿命和循环寿命，两种寿命类型的影响因子存在差异。

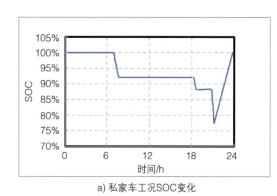
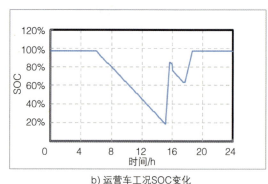

a) 私家车工况SOC变化　　　　b) 运营车工况SOC变化

图 4-14　电动汽车两种典型运行工况示意图

图 4-15 示意了一种单体锂离子电池的日历寿命与循环寿命预测模型的搭建逻辑[5]。对于日历寿命，主要考虑存储测试的环境温度与存储 SOC 状态；对于循环寿命，主要关注循环测试的环境温度、充放电倍率、SOC 使用边界以及放电深度。通过不同条件下电池实测的容量衰减数据，结合锂离子电池容量衰减机理，建立单体锂离子电池的日历容量寿命、循环容量寿命及耦合存储和循环的复合工况容量寿命的预测模型。

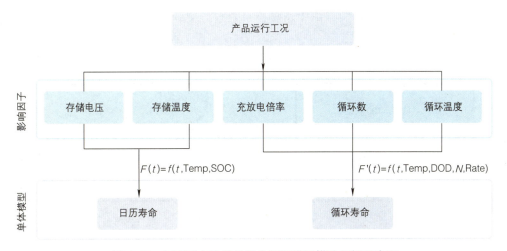

图 4-15　锂离子电池单体寿命预测模型搭建逻辑示意图

该模型认为，日历衰减是独立于循环衰减的，日历寿命的衰减速率可以使用存储衰减率（$\tau_c$）来表示，并且存储衰减率与存储 SOC、存储温度直接相关。对于存储衰减率的建模方法，可以使用插值法，通过测试多个温度、多个 SOC 的电池衰减获取建模数据。每个温度都可使用以下公式拟合得到随时间变化的存储衰减率：

$$\tau_c(\text{SOC}) = bm^{\text{SOC}} \tag{4-2}$$

式中，$m$ 是存储时间；SOC 是存储 SOC；$b$ 是拟合参数。

与日历寿命衰减机理不同，循环寿命的影响因子除了温度和循环上下限 SOC 外，还包含充放电倍率。对于循环老化率（$\tau_a$），可以使用类阿伦尼乌斯公式来拟合试验数据，以此描述温度的影响；类阿伦尼乌斯公式包含了 SOC 和倍率因子，该经验公式[6]如下：

$$\sigma_{\text{fcn}} = (\alpha \text{SOC} - \beta)e^{\frac{-E_a + \eta I_c}{R_g(273.15 + T_b)}} \tag{4-3}$$

$$\tau_a = 1 - \sigma_{\text{fcn}} Q_{\text{accz}}^z \tag{4-4}$$

式中，$\sigma_{\text{fcn}}$ 是循环衰减加速系数；$\alpha, \beta, \eta, z$ 是给定的系数，由试验参数拟合获取。参考取值：当 SOC<0.45 时，$\alpha = 2897.8$，$\beta = 7413.1$；当 SOC ≥ 0.45 时，$\alpha = 2694.3$，$\beta = 6025.6$；$R_g$ 是气体常数；$E_a$ 是活化能，一般为 31500J/mol；$I_c$ 是充放电倍率；$Q_{\text{accz}}$ 是电池当前累计放电量；$T_b$ 是电池循环温度；$\tau_a$ 是电池循环衰老系数。

通过构建日历寿命和循环寿命模型，即可预测锂离子电池在任意温度任意 SOC 条件下的日历寿命曲线，任意环境温度、充放电倍率、充放电深度下的循环容量寿命曲线，以及复合工况寿命曲线。复合工况下的电池衰减曲线可以使用式（4-5）计算：

$$C_{\text{bat,r}} = C_{\text{bat,ini}} \tau_a \tau_c \tag{4-5}$$

根据图 4-16 数据显示，以磷酸铁锂电池为例，以吞吐量为自变量，对循环寿命曲线的三种老化路径进行建模预测。预测曲线均与实测数据吻合程度高，寿命模型展现了较高的预测准确度。

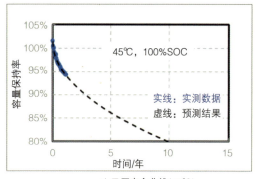
a) 日历寿命曲线(45℃)

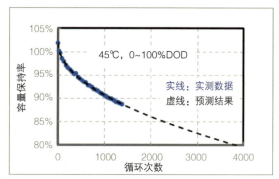
b) 循环寿命曲线(45℃)

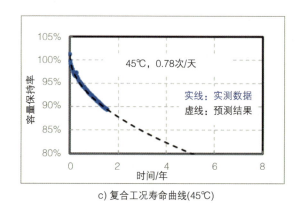
c) 复合工况寿命曲线(45℃)

图 4-16　锂离子电池单体寿命预测模型与实测数据对比

## 4.3　工艺制程可靠性管理

### 4.3.1　概述

工艺制程作为产品的实现过程，其控制水平对产品可靠性起着极其关键的作用。特别是在极限智造时代，如何从来料及工艺过程更加有效地控制并规避批量问题的发生，其控制方法与传统制造业的控制具有很大差别。

动力电池的可靠性需求包含性能可靠性、机械可靠性、电气可靠性等，为了保障最终的产品可靠性，可以将需求分解到设计、来料和工艺三个方向。在来料工艺控制中，针对研发和量产阶段，核心在于管控样品和量产物料可靠性。在工艺可靠性需求中，核心是分析清楚工序中具体要控制的内容，如涂布的重量控制、冷压的厚度控制、焊接的牢固程度控制、化成的界面控制等。针对具体的可靠性控制要点，结合极限智造的海量生产特征，创新地制定出可靠性控制方法，比如防错控制、智能闭环控制、自相关分析与控制等。下面针对工艺可靠性控制方法进行详细介绍。

## 4.3.2 来料可靠性管理

### 1. 样品来料可靠性管理

可靠性是实现供应链稳定运作的基础。供应链作为一种扩展企业，其协调运行是建立在各个企业运行可靠的基础上。因此有效的供应链管理离不开供应链可靠性的评价和保障。项目开发阶段，零部件来料具备一套可靠的评价手段，对供应链各个环节进行充分评估，可以保证供应链的可靠性得到提升。具体工作的流程如下：

1）准入审核：通过对新供应商商务、技术开发能力、质量保证能力、交期等方面进行综合评价，引入满足质量管理体系要求的合格供应商。

2）定点评价：通过对已准入的供应商可供品类建立商务、技术、质量等多维度的评价标准并实施打分评价，确保供应商所供品类具备零部件开发要求，降低零部件供应风险。

3）工程样件认可：通过定义零部件工程样件认可的主要活动，建立零部件验证的活动要求，使之满足设计认可与量产件要求，从而降低设计风险，保证产品质量。

4）生产件批准（PPAP）：在供应商生产现场，通过对在量产节拍状态下的生产过程进行评价，保证零部件生产过程与设计/工艺等要求相符，并对供应商过程能力满足与产品合格率进行确认，从而确保供应商在量产阶段有能力稳定地供货，确保批量供货没有质量问题或减少投产问题。

5）供应商年度审核：通过采用行业适用的审核标准条款对已认证的供应商进行周期性评价，促进供应商进行质量管理体系改进与提升，从而保证供应商提供的产品满足客户与行业相关法律法规要求。

### 2. 量产来料可靠性保障

供应商及可供品类经过样品阶段各个节点的评价与认可后，还应建立一套有效的量产供货能力保持的控制手段，并在零部件全生命周期内进行持续改善，才能保证在产品全生命周期内所需零部件以批准的量产状态持续量产供货。一般来说包含以下几类管控方式。

1）来料检测。依据进料检验标准，对采购原材料、部件或产品做质量检验确认和查核，即在供应商送原材料或部件时通过抽样的方式对质量进行检验，并最后做出判断该批产品是允收还是拒收。并且，在进行量产检验时，一般先对供应商的测量系统进行全方位识别，确保供应商测量系统有效性。

同时，制造过程 SPC 监控与 MES 全过程监控与追溯。利用统计方法来监控供应商制造过程的状态，确定已批准的生产过程在管制状态下，从而降低零部件品质的变异；针对已批准的供应商生产过程的关键参数进行系统管理，保证供应商零部件从进料到出货全过程在全生命周期都被记录，必要时可被追溯。

2）变更管理。任何变更都会增加风险，因此针对供应商端的任何变更，包含不仅限于设计变更、5M1E 变更、二供变更等，都应得到验证或确认批准，从而对变更风险进行有效管控。

3）过程审核。通过对供应商已确定的过程质量管理活动和有关结果是否符合 PPAP 批准的过程控制和工序能力的要求进行评价，以及时发现存在的问题，并采取有效的纠正或预防措施进行改进或提高，确保量产过程质量处于稳定受控状态。审核不同对象可以使用不同的审核标准，如 VDA6.3、CQI 审核系列等。

4）产品审核。根据已确定的频次或客户要求，从客户的角度，对量产阶段准备交付的产品进行独立评定和保障，以验证符合所有规定的要求，并分析产品质量趋势和持续改进潜力。产品审核包括产品尺寸、功能性、外观、包装、重量等。

### 4.3.3 防错控制

在量产的工艺可靠性控制中，防错是首选的控制方法。从断根、保险、自动、相符、顺序、隔离、复制、层别、警告、缓和这防错的十大原理来看，其防错功能本身也存在可靠性问题。因此，需要定期或不定期地进行有效性验证，以确保防错本身功能的有效性。即，针对每一防错功能，须按表 4-9 制定合理的防错说明书（Error Proofing Instruction，EPI），包含该防错功能的名称、原理、有效性验证步骤及频率等。

表 4-9 防错说明书

| 防错说明书<br>Error Proofing Instruction | | 文件编号<br>DOC No. | |
| --- | --- | --- | --- |
| | | 版本<br>REV. | |
| 防错名称<br>Error Proofing Name | | | |
| 工序名称<br>Process Name | | | |
| 防错目的<br>Error Proofing Objective | | | |
| 防错原理<br>Error Proofing Mechanism | | | |
| 验证频率<br>Frequency | 验证记录<br>Recording | | 责任部门<br>Responsible Dept. |
| 防错验证步骤<br>Verification Steps | | | |

### 4.3.4 智能闭环控制

在量产的工艺可靠性控制中，智能闭环控制是最有效的控制方法。在制造过程中，通过各种传感器采集了大量的实时制造数据。然而大多数过程数据是高维的、非线性的、高度相关的，因此很难对其进行制造过程建模，这限制了传统统计过程控制技术的应用。生产现场管理与控制是否有效也直接影响产品生产过程。

在实施生产现场控制时不应只关注输入,还更关注输出结果,输出结果是有目标的,实际输出返回输入参与控制,控制系统会根据实际输出控制输入,从而影响实际输出以达到目标。

为了有效监控输出并实现预警,还需结合在线数据表现,运用在 GB/T 17989.1~GB/T 17989.4 中的特殊控制图监控方法,其具体规则如图 4-17 所示。

图 4-17 彩虹图规则示意图

由图 4-17 可见,以规格中心为控制中心,将公差上下限收严 $n$ 倍标准差或 $\Delta$ 或回归预测区间形成预警限,在预警限内的区域称为目标区,其测量结果在区域内波动则无须调整;在规格限与预警限之间的区域称为预警区,当有数据处在预警区时则需调整;在规格限上下限放宽 $n$ 倍标准差或 $\Delta$ 形成不合格限,所围成的区域为不合格区,在此区域内的出现数据是属于不合格品,需要立即停机排查。

彩虹图与原有常规控制图的区别在于:

1)应用范围:常规的 SPC 控制图只适用于正态且独立的样本数据,扩展到所有数据分布特征类型也能适用 SPC 控制。

2)判异规则:简化判异规则,以不同颜色分区管控方式代替原有常规控制图根据趋势的判异规则预警。

将彩虹图控制系统与过程监控相结合,能够实现更高效的识别和预警异常,从而保证人员及时处理,使生产过程恢复正常。然而对于无须人员手动干预的制造过程,同样可以结合现代统计过程控制基础,形成了智能的闭环控制。例如厚度控制系统,经 RPN 分析确定极片厚度与压力值大小直接相关,从而建立了压辊前厚度 $X_1$ 与压力 $X_2$ 的 $Y=f(X_1, X_2)$ 关系式;通过目标厚度值 $Y$ 和测量的压辊前厚度 $X_1$ 计算得出所需的压力值 $X_2$,压力智能控制系统工作流如图 4-18 所示。

图 4-18 极片厚度控制的智能闭环控制系统工作流

在生产加工过程中,压辊前的厚度通过测厚仪不断向压力控制系统上传厚度测量结果,系统经过分析后实时输出结果,并调整压力值。最后再测量压辊后的厚度,确认系统分析调整的厚度值与实际厚度值是否保持一致。

### 4.3.5 自相关性分析与控制

在量产的工艺可靠性控制中,自相关分析与控制是最精准的控制方法。我们常运用 SPC 作为实时过程监控的工具,提高产品质量。但传统的统计过程控制理论是基于以下基本假设:研究的过程处于统计受控状态,而且过程的观测数据统计独立且服从正态分布。

而实际工作中,过程数据并不是总能满足彼此统计独立的假设前提,而对于目前连续型生产以及已实现数据自动采集的过程,采集到的数据往往会存在数据自相关。当存在数据自相关现象时,传统的统计过程控制理论不能有效、恰当地控制和改进过程质量。

因此,我们引入了制造过程的自相关分析与控制方法。当 $Y$ 与 $X$ 不是独立分布时,质量过程的数据均服从时间序列模型,我们可以运用 $Y = f(X_1, X_2, X_3, \cdots)$ 关系式,将 $Y$ 与各 $X$ 的控制图进行整合排列,形成 $Y$-$X$ 的相关性分析图,具体示意图如图 4-19 所示。

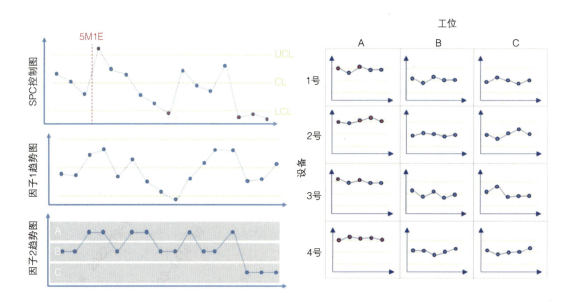

图 4-19 自相关性分析示意图

自相关性分析分为参数与因子的相关性分析和资源与工位的对比分析。当产品特性参数 $Y$ 与因子 $X$ 之间存在相关性时,建立参数与因子的相关性趋势图。若 $Y$ 控制图中有单点超上控制限,相关因子 $X_1$ 与 $X_2$ 均未超出控制限,则是现场 5M1E 变更影响导致;若 $Y$ 控制图出现连续超下控制限,且排查发现相关因子 $X_1$ 控制图趋势同样出现连续下降趋势,则可以确定受因子 $X_1$ 问题的影响。

资源与工位的对比适用于直接受资源和工位影响的参数，如图 4-19 所示，当 1 号～4 号设备的 A 工位监控项目测量数据控制图同时出现超上控制限的趋势表现时，说明 A 工位在制作过程中受其他因素影响使其加工数据波动，超出上控制限，因此需停机排查 A 工位问题，确认报警消除后才可继续生产。

由于传统的统计过程控制方法不适用于现有的高速采集及数据自相关过程，因此，如何针对自相关过程的特点，结合统计过程控制方法，且提出面向自相关过程易于实际操作的统计过程控制方法是关键。由此可见，解决自相关过程的控制问题对于生产出高质量的产品、提升产品竞争优势具有十分重要的意义。

## 4.4 市场可靠性管理

### 4.4.1 概述

随着电动汽车的普及，对动力电池的可靠性要求越来越高。动力电池可靠性管理是一种针对电动汽车电池的管理策略，旨在确保电池在各种工况下的稳定性和可靠性。对动力电池进行可靠性管理可以提高电池的寿命、安全性、经济性和性能，从而提升电动汽车的整体表现。

汽车动力电池的可靠性管理操作主要包括以下几个方面：

1）监控电池状态：通过各种传感器和监测设备，实时监测电池的电压、电流、温度、内阻等参数，以及电池的充放电状态、电量剩余等。这些数据可以用于评估电池的健康状态和预测电池的性能退化，有助于及时发现并解决潜在问题。

2）定期维护和检查：根据实际情况制定维护和检查计划，包括电池的清洁、紧固、更换等操作。在检查过程中，应对电池的外观、接口和连接件进行检查，确保无破损、无松动，同时检查电池组的安装和固定情况。

3）故障诊断和处理：基于监控数据和定期检查结果，对电池进行故障诊断。常见的故障包括电池性能退化、电池过热、电池漏液等。对于故障电池，应及时进行更换或修复，避免影响整个电池系统的正常运行。

4）可靠性评估和预测：基于历史数据和监测数据，对电池的可靠性进行评估和预测。通过分析电池性能退化的趋势和规律，可以预测电池的使用寿命和性能退化情况，为电池的维护和更换提供依据。

5）优化管理流程：根据实际情况不断优化管理流程，包括维护和检查计划的调整、故障处理流程的改进等。通过优化管理流程，可以提高电池的可靠性管理水平，降低维护成本。

6）培训和技术支持：对相关人员进行培训和技术支持，提高他们对动力电池的认识和维护技能。通过培训和技术支持，可以确保相关人员能够正确、安全地执行各项操作和管理任务。

7）建立数据库：建立数据库，用于存储和管理电池的监测数据、维护数据、故障处理记录等信息。通过数据库管理，可以方便地对数据进行查询、分析和追溯，为后续的管理工作提供参考。

汽车动力电池的可靠性管理是一个系统性、持续性的工作，需要从多个方面入手，加强监控和维护，提高管理流程的效率和效果。通过实施有效的可靠性管理措施，可以确保汽车动力电池的安全稳定运行，延长其使用寿命，提高整个汽车的动力性和经济性。下面将从可靠性评估、备品备件管理、售后维保、运行大数据分析与预警四个方面详细介绍动力电池的市场可靠性管理。

### 4.4.2 可靠性评估

随着新能源汽车市场的不断扩大，动力电池的安全问题逐渐凸显。为了确保新能源汽车的安全使用，对动力电池进行可靠性评估至关重要。通过评估，可以发现潜在的安全隐患，提高动力电池的使用寿命和安全性。

传统的动力电池可靠性评估方法主要包括试验测试和数据分析，试验测试虽然可以模拟实际使用情况，但成本较高且耗时较长。数据分析则依赖于大量的实际使用数据，但数据的获取和整理难度较大，需要寻找一种更加高效、准确的评估方法。

车联网技术为动力电池的可靠性评估提供了实时、远程的分析和预警工具。通过车载传感器收集电池温度、电压、电流等数据，并通过云计算和大数据分析评估电池的健康状态和预测电池寿命。这种技术的应用不仅有助于生产商提高产品质量，也有助于消费者更好地了解产品性能。

建立基于车联网数据的动力电池性能评估体系是实现电池高效、可持续利用的关键。在评估过程中，应考虑电池的充放电效率、循环寿命、安全性能等方面的评估指标。同时，结合实际案例，阐述这些指标在评估中的具体应用。例如，通过比较不同品牌、不同型号的动力电池在相同条件下的充放电效率，可以评估出电池的性能优劣。

可靠性评估的步骤包括收集数据、整理数据、数据分析、结论输出。收集的数据包括电池的电压、温度、充放电电流等关键参数。为了确保车联网动力电池的可靠性评估结果的科学性和准确性，需要制定相应的标准和规范。生产商应该采用国际通用的标准，以确保评估结果的公正性和权威性。同时，政府和行业协会也应发挥作用，推动制定更加严格的政策和规范，以保障消费者和生产商的利益。

尽管车联网技术在动力电池可靠性评估中发挥了重要作用，但仍然面临一些技术挑战，例如数据安全问题、传感器精度不足以及算法可靠性等问题。未来技术的发展趋势将为动力电池可靠性评估提供更多支持。随着人工智能、物联网等技术的不断发展，未来将更加注重跨学科的合作与交流，共同推动动力电池可靠性评估领域的进步。同时，随着6G等新型网络技术的商用落地，数据传输和处理将更加高效，为动力电池可靠性评估提供了更好的基础设施支持。

### 4.4.3 备品备件管理

在动力电池运行过程中，会出现各种故障和损坏，为了保证电池的稳定使用，必须建立完善的备品备件管理制度。在工业生产和维修行业中，备品备件库存管理至关重要。随着技术的进步，我们需要不断优化库存管理以适应新的挑战和机遇。在当今高度竞争的市场环境中，企业必须不断提高效率，降低成本，以确保其竞争力。其中，备品备件库存管理是降低成本和提高效率的关键环节之一。

备品备件管理的内容包括：备品备件需求分析、备品备件采购与库存管理、备品备件使用与更换管理。近年来，为了提高管理效率，降低库存成本，优化库存结构，智能管理越发流行。智能管理是指利用先进的信息技术，如大数据、物联网、人工智能等，对企业的各项活动进行实时监控、数据分析和决策优化，以提高企业的运营效率和竞争力。汽车动力电池备品备件的智能管理方案包括如下内容：

1）建立全面的数据库：通过建立全面的数据库，对汽车动力电池备品备件的生产、采购、库存、销售等数据进行统一管理，实现数据的实时更新和共享。

2）引入先进的物联网技术：利用物联网技术，实现汽车动力电池备品备件的智能化识别、跟踪和管理，提高库存的透明度和准确性。

3）搭建智能分析平台：通过人工智能和大数据技术，对数据库中的海量数据进行深度挖掘和分析，为管理决策提供有力支持。

4）优化库存管理：根据实际需求和市场变化，利用智能分析平台进行精准预测和优化决策，实现库存的合理控制和有效降低。

与传统的汽车动力电池备品备件管理方案相比，智能管理方案优势明显：①提高生产效率：智能管理能够实时监控库存情况，确保生产线的稳定运行，减少因缺货导致的生产停滞。②降低成本：通过对库存的精准控制，降低库存成本和资金占用，提高企业的资金使用效率。③提升产品质量：智能管理能够实现从原材料到成品的全程质量监控，提高产品的稳定性和可靠性。④增强企业竞争力：智能管理能够帮助企业更好地适应市场变化，提高响应速度和服务质量，从而增强企业的竞争力。

随着新能源汽车市场的不断扩大和竞争的加剧，汽车动力电池备品备件的智能管理将变得越来越重要。企业应积极关注和重视智能管理的应用与发展趋势，提高自身的运营效率和竞争力。

### 4.4.4 售后维保

售后维保是保障电池长期稳定运行的重要环节，完善的售后维保制度也是企业质量可靠性管理能力水平的集中表现。售后维保一般可分为：故障诊断与问题解决、客户沟通与反馈、售后服务体系建设。近年来，随着大数据技术等新技术和商业模式创新的不断深入，也为动力电池售后维保领域带来了无限可能。智能监测系统能实时监控电池状态，预测潜在问题；在线服务平台则能提供便捷的远程诊断和服务。随着新能源汽车市场的持续发展和电池技术的不断创新，动力电池的售后维保领域正在呈现出智能化、专业化和个性化的发展趋势。这种智能化、专业化和个性化的趋势，既体现在维保技术的研发和应用上，也体现在服务模式的创新和服务质量的提升上。

智能售后维保融合了大数据、物联网、人工智能等先进技术，对动力电池进行实时监测、故障诊断和预测性维护。这不仅有助于及时发现潜在问题，提高维修效率，还能延长电池寿命，提升电池安全性能，为消费者带来更好的使用体验。对于企业而言，智能售后维保不仅是维修保养的动力电池，更是对车辆进行整体检测和维护的重要手段。这需要企业加强与汽车制造商、配件供应商等的合作，共同为用户提供更加完善的售后服务体系。

同时，专业化的服务将凭借丰富的经验和先进的技术满足消费者需求。随着新能源汽车市场的不断发展，动力电池的售后维保服务越来越受到重视。深入理解电池的原理和技术是提供优质售后维保服务的关键。专业的维保团队将凭借丰富的经验和先进的技术，为消费者提供更加高效、便捷的维保服务。当前，动力电池售后维保面临成本高昂、技术更新快、专业人员匮乏等问题。对此，应加大研发投入，提高服务效率，同时加强专业人员的培训和引进。

个性化的服务则更加注重用户体验，满足不同消费者的多样化需求。在动力电池的售后维保领域，每个消费者都有不同的需求和期望，因此，个性化的服务能够更好地满足消费者的需求，提高客户满意度。

随着新能源汽车市场的繁荣，动力电池售后维保市场也呈现出多元化的发展态势。原厂维保、授权维修店维保和独立第三方维保等模式各具特色，满足了消费者多样化的需求。然而，市场的快速发展也带来了诸多挑战，例如技术更新频繁、高昂维保成本和专业技术人才短缺等，需要行业不断调整和完善。加大技术研发力度，降低维保成本，培养专业技术人员和提高服务质量等措施，都是应对挑战的有效手段。

未来动力电池售后维保行业的发展将更加专业化、精细化，且与智能科技深度融合。预计随着电动汽车市场的持续增长和技术创新的不断涌现，该行业将迎来更大的发展空间。动力电池售后维保是技术创新和商业模式变革的重要驱动力。只有深入理解和应对市场变化，才能在这个充满挑战和机遇的行业中取得成功。

## 4.5 大数据技术应用与展望

### 4.5.1 制程大数据分析与预警

制程大数据分析与预警是制造业智能化转型的重要环节，它通过应用大数据处理和分析技术来解决企业生产及经营管理层面的业务难题。这种技术不仅可用于生产过程中的监控和控制，还包括设备异常分析和运行效率计算等方面。

1. 智能制造制程大数据分析与预警的背景

随着制造业的发展，生产过程变得越来越复杂，需要大量的数据支持来保证生产的质量和效率。同时，由于市场竞争的加剧，企业需要更加精准地预测市场需求，以便及时调整生产计划和供应链管理。因此，如何有效地利用生产过程中产生的大量数据，提高生产效率和产品质量，成为制造业面临的重要问题。

智能制造制程大数据分析与预警就是在这样的背景下应运而生的。它通过采集、存储、处理和分析生产过程中产生的海量数据，实现对生产过程的实时监控和智能决策，从而提高生产效率和产品质量，降低生产成本，增强企业的竞争力。

**2. 智能制造制程大数据分析与预警的技术原理**

智能制造制程大数据分析与预警的技术原理主要包括以下几个方面：

1）数据采集：通过传感器、仪表等设备采集生产过程中的各种数据，包括温度、压力、流量、振动等物理量，以及设备状态、工艺参数等信息。

2）数据存储：将采集到的数据存储在云端或本地服务器中，建立数据仓库和数据湖，以便于后续的数据处理和分析。

3）数据处理：对采集到的数据进行清洗、转换、整合等处理，以便于后续的数据分析和挖掘。

4）数据分析：通过应用机器学习、深度学习等技术，对处理后的数据进行分析和挖掘，提取出有用的信息和知识。

5）预警机制：根据分析结果，建立预警机制，及时发现生产过程中的异常情况，并采取相应的措施进行处理。

**3. 智能制造制程大数据分析与预警的应用案例**

智能制造制程大数据分析与预警的应用案例主要包括以下几个方面：

1）生产过程监控：通过对生产过程中的各种数据进行实时监控，及时发现生产过程中的异常情况，并采取相应的措施进行处理，以保证生产的质量和效率。

2）设备异常分析：通过对设备状态、工艺参数等信息的分析，发现设备的异常情况，并及时进行维修和保养，以保证设备的正常运行。

3）运行效率计算：通过对生产过程中的各种数据进行分析，计算出设备的运行效率，为企业提供决策支持。

4）市场需求预测：通过对市场销售数据的分析，预测市场需求的变化趋势，为企业制定生产计划和供应链管理提供参考。

### 4.5.2 运行大数据分析与预警

随着车联网技术的快速发展，车辆的安全运行已成为行业发展的关键。作为车辆运行的重要支撑，动力电池的数据分析已经成为保障车辆安全运行的重要手段。通过大数据分析，可以实时监测电池的运行状态和趋势，及时发现潜在问题，实现预警和预防。相关技术方面的挑战主要包括如何有效地收集、处理和分析大量的动力电池数据，以及如何将这些数据转化为有价值的信息。

基于动力电池运行大数据进行分析和预警的主要步骤如下：

1）数据采集：为了进行有效的动力电池大数据分析，首先需要采集各种相关数据。这些数据包括电池的电量、电压、电流、温度、内阻等参数，以及车辆的运行状态、驾驶习惯等信息。通过在车辆上安装传感器和数据采集设备，可以将这些数据实时传输到云端进行分析。

2）数据处理：采集到的动力电池数据需要进行高效、准确的处理，包括数据清洗、整合、转换等操作，以确保数据分析的可靠性和准确性。数据处理可以使用云计算平台和分布式计算技术，以实现大规模数据的快速处理和分析。

3）数据分析：利用先进的算法和大数据技术，对电池性能参数进行深度挖掘。这不仅包括电池的放电曲线、充放电效率、循环寿命等基础参数，更进一步地，可以研究电池在不同驾驶模式、不同路况、不同气候条件下的性能表现。这些细致入微的数据将为动力电池的优化设计提供更为精确的指导。

4）数据建模：利用机器学习技术，从长时间监测的电池实时数据中提取特征，建立电池性能衰减预测模型。这个模型能够提前数月或数周预测电池的性能衰减，为维护团队提供充足的预警时间，确保电池在性能下降到一定程度之前得到及时的更换或修复。

5）预警系统构建：基于动力电池大数据分析的结果，可以构建一套预警系统。该系统可以根据电池的状态和性能，实时发出预警信息，提醒车主及时采取措施。预警系统还可以根据车辆的运行状况和驾驶习惯，为用户提供更加个性化的安全建议和节能方案。

此外，随着新能源汽车的普及，动力电池的数据共享变得越来越重要。数据共享可以促进信息流通和知识共享，推动电池技术的进步和创新。这需要建立公共的数据平台和开放的数据接口，鼓励企业和研究机构之间的合作与交流。为了实现车辆动力电池的标准化与数据共享，需要建立一套统一的技术标准和数据接口规范。这涉及电池的规格尺寸、接口协议、数据格式等方面。通过标准化，可以促进不同品牌和型号的电池之间的互换性和兼容性，提高维修保养的便利性。在数据共享的过程中，如何确保数据的安全和用户的隐私是一个重要的问题。需要采取有效的加密和安全措施，保护用户数据的完整性和隐私。政府可以制定相关的激励措施和规范标准，推动数据的共享和合作。

随着新能源汽车市场的不断扩大和技术创新的推动，动力电池大数据预警技术将迎来更广阔的发展空间。未来，该技术将朝着以下方向发展：

1）智能化：结合人工智能和机器学习算法，提高预警的准确性和预见性。

2）平台化：建立统一的动力电池大数据平台，实现数据共享和分析，推动产业协同发展。

3）定制化：针对不同类型和需求的用户，提供个性化的预警服务。

4）集成化：将动力电池大数据预警技术与车辆其他系统集成，提高整车的智能化水平。

5）国际化：推动技术的国际交流与合作，促进全球新能源汽车产业的共同发展。

随着车联网技术的不断发展，动力电池大数据分析与预警系统的应用前景将越来越广泛。例如，该技术还可应用于电池租赁、回收和再利用等场景，提高整个产业链的运营效率。因此，行业应加大对动力电池大数据分析与预警系统的研发和应用投入，不断推进其技术进步和产业化进程。

## 参 考 文 献

[1] 杨为民，阮镰，屠庆慈. 可靠性系统工程——理论与实践 [J]. 航空学报，1995（S1）：1-8.
[2] 谢少锋，张增照，聂国健. 可靠性设计 [M]. 北京：电子工业出版社，2015.
[3] 康锐，王自力. 可靠性系统工程理论研究回顾与展望 [J]. 航空学报，2022，43（10）：180-190.
[4] 张清源，文美林，康锐，等. 基于确信可靠性的功能、性能与裕量分析方法 [J]. 系统工程与电子技术，2021，43（5）：1413-1419.
[5] OU S. Estimate long-term impact on battery degradation by considering electric vehicle real-world end-use factors[J]. Journal of Power Sources，2023，573（30）：1-13.
[6] SURI G，ONORI S. A control-oriented cycle-life model for hybrid electric vehicle lithium- ion batteries[J]. Energy，2016，96：644-653.

# 第5章

# 仿真方法及在动力电池中的应用

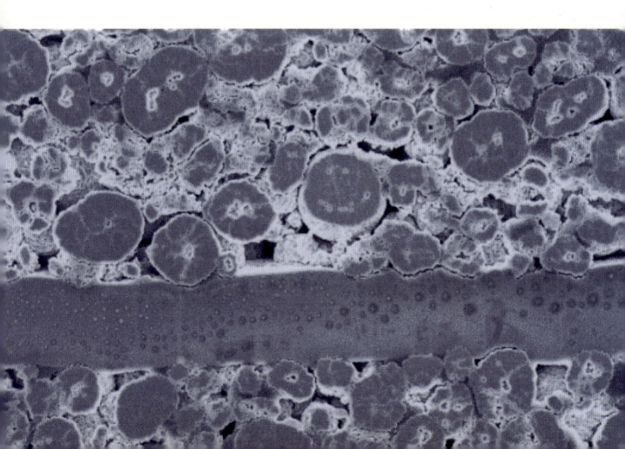

## 5.1 概述

随着电池设计对能量密度、功率密度、寿命及安全性的要求越来越高,以人工经验为指导、实验试错的研发方式将逐渐无法满足业界前沿设计需求,因此需要在设计仿真方面实现突破。

动力电池是一个非常复杂的体系,电芯设计过程中包含材料设计、极片加工、浸润分析、电化学反应、产热等过程,电池系统设计过程中涉及结构强度设计、温度控制、高低压控制、电子/电气设计等,电池生产制造过程中涉及工艺参数探索、工艺边界摸索、产线设计等。每个过程都错综复杂、参数众多,需要在每个设计过程中引入仿真方法来更好地了解现象的本质并优化设计的过程,最终实现用仿真技术来促进实现更优设计,并提高效率。

从应用的不同维度来看,仿真方法和技术在动力电池设计和制造中的主要应用领域如图 5-1 所示。

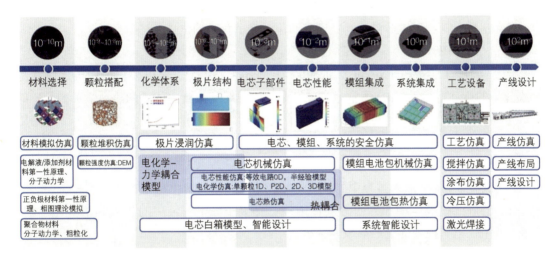

图 5-1 仿真方法和技术在动力电池设计和制造中的主要应用领域

## 5.2 材料、电极极片层级的仿真方法介绍

### 5.2.1 材料级别的仿真

材料级别的仿真往往从原子及分子尺度来分析材料的结构及其物理化学特性。在纳米尺度下,基于密度泛函理论的第一性原理方法用于研究电化学储能材料中的微观电子结构;在微观尺度下,基于分子动力学方法(Molecular Dynamics,MD)来求解大分子体系结构;在介观尺度下,基于统计力学的概率分配原理来求取庞大体系的统计和热力学信息的蒙特卡罗模拟(Monte Carlo,MC)方法。

(1)纳观尺度（$10^{-12} \sim 10^{-8}$m）

纳观尺度是用于基础物理学研究材料科学问题的一种重要理论计算尺度。通过计算原子、离子和电子之间由电荷分布和电荷转移引起的相互作用，可以获得系统的电子基态和原子间作用势函数的特征值，从而描述原子的运动行为与稳态结构能量的关系。锂电池中的原子尺度计算方法主要包括基于密度泛函理论（Density Functional Theory，DFT）的第一性原理计算方法、基于第一性原理的弹性带（Nudged Elastic Band，NEB）和爬坡弹性带（Climbing-Image Nudged Elastic Band，CI-NEB）计算方法，以及第一性原理分子动力学方法。在锂离子电池中，通过使用DFT进行计算，可以得到多种关键特性，包括：

1）正极材料：研究离子占据和空位的能量和密度，以预测电池的电压。

2）负极材料：研究锂离子的插层和锂化过程；估计材料的体积膨胀和结构稳定性。

3）锂离子迁移：计算离子迁移率，可以考虑在电场情况下的离子迁移，并估算材料的离子电阻。

4）材料界面：研究界面的电子特性（能带结构、态密度）和离子特性（离子迁移）。

5）界面反应：评估材料在电极界面的化学和电化学稳定性。

(2)微观尺度（$10^{-10} \sim 10^{-6}$m）

经典分子动力学（Classical Molecular Dynamics，CMD）可以模拟体系中原子、离子或分子的运动行为。CMD通常通过计算足够长的时间尺度内体系的热力学平衡状态的统计平均值来替代整个系统的统计平均值。这种方式在统计物理学中被定义为"各态历经假设"，通过这种假设可以有效地探究系统结构热力学与动力学行为过程及特征。

在锂离子电池中，微观尺度模拟适用于以下情况：

1）锂离子在脱/嵌入过程中的扩散途径和系数、结构演化和相变。

2）电解液中液体相和界面溶剂化结构：锂离子在电解液中的扩散和溶剂化结构，以及在电极/电解液界面上的形成和扩散。

3）预测电解液的宏观性质，如离子电导率、熔点和闪点。

4）揭示电极-电解液界面的反应机制，以及不同条件下锂的沉积行为等。

(3)介观尺度（$10^{-7} \sim 10^{-3}$m）

介观尺度物理弥补了微观量子物理与宏观经典物理之间的间隙，并直接描述了器件性能与材料属性之间的关系。其原理是基于牛顿力学/统计热力学，将微观离子进行粗粒化，主要方法有格子玻尔兹曼（Lattice Boltzmann Method，LBM）、耗散离子动力学（Dissipative Particle Dynamics，DPD）、布朗动力学（Brownian Dynamics，BD）、位错动力学（Discrete Dislocation Dynamics，DDD）、相变动力学（Phase Transition Dynamics，PTD）。在电池领域中，源于相变平均场理论的相场理论模型（Phase Field Models，PFM）较好地实现了介观尺度的数值表达。与DFT、MD和MC等方法相比，PFM在微观和宏观模拟之间架起了桥梁，广泛用于模拟离子的输运各向异性与结构的相分离、电极弹塑性变形、颗粒裂纹扩展与电极断裂、表面枝晶生长等影响电池循环寿命与安全性等物理问题。

## 5.2.2 极片级别仿真

锂离子电池电极由正负极活性物质、导电剂、黏结剂组成,涂敷在集流体上,且颗粒间存在很多的空隙,用于填充电解液后,在固液界面上进行电极反应。极片的堆积密度、涂布的厚度直接决定了电芯的能量密度以及功率,甚至也会影响电芯寿命等,极片中的孔隙率、电解液的浸润,决定了固液接触的面积,直接影响电化学反应。为了更好地理解极片的结构,包括孔径结构、迂曲度和颗粒排列等,以及电解液的浸润过程,需要对极片内的结构进行模拟仿真,来分析其影响因素及改善办法。

### 1. 颗粒堆积仿真

对于正负极材料来说,表征其性能时经常会测试一个参数——振实密度,即在规定条件下粉末经振实后所测得的单位容积的质量。一般而言,高振实密度可能得到高的压实密度,进而有助于提高电芯的能量密度。正负极材料都由大小不同的颗粒组成,堆积在一起后会形成不同的空隙,如图 5-2 所示。

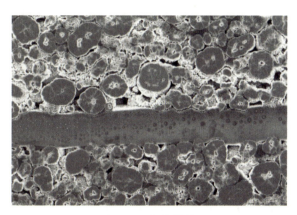

图 5-2 正极 NCM 极片的截面 SEM 图

为了更好地提升压实密度,通常采用调整大颗粒和小颗粒的粒径以及数量分布,将小颗粒填充在大颗粒的间隙中,实现更好的堆积密度。而大颗粒和小颗粒的粒径分布,以及数量对比,应该符合一定的规律,如果用试验方法来进行,则需要很大的试错成本,可以先采用仿真工具来进行模拟,以减少试错。如图 5-3 所示,通过颗粒离散元法(Discrete Element Method,DEM)可以实现一种颗粒的堆积分布仿真,以及两种大小不同颗粒的堆积仿真,来实现最优的堆积密度。

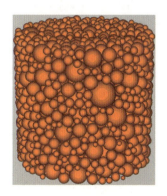 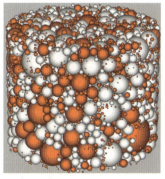

图 5-3 DEM 颗粒堆积仿真结果

### 2. 浸润仿真

明确电极及单电芯浸润的机理,对影响浸润的因子进行敏感性分析,可为电极设计参数及单电芯浸润条件的制定提供指导。开发电极及电芯注液浸润仿真模型,可以预测电极及电芯浸润过程,从而给出电极及电芯完全浸润需要的电解液的量及时长。

锂离子电池的正负极材料及隔离膜都为多孔介质材料。电解液在电极内部的浸润驱动力为毛细压力,是一种自发的过程。描述毛细压力的模型很多,例如 Van Genuchten、Brooks-Corey 和毛细扩散等。以 Brooks-Corey 毛细压力模型为例,毛细压力随饱和度变化方程如下:

$$p_c(S_w) = p_{ec} \left( \overline{S_w}^{\frac{-1}{\lambda_p}} \right) \tag{5-1}$$

$$p_{ec} = 2\sigma \frac{\cos\theta}{R_c} \tag{5-2}$$

$$\overline{S_w} = \frac{S_w - S_{rw}}{1 - S_{rn} - S_{rw}} \tag{5-3}$$

$$\overline{S_n} = \frac{S_n - S_{rn}}{1 - S_{rn} - S_{rw}} \tag{5-4}$$

式中,$p_{ec}$ 为入口毛细压力;$p_c$ 为毛细压力;$\overline{S_n}$ 为非浸润相的有效饱和度;$\overline{S_w}$ 为浸润相的有效饱和度;$S_w$ 为浸润相的饱和度;$S_{rw}$ 为浸润相的残余饱和度;$S_{rn}$ 为非浸润相的残余饱和度;$\lambda_p$ 为孔隙大小分布指数;$R_c$ 为孔隙半径;$\sigma$ 为电解液的表面张力;$\theta$ 为电解液、空气和电极三相的接触角。

Brooks-Corey 描述了毛细压力的变化,浸润仿真模型还需要结合达西定律。

$$u = \frac{-k}{\mu}(\nabla_p - \rho g) \tag{5-5}$$

$$k = \frac{\epsilon_p}{8} R_c^2 \tag{5-6}$$

式中,$\epsilon_p$、$\mu$、$k$、$u$ 分别为电极的孔隙率、电解液的黏度、渗透率和浸润速度。以上描述了电解液在压力和重力的驱动下在电极内的流动情况。

由于以上方程中有一些参数可以通过试验获取,但有一些参数只能通过设计浸润试验,通过部分测试结果进行标定。如图 5-4 所示,将标定好的仿真模型预测其他测试工况,并且与仿真结果进行比对,验证模型的可靠性。仿真模型验证通过后,可以进行电极浸润过程的敏感性分析,为电极设计提供指导,提升电极的浸润性能。

早在 19 世纪初,卢卡斯(Lucas)和沃什泊恩(Washburn)就分析了单毛细管和多孔介质中水自吸的动力学因素,将多孔介质简化为相同孔径的多根毛细管,建立了多孔介质 Lucas-Washburn(LW)自吸模型。黏性力主导阶段,忽略惯性力和重力作用,浸润高度的平方与时间的关系式如下:

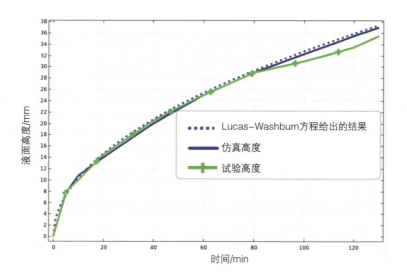

图 5-4 电极浸润高度对比

$$h^2 = \frac{\gamma R \cos\varphi}{2\eta}t \tag{5-7}$$

式中，$\gamma$ 为液体的表面张力；$R$ 为等效孔隙半径；$\varphi$ 为接触角；$\eta$ 为液体黏度。由此，仿真模拟的结果不仅可以和试验测试进行对比验证，还可以和 Lucas-Washburn（LW）自吸模型的结果进行对比验证。利用该模型对极片的浸润情况进行仿真，得到不同时间的电解液爬升高度。如图 5-5 所示，随着时间的延长，极片的电解液浸润高度不断提升，对于电芯的设计以及浸润工艺提供了有效参考。

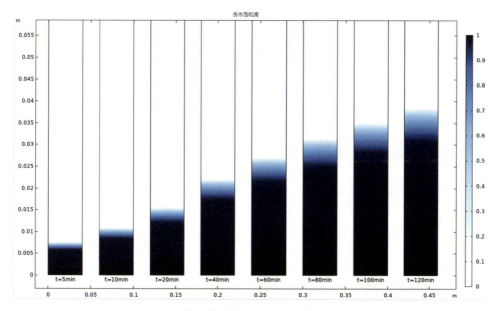

图 5-5 电极浸润模型饱和度随时间分布变化仿真图

单电极层级浸润模型建立好后，就可以建立电芯层级的浸润模型，并通过测试验证。单电芯的浸润模型，不仅要考虑电极层级的浸润，还需要考虑电极与电极之间间隙的影响，以及电极和隔膜之间浸润差异的影响。

## 5.3 电芯级别的仿真方法应用

对于电芯级别，常用的仿真方法有如下几种：

1）力学性能仿真：用以了解电芯的力学强度，分析电芯在挤压、碰撞，以及膨胀等场景下的变化。

2）电性能仿真：比如电化学仿真、半经验模型等，用以分析、预测电芯的设计与性能间的关联关系。

3）电芯热仿真：分析电芯在充放电过程中的温升，以及加热、冷却的速度、条件等。

4）鉴于电芯是一个复杂的体系，电化学的反应会影响力学性能，比如充放电时的膨胀收缩，也同时会影响电芯的温度，因此建立起来多物理场耦合模型，对于全面分析电芯性能特别有必要。

下面分别来进行介绍。

### 5.3.1 电芯力学性能仿真

电池受力分布不均是引起电池结构破坏并影响电池安全的重要因素。本小节基于极片层面同时建立电池外部挤压和内部膨胀受力模型，还原在各种工况下电池内部极片层面的受力情况，预测电池可能发生的极片断裂等结构被破坏的可能性。

电芯的膨胀模型：电芯在使用过程中，发生物理的极片厚度反弹、由于化学反应导致的极片增厚以及电芯使用过程中的温升等，都会导致电芯膨胀，根据上述机理建立电芯膨胀力学模型架构（图5-6）。该模拟可有效评估电池在充放电过程中裸电芯的变形情况，同时评估内部的应力状况，优化电芯极片参数以及极片的膨胀率等，指导电芯极片材料的选择、电芯结构的设计。

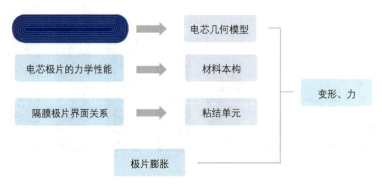

图 5-6　电芯膨胀力学模型架构

目前文献中有限元建模均是对阳极极片的膨胀模型，并未从宏观上考虑电芯的极片膨胀对整个电芯的变形状况以及电芯不同位置的应力状态，以此判断电芯的变形及产生膨胀力的大小。对于商用有限元软件 ABAQUS 来讲，将锂离子电池的离子嵌入脱出活性物质的过程直接耦合到模型中较为困难，并且锂离子电池的电化学反应较复杂。为了简化模型，可通过将电池充放电过程中的锂离子脱嵌产生的颗粒尺寸变化等效为极片的膨胀率来考虑，毕竟锂离子脱嵌导致的膨胀最终都会体现为极片的膨胀。基于此假设通过对电芯进行分层实体建模或整体建模，并施加与锂离子脱嵌造成的极片膨胀量的等效膨胀率。对于硅碳复合的极片，可按照复合材料的力学性能等效方法获得，简化为各向同性的均质材料，即可实现电芯的膨胀过程仿真，预测电芯循环或者满充状态下极片膨胀对整个电芯的应力状态影响。因此进行电芯极片膨胀仿真时，需要测得表 5-1 中的相关力学参数。

表 5-1 电芯活性材料力学参数

| 力学参数 | 阳极 | 阴极 | 隔离膜 | 铜箔 | 铝箔 | 铝极耳 | 铜极耳 | 包装袋 |
| --- | --- | --- | --- | --- | --- | --- | --- | --- |
| 弹性模量 | √ | √ | √ | √ | √ | √ | √ | √ |
| 泊松比 | √ | √ | √ | √ | √ | √ | √ | √ |
| 应力-应变曲线 | √ | √ | √ | √ | √ | √ | √ | √ |
| 膨胀率 | √ | | | | | | | |

电芯的挤压模型：在一些滥用测试如冲击/挤压过程中，电芯被挤压导致变形进而引起电芯内部结构的破坏，可能会引发电池发生起火、爆炸等。影响挤压性能的主要影响因素有电芯极片的压缩性能、极片的强度等因素。电芯挤压模拟可以有效评估电池在受到外物挤压时电芯的变形情况，同时可以评估应力状况。

目前有研究学者采用线弹性材料本构模型模拟电芯，然而仅考虑线弹性材料无法覆盖电芯各部件的失效，例如隔膜会产生高度非线性的大变形。电芯的压缩行为主要表现为在电池各组件的屈曲变形和压实过程，与蜂窝结构压缩变形类似，基于 LS Dyna 非线性有限元程序，采用 material 63 各向同性可压缩泡沫模型可有效模拟活性材料压缩过程，material 24 各向同性弹塑性本构模型可模拟集流体和隔离膜材料。结果表明，可压缩泡沫模型能够描述电芯活性材料的厚度方向的压缩力学行为。由于电芯极片的层状结构以及隔膜各向异性，采用均匀连续的宏观模型无法准确计算裂纹方向和初始位置，而采用 LS Dyna 中的 material 126 正交各向异性材料能够模拟电芯的变形和断裂起始位置。但是研究表明，针对压缩或拉伸和压缩共同作用时，电芯的失效机制不同，需要建立复杂加载条件下的电芯失效位置的判断准则。

其中仿真使用的方程包括：平衡方程、几何方程和物理方程，如图 5-7 所示。

物理方程: $(\sigma_x - \sigma_y)^2 + 4\tau_{xy}^2 = 4k^2$

- 平衡方程:

$$\frac{\partial \sigma_x}{\partial x} + \frac{\partial \tau_{yx}}{\partial y} + \frac{\partial \tau_{zx}}{\partial z} + X = 0$$

$$\frac{\partial \tau_{xy}}{\partial x} + \frac{\partial \sigma_y}{\partial y} + \frac{\partial \tau_{zy}}{\partial z} + Y = 0$$

$$\frac{\partial \tau_{xz}}{\partial x} + \frac{\partial \tau_{yz}}{\partial y} + \frac{\partial \sigma_z}{\partial z} + Z = 0$$

- 几何方程:

$$\varepsilon_x = \frac{\partial u}{\partial x} \quad \gamma_{xy} = \frac{\partial u}{\partial y} + \frac{\partial v}{\partial x}$$

$$\varepsilon_y = \frac{\partial v}{\partial y} \quad \gamma_{yz} = \frac{\partial v}{\partial z} + \frac{\partial w}{\partial y}$$

$$\varepsilon_z = \frac{\partial w}{\partial z} \quad \gamma_{zx} = \frac{\partial w}{\partial x} + \frac{\partial u}{\partial z}$$

图 5-7  $(\sigma_x - \sigma_y)^2 + 4\tau_{xy}^2 = 4k^2$ 物理方程

裸电芯为正极/隔膜/负极等组成的多层结构，因此本节采用多层建模方法建立的电芯挤压模型包括铜箔、铝箔、正极涂层、负极涂层、隔离膜等材料，忽略电芯内部的电解液对结构的影响，在进行仿真之前需要将电芯各种材料力学参数测试出来。需要测试的数据有：电芯厚度方向整体压缩时的载荷-位移曲线；电芯侧面受到挤压时的载荷-位移曲线；单电芯受到球形压头挤压时的载荷-位移曲线。将上述实验获得的载荷-位移曲线与仿真结果对比，修正仿真参数，最终达到与实验结果一致。

如图 5-8、图 5-9 所示，通过与实测的平板挤压模型对比，发现仿真得出的电芯挤压模型的挤压力和位移的关系与实际测试误差小于 5%，证明了模型中材料的定义是合理的。

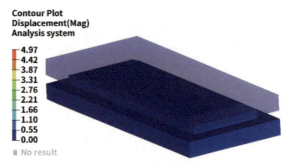

图 5-8  电芯挤压仿真和实测图

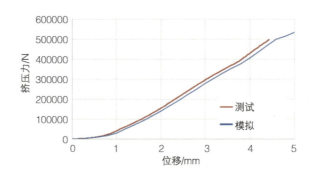

图 5-9  电芯挤压和测试的挤压力对比

同时为了进一步校核模型，对电芯进行了三点弯曲的测试，观察电芯发生的应力和应变，如图 5-10 和图 5-11 所示。结果表明，电芯的应力 - 应变和测试的应力 - 应变保持一致，结果可靠，可应用于模组级别的仿真。

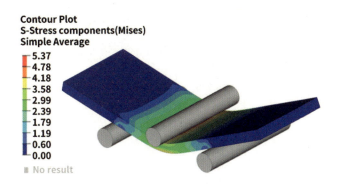

图 5-10　电芯三点弯曲仿真

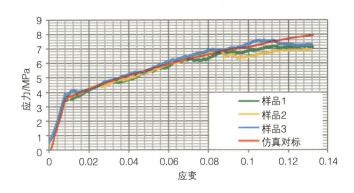

图 5-11　电芯三点弯曲仿真和测试对标

## 5.3.2　电性能仿真

模拟电芯性能的方法很多，比如可基于实验数据建立起来经验模型，也可通过结合电化学原理和实验数据建立半经验模型，然而这些方法往往过度依赖实验数据，方法可扩展性不强。因此，人们发展了锂离子电池建模的方法来对电池性能进行仿真模拟。按照模型计算的复杂程度，大致可分为如下几类：①准二维电化学仿真模型（Pseudo-2-Dimensional，P2D）[1]；②真实电极结构的非均质化模型；③单颗粒模型等（Single-Particle Model，SPM）；④等效电路模型（Equivalent-Circuit Model，ECM）。

（1）准二维电化学仿真模型（P2D）

P2D 模型是目前锂离子电池电化学仿真领域应用最广泛的模型，结合多孔介质理论假设，使得模型计算效率高，同时又尽可能保留了电极的结构特征对其电性能影响的机制。已有大量文献和书籍对 P2D 模型进行了详细介绍[1]，这里不展开详细介绍。如图 5-12 所示，P2D 模型可以输出正极电压、负极电压、全电池电压、液相电势、反应过电势等电势信息,也可以获得电解质盐浓度、颗粒内锂离子浓度分布等微观浓度场等以用于深度分析的变量;同时根据电池的极化来源,可以把电池的阻抗分解为正极阻抗、负极阻抗、隔膜阻抗、液相阻抗、固相阻抗、界面反应阻抗等方面来直接指导电芯设计[2]。

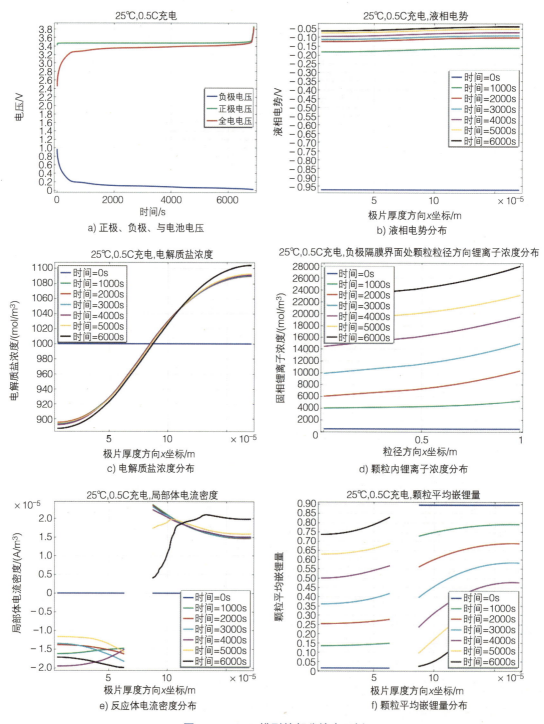

图 5-12　P2D 模型的部分输出示例

需要指出的是，以上为最基础的 P2D 模型。在此基础上，可以根据需要做各式修改，例如：考虑脱嵌锂过程中材料的膨胀收缩时，可以把固相体积分数 $\varepsilon_s$ 设为 SOC 的函数；考虑析锂过程时，可以增加析锂的反应方程，与常规脱嵌锂过程共同承担反应电流。

（2）真实电极结构的非均质化模型

以 P2D 模型为主的电化学模型采用固/液结构的宏观均匀体模型，以多孔电极极化理论描述电极内部的电化学过程。这种处理方法难以描述电极材料和液孔的真实结构和形貌对电化学反应的影响，无法指导电极结构精细化的设计。基于电极的微观几何结构/形貌建立的锂电池仿真模型被称为非均质模型或者非均相异构模型。

如图 5-13 所示，该模型可以模拟多孔电极固体颗粒的几何结构特征、电极孔隙内实际的固/液反应界面，并且更容易与结构力学进行耦合以研究膨胀等因素对电池电化学性能的影响。在该模型中，液相的传质只发生在电极孔隙内电解质覆盖区域，界面反应只在固相颗粒的表面发生。不同的非均相模型中对于固相导电的处理不太相同，有些模型假设固相导电网络存在于多孔介质中，这与均质化模型一致；部分模型将固相导电限制在固相颗粒及导电剂内。在这种模型中，固相颗粒及导电剂需要完全连接在一起形成通路。

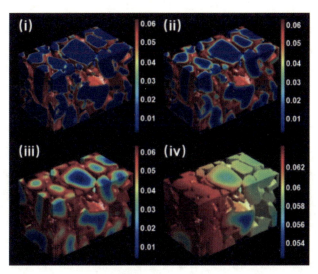

图 5-13　以非均质模型建立的半电池仿真结果[3]

非均质模型的几何复杂性，求解时网格划分相较均质的 P2D 模型更为精细，因此其对计算资源的消耗更为庞大，求解耗时通常会比均质 P2D 模型高出 1～3 个数量级。由于计算复杂度的限制，在实际非均质模型的仿真中，通常只对电池的小部分区域进行建模。

（3）单颗粒模型（SPM）

以 P2D 模型为主的电化学模型较为准确地描述了锂离子电池内部的电化学反应过程，但是其包含一组复杂的相互耦合的非线性偏微分方程。该方程组没有解析解，只能通过数值求解的方式进行计算，其求解代价较大，需要耗费大量的计算机资源。在一些对计算效率要求高的应用场景，例如在电动汽车上进行电池状态的在线估计或者对大型电池系统的仿真，则需要计算效率更高的模型。

单颗粒模型是由 P2D 模型简化而来的一种电化学模型。如图 5-14 所示，在该模型中，每个电极用单个球状颗粒代替，用单个颗粒的特性代替整个电极的特性。这种模型忽略了电池极片在厚度方向上的反应不均匀性和扩散不均匀性。在最简单的单粒子模型里，电解液的浓度梯度也忽略不计[4]。

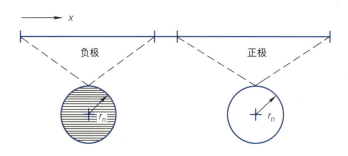

图 5-14　单颗粒模型示意图

在该模型的控制方程里，固相颗粒中锂离子在额外维度上的扩散仍然由菲克第二定律描述。由于极片厚度上的电极反应都由一个颗粒表示，因此单个极片上的电极反应强度不再有厚度上的不均匀性，可直接拿平均反应电流强度代替。

$$i = \frac{I_{app}}{LA} \quad (5-8)$$

式中，$i$、$I_{app}$、$L$、$A$ 分别为极片平均反应电流强度、负载电流、极片厚度和极片横截面积。

依靠单颗粒假设，该模型中扩散方程与电化学界面反应的 Bulter-Volmer 方程不再耦合，电化学模型中复杂而相互耦合的偏微分方程组可以被简化为非耦合的非线性偏微分方程组，并显著减少了数值离散后的方程个数，在保留物理意义的同时提高了计算效率。但是其精确程度不如完整的电化学 P2D 模型，特别是在高倍率放电时，极片厚度方向上的反应不均匀性变得极为明显，这是单颗粒模型难以捕捉的现象。有些经过改进的单颗粒模型，如带电解液浓度梯度的单颗粒模型（Single Particle Model with Electrolyte，SPME）等考虑了电解液中的极化，可以进一步提高单颗粒模型的精度。

（4）等效电路模型（ECM）

在 BMS 等实时应用、成本和处理能力受到限制的系统中，相比于电池内部的电化学反应细节来说，电池的动态输出特性更受关注；同时计算的速度和资源消耗也成为首要考虑的因素。等效电路模型是上述场合中最常用的模型，其通常采用一个包含电阻、电容和其他元件的电路模拟电池。在等效电路模型中，电池的开路电压通常用一个大电容或理想电压源来表示电池开路电压，电路中的其他元件用来表示电池内阻和其他动力学特性。ECM 模型包含一系列模型，典型的有 Rint 模型、Thevenin 模型和 PNGV 模型[5]。

Rint 模型的组成如图 5-15a 所示，其中理想电压源 $U_{OC}$ 为开路电压，$R_0$ 为电阻，$I$ 为负载电流，$U_t$ 为电池端电压。电池端电压 $U_t$ 满足：

$$U_t = U_{OC} - IR_0 \tag{5-9}$$

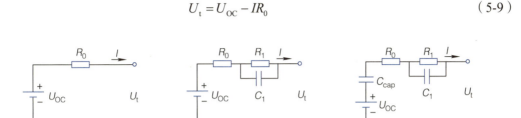

a) Rint模型　　　　b) Thevenin模型　　　　c) PNGV模型

图 5-15　典型的 ECM 模型

Thevenin 模型的组成如图 5-15b 所示，它比 Rint 模型多了一组电阻和电容，可以更好地捕捉电池动态输出特性，其中理想电压源 $U_{OC}$ 为开路电压，$R_0$ 表示电池的欧姆电阻，$C_1$ 表示电池的极化电容。在这一等效电路中，$U_1$、$R_1$ 分别表示电池的极化电压和扩散极化电阻，$I$ 为负载电流。电池端电压 $U_t$ 满足：

$$U_t = U_{OC} - U_1 - IR_0 \tag{5-10}$$

PNGV 模型的组成如图 5-15c 所示，它在 Thevenin 模型的基础上多了一个电容 $C_{cap}$ 以表示开路电压因负载电流随时间累积产生的变化，表示为 $U_{cap}$。该模型中电池端电压 $U_t$ 满足：

$$U_t = U_{OC} - U_{cap} - U_1 - IR_0 \tag{5-11}$$

在上述 ECM 中，Rint 模型精度相对较低，表现最差；PNGV 模型精度较好，对于电池电流发生剧烈变化的仿真系统表现更好。但是更多的电路原件带来了更多的未知参数与方程，其模型参数辨识过程更为复杂。

在实际应用中，可以根据使用场景对仿真时间和模型精度的要求综合考虑选用 ECM 模型的复杂程度。可以通过在上述 ECM 模型的基础上增加或减少电路元件，以匹配实际的场景需求。

### 5.3.3　电芯热管理仿真

电芯热管理着重于为解决电池、电池组产热和散热问题提供解决思路和优化方案。其模型主要研究电池在不同倍率下的温升状况、温度分布以模拟电池内部温度受电池极化内阻的变化情况，分析影响电芯温升的主要参数，通过温升仿真的结果对设计参数进行优化。电芯发热的主要原因在于电极电化学反应偏离平衡态，产生极化。例如，电池的开路电压基本反映了无极化的状态，当进行倍率充放电时，其电压曲线与 OCV 曲线表现出明显的不同，如图 5-16 所示。

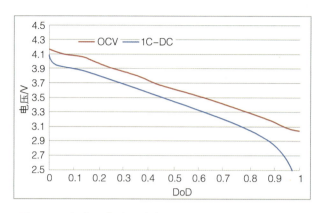

图 5-16　锂离子电池开路电压（OCV）与倍率电压对比

根据 Bernadi 产热理论，可将电池的生热模型表示为：

$$Q = \frac{I}{V_b}(U - U_0 + T\frac{dE_0}{dT}) \tag{5-12}$$

式中，$I$ 是电池的充放电电流，充电为正，放电为负；$U$ 和 $U_0$ 分别是电池工作电压和电池开路电压；$T$ 是温度；$dE_0/dT$ 是温度系数；$V_b$ 是电池体积；$(U - U_0)$、$dE_0/dT$ 分别是不可逆热部分和可逆反应热部分。

总体上可将电池热量表示为以下几个部分：

$$Q = Q_r + Q_p + Q_j + Q_s \tag{5-13}$$

式中，$Q_r$ 为电池的反应热，包括电化学反应热以及副反应热、可逆热；$Q_p$ 为极化热，即电池充放电导致电压偏离开路电压引起的热量；$Q_j$ 为焦耳热，即电池内部电阻导致的充放电产热；$Q_s$ 为分解热，即电极存在的自放电等现象引起电极的分解产热，常规充放电下可忽略。

基于对电池生热机理的分析，可拟定电池温升预测的方案；建立电池的预测模型，利用电池的产散热集成方程实现有效模拟：

$$c_p \rho \frac{\partial T}{\partial t} = \nabla \cdot (\lambda \nabla T) + q \qquad 边界条件：h(T - T_f) = \lambda \nabla T \tag{5-14}$$

式（5-14）的左边是电池的累积热，右边分别反映电池的热传导、对流换热以及生热源。生热源的分解及计算是模拟的基础。因此，在温升的模拟中拟采用 Bernadi 的分解方式，将电池的不可逆热及可逆热分别计算出来，最后总结在一起。利用电池的开路电压（OCV）与极化电压（$U_i$）的差值计算出不可逆热（因为其包括了焦耳热及电化学反应热），通过电池的开路电压随温度的变化计算电池的可逆热，可获得生热源表达式为

$$q = (OCV - U_i)I_i + T(dE/dT)I_i \tag{5-15}$$

通过生热源的输入，以及电池等效参数的输入（如比热容、密度、热导率）即可有效预测电池于不同使用状况下的温度场分布，评估出电池的温升状况。整体上电池的倍

率温升模拟过程及应用方程如图 5-17 所示。

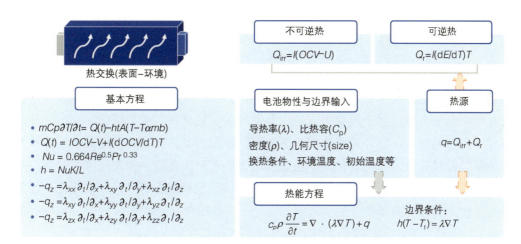

图 5-17 电池倍率温升模拟流程及产散热基本方程

$Nu$—努塞尔数  $Re$—雷诺数  $Pr$—普朗特数  $K$—空气导热系数  $L$—特征长度
$h$—换热系数  $q$—热流量  $Q$—产热量

基于计算机辅助工程设计（Computer Aided Engineering，CAE）软件中的传热模块，通过上述的参数输入即可预测锂离子电池的温度分布及温升状况的具体内容。模型建立过程中包含如下假设：

1）模型不考虑细薄的单层内容，采用集中质量的方式。
2）模型不考虑电池表面与环境的热辐射。
3）电池生热模型符合热能方程。
4）电池的模拟状况接近真实的测试状况。

模型中，定义 OCV、倍率电压随 SOC 的变化。依据对应 SOC 的电压差与电流的乘积获得不可逆热的输入；依据电流与 $dE/dT$、绝对温度 $T$ 的乘积获得可逆热的输入；同时赋予集中质量模型的块体区域合理的导热系数、比热容。在模型中，默认电池的生热曲线是随时间变化，进而反映电池在真实的使用过程中的温升变化。

建立计算流体力学（Computational Fluid Dynamics，CFD）模型，即可开展电池倍率温升的模拟。例如电池在恒流 1.84C 充电并且存在底部冷却的情况下获得的电池中心截面及电池表面的温度分布如图 5-18 所示。

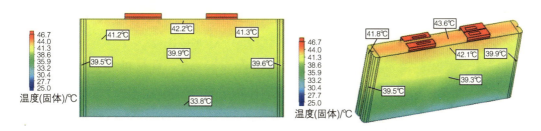

图 5-18 锂离子电池温度分布（1.84C- 底部冷却）

### 5.3.4 多物理场耦合仿真

在电池实际使用过程中,发挥电性能时同时伴随热、力等变化。为了模拟真实情况,需要建立多物理场耦合的仿真模型。

#### 1. 电化学耦合机械仿真

电池内部的应力向来是研发人员关注的重点,电芯受到的压力过大或预紧力不足都将严重影响电池寿命。对于预紧力来说,其目的是保证材料各个界面的有效接触从而维持良好的反应界面。在循环过程中,电芯将不断膨胀、收缩,在力学层面表现为外力的持续加载与卸载。电芯厚度变化的本质是发生了一系列的反应,依据来源可分为可逆膨胀与不可逆膨胀。如图 5-19 所示,石墨负极在不同的嵌锂状态下产生了晶格变化而引发的厚度变化,属于可逆膨胀;而随着电芯老化,一些副产物生成(如 SEI),堆积在活性颗粒表面,最终导致电芯厚度出现增长,属于不可逆膨胀。

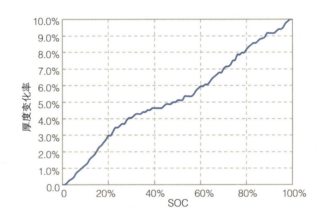

**图 5-19 石墨负极厚度与 SOC 关系**

经过以上分析,可以看出电芯的可逆膨胀与不可逆膨胀是进行电化学 - 力学耦合仿真的重要参数。搭建力学模型时,还需要根据不同的夹具类型、预紧力确定模型的边界条件与输入,最终计算得到应力。应力对于电化学参数的直接影响体现在应力造成级片内部孔隙结构的改变上。在一定的压力范围内,可将多孔电极视作弹性体,此时由应力 - 应变关系可得到极片与隔膜的应变:

$$\varepsilon = \sigma / YM \tag{5-16}$$

式中,$\varepsilon$ 是各个区域的应变;$\sigma$ 是产生应变的应力;YM 是杨氏模量。

电芯极片、隔膜均为多孔材料,其中颗粒的模量远大于多孔材料的模量。因此可以假设多孔材料在受压时,主要发生了颗粒之间的错动现象,颗粒基本不发生变形。利用颗粒体积守恒可以得到以下关系:

受挤压前:
$$V_s = V_0(1-\varepsilon_{L0}) \tag{5-17}$$

受挤压后：
$$V_s = V(1-\varepsilon_L) = V_0(1-\varepsilon)(1-\varepsilon_L) \tag{5-18}$$

联立式（5-17）和式（5-18），得：
$$\varepsilon_L = \frac{\varepsilon_{L0} - \varepsilon}{1-\varepsilon} \tag{5-19}$$

式中，$\varepsilon_{L0}$ 是多孔电极初始孔隙率；$\varepsilon_L$ 是受挤压后孔隙率；$\varepsilon$ 是由应力模型求得的弹性形变；$V_s$ 是颗粒体积；$V_0$ 是多孔电极初始体积；$V$ 是受挤压后体积。

根据多孔电极理论，可以求得在膨胀力作用下，极片有效液相扩散系数和电导率。
$$D_{eff} = D\varepsilon_L^{Brug} \tag{5-20}$$

式中，$D_{eff}$ 是有效传输参数；$D$ 是初始传输参数（扩散系数或电导率）；Brug 是伯格曼系数，用于描述级片孔隙内部微观结构的迂曲度信息。

以上的分析主要基于多孔电极理论，实际上在电芯持续老化的过程中，随着应力不断增大，材料的一些力学性质也将发生改变。杨氏模量是力学模型中最重要的本构参数。如图 5-20 所示，电芯老化、副产物的累积导致极片的杨氏模量不断变化。构造力学模型时，也需要结合极片所处状态下的力学参数进行计算。

此外，也有研究者发现，当电解液添加剂不同时，电池寿命对应力的敏感程度不同。在电芯全生命周期内，活性颗粒不断脱、嵌锂，将会产生损伤疲劳，加之不断增大的外部压力，可能造成颗粒破碎（图 5-21），进而影响颗粒内的锂离子传输性能。

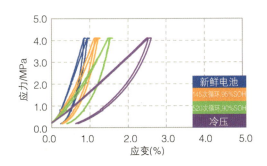

图 5-20　某极片不同 SOH 时的杨氏模量

图 5-21　某电芯老化后 SEM 图片

## 2. 电化学耦合热仿真

由于电池内部的传热性能差异、电化学反应不均性等，电池内部不可避免地总会存在一定的温差，如图 5-22 所示。温度差异同样会引起电芯内部的反应不均匀性，热与电化学过程相互耦合，造成了电池内部充放电不均匀性。

将热仿真与电化学仿真进行耦合，可定量评估产热效应对电芯电化学性能的影响。热仿真模块与电化学仿真之间的耦合关系可以通过图 5-23 解释。热仿真通过确定的散热条件得到电芯温度 $T$ 作为电化学仿真的输入，电化学仿真可以获取当前状态下的产热 $Q$，通过参数传递及迭代完成完整的热-电化学耦合仿真计算。

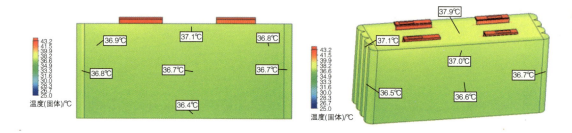

图 5-22 高能量密度锂离子电池温度分布（1C-tab 冷却）

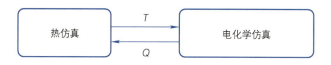

图 5-23 热仿真与电化学仿真耦合关系

下面将介绍这两个关键变量的计算方式以及其在整个模型中的影响。

温度仿真模块的控制方程主要为瞬态导热方程：

$$c_p \rho \frac{\partial T}{\partial t} = k_x \frac{\partial^2 T}{\partial x^2} + k_y \frac{\partial^2 T}{\partial y^2} + k_z \frac{\partial^2 T}{\partial z^2} + Q \tag{5-21}$$

式中，$T$ 为温度，是待求解变量；$t$ 为时间；$k_x$、$k_y$、$k_z$ 分别为三个方向的导热系数；$c_p$ 是电芯等效比热容；$\rho$ 是电芯等效密度；$Q$ 为电芯单位体积产生的热源，是电化学模型的输入，属于已知项。

除控制方程所需的各方向导热系数等参数外，还需设置完整的边界条件。边界条件取决于电芯所处的环境与工况。若电芯所处环境为恒温箱，则电芯表面边界条件近似于自然对流。可取对流换热系数为 5～25W/（$m^2$·K）。若电芯表面存在水冷，则适用于强迫对流边界条件，此时对流换热系数一般取 200～1000W/（$m^2$·K）。再结合环境温度或水冷温度，即可将方程完成封闭，求解出电芯温度。

电化学仿真模块的控制方程仍然是 P2D 方程。与传统 P2D 方程的差别在于，此时模型中的温度是由热仿真模块计算得出。如图 5-24 所示，温度对电化学性能的影响主要通过两个路径：

1）温度变化对电池动力学性能的影响，例如温度对界面反应速率、固相扩散系数等的影响，可以使用阿伦尼乌斯方程计算。

2）温度变化对电池热力学性能的影响，一般指温度对材料本身平衡电势的影响。

对于路径 1，需要将反应方程式中的化学反应常数利用阿伦尼乌斯公式进行更新，即：

$$k = k_{\text{ref}} \exp\left[-\frac{E_k}{R}\left(\frac{1}{T} - \frac{1}{T_{\text{ref}}}\right)\right] \tag{5-22}$$

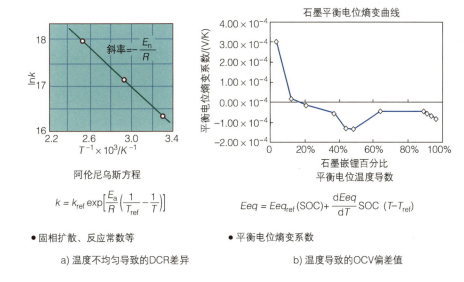

● 固相扩散、反应常数等 ● 平衡电位熵变系数

a) 温度不均匀导致的DCR差异    b) 温度导致的OCV偏差值

图 5-24  温度对电化学模型的影响机理

对于路径 2，需要对材料本构方程进行修改，此时材料的平衡电势不仅是嵌锂状态的一元函数，而且也与温度相关。平衡电势随温度的变化关系，则需通过实验测试进行标定。

## 5.4 电池包级别的仿真方法

### 5.4.1 热管理仿真技术的应用

热管理仿真技术是一种模拟和预测热系统行为的计算机技术，对于新能源汽车，主要包含电池热稳定性仿真分析及车辆热管理系统热性能仿真分析两个部分。在电池热稳定性仿真分析中，通过仿真可以帮助工程师了解电池在高温、低温等极端条件下的性能表现。在车辆热管理系统热性能仿真分析中，可以模拟车辆散热系统的热量传递过程，通过调整散热器的布局、改进冷却流道设计、优化热管理控制策略等手段，确保电池等关键部件在适宜的温度范围内工作。

#### 1. 传热基本方程

常见的热流体仿真分析流程，包含数模简化处理、仿真模型建模、材料物性设置、边界条件设置、求解计算以及结果分析。为了更好地利用 CAE 评估电池包热性能问题，除了掌握相应的软件使用技能外，还需具备厚实的理论基础，包括计算流体动力学理论和传热学理论。

（1）计算流体动力学理论（CFD）

计算流体力学[6]主要是从流体力学衍生的一组非线性方程式，其中方程式的离散方法大致可以分为有限差分法（Finite-Difference Methods，FDM）、有限单元法（Finite Element Method，FEM）和有限容积法（Finite Volume Method，FVM）这三种常用的方法。目前 CAE 仿真软件最常用的是 FEM 及 FVM。FEM 主要以整体误差最小为解题方式，优点是能够仿真复杂的几何形状；而 FVM 主要是以控制体积为主的离散方式来解偏微分方程式，优点是准确又速度快。

在三维的笛卡儿坐标系（Cartesian Coordinate）下，流体动力学的控制方程式结合有限体积法的基本原理，将所需的计算空间分割成许多小的控制体积后，其质量守恒方程式、动量方程式以及能量方程式，可转换成代数方程式：

$$\frac{\partial}{\partial t}\int_V \rho\varphi \mathrm{d}V + \oint_A \bar{n}\cdot(\rho\varphi V)\mathrm{d}A = \oint_A \bar{n}(\varGamma_\varphi \nabla\varphi)\mathrm{d}A + \int_V S_\varphi \mathrm{d}V \qquad (5\text{-}23)$$

式中，$\rho$ 为密度；$\bar{n}$ 为控制容积表面外法线方向的单位矢量；$V$ 为速度向量；$\varphi$ 为独立变量；$\varGamma_\varphi$ 为独立变量的系数；$S_\varphi$ 为源项，方程依序为非稳态项、对流项、扩散项和源项所组成。

（2）传热学理论[7]

热传递可分为三种形态，分别是热传导、热对流及热辐射。

1）热传导：热传导是因为物体温度的差异，能量从温度较高的区域传递至温度较低区域的过程，其原理可用傅里叶定律来描述：

$$\phi = -\lambda A \frac{\partial T}{\partial x} \qquad (5\text{-}24)$$

式中，$\phi$ 为热流量；$\lambda$ 为导热系数；$A$ 为垂直 $\phi$ 方向的截面积；$\frac{\partial T}{\partial x}$ 为温度的变化率。

2）热对流：热对流是流体流经固体时，因流体与固体表面的温度不同而造成热能交换的现象，可以用牛顿冷却定律来进行描述：

$$\phi = hA\Delta T \qquad (5\text{-}25)$$

式中，$\phi$ 为热流量；$h$ 为流体流经壁面换热系数；$A$ 为换热面积；$\Delta T$ 为流体与壁面温差。

3）热辐射：热辐射则是物质以电磁波的方式，或不连续光子的方式释放出热能，其中黑体辐射力随表面温度的变化规律可以用斯蒂芬-玻尔兹曼定律来进行描述：

$$\phi = A\sigma T^4 \qquad (5\text{-}26)$$

式中，$\phi$ 为热流量；$A$ 为受热辐射的表面积；$\sigma$ 为热辐射常数；$T$ 为温度。

基于上述理论，在电池包开发阶段，通常借助 CFD 分析工具来考察电池包在不同使用场景下的热性能是否满足要求。常见的热管理性能仿真工况见表 5-2。

表 5-2 常见的热管理性能仿真工况

| 类别 | 仿真工况 | 目的/场景 |
|---|---|---|
| 设计校核 | 冷却系统流阻 | 校核冷却系统设计，匹配整车端旋转机械（风机、水泵）的选型 |
| | 高温纯冷却 | 校核冷却系统速率，确保充放电工况的热性能需求可以达标 |
| | 低温纯加热 | 校核加热系统设计，确保低温工况的热性能需求可以达标 |
| 性能评估 | 保温 | 模拟评估车辆在低温环境下进行驻车停放的场景 |
| | 充电 | 模拟评估车辆在不同环境温度下进行充电的场景 |
| | 行车 | 模拟评估车辆在高温环境下进行不同行驶工况的场景 |
| | 复合 | 模拟评估车辆在终端用户的复合使用场景 |

#### 2. 电池系统热热管理仿真典型案例

（1）强制冷却系统流阻评估

现有电池包冷却方案以强制冷却为主，其核心是通过旋转机械来推动工质流体对电芯进行冷却，主要分为风冷、液冷及直冷（制冷剂冷却）等形式，需通过仿真来校核/优化系统的流阻指标。通过仿真来评估冷却系统是否达到流阻设计指标要求，并将不同流量/不同温度下的系统流阻曲线传到整车端去匹配旋转机械（风机、水泵、压缩机）的选型工作，如图 5-25 所示。

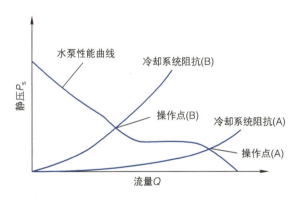

图 5-25 水泵性能曲线与冷却系统阻抗示意图

（2）高温冷却工况评估

当电芯温度升高后，电池包管理系统（BMS）会对电芯的充/放电性能进行限制来保护电芯的寿命及安全，对此需通过仿真来校核/优化系统冷却速率指标。通过评估冷却系统是否达到冷却速率的性能指标要求，确保充/放电工况的热性能需求可以达标。

仿真工况及结果：该案例是某个有液冷热管理系统的电池包，其仿真边界条件为环境和电芯初始温度 50℃，冷却条件为冷却水的水温 20℃、流量 16L/min。在此边界条件下，仿真结果为电池包内最高温电芯从 50℃ 降低到 28.6℃，平均降温速率为 0.214℃/min，电池包的最大系统温差为 2.1℃。该过程的温度曲线及最终时刻的温度云图分别如图 5-26 和图 5-27 所示。

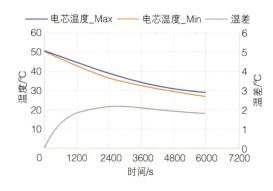

图 5-26 某电池包高温冷却工况温度曲线图

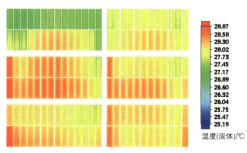

图 5-27 某电池包高温冷却工况温度云图

(3) 低温加热工况评估

电芯在较低温度时,其功率和充电性能大幅下降,在设计上需要通过辅助加热来让电芯加速升温。现有的主流加热方案有加热膜加热、液热、热泵等。在设计加热系统时,可以通过仿真来评估加热系统是否达到加热速率的性能指标要求,确保低温快充电时间及主动保温的热性能需求可以达标。若使用液热、热泵等形式,则需将满足加热速率指标需求下的加热功率给到整车端去匹配 PTC 水加热器和压缩机的选型工作。

仿真工况与结果示例:该案例是某个有液冷热管理系统的电池包,其仿真边界条件为环境和电芯初始温度 -20℃,加热条件为冷却水的水温 60℃、流量 10L/min。在此边界条件下进行加热仿真,仿真的截止条件为最低温电芯 ≥ 25℃。仿真结果:电池包内最低温电芯从 -20℃ 上升到 25℃,平均升温速率为 0.4℃/min,电池包的最大系统温差为 4.7℃。该过程的温度曲线及最终时刻的温度云图分别如图 5-28 和图 5-29 所示。

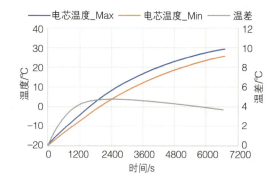

图 5-28 某电池包低温加热时温度曲线

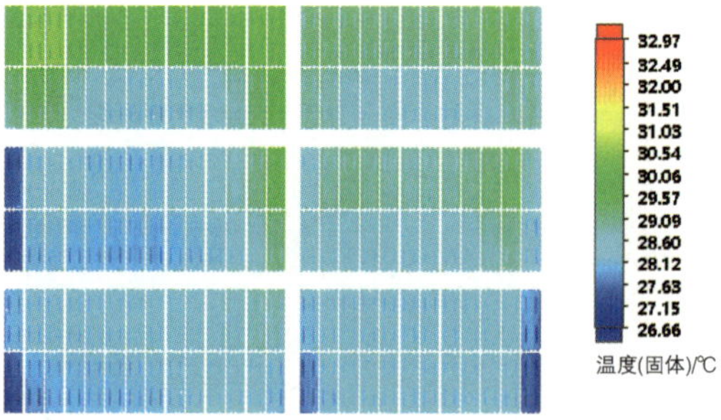

图 5-29 某电池包低温加热工况下温度云图

(4) 充电工况评估

车辆会在不同环境温度下进行充电,通常会进行低温快充、常温快充、高温快充及恒功率慢充等工况下的仿真,来评估电池包充电工况是否达到充电时间、电池包内电芯温度及系统温差的热性能指标要求,确保充电的热性能需求可以达标。

仿真工况及结果示例:该案例是个有液冷热管理系统的电池包,其仿真边界条件为环境和电芯初始温度 -10℃,加热条件为冷却水的水温 60℃、流量 10L/min。在此边界条件下进行低温加热充电仿真,仿真的截止条件为电芯 SOC ≥ 80%。仿真结果:整充电时间需要 93min,电池包内最高温电芯从 -10℃ 上升到 37.9℃,电池包的最大系统温差为 9.7℃。充电过程的温度曲线及最终时刻的温度云图分别如图 5-30 和图 5-31 所示。

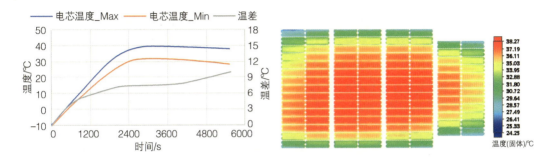

图 5-30　某电池包低温快充工况的温度曲线　　图 5-31　某电池包低温快充工况温度云图

改善措施及方向:若充电时间及电芯温度的指标不达标,可以通过提升冷却及加热速率和调整电芯性能等方法进行优化;若系统温差的指标不达标,可以通过改善液冷板的流道和分析电芯传热路径等方法进行优化。

(5)复合工况评估

背景:考虑贴近终端用户的车辆使用工况,常常会进行高温充放电循环、低温中国轻型汽车行驶工况(China Light Vehicle Test Cycle,CLTC)及世界轻型车测试规程(World Light Vehicle Test Procedure,WLTP)等工况来进行仿真,评估及优化系统复合工况的热性能指标。

目的:该工况主要用来评估电池包充电或放电叠加后是否达到功率不受限、电池包内电芯温度、系统温差的热性能指标要求。

仿真工况及结果示例:该案例是个有液冷热管理系统的电池包,其仿真边界条件为环境和电芯初始温度 -20℃,加热条件为冷却水的水温 40℃、流量 18L/min,冷却条件为冷却水的水温 20℃、流量 18L/min。在此边界条件下进行低温加热快充+高速行车(56kW 恒功率行车)工况仿真,仿真的截止条件为根据电流工况运行完毕,仿真结果电池包内最高温电芯从 -20℃ 上升到 46.1℃(未超过电芯限流温度阈值 50℃),电池包的最大系统温差为 9.1℃。该过程的温度曲线及最终时刻的温度云图分别如图 5-32 和图 5-33 所示。

## 5.4.2　电池包力学性能仿真

在汽车行驶过程中,路面环境会对电池包带来振动和冲击损伤;而在汽车发生碰撞时,车身结构变形也会给电池包带来挤压和横向冲击。为确保电池包在汽车使用寿命内的安全,电池包需要满足特定的力学性能要求,主要涵盖机械可靠性和机械安全性。在电池包开发阶段,通常使用有限元分析工具来评估电池包结构是否符合相应的力学性能要求。表 5-3 列出了常见仿真工况。

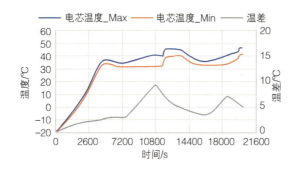
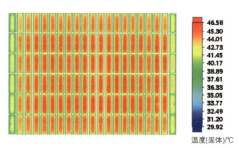

图 5-32　某电池包复合工况温度曲线　　图 5-33　某电池包复合工况温度云图

表 5-3　常见仿真工况

| 要求 | 仿真工况 | 场景 |
| --- | --- | --- |
| 机械可靠性 | 振动 | 模拟车辆在经过不同路面时，电池包受到的振动 |
| | 冲击 | 模拟车辆高速通过障碍物或坑洼时，电池包受到的冲击 |
| | 膨胀 | 模拟电池包全生命周期内，电芯循环膨胀对箱体结构的作用 |
| | 密封 | 模拟车辆涉水及长期使用过程中，电池包装配界面的密封问题 |
| 机械安全性 | 底部撞击 | 模拟车辆在行驶中，电池包碰到地面突出物或飞溅的石头撞击底部 |
| | 挤压 | 模拟车辆发生碰撞后，电池包受到的挤压或变形 |
| | 跌落 | 模拟电池包在运输和搬运过程出现的跌落问题 |
| | 充气 | 模拟电池包热失控下，箱体受到的气压冲击 |

电池包开发过程常用的结构有限元分析软件根据分析流程可以分为表 5-4 中的几类。

表 5-4　常用结构仿真分析软件

| 模块 | 软件 | 应用场景 |
| --- | --- | --- |
| 前处理 | HyperMesh、ANSA | 通用的电池包有限元模型建模软件 |
| 求解计算 | Optistruct、Ansys | 常用于电池包的模态、频响分析以及静态工况的分析 |
| | Ncode、Fe-Safe | 常用于计算疲劳损伤 |
| | Ls-Dyna、Radioss | 典型动态问题求解器，常用于解决电池包冲击、挤压、球击、碰撞等问题 |
| 后处理 | Hyperview、Meta | 通用后处理软件，支持多种求解器文件格式导入 |

### 1. 理论基础

有限元法是目前最常用的结构分析方法之一。它将复杂的连续体结构离散化为由有限数量的单元组成的离散模型，通过求解方程组来计算结构的应力、变形和位移等参数[8]。

为了更好地利用有限元分析软件评估和解决电池包力学性能问题，除了掌握相应的软件使用技能，还需具备相应的理论基础，主要包括力学理论和有限元理论。本节将针对电池包开发过程中典型的工程问题以及涉及的相关理论知识进行介绍。

（1）静态问题

电池包开发过程中常见问题如锁附变形、吊装变形、密封问题和产气变形等，可以视为静态问题。针对这些问题，常用的分析方法是静力学分析，其主要用于求解产品在稳定载荷下的应力、应变和位移，以验证产品的强度、刚度和稳定性。

在静力学分析中，与时间相关的量均被忽略，故静力学分析基本方程为

$$F = KU \tag{5-27}$$

式中，$F$ 为结构外载荷向量；$K$ 为结构刚度矩阵；$U$ 为结构节点位移向量。

静力学的求解计算，本质就是对式（5-27）的求解：先是计算单元节点位移，然后由节点位移依次推导出单元应变和应力，最后得到整个模型的位移和应力分布。

（2）动态问题

常见的动态问题包括电池包的振动疲劳、冲击破坏、底部磕碰等。该类型的载荷随时间不断变化，仅通过静力学分析难以全面识别产品结构风险，需引入动力学分析手段，其中包括模态分析、频响分析、随机振动、瞬态动力学等。

模态分析，主要用于研究产品的振动特性，包括电池包振型和固有频率；模态分析，本质就是对如下公式的特征值求解。由于阻尼对模态分析结果影响较小，由动力平衡方程可得[9]

$$M\ddot{U} + KU = 0 \tag{5-28}$$

式中，$M$ 为结构质量矩阵；$K$ 为结构刚度矩阵；$\ddot{U}$ 为结构节点加速度；$U$ 为结构节点位移向量。

因为自由振动为简谐振动，所以其位移函数可表示为

$$U = U\sin(\omega t) \tag{5-29}$$

式中，$\omega$ 为结构振动固有频率；$t$ 为时间。

带入式（5-28）后求解可得：

$$K - \omega^2 M = 0 \tag{5-30}$$

因此固有频率为

$$f = \frac{\omega}{2\pi} = \frac{1}{2\pi}\sqrt{\frac{K}{m}} \tag{5-31}$$

由式（5-31）可看出，结构固有频率和刚度、质量两大参数相关；在电池包设计时，可通过增加结构刚度、降低产品重量来提高固有频率。

所谓随机振动，是汽车在凹凸不平的路面上行驶时，路面对车轮施加随机激励，并通过悬架和车身传递到电池包上。研究随机振动的目的是分析电池包在随机激励下的振动响应（加速度和应力响应等），并根据疲劳损伤模型和相关理论来评估产品的机械可靠性。这种分析有助于确保电池包在实际使用中的稳定性和安全性。

在研究随机振动时，首先需要了解随机载荷的统计分析方法。因为来自路面的激励载荷是随机的，无法用确定函数来描述载荷随时间变化的关系。因此，通常采用功率谱

法进行分析；功率谱法是利用概率统计方法来描述和表征随机激励特性，包括不同频带下激励能量的大小，其数学含义是单位频率下随机变量的均方值[10]。

在确定随机振动输入后，可以利用有限元方法进行频率响应分析，计算结构的应力功率谱。然后，结合疲劳损伤模型和材料的疲劳特性，计算电池包的疲劳损伤情况。

结构的随机振动响应基本方程[11]为

$$S_{out}(\omega) = \sum_i \sum_j H_{r/i}(\omega) H_{r/j}(\omega) S_{ij}(\omega) \quad (5-32)$$

式中，$S_{out}(\omega)$ 为随机振动响应，也称为谱密度响应（RPSD）；$H_{r/i}(\omega)$、$H_{r/j}(\omega)$ 为结构的频响函数；$S_{ij}(\omega)$ 为随机振动输入，即功率谱密度（PSD）。

（3）瞬态动力学

瞬态动力学是一种用于研究结构在短时间内受到瞬时冲击或非周期性加载的动态响应的分析方法，用于分析电池包的冲击、跌落、挤压等工况。瞬态分析可以帮助评估结构在瞬时冲击下的动态响应，如位移、应力、速度、加速度等。通过瞬态分析，可以预测结构在冲击加载下的临界失效状态以及结构的动态行为。

在有限元分析理论中，动力学通用平衡方程为

$$F = KU + C\dot{U} + M\ddot{U} \quad (5-33)$$

式中，$F$ 为结构外载荷向量；$K$ 为结构刚度矩阵；$U$ 为结构节点位移向量；$C$ 为结构阻尼矩阵；$\dot{U}$ 为结构节点速度；$M$ 为结构质量矩阵；$\ddot{U}$ 为结构节点加速度。

### 2. 典型分析案例

上述篇幅已经对电池包常见的仿真工况进行了介绍，本节将针对部分典型工况的仿真流程、模型及案例展开介绍。

（1）仿真流程

电池包仿真技术利用数值模拟和计算方法，对电池包在不同工况下的性能进行评估和优化。典型的仿真流程是基于产品数模对电池包进行必要的简化处理，然后对数模进行网格划分，并定义连接关系和赋予材料属性，最后针对不同的工况施加相应边界条件和载荷进行仿真求解[12]，主要流程如图 5-34 所示。

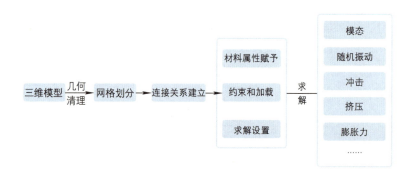

图 5-34　典型仿真流程图

（2）仿真模型

在有限元分析过程中，网格的质量优劣直接影响求解结果，所以电池包的网格划分至关重要。相关标准和规范可根据各自企业要求进行定义。电池包仿真模型主要包含：箱体、上盖、模组、水冷、安装连接支架、高压连接件、电子元器件等结构。本节案例分析所使用的电池包网格模型如图 5-35 所示。

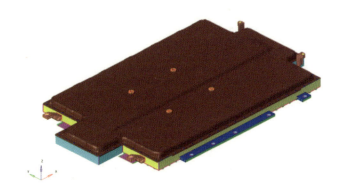

图 5-35　电池包仿真模型

（3）随机振动仿真

按照 GB 38031—2020 要求的载荷进行电池包振动仿真，评估随机振动后结构件是否存在失效风险。随机振动仿真 PSD 载荷谱见表 5-5。

表 5-5　乘用车锂离子电池包或系统的振动测试条件

| 频率/Hz | Z 轴功率谱密度（PSD）/（$g^2$/Hz） | Y 轴功率谱密度（PSD）/（$g^2$/Hz） | X 轴功率谱密度（PSD）/（$g^2$/Hz） |
| --- | --- | --- | --- |
| 随机振动 | | | |
| 5 | 0.015 | 0.002 | 0.006 |
| 10 | — | 0.005 | — |
| 15 | 0.015 | — | — |
| 20 | — | 0.005 | — |
| 30 | — | — | 0.006 |
| 65 | 0.001 | — | — |
| 100 | 0.001 | — | — |
| 200 | 0.0001 | 0.00015 | 0.00003 |
| RMS | 0.64g | 0.45g | 0.50g |
| 时间 | 12h | 12h | 12h |
| 正弦定频振动 | | | |
| 定频幅值 | ±1.5g | ±1.0g | ±1.0g |
| 定频频率 | 24Hz | 24Hz | 24Hz |
| 时间 | 1h | 1h | 1h |

仿真分析根据电池包在整车中的固定方式，将电池包约束在测试夹具模型上，在夹具锁附点进行约束；按照国标载荷谱输入，分别对电池包进行 $X$、$Y$、$Z$ 三个方向随机振动仿真；失效判定方面，一般采用损伤值或应力进行评估，本案例以应力评估为主，要求 1 倍 RMS 应力小于材料许用疲劳极限强度（工程上根据经验常认为许用疲劳极限强度 = 疲劳系数 × 工程抗拉强度，疲劳系数由企业根据疲劳试验标定），部分企业也会要求 3 倍的 RMS 值与屈服强度做对比[13]。

仿真结果如图 5-36 ~ 图 5-38 所示。

图 5-36　$X$ 向下箱体 RMS 应力最大值 2.31MPa

图 5-37　$Y$ 向下箱体 RMS 应力最大值 4.67MPa

图 5-38　$Z$ 向下箱体 RMS 应力最大值 14.49MPa

根据上述仿真结果，下箱体的 $X$、$Y$、$Z$ 方向随机振动仿真结果 RMS 应力（$X$：2.31MPa，$Y$：4.67MPa，$Z$：14.49MPa）远小于材料许用疲劳极限强度，结构无失效风险。

（4）冲击仿真

按照 GB 38031—2020 要求的载荷进行电池包冲击仿真，评估车辆高速通过障碍物或坑洼时，电池包受到冲击后结构件是否有失效风险。冲击载荷曲线如图 5-39 所示。

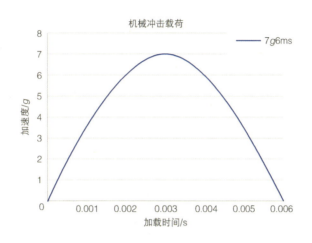

图 5-39　冲击载荷曲线

仿真分析中模型固定方式同随机振动工况，在夹具锁附点施加冲击载荷获取电池包结构应变分布情况；失效判定方面，一般采用应变进行评估，以评估结构的安全性，仿真结果如图 5-40 所示。

图 5-40　下箱体最大应变 2.36%

从仿真结果来看，电池包下箱体最大应变为 2.36%，远低于材料断裂应变，结构在 7g6ms（7g 为加速度，6ms 为冲击时间）的冲击载荷下无失效风险。

（5）挤压仿真

按照 GB 38031—2020 要求的载荷进行电池包挤压仿真，评估车辆发生碰撞、电池包受到挤压变形后，电池包是否有失效风险。

1）挤压头形式：半径为 75mm 的半圆柱体，半圆柱体的长度大于测试对象的高度，但不超过 1m。

2）挤压方向：$X$ 和 $Y$ 方向（汽车行驶方向为 $X$ 轴，另一垂直于行驶方向的水平方向为 $Y$ 轴）。

3）挤压程度：挤压力达到 100kN 或挤压变形量达到挤压方向的整体尺寸的 30% 时停止。

仿真分析中将电池包底部、被挤压的另一侧分别设置刚性墙约束，选取电池包最薄弱位置，挤压头以恒定速度对电池包进行挤压。失效判定方面，主要以电芯侵入量和壳体应变进行评估电池包挤压失效风险。

本案例以 $Y$ 向挤压仿真为例进行展示，仿真结果如图 5-41 所示。当挤压力达到 100kN 时，电池包箱体的最大侵入量为 10.5mm，未超过电池包整体宽度尺寸的 30%，未挤压到高压器件，电池包无漏液和短路的风险。

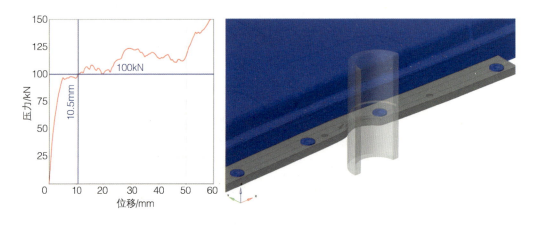

图 5-41　挤压过程力和位移曲线

（6）底部球击仿真

按照 GB 38031—2020 要求的载荷进行电池包底部球击仿真，评估车辆在行驶中，电池包碰到地面凸出物或飞溅的石头撞击底部时，电池包是否有失效风险。

1）撞击头形式：撞击头前端为半球形，尺寸为 $\phi 25$mm，撞击头质量 10kg，材质为 45 型钢。

2）撞击方向：沿 $Z$ 方向垂直向上。

3）撞击位置：选定薄弱点进行撞击。

4）撞击能量：$(120 \pm 3)$J。

仿真分析中将电池包所有固定点进行约束，选取电池包薄弱区域，将小球移动至电池包底部位置，以 4.8m/s 的初速度（能量 120J）撞击电池包底部；失效判定方面，主要以电芯侵入量和壳体应变进行评估。

电池包底部球击的仿真结果如图 5-42 所示，电池包最大侵入量为 18.17mm。

图 5-42　电池包最大侵入量 18.17mm

（7）膨胀仿真

依据电池包使用寿命要求，评估电池包全生命周期内，电芯循环膨胀对箱体结构的作用，电池包是否有失效风险。

工况要求，依据电池包使用寿命要求（假设电芯全生命周期内膨胀力达到 10kN）对箱体施加 10kN 的作用力校核其结构强度。

仿真分析中电池包约束方式同底部球击工况，在下箱体前后边框电芯接触区域施加 10kN 的法向均布压力；评判方面，主要对下箱体的应变和变形进行评估。

仿真结果如图 5-43 和图 5-44 所示，在膨胀力达到 10kN 时下箱体应变为 1.10%，远小于材料断裂应变，下箱体结构满足强度要求；下箱体前后边框变形均为 2.90mm，与其他零部件未发生接触，满足结构刚度要求。

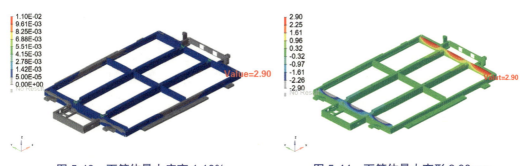

图 5-43　下箱体最大应变 1.10%　　　　图 5-44　下箱体最大变形 2.90mm

## 5.5　工艺仿真技术在动力电池中的应用

本章节重点介绍锂电池工艺的特点，仿真如何驱动动力电池的工艺开发，并阐述工艺仿真的关键难题以及解决办法，以及介绍目前工艺仿真的技术等，最后展示一个工艺仿真的案例并分析未来的发展趋势。

### 5.5.1 锂电工艺的特点及其仿真建模的挑战

从仿真建模角度,锂电工艺的特点可以总结归纳为三方面:跨尺度、多种作用物理场、多类研究对象。

#### 1. 跨尺度

锂电配方中导电碳的尺度为纳米级,而搅拌罐为1200L的米级搅拌罐,且最终的理想工艺目标是纳米级颗粒均匀包覆到微米级颗粒上的微观目标。在涂布工序中,涂布宽度最高达1.5m,而厚度波动的要求为微米级。在烘干工序中,跨尺度体现在微米的膜厚与几十米级的烘箱长度等方面。

尺度跨度巨大给锂电池仿真建模带来了多项挑战,主要体现在:

1)作用机理不同:例如浸润,在空间较大的卷芯圆弧区域,电解液主要受重力作用;而在活性层的多孔中,电解液主要靠毛细力驱动。

2)模型复杂度:由于不同尺度下的物理现象和机制各不相同,因此需要在模型中引入相应的描述和参数。尤其是需同时考虑微观和宏观尺度的离散化,这使模型的复杂度极高,计算成本极大,并可能对模型的收敛性和稳定性造成影响。

3)尺度间的信息传递:在不同尺度之间传递信息是一个关键挑战。例如,微观尺度下的材料属性需要传递到宏观尺度,以影响加工过程的整体性能。这需要开发有效的跨尺度信息传递方法,确保不同尺度之间的耦合和一致性。

4)验证与实验数据匹配:由于尺度跨度巨大,因此仿真结果需要与多个尺度上的实验数据进行验证和对比。这要求建立与实验条件相匹配的仿真环境,同时保证模型的准确性和可靠性。

5)计算资源需求:跨尺度仿真通常需要大量的计算资源,包括处理器时间、内存和存储空间。这使得仿真过程非常耗时,并限制了模型规模和细节的复杂度。

为了应对这些挑战,需要采用一系列先进的建模和仿真技术。这包括多物理机理建模方法、跨尺度信息传递技术、高性能计算技术等。同时,也需要加强实验与仿真的结合,通过实验数据验证仿真结果,并不断改进和优化模型,以更准确地描述锂电池工艺的跨尺度行为。

#### 2. 多种作用物理场

众多的锂电工序采用了众多不同物理(或化学的)作用机理将被加工物加工达标,例如:

1)搅拌:机械搅拌时产生剪切力和循环流场,对浆料进行分散,使得活性物质、导电碳以及黏结剂之间的排列方式更加均匀。此外,搅拌工序可以保持浆料的稳定性,使浆料处于悬浮结构,防止因团聚或沉降而导致的浆料成分偏析。在机械搅拌的作用下,通过分散盘和麻花框的相互转动产生与维持悬浮液,并增强液固之间的质量传递。

2)挤压涂布:作用机理是通过挤压机头内均流流道将电极浆料均匀地挤压到金属

箔片上。在这个过程中,机头内流道是关键,它确保浆料被均匀地挤压出来,形成一层均匀的涂层。此外,挤压速度、机头的开口尺寸以及机头与箔片之间的距离都会影响涂层的厚度和均匀性。为了确保涂层的质量和厚度的一致性,需要对挤压过程中的压力、速度和机头的状态进行精确优化和控制。

3) 极片红外干燥:物理机理是基于物料对红外辐射的吸收能力。当红外辐射照射到活性层上时,活性层会吸收红外辐射能量,并转化为热能,使分子振动加剧,从而实现加热和干燥的效果。

4) 卷芯浸润工序:物理机理是微孔道毛细力。当电解液接触到多孔介质的表面时,多孔介质的孔隙结构和表面张力形成毛细力使电解液自发地渗透到多孔介质中。毛细力场的大小与多孔介质的孔径、孔隙率和电解液的表面张力等因素有关。为了实现良好的多孔介质浸润效果,需要控制电解液的成分、温度和浸润时间等参数,以确保电解液能够充分浸润到多孔介质的每个角落。

5) 超声焊接工序物理机理是通过超声波高频振动产生机械振动能量,进而产生界面摩擦和塑性流动,在界面处,高频振动和摩擦作用导致材料局部加热,使材料变软并发生塑性变形。同时,界面处的金属原子在摩擦和热的作用下发生扩散和连接,形成可靠的焊接接头。

如上作用机理仅占锂电工艺作用机理的很小部分,同时随着工艺技术的更新换代,新的工艺手段不断引入,每种工艺手段都对应不同的作用机理。多种作用机理需要应用不同的仿真建模软件和建模模块,采用不同的物理机理模型和本构关系,采集不同的模型输入参数,对仿真建模者综合能力要求极高。

### 3. 多类研究对象

整个锂电工艺中涉及的加工对象及其状态种类众多,从开始粉料输运中的粉料,到搅拌和涂布过程中的浆料,到烘干完后成的松散多孔结构,到冷压完后的由基材和致密多孔结构组成的复合片料,到极片隔膜卷绕组成的多层卷芯结构,到铝壳焊接的铝材,到最后成组用的电芯和结构胶。各工序的加工对象类型众多,意味着对各种作用对象仿真建模进行基础物性测试的工作量巨大。

其中不乏建模难度极高的加工对象,例如,极片活性层为颗粒粘接而成的非连续体,给冷压仿真中力学模型建模以及在注液浸润仿真中的多孔介质建模都带来极大的挑战。

另外,对于不同零件装配而成的装配体的整体模型构建,例如,卷芯为两种极片中部间隔隔离膜卷绕而成,在考虑各零件的基础物性外还要额外考虑零件之间的作用关系,例如卷芯层间的剪切强度,才可对需要考虑装配体整体特性的整形仿真精确建模。

## 5.5.2 仿真驱动的锂电工艺开发模式

理想的工艺开发方式是方案设计给出后,方案优化迭代的过程全在虚拟空间依靠模型进行,如此迭代周期短,同时可确保获得最优参数。但如上述锂电工艺的三重挑战,难以建立完整的模型以及参数库,因此,当前直接采用此种方式可行性不强。

测仿结合是当前仿真驱动锂电工艺开发的有效模式,测仿结合有三个层面的含义:

1)测量是基于基础物性的测量,例如,浆料的流变曲线、极片的应力应变曲线等,需要有必要的基础物性参数的测定。

2)测试的目的是用于修正和校准模型的基础测试。如该工序的加工过程较简单,则此层级的测试可以直接在工艺设备层面开展;如加工过程复杂,则此层级测试需开发等效测试实验台进行针对性测试和建模,对模型的关键物性进行修正,例如,极片烘干特性基础实验台。

3)如果所建模过程有部分机理不清,无法采用纯机理建模方式进行模拟,则需采用混合建模策略。此时需收集大量工艺运行数据,应用AI技术,在原有机理模型的基础上则无法将机理建模部分基于AI进行数据拟合建模。

由于锂电工艺工序环节众多,工艺开发中可能出现的问题五花八门,同时锂电新工艺开发战车依然滚滚向前,因此当前测仿结合的模式会长期存在。经过测仿结合模式充分沉淀工艺基因数据,并充分校准和修正模型后,部分工序可实现纯仿真迭代优化状态,此时可将仿真驱动的优势发挥到更好。

### 5.5.3 锂电工艺开发的典型案例——挤压涂布流体动力学模型

#### 1. 本构方程

流体动力学三大守恒方程:质量守恒、动量守恒和能量守恒。本节忽略了浆料黏度产热以及温度对浆料黏度的影响。实际中,挤压涂布腔体中浆料流速相对较低,且均处于层流状态,速度梯度较低,黏度产热量可忽略不计。

式(5-34)为能量守恒方程,式(5-35)为动量守恒方程:

$$\frac{\partial}{\partial t}(\rho)+\nabla \cdot (\rho v) = S \tag{5-34}$$

$$\frac{\partial}{\partial t}(\rho v)+\nabla \cdot (\rho vv) = -\nabla p+\nabla \cdot \bar{\bar{\tau}}+\rho g+F \tag{5-35}$$

式中,$t$是时间;$\rho$是流体密度;$v$是流体速度矢量;$\bar{\bar{\tau}}$是剪切力张量;$S$是源项;$p$是压力;$g$是重力矢量;$F$是其他力矢量。

#### 2. 网格划分

本节探讨的是涂布一致性问题,为计算准确,首先需要排除网格质量带来的影响。因此本节的挤压涂布模型对网格质量要求苛刻,尤其是腔体与狭缝处的网格质量,必须要求完全一致。为得到完全一致的网格划分,本章节对求解域进行了分割,获得了横向完全一致的网格质量,为精确求解涂布一致性提供了保障,如图5-45~图5-47所示。

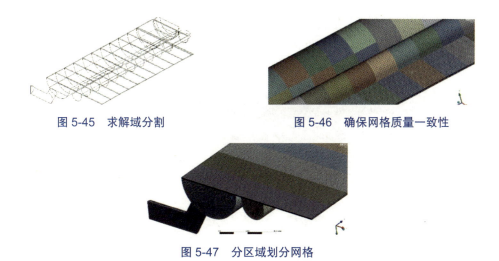

图 5-45　求解域分割　　　　图 5-46　确保网格质量一致性

图 5-47　分区域划分网格

### 3. 锂电浆料流变特性

锂电浆料为典型的非牛顿流体。非牛顿流体，是指不满足牛顿黏性实验定律的流体，即其剪应力与剪切应变率之间不是线性关系的流体，如图 5-48 所示。

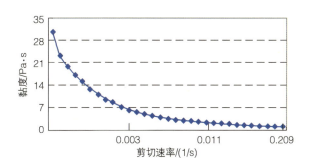

图 5-48　典型浆料流变曲线

挤压涂布仿真分析中，需要对浆料流变特性进行准确建模。基于大量实验数据，选择合适的本构方程幂函数模型：

$$\mu = a\dot{\gamma}^b \tag{5-36}$$

式中，$a$ 为浆料的平均黏度（稠度指数）；$b$ 为浆料流变偏离牛顿流体特性程度的度量。

按 $b$ 数值的区间，可对浆料进行分类如下：①当 $b=1$ 时为牛顿流体；②当 $b>1$ 时为剪切变稠（胀流型流体）；③当 $b<1$ 时为剪切变稀（假塑型流体）。

依据测试的流变曲线，采用曲线拟合的方式，对三种浆料的本构方程中的关键参数进行了拟合。某阳极、阴极浆料流变曲线分别如图 5-49 和图 5-50 所示。

浆料流变特性会随时间在一定范围内变化，本节对每一种浆料较黏和较稀的流变曲线分别进行了参数拟合，见表 5-6。接下来的仿真分析将基于表 5-6 的流变特性和本构展开。

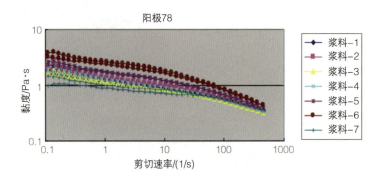

图 5-49　某阳极浆料流变曲线

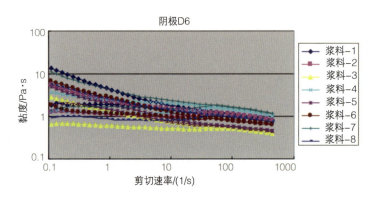

图 5-50　某阴极浆料流变曲线

表 5-6　浆料流变本构关键参数拟合

| $\mu = a\dot{\gamma}^b$ | 较黏 | | 较稀 | |
| --- | --- | --- | --- | --- |
| | $a$ | $b$ | $a$ | $b$ |
| 阳极 77 | 3.21 | −0.27 | 0.35 | −0.081 |
| 阳极 78 | 2.56 | −0.20 | 0.88 | −0.1 |
| 阴极 D6 | 4.76 | −0.33 | 0.61 | −0.050 |

### 4. 挤压涂布仿真分析结果

本节就挤压涂布仿真分析中获得的腔体内部流场的一般特征进行介绍。

（1）内压分布

图 5-51 给出两个腔体的截面压力分布，其中每个截面的压力分布都采用的局部坐标。由此图可以看出，主腔中的压力分布明显为中部压力高两端压力低，而副腔中的压力分布呈现出完全不同的规律，腔体端部压力最高，中部次之，中部偏端部的区域压力

最低。由此看出，经过第一个狭道部分一直到副腔，均压分流效果初步显现。由图 5-52 可明显看出，从主腔到副腔到狭缝以及涂布出口，压力逐步降低，其中狭缝处压力梯度最大，由此可知，狭缝担负了均流分压的绝大部分任务。

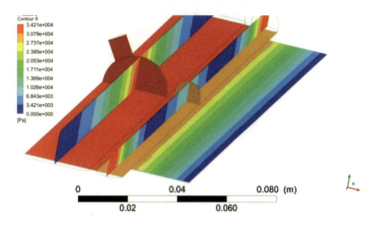

图 5-51　腔体内以及狭缝中压力分布（一）

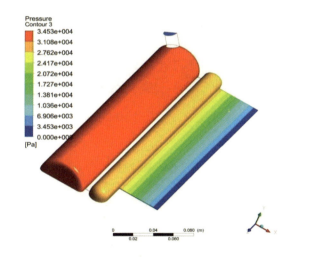

图 5-52　腔体内以及狭缝中压力分布（二）

（2）速度分布

图 5-53 给出了腔体内部的速度分布，从主腔截面中可看出，主腔中中部速度最高，两端速度最低，副腔中与压力分布相对应，两端速度较高，中部偏端部的部分速度最低。同时值得注意的是，主腔副腔端部有一部分浆料的流速接近 0，同时导致黏度分布两腔体端部最高，如图 5-54 所示。

（3）流线分布

图 5-55 给出了腔体内部的流线分布图，其中颜色代表浆料流速。流线分布图有两方面的作用：其一，可以增加分析者对腔体内浆料流动路线更详细的认识；其二，此流线图可以帮助检查模型，如出现流线不连续的现象，则可判断网格或模型中出现了问题。

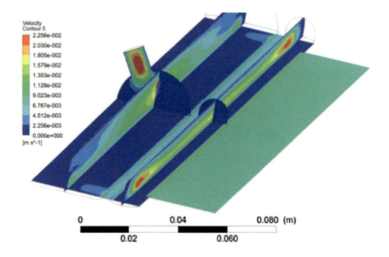

图 5-53　腔体内速度分布

图 5-54　黏度分布

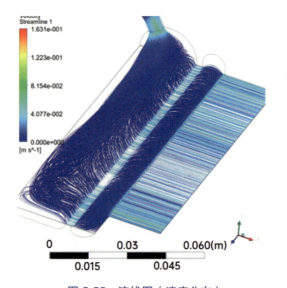

图 5-55　流线图（速度分布）

### (4）涂布一致性评价

实际生产中，对涂布一致性的评价是通过称重的方式实现的。极片烘干之后，在极片横向等间隔地冲裁等面积的圆片并称重，从而评价涂布的一致性。

模型中可采用唇口速度横向分布的方式评价涂布横向一致性，如图 5-56 所示，也可分区域统计流量，绘制横向流量分布图来评价涂布横向一致性，这更精确的方式。

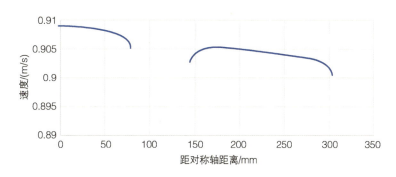

图 5-56　仿真得到的唇口速度横向分布示例

### 5. 结论

本节对挤压涂布头流体动力学模型进行了系统介绍，包括本构方程的构建、网格划分的注意事项、锂离子电池浆料的流变特性，并且对仿真分析后主要采用的后处理方式进行了介绍，对评价涂布一致性的方法做了规定。

## 5.6　安全仿真技术开发及应用

### 5.6.1　电芯安全模拟技术研究

防止热失控是车用动力电池研究的重点和热点问题。热失控的研究过程着重聚焦于热失控诱因分析、热失控预警算法、热失控行为量化三个方面；主要研究手段包括理论分析、建模仿真和测试等。车用动力电池系统的安全评价依赖于各种特征参量及指标，数值模拟技术由于能够解析电池、模组、系统内部的能量流动特征及演化机制，在电池系统安全评价方面具有显著优势。电芯安全仿真可应用于热失控的诱因分析、预警算法和量化分析，既是理论分析的整合、归纳，也是测试的补充和对照。

本节分别从热失控诱因模型、热失控预警模型、热失控模型等来进行介绍。

#### 1. 热失控诱因模型

大部分热失控难以准确定位到单一原因，内部及外部多因子耦合造成系统性问题。内短路是大部分热失控诱因中均伴随出现的现象[14]，对于引发热失控具有决定性的影响，而内短路也是热失控诱因中最为复杂的环节之一。因此建立内短路仿真模型，研究清楚内短路，对于分析动力电池失效来说非常有必要。

内短路可概括为：电池内部出现隔膜的破损，并引起破损位置的电子传输过程。可通过建立经典的"正极-负极"短路模型，进一步量化研究锂离子动力电池的内短路过程[15]。建立多物理场模型描述内短路引发电池热失效的过程，模型的构建过程包括热失控反应模型的推导和电化学热模型的耦合两个主要部分。具体将电池的内短路过程做如下分解：

1）内短路的发生：内短路表现为在隔膜破损后，正、负极电池在内部形成电子导通，自发形成放电回路。这个短路接触面可近似看作膜电阻，短路的主要放热量（$Q_{ISC}$）来自这层"膜"。如图5-57所示，模型包含由两面正极材料层以及铝箔层组成的正极极片、由两面负极材料层以及铜箔层组成的负极极片、局部开孔的隔膜和"膜电阻"的基本单元。为简化计算，体现电池厚度的更多层电极采用均质的卷芯代替。

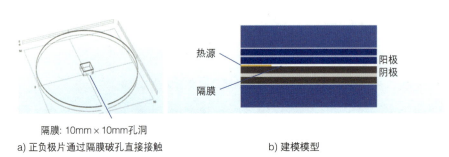

a) 正负极片通过隔膜破孔直接接触    b) 建模模型

**图 5-57 电池内短路电-热耦合模型**

2）生热过程：短路产热使局部升温。对于正负极材料，当温度达到一定值时，会自发产热。由此可知，电池在发生内短路时可能存在的"生热"过程主要包含上述负极与电解液反应放热，正极与电解液反应放热和等效于内短路的"膜电阻"发热，见式（5-37）~式（5-39）。

$$Q_{生} = Q_{ca} + Q_{an} + Q_{el} + Q_{sep} + \Delta Q + Q_{ISC} + Q_r \quad (5-37)$$

$$Q_{ISC} = \int_0^t \left(\frac{u}{r_{ISC}+r}\right)^2 r_{ISC} dt \quad (5-38)$$

$$Q_r = \int_0^t \left(\frac{u}{r_{ISC}+r}\right)^2 r dt \quad (5-39)$$

式（5-37）~式（5-39）中，$u$ 为电压；$Q_{ca}$ 与 $Q_{an}$ 分别为正、负极材料与电解液的反应放热能量密度；$Q_{el}$ 与 $Q_{sep}$ 分别为电解液蒸发和隔离膜熔融吸热能量密度（$J/mm^3$）；这里需要特别指出，在正极和负极同时存在的系统中，负极达到某一个温度以后可能触发负极自身相应的化学反应，也可能触发正极的某一反应，正极亦同理，因此特引入 $\Delta Q$ 来表示这种作用过程，当 $\Delta Q > 0$ 时，表示正极与电解液反应和负极与电解液反应相互促进，而当 $\Delta Q < 0$ 时，表明两者相互抑制；$Q_{ISC}$ 为电子流经短路电阻产生的欧姆热；$Q_r$ 为与电池内阻及短路引起极化相关的放电回路发热；$Q_{ISC}$ 和 $Q_r$ 通过内阻产热得到。

$r_{ISC}$ 为电池短路电阻,其具体的电阻值受短路模式、接触面作用力影响;$r$ 为电池短路时的内阻,含短路放电过程引起的极化电阻。

3)传热过程:生成热遵从传热定律向各个方向传导,其数值关系可用式(5-40)描述。对于任意局部区域,当进入的热量超过散出的热量时,便会进一步升温。

$$\rho c_p \frac{\partial T}{\partial t} = \nabla \cdot (k\nabla T) + \frac{\partial Q_{生}}{\partial t} \tag{5-40}$$

式中,$\rho$ 是材料密度;$c_p$ 是比热容;$T$ 是温度;$t$ 是时间;$k$ 是导热系数;$\nabla$ 通常表示梯度算子。$\rho c_p \frac{\partial T}{\partial t}$ 表示物体内部单位体积的热量随时间的变化率。$\nabla \cdot (k\nabla T)$ 表示由于导热而引起的热量运动;$\frac{\partial Q_{生}}{\partial t}$ 表示内热源产生的热量;$Q_{生}$ 见式(5-37)。

4)失控扩展过程:满充负极在发生热失控时存在热扩散行为。图 5-58 显示了负极片在高温引发热失控并扩展蔓延至整个极片的过程。在充满氩气的手套箱中将满电电池进行拆解,然后取得负极片。将热风枪恒温热源的温度设置为(220±10)℃,待温度稳定以后靠近负极片一角,当负极的一角开始触发失控以后,立刻将热风枪移开,观察负极的热失控扩展行为。内短路发生后,随着生热过程进行,电池局部温度升高。当温度升高到足以引发电极材料与电解液的激烈反应时,热失控被触发,体现在负极上即与上述热风枪测试过程近似。通过测量与计时,得到负极膜片的热扩展速率约为 12mm/s。

a) 负极片的一角触发

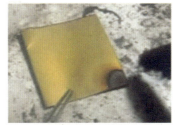
b) 负极一角开始发生扩散反应

c) 负极片开始发生自扩散

d) 负极片全部失控

图 5-58 满充负极极片热风枪测试(220℃±10℃)引发热失控扩散

至此,我们建立了基于经典的"正极-负极"短路的内短路"热-电"耦合量化模型。进一步,该模型可以通过改变短路面积的大小、短路界面电阻的高低、短路"正极"与

"负极"所呈现的热特性、短路发生在电池中的相对位置和电池的放电特性等进行拓展。

### 2. 热失控预警模型

对电动汽车行业而言，车用动力电池热失控的预警和处理是电池系统安全管理研究的重点和难点。优化预警机制的速度和准确性，可以降低热失控处理难度，限制热失控后果。

真实应用场景中，静置过程一般为汽车下电，此状态下 BMS 无法实时记录数据。放电过程则是汽车行驶状态，工况复杂，电压突变多、对比难。因此，预警算法的应用重点为充电阶段。

在常规电池系统中，电池的状态监测信号主要有温度、电流和电压。温度使用负温度系数热敏电阻（NTC）采样，对温度变化响应存在延迟，且采样点数量有限，无法准确监测每个单体电芯的状态。电流采样精度高、响应快。但在串联系统中，通过各个串联单体的电流是相同的，在热失控的极早期一般无明显变化。电压采样精度和响应速度同样较高，且电池系统中每个单体电芯的电压都被监控，适合作为极早期预警的监测信号。

电芯内部产生短路电流将导致电压变化。静置时，短路电流导致电芯电压下降；放电时，内短路电芯的电压下降比其他电芯快；充电时，内短路电芯的电压上升更慢。为实现热失控的早期预警，必须有效利用电压变化规律。

基于内短路时电压规律，开发了一种基于各电芯变化趋势差异的预警算法。算法逻辑如下：

1）截取某一时间段内每个电芯在每一时刻的电压数据。
2）提取该时间段内每个电芯自身电压的分布特性参数。
3）对比各个电芯分布特性参数，并使用变异系数识别离群电芯。
4）迭代计算下一时间段的变异系数。
5）若某一电芯在连续多个时间段内，变异系数均高于阈值，则判定为存在异常。

该算法应用实例如下。图 5-59 所示为电池系统充电过程各单体电芯电压，其中红线所示为内短路电芯。在充电的初始阶段，该电芯相对于其他电芯，电压较高；随着充电持续进行，该电芯电压上升程度比其他电芯慢；在充电截止时，已较其他电芯为低。

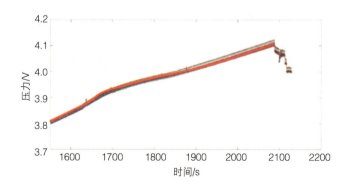

图 5-59　充电过程中各电芯电压变化趋势

使用上述算法进行识别，识别结果如图 5-60 所示，红线所示电芯的变异系数明显高于其他电芯，则判定为异常。随后拆解分析，确认该电芯存在内短路，与算法识别结果一致。

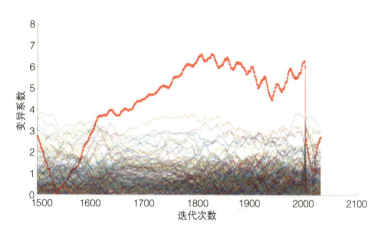

图 5-60　充电过程中各电芯变异系数

### 3. 热失控模型

热失控预警为电动汽车使用者提供了应对安全时间的应急时间，但是并不能改变热失控受诱因产生后续灾害的客观事件。因此，必须准确量化电池热失控产生的危害，并提出单体/系统层级的防护措施。单体电池热失控数值模拟作为热失控量化研究的重要手段，能够有效地帮助解析电池热失控物理规律，在电池安全评价方面具有显著优势。目前热失控模型主要包括热失控热模型以及耦合失控排气的多物理场模型。

（1）热失控热模型

热失控热特性的模拟，可通过集总参数模型来考察热失控过程中各副反应对热失控的影响，但集总参数模型并不能模拟电池内部温度场的分布情况；仍需通过三维（3D）建模，更准确地模拟电池的热失控特征，并解析热失控时单体内部的温度场及失控演变规律。

锂离子电池热失控的本质是滥用条件触发电池内部的链式副反应，放出热量进一步提升电池内部的温度，并成功触发更高温度区间的副反应，形成"热量 - 温度 - 反应"闭环回路。该回路在高温度条件下循环直至发生热失控。

电池热失控伴随着剧烈的产热行为，传热行为满足传热学基本规律，结合电池各向异性导热特性，描述方程如下所示：

$$\rho C_p \frac{\mathrm{d}T}{\mathrm{d}\tau} = q_V + \frac{\partial}{\partial x}\left(\lambda_x \frac{\partial T}{\partial x}\right) + \frac{\partial}{\partial y}\left(\lambda_y \frac{\partial T}{\partial y}\right) + \frac{\partial}{\partial z}\left(\lambda_z \frac{\partial T}{\partial z}\right) - q_s \quad (5-41)$$

式中，$\rho$ 为材料密度；$C_p$ 为比热容；$q_V$ 为单位体积产热功率；$\lambda$ 为导热系数；$q_s$ 为单元表面散热功率。

单位体积产热功率 $q_V$ 与总放热量 $U_{chem}$ 之间的关系见式（5-42），热源项主要来自于电池内核副反应产热，$U_{chem}$ 可通过绝热热失控数据得到：

$$U_{chem} = \int (\iiint q_V dV) dt \qquad (5\text{-}42)$$

以内置加热膜触发电池热失控为例，在仿真计算过程中，将触发热源赋于内置加热膜上，功率与实际触发功率相对应；监控电池内部加热膜的温度，并与仿真温度对比，确认触发行为的有效性和仿真输入的准确性。

通过热失控热模型解析电池从触发到失控的全过程，如图 5-61 所示，在触发开始初期，内部热失控从内置加热膜位置开始向外扩展，大约经过 18s，整个电池内核基本完全发生热失控。

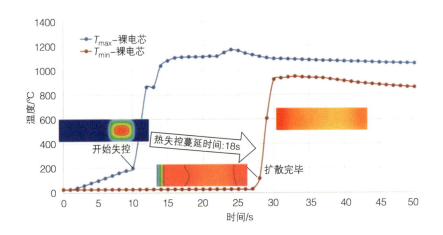

图 5-61　电池失控仿真全过程

（2）热失控耦合排气模型

除了剧烈产热外，电池热失控还伴随着剧烈的喷阀行为。喷阀动作是短时间内大量气体及固体混合物从电池泄压阀喷出的复杂流动过程，喷阀物质包括气相和固相两类，且气相和固相在高温下伴随着复杂的能量交换。需考虑建立喷阀气固多项流动模型，其中，气体和固体颗粒之间的气固传热能量方程通过气固传热系数的经验模型来封闭。

电芯热失控耦合排气模型计算结果与实验温度结果数据对比如图 5-62 所示。模型仿真计算结果在各时间段、各温度区间与实验数据均有良好的吻合度，验证了热失控耦合排气模型的有效性。

### 4. 电芯安全模拟技术展望

当前，锂离子电池因其比能量高、循环寿命长，在车用动力电池领域广受关注，但其潜在的安全隐患是动力电池大规模产业化的制约因素。电芯单体层级安全模拟技术主要聚焦于电芯热失控问题，包括其诱因、预警和数值分析。

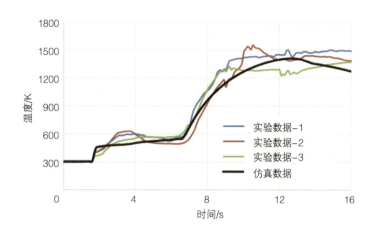

图 5-62　模型计算结果与实验结果对比图

本节首先聚焦于电池热失控诱因中突出的内短路问题,开发了包含内短路、产热、传热、失控扩散过程且具有良好扩展性的内短路电-热耦合模型;在热失控预警方面,开拓"模型+数据"双驱动的热失控预警技术,能实现在极早期识别电池故障并及时处理;在热失控数值分析方面,开发了基于电芯热特性的热模型和聚焦电芯喷阀行为的耦合排气模型。面向大规模车用动力电池系统的安全评价需求,未来单体层级数值模拟技术应向热失控-燃爆-力响应多物理场耦合方向发展。

### 5.6.2　电池系统安全模拟技术研究

电池系统由多个电芯串联组成(也可以包含并联)。在电池系统中,一个电芯热失控后,可能会引起其他电芯的连续热失控;有时由于热失控导致系统电压变得更高,可能引起高电压下拉弧甚至爆炸等问题。因此,电池系统的热失控蔓延及其引起的起火爆炸问题是电池系统安全问题的直接体现。在单体电池热失控触发难以完全避免的情况下,通过成组安全设计对热失控蔓延进行防控是需要重点考虑的问题[16]。

#### 1. 系统内部热失控及其传播

系统内部热失控传播行为属于热-力-电-流动等多物理场耦合问题,应用系统热失控模型解析失控传播行为,可以有效地定量各个路径/因素对传播特性的影响。建立电池系统热失控模型,需考虑在单体电池热失控模型的基础上,进一步定量电池之间、电池与电池包之间的能量传递,从而对系统的损伤情况及相邻电池的热失控行为进行预测。

(1)系统失控热-力-流动模型

电芯失控后,大量高温烟气伴随部分固体颗粒从防爆阀中喷出,对电池包上盖产生冲击。电池包箱内流动-传热行为定量分析难度大;电池包上盖冲击为流/固强耦合行为,计算过程复杂。可搭建系统失控热-力-流动模型,以仿真形式分析电芯失控后烟气冲击电池包上盖的过程。

量化高温气体和颗粒对上盖的冲击，冲击压力公式如下：

$$P = p_{s(g+s)} + p_{dg} + p_{ds} \qquad (5\text{-}43)$$

式中，$p_s$ 代表静压；$p_d$ 代表动压；动压 $p_{dx} \propto \rho_x v_x^2$（$x$ 表示气或颗粒），颗粒施加于上盖的动压显著。

图 5-63 显示了某电池包系统中电池失控后的流动分布情况。电池失控后剧烈产气打开电池泄压阀，经复杂流动后从电池包排气阀流出。根据仿真结果可得，电池失控后电池包上盖峰值温度可达 733℃，需考虑在电池失控冲击影响区域设置热安全防护措施。系统失控热-力-流动模型为电池系统的定向泄压设计以及电池包内部热-力冲击防护提供了重要的参考意义。

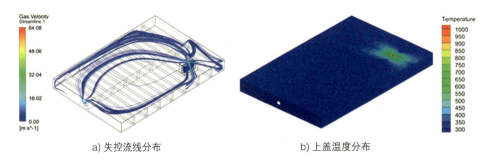

a) 失控流线分布　　　　　　b) 上盖温度分布

图 5-63　电池系统失控流动模型

（2）失控蔓延模型

在电池系统中，单颗电池发生热失控将释放大量的热，并通过传热行为将热能传递到周围环境中。当周围的邻近电池温度到达热失控触发温度时，即会出现热失控蔓延。

热失控在电池内部的蔓延满足传热规律，因此可以用传热学基本方程来描述热失控在单体内的蔓延行为。热源采用热失控数据作为输入，结合电池各向异性导热特性，给定与环境的对流与辐射换热边界条件，实现电池系统失控后温度场的预测。同时，通过解析电池失控的临界阈值，即可实现电池系统中热失控相邻电芯热蔓延的预测。

结合系统成组设计，建立耦合复杂气液流动及传热的系统失控热能释放与传播模型，解析电池模块内能量传递路径及相邻电池内部温度分布和热扩散边界。相较于单体热失控模型，热失控蔓延模型增加了电池单体之间的热阻层以及电池包系统内部的隔/散热设计。模型耦合了气体流动、液体流动以及复杂传热。传热的基本模型如下：

$$\rho C_p \frac{dT}{d\tau} = Q_{chem} + Q_{ele} + \nabla(\lambda \nabla T) - hA(T - T_\infty) - \varepsilon\sigma A(T^4 - T_\infty^4) \qquad (5\text{-}44)$$

式中，$\rho$ 为对应部件密度；$C_p$ 为比热容；$\dfrac{dT}{d\tau}$ 为对应部件温升速率；$Q_{chem}$ 为化学能；$Q_{ele}$ 为电能；$\lambda$ 为导热系数；$h$ 为对环境的对流换热系数；$\varepsilon$ 为表面发射系数；$\sigma$ 为 Stefan-Boltzmann 常数。

根据模型，可以分析影响热失控蔓延过程的因素：

1）单体电池的属性：单体电池热失控特性、单体电池热物性。

2）电池组传热属性：包括电池之间的传热条件、电池向环境的散热条件等。

3）其他：加速热失控扩散的行为。对这些影响因素进行仿真分析，可以指导热失控蔓延防控研究与设计。

（3）电弧参与的系统失控模型

电动汽车动力电池正负极发生短路，或者电芯单体、模块受到物理或化学损伤时，大电流放电可能产生高压电弧。电弧释放的能量较大，可能会引起火灾、爆炸等安全问题。

针对电池热失控后电热耦合击穿产生的灾害防护，对电池系统内失控后产生的电弧现象进行解析。电弧空间的气体被电离，由带电粒子、中性粒子构成，被称作等离子体。电弧分为阴极区、阳极区以及弧柱区，电源向电弧提供的能量包括这三个区域，该能量在电弧中转变为热能、光能、磁能、机械能。

作者团队开发了温度场-电场-磁场-流场耦合高压拉弧仿真模型，量化了电弧击穿时拉弧演变行为以及拉弧点温度情况。

图 5-64 展示了拉弧仿真模型构建考虑的具体物理参数以及各物理场之间的耦合关系。图 5-65 展示了拉弧点温度。

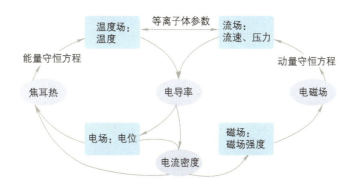

图 5-64　拉弧仿真模型

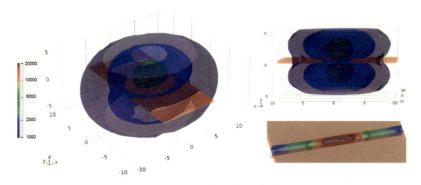

图 5-65　拉弧点温度仿真结果

## 2. 系统外部烟气扩散、燃烧与爆炸

**（1）燃烧爆炸的基础信息与场景介绍**

锂离子电池在外部热源、机械冲击、内短路等作用下可能出现热失控，其一个重要特征是安全阀打开，以高速射流形式喷出氢气、二氧化碳、一氧化碳、甲烷、乙烯等混合气。通过气相色谱仪测得电芯失控喷阀气体的组分，其中可燃组分占到57%~75%。这些混合气首先占据电池包的自由体积直到电池包内部气压达到开阀压力，电池包防爆阀打开，混合气排至电池包外。上述混合气的可燃下限在5.39%~9.36%，意味着只要电池包外有足够的空气和点火源就可能发生起火爆炸。根据出现点火源的时刻不同，电池包外的混合气可能出现不同反应模式。当在混合气排出的初期实现点火时，将在防爆阀口形成一个射流火；而在混合气排出的中后期，混合气和空气进行了一定混合，此时出现点火源，则会导致燃爆的出现。

**（2）烟气扩散-爆炸模型**

FLACS在三维结构网格上求解可压缩Navier-Stokes方程，采用理想气体状态方程和湍流模型，使用有限体积法求解。在爆炸过程中，所有状态参数遵循质量守恒、动量守恒和能量守恒等化学反应规律，控制方程的一般形式如下：

$$\frac{\partial(\rho\varphi)}{\partial t}+\text{div}(\rho u\varphi)-(\Gamma\,\text{grad}\,\varphi)=S_\varphi \tag{5-45}$$

式中，$\rho$为流体密度的时间平均值；$\varphi$为一般变量的时间平均值；$u$为速度的时间平均值；$\Gamma$为$\varphi$的湍流输送系数；$S_\varphi$为不同$\varphi$项的源项。

对于气体爆炸剧烈的化学反应，爆炸过程中燃料的质量分数满足以下要求：

$$\frac{\partial(\rho m_{\text{fu}})}{\partial t}+\frac{\partial(\rho u_j m_{\text{fu}})}{\partial \rho x_j}=\frac{\partial(\Gamma_{\text{fu}}\frac{\partial m_{\text{fu}}}{\partial x_j})}{\partial x_j}+R_{\text{fu}} \tag{5-46}$$

式中，$u_j$为流体在$j$方向上的速度矢量；$x_j$为流体中$j$坐标轴方向；$\Gamma_{\text{fu}}$为燃料输运特性的湍流耗散系数；$m_{\text{fu}}$为燃料质量分数；$R_{\text{fu}}$为气体体积燃烧速度。

爆炸过程常采用火焰模型：将湍流燃烧面等效为多层很薄的层流燃烧面的叠加，先求解燃烧面的方程，在此基础上建立燃烧面数据集，最后通过插值法求得所需变量。层流燃烧面的模型如下：

$$\rho\frac{\partial T}{\partial t}-\rho\frac{\chi\partial^2 T}{2\partial f^2}-\rho\frac{\chi}{2c_p}\frac{\partial T}{\partial f}-\sum_i\left(\rho\frac{\chi c_{pi}}{2c_p}\frac{\partial Y_i}{\partial f}\frac{\partial T}{\partial f}\right)+\frac{1}{c_p}\sum_i w_i h_i+\frac{\nabla q}{c_p}=0 \tag{5-47}$$

$$\rho\frac{\partial Y_i}{\partial t}-\rho\frac{\chi}{2}\frac{\partial^2 Y_i}{\partial f^2}-w_i=0 \tag{5-48}$$

式中，$Y_i$为可燃气$i$的质量分数；$w_i$为可燃气的反应速率；$h_i$为可燃气的焓；$T$为温度（K）；$\rho$为密度（kg/m³）；$c_p$为比热容[J/(kg·K)]；$\chi$为标量耗散率；$f$为混合物质分数；

$\nabla q$ 为单位体积的辐射源项。

（3）烟气扩散 - 燃烧模型

与热失控气体/电解液液雾爆炸相比，电池包燃烧更为复杂。除了热失控气体、电解液，还包含极片、线束等可燃物。热失控后，可燃气体和电解液在高温、高电压打火作用下着火，在触发相邻电芯失控燃烧的同时使塑料等易燃部件着火燃烧，最终扩展为整个电池包的燃烧。

利用火灾动力学模拟工具（Five Dynamics Simulator，FDS）进行电池包火灾仿真的核心是得到电池包燃烧的热释放率并以此为源项。通过大型耗氧量热仪测得电池包在整个燃烧期间的热释放率。图 5-66 所示为通过外加热触发的 56kW·h 磷酸铁锂电池包的热释放率，在着火后 232s 时达到热释放率峰值 636kW。

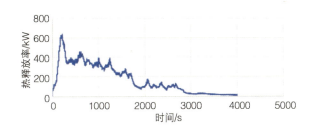

图 5-66 电池包热释放速率

火灾动力学基于燃烧为混合控制的假定，采取混合分数燃烧模型模拟真实燃烧反应。混合分数燃烧模型将可燃物的燃烧反应等效为一种只含 C、H、O、N 四种元素的等效燃料的燃烧反应，并设置生成物 $H_2O$、$CO_2$、$CO$ 和 Soot（炭黑），其等效燃烧反应为：

$$C_xH_yO_zN_w \longrightarrow vCO_2 + vH_2O + vCO + vSoot + vN_2 \qquad (5\text{-}49)$$

式中，$vCO_2$、$vH_2O$、$vCO$、$vSoot$、$vN_2$ 分别表示 $CO_2$、$H_2O$、$CO$、Soot、$N_2$ 的化学计量学系数。该等效燃料的燃烧速率可由多种可燃物的燃烧性能差异进行综合计算后调整得到，因此，在某种意义上指定的单一燃料反应可以等效替代所有燃料。

### 3. 系统安全模拟技术展望

当前，以电动汽车为主的新能源汽车是我国战略新兴产业之一，也是"中国制造 2025"的重点推进领域之一。然而，以热失控为特征的锂离子电池系统安全事故时有发生。安全问题是车用动力电池进一步商业化所必须应对的问题。

本章中系统安全模型以电芯安全模型及其结果为基础，分析了电池包层级的热失控诱因；以热失控蔓延过程为核心，对电池系统热失控中典型的喷阀、拉弧现象建立合适的物理模型并分析其影响；分析了电池包外的烟气扩散情况，并搭建相应的烟气扩散 - 爆炸模型。现有系统安全模型仍有进一步的研究补充与提升空间，具体包括但可能不限于：系统内出现多颗电芯失控后的蔓延模型；电连接（短路产热）对蔓延的恶化作用；电路紊乱情况下，电弧多次作用下的蔓延行为；可燃气体的燃烧对热失控传播的加速作用。

## 5.7 动力电池仿真技术发展趋势

仿真，顾名思义，即通过仿真工具对设计进行模拟，拟合出实际的性能。其主要价值为通过模拟仿真来预测设计的性能，进而来优化设计。其作用如图 5-67 所示，关键在于如下几点：

1）输入的设计参数是否足够和准确，这是仿真准确的基础。

2）仿真模型或者工具的准确度，是否能够很好地反映真实情况。这里有两个关键点：一是仿真模型中的数据库是否足够全面，有足够多且足够准确的参数，才能拟合出更好的结果；二是仿真模型自身逻辑、模型的准确度，比如电化学反应机理是否研究透彻，影响因素和输出结果之间是否有清晰的可量化的计算关系。

3）输出的性能结果能否有足够的实验参数对标，来及时给仿真反馈，以优化仿真。

图 5-67 仿真在开发中的作用与价值

从上述分析来看，未来随着模型功能的逐渐扩展，从单一功能到多物理场耦合，以及发展到多尺度的模拟，甚至动力电池设计以及制造的更广泛的数据积累，使得多尺度模拟和高智能计算技术可以在电池研发中发挥重要作用。首先，多尺度模拟将为电池材料的筛选、设计和研发提供强大的工具，并且可解决工艺等复杂应用领域中的一系列问题。通过模拟不同尺度下的物理过程，可以更好地理解材料、结构、工艺等的性能和行为，从而加速新材料、新结构和新工艺的开发和优化。其次，多尺度模拟可以助力电芯等重要部件的产业化。通过模拟电池的物理形态和储能机制，可以优化电池的结构和性能，提高安全性并降低成本，为电池产业的发展提供坚实的支撑。最后，多尺度模拟与高智能计算技术的结合将推动电池研发的快速发展。

展望未来，随着数据的积累，模型的准确度越来越高，可以实现以往不能实现的内容。比如从电芯的智能化设计、电池包的智能化设计来看，未来可以实现从客户的需求出发，一步生成满足客户要求的设计方案，并直接输出电池包、电芯的性能，还可以关联上电芯、电池系统的零部件以及成本、甚至供应商的信息等，一步实现接近设计冻结的方案，极大地提升设计效率。广度上，会建立更多的模型来服务于设计和制造，多尺度模型的开发有助于系统整合多个模型，比如从材料、极片到电芯以及工艺，实现过去只能单一模型无法解决的问题；再如还可以耦合电芯、电池包设计模型，以及整车仿真模型联用。在设计整车时，即可实时准确地得到对应的电池包、电芯的设计和性能结果，并耦合充电桩等相关外部零部件，结合消费者使用工况，实时了解整车性能在不同使用工况下的性能，实现了在产品设计时便考虑到了消费者的使用需求。

此外，随着人工智能（AI）大模型的发展，将 AI 用于动力电池设计和制造也指日可待。通过大数据的分析和建模，对于一些机理复杂、目前不够清晰的过程，也可以用 AI 的方式来实现有效的处理、建立相应的模型等。比如：AI 目前已经应用于动力电池在使用过程中的失效预警监测，未来扩展到全生命管理指日可待。通过数字孪生技术的应用，可以实现设计、工艺的智能控制与自适应调整以及数据驱动的智能决策与预测。比如：利用基于流体动力学的流场仿真模型，可以实现搅拌过程的智能控制和自适应调整。通过实时监测生产工艺过程中的参数，数字孪生模型将根据实时数据和模型预测进行自动调整和优化。

有了更准确的模型，即可实现从设计到性能的准确预测，大幅减少制样和测试，减少开发支出，并能大幅提升效率，节省设计和研发周期。反过来应用的话，若是通过性能指标要求来反推出设计参数，输入了客户需求及一些内部约束条件后，即可实现设计的自动化输出，即得到了电芯、电池包的智能设计模型，可以更大幅简化设计工程师的开发工作，提高效率，甚至可以实现设计的自动化、智能化，做到无人或者少人的设计工作。

## 参 考 文 献

[1] DOYLE M，FULLER T F，NEWMAN J. Modeling of Galvanostatic Charge and Discharge of the Lithium/Polymer/Insertion Cell [J]. Journal of The Electrochemical Society，2018，165（11）：13.

[2] JI Y，ZHANG Y，WANG C Y .Li-Ion Cell Operation at Low Temperatures[J].Journal of the Electrochemical Society，2013，160（4）：636-649.

[3] XU H Y，ZHU J，FINEGAN D P，et al. Guiding the Design of Heterogeneous Electrode Microstructures for Li-Ion Batteries：Microscopic Imaging，Predictive Modeling，and Machine Learning[J].Advanced Energy Materials，2021，11（19）：161-195.

[4] JOKAR A，RAJABLOO B，DÉSILETS M，et al. Review of Simplified Pseudo-two-Dimensional Models of Lithium-ion Batteries[J]. Journal of Power Sources，2016，327：44-55.

[5] TRAN M K，MATHEW M，JANHUNEN S，et al.A Comprehensive Equivalent Circuit Model for Lithium-ion Batteries，Incorporating the Effects of State of Health，State of Charge，and Temperature on Model Parameters[J].Journal of Energy Storage，2021，43（11）：535-545.

[6] 任玉新，陈海昕.计算机流体理学基础.[M].北京：清华大学出版社，2006.

[7] 杨世铭，陶文铨.传热学 [M].4 版.北京：高等教育出版社，2006：5-12.

[8] 张建文，刘彦辉，赵莹莹.工程弹性力学与有限元基础 [M].北京：机械工业出版社，2013.

[9] 尚晓江，邱峰，赵海峰，等.结构有限元高级分析方法与范例应用 [M]. 2 版.北京：中国水利水电出版社，2008.

[10] 全国机械振动与冲击标准化技术委员会.机械振动道路路面谱测量数据报告：GB/T 7031—2005[S].北京：中国标准出版社，2006.

[11] 纽兰.随机振动与谱分析概论 [M].北京：机械工业出版社，1980.

[12] 李明秋.电池包箱体的有限元分析和结构优化设计 [D].长春：吉林大学，2017.

[13] 王芳，夏军.电动汽车动力电池系统安全分析与设计 [M].北京：科学出版社，2016.

[14] 冯旭宁.车用锂离子动力电池热失控诱发与扩展机理、建模与防控 [D].北京：清华大学，2016.

[15] 陈小波.三元材料锂离子动力电池的内短路防护与过程的研究 [D].北京：北京有色金属研究总院，2020.

[16] 陈天雨.大容量锂离子电池热失控蔓延建模与仿真研究 [D].北京：清华大学，2019.

# 第6章
# 动力电池测试验证方法及标准

## 6.1 测试验证概述

产品开发是基于需求的正向开发行为，而测试验证则是评估产品设计是否满足需求的重要手段。例如，当主机厂需要一个可以使用8年的电池系统，设计人员会按照8年的使用寿命要求来设计一个电池系统X，通过模拟用户8年的工况进行测试验证，以确认这个电池系统X是否符合主机厂的需求。这个测试验证的过程可以帮助我们更好地了解产品性能和可靠性，从而为主机厂提供满意的解决方案。

产品设计与测试验证是新能源汽车开发流程中的两个重要环节，产品设计顺序与测试验证顺序遵循V模型，产品设计顺序从大到小：系统→子系统→部件→材料，一步步往下设计分解；产品测试顺序从材料到系统：材料→部件→子系统→系统，一步步往上验证升级。

测试总体是按V模型的顺序展开（从材料→系统），在每个部件层级上，设计与测试是一一对应的，也就是每个层级的设计可行性都需要测试进行确认。

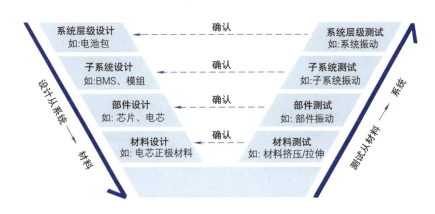

图 6-1　新能源产品开发 V 模型

从产品设计的角度来看，测试是评估产品功能需求满足度的重要方法，通过测试可以识别产品缺陷，促进产品迭代完善。

测试源于实际应用场景，例如振动测试，整车行驶过程中会产生振动，因此进行振动测试可以验证电池系统在实际场景中的满足度。为了确定振动载荷条件，通常按4个步骤进行：①提取整车实际应用的振动载荷；②过滤掉噪声；③对数据进行分析和处理；④生成电池的载荷路谱。基于4个步骤，从实际场景中提取测试条件，从而确保了测试的有效性。

产品的开发过程中会做大量测试，从测试的结果应用方向上，测试通常会分为3类：产品认证、产品需求验证和产品能力评价，下面简单介绍每个方向如何应用。

### 1. 产品认证

为了确保行业的安全与可靠性底限，我国汽车行业采取公告式管理，以整车车型为单位进行申报，列入公告才能上牌销售。

整车申报时,要求动力电池通过相应标准的认证,并获取认证报告。针对电芯和电池包,乘用车和商用车都有不同的认证标准。电池认证测试要求见表6-1。

表6-1 电池认证测试要求

| 样品类型 | 参考标准 | 测试项 |
| --- | --- | --- |
| 电芯 | GB/T 31484—2015《电动汽车用动力蓄电池循环寿命要求及试验方法》 | 循环寿命 |
| | GB 38031—2020《电动汽车用动力蓄电池安全要求》 | 安全性测试 |
| | GB/T 31486—2015《电动汽车用动力蓄电池电性能要求及试验方法》 | 电性能测试 |
| | GB 38032—2020《电动客车安全要求》 | 热失控 |
| 电池包 | GB 38031—2020《电动汽车用动力蓄电池安全要求》 | 安全性测试 |
| | 《动力电池、燃料电池相关技术指标测试方法》 | 能量密度或快充倍率 |
| | GB 38032—2020《电动客车安全要求》 | 热失控试验 |
| | | 外观检查+IP67 |

### 2. 产品需求验证

产品开发是一个设计不断完善的过程,如何在设计阶段充分发现产品设计缺陷,帮助产品完善设计,以避免在用户端出现问题,可以通过测试验证来实现。

产品验证的逻辑,就是实现需求闭环(图6-2),也就是从需求出发,开发对应的测试方案进行测试。通过分析测试结果,评估需求是否满足。

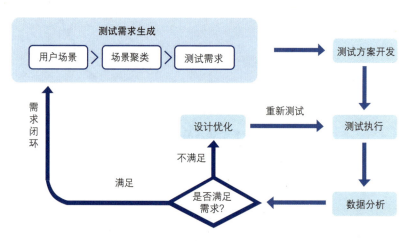

图6-2 产品需求闭环示意图

### 3. 产品能力评价

评价的目的在于用同一个标准评估不同产品,对产品进行能力等级划分,输出量化的、易于理解的评价结果,引导行业设计方向,提升产品安全与可靠性。如酒店的星级评价,星级越高就意味着酒店在各评价指标的表现越好,如卫生、安全、服务等评价指标。

动力电池评价把电池性能进行量化分级(先进、良好、基本、较差),再对每个评价进行加权求和,得到整体得分,从而输出产品整体的星级评价。表6-2罗列了从不同维度的测试结果评价示例。

表 6-2 典型的测试结果评价示例

| 项目 | 性能 | | | 机械 | | 安全 | | | 寿命 | 环境 | 整体水平 |
|---|---|---|---|---|---|---|---|---|---|---|---|
| | 低温续驶里程 | 产品功率 | 充电速度 | 振动可靠性 | 冲击可靠性 | 热失控 | 挤压 | 短路 | 循环寿命 | IP 防水 | |
| A | G | G | G | A | G | M | G | A | | M | ★★★★ |
| B | M | A | G | G | A | M | P | M | A | M | ★★★ |
| C | G | G | G | G | G | A | A | G | A | M | ★★★★★ |
| D | M | G | G | A | G | M | G | A | M | G | ★★★★ |
| E | A | P | P | M | G | M | M | M | M | M | ★★★ |
| ... | | | | | | | | | | | |

A 先进　G 良好　M 基本　P 较差

### 6.1.1 测试验证策略

制订合理的验证策略，识别产品缺陷，可以完善设计；采用少量样品充分发现问题，可以达成测试降本；通过合理序列排配，可实现最优的测试周期等。测试验证策略通常需要考虑以下两个基本原则：

1）测试顺序从零部件到系统：电芯→电池模组→电池系统。

2）测试范围从设计到生产：概念设计验证（Pre DV[⊖]）→产品设计验证（DV/Delta DV）→生产/工艺验证（PV[⊖]）→生产偏差验证（Delta PV）。

基于上述的测试验证策略逻辑，通常会制订一个测试验证矩阵来明确测试样品数量、测试项顺序、测试周期等（图 6-3）。表 6-3 给出了典型的电池系统测试验证矩阵。

制订一个合理的测试验证矩阵，通常需要考虑下述因素：

1）明确合理的样品数量，一般情况下，平行测试样品数量：电芯＞电池包/电池系统。如果有模组结构，则模组平行测试样品数量在电芯与电池包之间。

2）测试周期：每个序列的时间长度，应该在每个阶段的开发周期内（超出阶段周期的测试项，需要在阶段周期内分析已产生的测试数据，评估可能风险与对策）。

3）测试项顺序制订逻辑。

整车在实际应用时，往往会受到各种应力的综合考验：环境应力影响（白天黑夜温差、夏天暴晒、冬天冷冻、涉水/泡水等）、机械载荷影响（车辆过减速带、过坑、石子冲击等）、极端安全事件影响（撞树/撞墙、被撞击、严重刮底等）。这几种应力在实际场景中通常是综合存在的，为了覆盖实际的场景，通常会设计串行测试项。下面介绍两种常见的应力组合方式：

1）振动+IPX7/IPX8/海水浸泡测试：评估电池系统承受机械应力后，电池系统的防水性能。

---

⊖ DV 是 Design Validation 的缩写。

⊖ PV 是 Production Validation 的缩写。

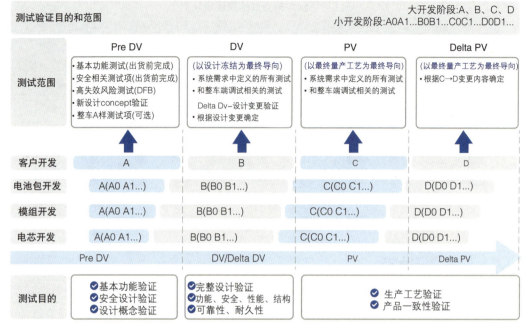

图 6-3 典型的测试验证策略逻辑图

2）碎石冲击+盐雾测试：考虑整车底部可能受到碎石冲击后，电池系统的耐蚀性能。

基于上述的验证策略，综合项目的实际情况，可以有针对性地输出测试验证矩阵，提供一个电池系统 DV 典型测试矩阵供参考（表 6-3）。

表 6-3 典型的测试验证矩阵

| 测试分组号 | 序列-1 | 序列-2 | 序列-3 | 序列-4 | 序列-5 | 序列-6 | 序列-7 | 序列-8 | 序列-9 | 序列-10 |
|---|---|---|---|---|---|---|---|---|---|---|
| 样品数量/个 | 1 | 1 | 1 | 1 | 1 | 1 | 1 | 1 | 1 | 1 |
| 第1组 | 振动 | 电性能测试 | 温度冲击 | 碎石冲击 | 动态落球 | | 过温保护 | 绝缘耐压等电位 | 冷却液泄漏 | 热扩散 | 热管理测试 |
| 第2组 | IPX7 | 模拟碰撞-Y | 湿热循环 | 盐雾 | | 短路保护 | 模拟碰撞-X | | | |
| 第3组 | 机械冲击 | 跌落 | 高海拔 | 挤压-Y | | 过充电保护 | 外部火烧 | | | |
| 第4组 | | | | 挤压-X | | 过放电保护 | | | | |
| 第5组 | | | | | | 过电流保护 | | | | |
| 第6组 | | | | | | 底部静态挤压 | | | | |
| 测试周期/天 | 60 | 47 | 27 | 13 | 5 | 5 | 13 | 5 | 5 | 30 |

## 6.1.2 测试技术现状

近十年来,新能源行业迅速发展,推动了测试人才的培养和测试标准的快速制定,同时也促进了测试设备的快速发展。目前,我国在动力电池测试技术方面已经达到了国际领先水平。具体来说,动力电池测试技术主要包括以下几个方面:

1)性能测试主要包括电池容量、内阻、循环寿命和充放电效率等测试,这些测试结果可以用于评估电池的性能。目前主要的测试方式是模拟实际负载,例如在循环寿命测试中,会模拟用户实际使用的充电与放电功率负载,同时还会模拟电池所处的环境温度以及整车的热管理系统。因此,性能测试结果可以有效地表征电池在实际装车使用时的性能表现。

2)滥用及安全测试主要包括过充电、过放电、短路和热失控等测试,这些测试结果可以用于评估电池的安全性。目前主要的测试方法是覆盖市场失效,例如在热失控测试中,触发方式与测试 SOC 要基于场景覆盖度和严重度的综合考虑。测试条件充分考虑了市场失效情况,测试结果就可以提前识别市场应用中可能的安全隐患,以便提前采取相应措施进行预防和解决。通过这种方式提前发现产品潜在的安全问题,可能实现新能源车电池安全系数的大幅提升。

3)可靠性测试主要包括机械测试(如振动)和环境可靠性测试(如温度冲击等),这些测试结果可以用于评估电池的使用可靠性。目前主要的方法是通过收集环境应用工况并进行加速处理,形成可快速验证的测试条件。例如,在进行振动测试时,收集大量车辆振动载荷数据,加速处理后,实验室测试几天就可以表征车辆 8 年的机械载荷。通过对新能源车应用环境工况的多年研究,行业内对可靠性快速测试、准确测试,已经形成了一套有效的测试标准与行业规范。

随着电动汽车市场的不断发展,测试技术也将不断进步。未来,测试技术将朝着自动化、智能化、全过程数字化和产品失效探测前置化等方向发展。例如,在动力电池测试中,我们可以采用自动化测试设备和智能化控制系统,实现测试过程的无人化操作;同时,通过数字化技术对测试数据进行实时监测和管理,提高测试效率和精度;此外,还可以利用先进的传感器和数据分析算法,提前探测到产品可能存在的失效风险,从而采取相应的措施进行预防和解决。这些技术的不断创新和应用将为电动汽车行业的发展提供更加可靠和高效的支持。

## 6.1.3 测试标准现状

当前动力电池行业常用的测试标准有 ISO 标准、IEC 标准、美国标准、中国标准和其他标准。其中,ISO 和 IEC 是国际标准化组织制定的全球通用标准,适用于全球范围内的动力电池测试;美国标准主要由美国国家公路交通安全管理局(NHTSA)制定,主要针对美国的动力电池市场;中国标准则由中国国家标准化管理委员会制定,主要适用于中国市场的动力电池测试;此外,还有一些其他地区或国家制定的特定标准,如欧洲联盟的 CE 认证等。这些标准的制定和实施对于保障动力电池的安全性能和质量水平具有重要意义。

动力电池行业的标准大都从 2000 年开始开发，后续的标准在制定过程中会引用历史标准中成熟的定义和测试方法，因此不同标准之间存在着密切的系联关系（图 6-4 与图 6-5）。

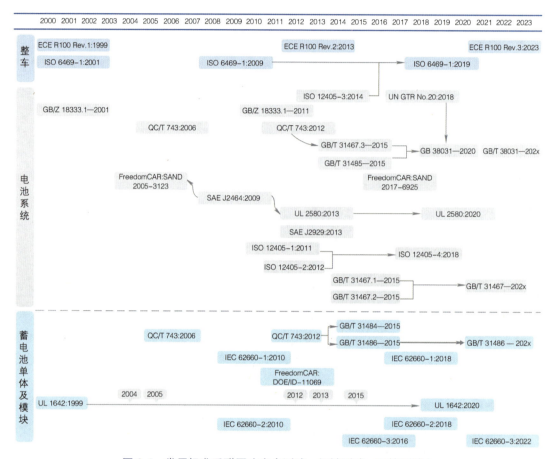

图 6-4　常用标准系联图（安全测试、机械测试、环境测试）

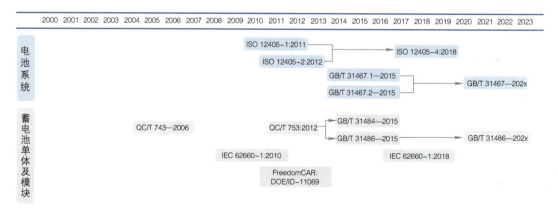

图 6-5　常用标准系联图（电性能测试、热管理测试、寿命测试）

从测试标准的演化过程来看，2014 年以前动力电池的测试标准大多源自国外，并未针对国内应用场景进行开发。因此，直接参考这些标准容易导致测试结果出现偏差，如漏测、过度测试或错误测试等问题。为了解决这些问题，我们需要根据国内的实际情况和需求，制定符合中国市场的测试标准。

2015 年是标准开发的一个关键年份，随着 GB/T 31484—2015、GB/T 31486—2015 等系列标准的发布，我国开始逐步建立起初步的标准体系。到了 2020 年，GB 38031—2020 的发布进一步巩固了这一体系，标志着国内新能源产品测试标准体系的基本形成。

GB 38031—2020 在开发过程中，充分考虑新能源行业的 CTP（Cell to Pack）发展趋势后，取消了模组测试项。同时，对于振动测试载荷进行了校偏，并开发了符合国内工况的振动 PSD 路谱。此外，该标准还与德国整车企业就本标准和 ISO 6469-1 中试验条款（热扩散、外部火烧、振动、机械冲击等）进行了深入的交流和探讨，双方在认识上达成了一致：外部火烧试验考虑与 UN GTR 20 等国际标准法规保持协调；热扩散试验目的重点在人员保护，为研发安全提供必要数据等。因此，GB 38031—2020 的制定过程经历了图 6-6 所示的演变关系。

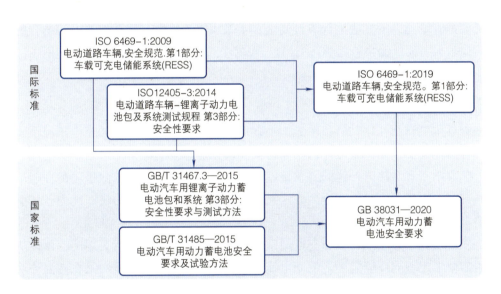

图 6-6　GB 38031—2020 的演变关系

## 6.2　现有的测试验证方法

### 6.2.1　电性能测试

用户在购买电动汽车时通常会关注一系列关键指标，如续驶里程、快充时间、动力性能等。这些指标可以通过对动力电池进行电性能测试来评估。以下是几种常用的评价方法。

### 1. 容量和能量测试

本测试旨在评估电池包在不同温度、不同充放电倍率、不同荷电状态（SOC）区间以及不同充放电工况条件下对电池包能量的影响。首先，环境参数中的温度变化对电池性能有着显著影响。在夏季高温和冬季低温条件下，电池的充电和放电能量都会受到影响，从而直接影响车辆的续驶里程和用户体验。其次，不同的道路工况，如城市拥堵路段、城郊路段和高速公路，对电池的电流和功率需求各不相同。此外，用户的使用习惯，如充电和放电的深度、慢充或快充的选择，也会影响电池的能量性能。

在中国电动汽车百人会论坛的调查中，2020年中国新能源汽车评价规程（CEVE）显示，续驶里程是消费者最为关心的问题之一；尤其是在低温环境下，测试结果显示续驶里程平均衰减高达41%，这对客户体验产生了直接影响。目前采用的标准是GB/T 31467—2023，此测试方法在采用连续恒流放电方法，在电池包或动力系统充电到截止电压后，在0℃和−20℃下，高能量电池选取$\frac{1}{3}$C、1C、$I_{\max}(T)$等电流放电至截止电压，高功率电池选取1C、$I_{\max}(T)$放电至截止电压。

考虑到实际应用时车辆一般是间歇性运行，行驶在不同道路上对应的工况也相差较大，我们推荐增加以下方法进行能量测试：①采用恒流放电与间歇性放电相结合的方式进行横向数据对比；②推荐将整车CLTC、WLTP、NEDC工况转换为电池包的工况进行试验。

### 2. 快充性能测试

快充性能测试旨在评估具备快充能力的电池包在遵循系统允许的充电工况下，完成充电过程的能力。该测试通过评价快充时间、快充能量效率等指标来判断电池包的快充性能。随着消费者对快速补能的要求日益增加，快充功能已成为电池包关键性能不可或缺的一部分。合理的快充性能测试方法能够有效地比较不同产品的快充能力，从而提升产品的市场竞争力。

在实际应用中，车辆行驶和充电通常在不同的环境温度下进行。因此，评估快充能力时也需要考虑不同环境温度下的充电速度和能量效率。典型的做法是在常温环境（如25℃）、夏季高温环境（如40℃）和冬季低温环境（如0℃）下进行测试。快充倍率的选取通常基于制造商所定义的产品快充能力，通常会在特定的SOC区间内对应不同的快充倍率。例如，根据ISO 12405-4：2018标准7.9节，对快充能力的要求侧重于在高能量电池的指定温度（室温，0℃，$T_{\min}$）和快充（1C，2C，$I_{c,\max}$）条件下的能量效率评估。

### 3. 无负载容量损失测试

此测试旨在评估电池包在车辆安装状态下的长期搁置性能，包括由于自放电或其他机制引起的容量损失以及容量恢复能力。例如，当车辆充满电后长时间停放在车库中未使用时，用户会关心下次使用时在不充电的情况下车辆的行驶里程是否会缩短，以及二次充电后续驶能力能否完全恢复等问题。

在进行车载状态测试时，电池管理系统需要由辅助电源（如12V直流负载）供电，以确保电池包系统在测试期间保持正常工作状态。这样能够准确评估在搁置期间电池包中可恢复和不可恢复的容量损失。与单纯的存储类测试不同，此测试更加侧重于评估电池包在实际车载环境中的存储性能。如果考虑装车前的运输或仓储等情况，则需要根据实际应用场景断开辅助电源，使电池包处于开路状态。这种情况下，测试及性能评价方法与常规的存储类测试类似。

测试流程的目标是通过合理的测试方案获得存储前后容量差异和可恢复容量来判断电池包在特定环境条件下存储过程中的可逆和不可逆容量衰减。常见的测试标准见表6-4，测试通常在常温和高温下进行，其中常规的存储SOC状态为100%，也可根据制造商或车企规定的产品使用状态调整SOC。存储时长视情况选择1天、2天、7天、30天。

表6-4 测试参考标准及关键参数

| 标准号 | 章节 | 测试温度 | SOC状态 | 存储周期 |
|---|---|---|---|---|
| GB/T 31467—2023 | 7.6 无负载容量损失 | 25℃、45℃或更高温度 | 100% | 168h，720h |
| ISO 12405-4：2018 | 7.4.2 高功率部分 | 25℃、40℃ | 80% | 24h，168h，720h |
| | 7.4.2 高能量部分 | 25℃、40℃ | 100% | 48h，168h，720h |

#### 4. 功率内阻测试

本测试项目旨在评估电池包在短期内的动力性能和能量回收能力。电池包的功率分为输出功率和输入功率。在车辆起步、加速、爬坡和高速行驶等高动态工况下，电池包需要提供充足的输出功率，这直接影响到车辆的加速性能和驾驶体验。同时，在车辆制动时，电机产生的机械能会被转换为电能，并通过电池包进行能量回收，从而提高车辆的续驶里程。

常见的测试标准包括 Freedom CAR：2003、GB/T 31467—2023、ISO 12405-4：2018 以及 IEC 62660-1：2018。这些标准推荐使用混合脉冲功率测试和最大脉冲电流或功率测试来评估电池包的性能，测试条件涵盖不同 SOC（如 20%、50%、80% 和最大 SOC）和温度范围（如 25℃、40℃、0℃ 和 -20℃）。功率内阻测试的脉冲持续时间通常根据电池管理系统（BMS）的策略来确定，常见的有 2s、10s、18s 和 30s 等。

根据 GB/T 31467—2023，功率内阻测试关注的是在不同 SOC 和温度范围内，电池包的最大放电功率和 0.75 倍的最大回充功率（表 6-5）。通过这些测试，可以评估电池包的短期动力性能和能量回收效率，为提升车辆性能和用户体验提供数据支持。

### 6.2.2 热管理测试

热管理测试用于验证电池包在不同温度下（如行车、驻车或充电时）的温升特性、冷却效果、加热效果以及温度一致性，以评估热管理系统对电池包性能的影响。通常使用如下方法进行测试：

表 6-5　GB/T 31467—2023 功率和内阻测试

| 标准号 | 章节 | 测试方法 |
|---|---|---|
| GB/T 31467—2023 | 7.5.2 中第 1 部分：高功率型电池包或系统 | 调节 SOC 至 80%（或由制造商和主机厂商定）、50%、20%（或由制造商和主机厂商定）<br>调节至目标温度 25℃、40℃、0℃、−20℃<br>DC-$I_{max}$（SOC, $T$, 18s）→ 搁置 40s → CC-0.75$I_{max}$（SOC, $T$, 10s）→ 搁置 40s |
| | 7.5.2 中第 2 部分：高能量型电池包或系统 | 调节 SOC 至 90%（或最高允许 SOC）、50%、20%（或最低允许 SOC）<br>调节至目标温度 25℃、40℃、0℃、−20℃<br>DC-$I_{max}$（SOC, $T$, 18s）→ DC-0.75$I_{max}$（SOC, $T$, 10s）→ 搁置 40s → CC-0.75$I_{max}$（SOC, $T$, 20s）→ 搁置 40s |

1）保温测试：在不开启热管理功能的情况下，测试电池包的升温、降温速率和内部温度一致性。

2）加热和冷却测试：在开启热管理功能的情况下，测试电池包的升温、降温速率和内部温度一致性。加热测试模拟车辆在冬季或低温环境下的预热功能，验证加热效果；冷却测试模拟车辆在夏季或高温环境下的使用情况，验证冷却系统的降温效果。

3）行车热管理测试：测试电池包在车辆行驶过程中的热管理效果和内部温度一致性。

4）充电热管理测试：测试电池包在快充和慢充过程中的热管理效果和内部温度一致性。

保温测试、加热和冷却测试需要记录电芯的升温和降温情况，评估升温时间和降温时间。在行车冷却测试和充电冷却测试中，需要特别关注电芯的最大温度，确保其不超过电芯的最大使用温度。

在使用以上测试方法进行热管理测试时，测试环境与整车热管理环境的等效程度也至关重要，直接影响测试结果的有效性。这包括热管理系统的开启策略、电池包测试时的换热环境、非动力能耗以及充放电工况等。例如，表 6-6 所示的 PTC 加热/水冷热管理测试推荐方案，推荐在电池包测试中模拟整车策略，包括热管理系统的开启与关闭、换热环境、充放电工况等，以确保测试结果的有效性和可靠性。

表 6-6　PTC 加热/水冷热管理测试推荐方案

| 实验关注项 | 整车 | 不推荐 | 推荐 |
|---|---|---|---|
| 热管理系统 | 控制方式：于 BMS 请求控制 PTC 加热功率及水泵开启 | PTC 恒定功率，水冷机恒定水温 | 基于 BMS 请求信号，热管理策略控制水冷机流量，PTC 加热功率 |
| | 起始温度：环境温度 | 起始温度：目标温度 | 环境温度 |
| 换热环境 | 电池包仅底部与环境接触 | 电池包裸露或者全包裹 | 底部裸露，五面包材 + 底部垫高 |
| 电池包充电 | 跟随 BMS 充电功率/电流充电 | 恒流阶梯充电 | 跟随 BMS 充电功率/电流充电 |
| 电池包放电 | BMS 功率限制下的实车工况 | 固定的功率/电流工况 | 基于整车工况输出电池包放电工况，功率电流按 BMS 进行限制 |

此外，为了确保水冷机、充放电机和电池包能够最大限度地满足车辆应用场景，需要通过 CAN 总线实现电池包 BMS、水冷机、充放电机的联动控制（图 6-7）。这种通信方式允许各个系统之间实时交换数据和指令，从而实现协同工作。

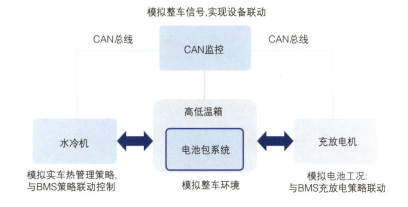

图 6-7 热管理测试台架推荐方法

## 6.2.3 寿命测试

随着电池包长时间的充放电，锂离子在电池正负极之间不断脱出和嵌入，负极材料体积变化大于正极材料体积变化，电池极片厚度增加；此外，无论电池是在常温循环、高温循环，还是高温搁置，都会有一定的副反应，导致不同程度的产气鼓胀。这些变化会导致电池的内阻增加，可用容量降低，从而影响产品的续驶里程和动力性能。严重时，还可能出现电芯漏液、模组/电池包结构断裂等问题，这些都可能对行车安全构成威胁。

为了评估和优化动力电池的寿命，根据是否监控样品膨胀力，可以将寿命测试分为以下两类。

### 1. 存储寿命、循环寿命、工况寿命测试

（1）存储寿命测试

在一定的温度和荷电状态（SOC）下，长时间搁置电池以评估其对寿命的影响。测试温度通常包括 0℃、25℃、45℃和 60℃，SOC 通常选择 30%、50%、80% 以及最大使用上限 SOC。通过数月甚至更长时间的测试，绘制容量衰减曲线和内阻增长曲线，以预测电池的存储寿命趋势。

（2）循环寿命测试

在不同温度、充放电深度和充放电倍率条件下测试电池，以评估这些因素对电池寿命的影响。通常选择的测试温度有 25℃、45℃、60℃和 0℃，充放电深度范围则代表不同的使用习惯，如浅充浅放或深度充放电。通过分析测试结果，可以预测电池的衰减趋势，并据此调整电池管理系统（BMS）向车辆上报的可用功率，以延长电池的使用寿命。

（3）工况寿命测试

与循环寿命测试不同，工况寿命测试采用实际工况下的放电方式，更能代表整车应用场景。建议根据高功率和高能量车型的不同使用模式来区分测试工况。相应的电池包标准推荐 ISO 12405-4：2018 中的两种工况，如图 6-8 和图 6-9 所示。在测试中，应根据产品实际使用需求和应用场景对工况进行相应调整。

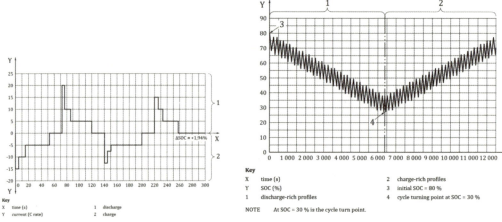

图 6-8　高功率电池包测试工况（HEV）

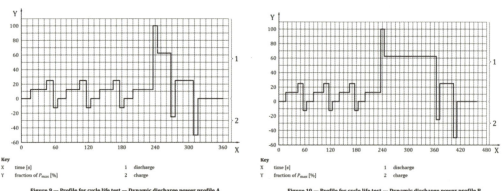

图 6-9　高能量电池包动态放电工况（BEV）

在评估电池包产品的寿命时，测试方案的设计应根据实际使用环境进行调整和优化，以确保测试的有效性和可靠性。这包括考虑车辆在不同季节所处的环境条件的使用工况和使用频率，以及不同类型车辆的驾驶习惯差异等。例如，可以使用"四季工况"来模拟不同季节的环境条件，并在测试温度、充放电 SOC 区间、使用工况、测试时长或循环次数等方面进行匹配的方案设计。这样的设计能够更合理地确定产品的寿命可靠性。

在测试中，充电方式、循环深度、循环次数和截止条件等参数的选择需要在保证测试有效性的同时，也要根据产品的性能进行充分评估，以避免出现过度测试的情况。例如，可以根据电池的寿命衰减情况适当调整充电倍率，以避免充电电流超过电芯的使用窗口。

为了使测试结果与实际使用场景保持一致，建议在电池包测试过程中同步开启热管理策略。此外，为了评估产品的性能衰减规律，可以在特定的循环周期中加入代表性的参数测试（Representative Parameter Test，RPT）。这些测试可能包括容量能量测试、功率内阻测试以及样品尺寸测量等。通过这些测试，可以更准确地了解电池包在实际使用中的性能变化，从而为产品的设计和优化提供重要的数据支持。

以图 6-10 为例，可通过每次 RPT 数据计算得出并直观展示循环寿命、工况寿命测试的容量保持率和容量衰减率。

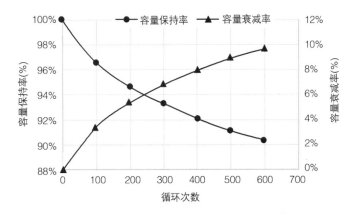

图 6-10　工况循环 RPT 测试的容量衰减和保持率

存储寿命、循环寿命、工况寿命可靠性的结果判定包括容量/能量保持能力以及电池包结构和功能可靠性，测试结束后要对电性能和系统功能做相应的检查，并拆解确认电池包内部机械结构、电气连接、电芯结构等的可靠性。寿命测试重点关注容量/能量衰减率 $C_{\text{fading}}$ 和 DCR 增长情况。

$C_{\text{fading}}$ 可根据如下公式计算：

$$C_{\text{fading}} = \left(1 - \frac{C_n}{C_0}\right) \times 100\%$$

式中，$C_{\text{fading}}$ 为容量/能量衰减百分比；$C_0$ 为 BOL 状态电池包的初始容量/能量；$C_n$ 为测试过程中第 $n$ 次 RPT 测试的容量/能量。

容量/能量保持率：

$$C_{\text{retention}} = 100\% - C_{\text{fading}}$$

同理，使用上述方式也可以计算出 DCR 增长率 $R_{\text{increase}}$：

$$R_{\text{increase}} = \left(\frac{R_n}{R_0} - 1\right) \times 100\%$$

式中，$R_{\text{increase}}$ 为 DCR 增长百分比；$R_0$ 为 BOL 状态电池包的初始 DCR；$R_n$ 为测试过程中第 $n$ 次 RPT 测试的 DCR。

2. 膨胀力测试

电池鼓胀不仅会影响电池的寿命，还可能导致电池模块框架的破坏，进而引发安全事故。因此，研究动力电池在其全生命周期内膨胀力的变化规律对于提升电池性能和安全具有重要意义。根据不同的研究目的，可以设计以下三种不同的测试方案。

（1）伺服电机测试

这种测试旨在评估产品框架的耐疲劳能力、极限拉伸力和应变标定。如图 6-11 所示，通常有三种方式：

1）疲劳测试：对框架施加模拟电芯膨胀力的周期性膨胀-收缩-膨胀循环，直至框架结构失效。

2）极限拉伸力测试：对框架持续施加不同的力，以确定框架的结构失效点。

3）应变标定测试：在模块端板上安装应变片，通过挤压端板来收集端板应变与挤压力的关系。

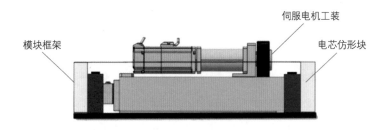

图 6-11 伺服电机测试示意图

伺服电机测试的优点是测试效率高，可以在一个月内完成对模块/电池包全生命周期内结构可靠性风险的评估。然而，这种测试的精度和有效性有待提高，因为模拟的模块/电池包端板形状是固定的，而实际端板在受力时会发生形状的变化。

（2）电芯+等效夹具测试

此测试用于获取电芯膨胀力随循环次数的变化曲线，以评估电芯的循环性能。测试前，将电芯与压力传感器安装在等效夹具中，并对夹具施加初始压紧力，如图 6-12 所示。测试时，对电芯进行充放电循环，同时记录膨胀力的增长曲线。

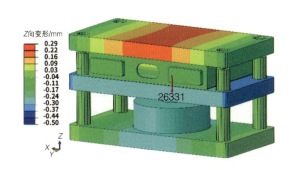

图 6-12　电芯 + 等效夹具测试示意图

此测试的优点是效率高，能够快速获取完整的膨胀力随循环次数的变化曲线，这对于产品早期的研究分析非常有用。然而，这种测试的不足之处在于要实现在模组中／电池包的真正等效，对夹具设计提出了很高的要求。尽管如此，电芯 + 等效夹具测试仍然是研究电芯膨胀行为的重要手段，可以为优化电池设计和提升电池性能提供重要数据。

（3）压力传感器测试方法

此方法是在模块生产过程中，将压力传感器替换掉模块的中部或端部电芯，或者延长模块侧板并在附近增加一个安装位置，将传感器安装在该位置，并施加初始预紧力，如图 6-13 所示。测试时，对模块进行充放电循环，同时收集动态膨胀力随循环次数的变化趋势。这种测试的优点是能够直接获取真实模块或电池包的膨胀力增长趋势，提供最接近实际使用情况的测试数据。然而，这种测试方法的不足之处在于测试周期较长，且测试成本较高。

尽管如此，压力传感器测试方法仍然是评估模块或电池包在实际使用中的膨胀力变化趋势的最准确手段之一，对于深入理解电池膨胀机制和优化电池设计具有重要意义。

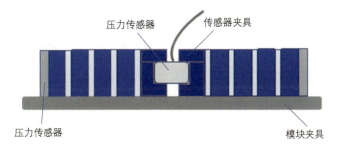

图 6-13　压力传感器测试示意图

## 6.2.4　安全滥用测试

随着新能源汽车的普及，其安全问题备受关注。动力电池作为新能源汽车的核心，其系统安全性更是重中之重。动力电池系统安全验证，除了考虑正常使用场景，工程师还模拟出车辆误用、滥用和事故发生的更严苛场景,如在行驶过程中遇到碰撞事故、烧车等;在停车、充电时遇到自燃等。这些场景可分解出各种工况,用以制定相应的测试验证策略,能有效验证系统安全性,做到万无一失。典型的系统安全测试分为热安全测试、电气安全测试和机械安全测试。

### 1. 热安全测试

电芯发生热失控时热量将会通过不同方式传递到相邻电芯,电芯热失控可能传播到周围的电芯,引起连锁反应,热扩散时可能形成的火灾或爆炸威胁乘客舱乘员安全,因此企业有必要设计控制、验证电池包或系统的热扩散危害。

热安全测试是为了验证样品在极端热环境下的安全性,场景有电池包的内、外受热。电池包外部受热主要是车辆发生事故时电池包受到明火烘烤的场景,通过火烧测试验证;电池包内部受热主要是内部电芯发生热失控后带来的包内高温场景,通过热扩散测试验证。此外,还有电芯层级的热稳定性研究测试,包括加热测试。

(1) 热扩散测试

电芯发生热失控时,热量将会通过不同方式传递到相邻电芯。因此单个电芯热失控可能传播到周围的电芯,引起连锁反应(图6-14)。热扩散时可能形成的火灾或爆炸会威胁乘客安全,因此企业有必要设计控制、验证电池包或系统的热扩散危险。热扩散测试的目的是验证强制使电芯发生热失控后,电池系统能否提供报警信号并确保乘员有足够的逃生时间;同时研究电芯热失控对电池包系统安全的影响,电池包安全性才是影响乘员安全的关键因素。通过相应的系统安全防护设计,电芯发生热失控并不会危害到乘员安全。因此,为了验证系统安全防护是否有效,分析电芯热失控后电池包的行为,有必要进行热扩散测试。

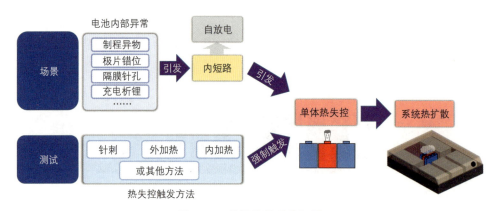

图6-14 热扩散发生的场景

常见的测试标准有 GB 38031—2020、GB 38032—2020、GB/T 36276—2018、UL 9540A:2019 等,标准中包含的测试关键参数有电芯热失控触发方式、触发位置、环境和 SOC 等。触发方式推荐3种方式:针刺、外部加热、内加热。标准建议选择电池包内靠近中心位置,或者被其他电芯包围的电芯。

热扩散测试是为了评估电芯因内短路引发热失控后,给电池包或系统带来的危害。考虑到锂电池技术的多元化、电池结构类型的多样性以及电池内部异常模式的复杂性,现在还难以通过定义一种单一的触发方法来涵盖所有的场景。因此,当前国内外主流标准法规中规定的热失控触发方法通常是多样化的、可选的。目前针刺、外加热、内加热三种触发方法已在行业内得到大量验证,并被 ISO 6469-1 AMD:2022、GB 38031 采纳,企业及检测机构可选择其中一种触发方法进行试验,也可自行选择其他方法。

过充电、碰撞、火烧等滥用场景,有如过充电保护测试、挤压测试和火烧测试等对产品做规范要求。值得关注的是,由电芯内部异常引发的热扩散,在做测试的时候如何能让样品自发热失控?此外,为了更符合实际场景,还应尽量减小对电池包结构的改动,上述 3 种触发方式均需提前改造电池包而达成测试目的。宁德时代综合常规的几种触发方式,自主开发了内置加热片加热触发靶电芯的方法,如图 6-15 所示。

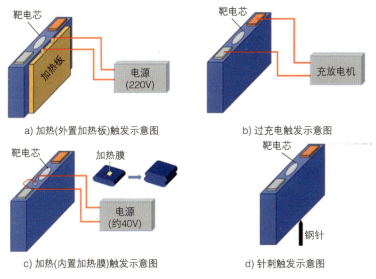

图 6-15　4 种热扩散测试的靶电芯触发方式

可见,触发方式有匹配的实际场景,但触发方式的不同会对测试结果产生影响,过充电触发热失控的成功率较低,且注入较多额外的能量,国内外相关标准中已经达成一致意见,删除过充电触发方法;外部加热需要预先置入加热装置,可能会改变电池包的结构,注入额外能量,使用内置加热膜则会减少能量的注入。

目前的有效触发方式均建立在特制样品的基础上,过程烦琐且成本高,未来希望能找到一种简易手段,能够在非特制样品、不拆箱的情况进行热失控触发,降低热扩散测试门槛。

(2) 加热测试

加热测试通过温升变化来验证电池单体及电池材料的热稳定性、电池单体发生热失控的温升区间,以及判断电池单体是否能够满足对应标准的要求,主要的场景有太阳暴晒、高温烤漆、车辆明火以及电芯内部热失控等。

常见的加热测试标准有 GB 38031—2020、IEC 62660-3:2016、SAE J 2464-2009:

119、FreedomCAR：2017 等，主要有两种：一是不断升温直到电芯发生热失控，目的是研究产品的极限表现，如热失控发生的温度、时间，还有电芯防爆阀是否正常开启等；另一个是持续温升到某一特定温度，保持一段时间后观察电池表现，特定温度、时间与实际场景相关，比如车辆烤漆经常要在 100～200℃的环境静置 30min 左右。

（3）火烧测试

外部火烧测试的目的是确保在由于如车辆燃料溢出（车辆本身或附近的车辆）导致的车辆外部暴露于火的情况下，电池能够扛住一定时间的火烧而不爆炸，让乘客有足够的时间从车辆撤离。

常见的测试标准有：GB 38031—2020、UN GTR 20、ECE R100、ISO 6469-1。详细流程可参考 GB 38031—2020，测试方案为油盘预热 60s，直接燃烧样品 70s，间接燃烧 60s，高度不超过 50mm。在试验期间电池包放置的高度代表最坏情况的位置。

在试验期间电池包放置的高度代表试验最恶劣的位置，由图 6-16 可以看出，燃烧在 10cm 的距离时对比其他距离，温度为最低的，50～60cm 高度之间的燃烧是较为严苛的。

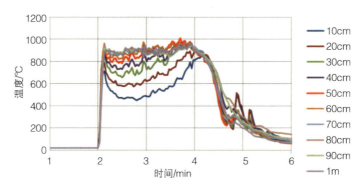

图 6-16  2.2m² 油盘的不同高度燃烧的温度结果

## 2. 电气安全测试

电气安全测试是为了验证样品在过极端电流、过充电、过放电等场景下的安全性。电池包主动安全保护和被动安全保护策略在以上场景发生时能起到有效保护，组成部分包括 BMS 保护策略、继电器和熔断器。因此对于电池包电气安全测试，主要验证上述保护策略能否起作用，验证的方案主要有短路保护测试、过充电过放电保护测试等。大部分电气安全测试都要求样品除了不发生漏液、起火和爆炸之外，还要求试验后的绝缘电阻应不小于 100Ω/V，绝缘电阻是衡量样品绝缘性能的重要指标。

（1）外短路保护

极端电流发生的场景指的是样品高压正负极搭接产生的瞬间大电流，场景主要来源于生产安装、拆装维修、线束老化以及事故发生等场景，如图 6-17 所示。测试目的是验证系统层级的保护策略，最终确保短路发生场景下产品不会对人员或者周围环境造成伤害。外部短路保护测试是将样品的正、负极外接短路机且串联相应阻值的电阻，通过短路机闭合实现短路测试，回路电阻包含产品本身内阻、短路机自带内阻、外接电阻和接触内阻。

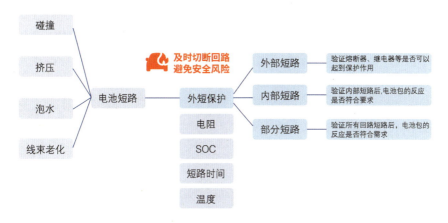

图 6-17　短路发生场景分析

常见的测试标准有 UL 2580：2020、ISO 12450-1：2011、SAND 2017-6925、ISO 12405-2：2012，测试方法是将样品的正、负极外接短路机且串联相应阻值的电阻，通过短路机闭合实现短路测试，回路电阻包含产品本身内阻、短路机自带内阻、外接电阻和接触内阻。短路测试的 4 大关键参数：外接电阻、电池容量、短路时间和环境温度。

（2）过充电/过放电保护测试

过充电场景主要发生在充电桩充电时 BMS 控制逻辑异常，导致电池包发生过充电。过放电则可能发生在低电压且 BMS 控制逻辑异常情况下，不断踩踏加速踏板进行大电流脉冲放电导致的过放电。BMS 用来监控并反馈电池包的状态进而保证电池包在相对安全的环境下（即电压、电流适中）进行工作，这是由于电池的特性决定了电池包必须在一定电压和电流下工作，超出相关限值会出现一些不可逆的损伤或者加速电芯老化，验证可能导致电芯发生热失控，因此验证过充电/过放电保护是必需的。

常见的测试标准有 GB 38031—2020、ECE-R100/03 等，关键参数包含测试 SOC、充放电电流和截止条件等，考验的是 BMS 对于下限电压或上限电压的控制能力，是否有提醒报警信号。

（3）绝缘阻抗与耐压测试

绝缘电阻是关乎样品安全性的一个指标，也是衡量样品绝缘物质对电流阻碍能力的指标。一般情况是在绝缘测量点两端施加直流电压，经过一段时间极化后，流过测量点之间介质的泄漏电流对应的电阻称为绝缘电阻；当电池包的高压某一个端子或者两个端子对外壳绝缘太低时有可能引发触电风险；因此，为了确保样品运行的安全，对不同高压端子之间或高压端子与外壳之间的绝缘电阻会提出一个最低要求。相应测试方法可查看标准 GB 38031—2020、GB 18384—2020、ECE-R100/03、ISO 6469-2：2018 的要求。

电力系统由于雷击、误操作、故障等原因，引起系统中某些部分的电压突然升高，分为外部过电压（直接雷击或雷感应引起，可查看标准 GB/T 17626.5—2019）和内部过电压两种类型。耐压测试通常是指对绝缘材料和绝缘结构的耐受电压能力进行的测验，是检测产品绝缘结构是否能够承受电力系统的内部过电压，防止人员发生触电危险。

常见的测试标准有 GB/T 18384—2020、ISO 17409：2020、ISO 6469-3：2018、IEC 60664-1：2007、GB/T 17626.5—2019、IEC 61000-4-5 等。耐压测试根据电池包与供电口连接方式的不同，可分为非传导连接和传导连接。IEC 60664-1：2007 标准规定了两种连接方式的测试要求：非传导连接要求试验电压为实际场景可能出现的最大电压加上预期的瞬态过电压，传导连接则使用两种电压 $U_n$+1200V 和 $2U$+1000V 计算方式的方案。标准 ISO 6469-3—2011 版和 2018 版则是删除两种连接方案的电压要求，最新的标准可查看 ISO 17409：2020，仅保留 $U_n$+1200V（$U_n$ 为标称电压）的交流电压，删除 $2U$+1000V（$U$ 为对最大工作电压）的要求。

上述表明，在耐压测试电压值的选取方面，标准规定了不同的计算方式，这就可能使测试结果产生差异，需要去判定测试结果能否代表实际场景，因此有必要分析电池包耐压测试的电压取值的合理性。传导方式的差异主要来源于实际场景：一个是从车辆插座到车载充电器的电路传导连接到电网（交流充电、隔离充电器）；另一个是整车车辆系统传导连接到电网（交流充电、非隔离充电器），再一个就是整车车辆系统非传导连接到电网（直流电流）。OBC/充电桩是否带有隔离是区分传导和非传导连接的关键因素。对于整车而言，电池包并非直接由电网供电（图 6-18），中间还包含充电桩或者 OBC，故对于直接传导的测试电压取值方案并不适用。

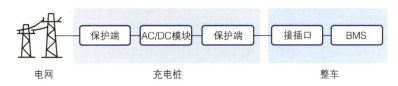

图 6-18 整车与电网连接充电示意图

充电桩使用前也会进行耐压测试，需符合 GB/T 18487.1—2023 的要求。因此，由电网产生的高电压并不会传导到电池包上，主要的过电压来源于充电桩输出端产生的过电压与整车高压回路产生的电压。根据 NB/T 33001—2018 和 GB/T 18487.3—2001 对充电桩的要求可得，电压值不能超过 $1.4U_{max}$：560V（400V 充电系统）或者 1120V（800V 充电系统），由充电桩输出端产生的过电压是比较小的。图 6-19 给出了整车高压电路示意图。

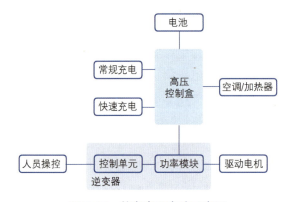

图 6-19 整车高压电路示意图

整车高压部件主要有：负载类有车载空调、加热器、驱动电机、DC/DC 等，充电类有 OBC、驱动电机、车载充电机等，高压盒有继电器、熔断器、预充电阻等。根据 GB/T 18488.1—2015、GB/T 24347—2021 的耐压测试要求，电池包最大的高压来源是驱动电机的过电压，整车电机反向电动势产生的过电压是最高的，因此电池包耐压测试需要根据驱动电机来进行实际的换算。

### 3. 机械安全测试

机械安全测试是为了验证样品极端碰撞场景下的安全性。车辆发生极端碰撞，电池包会受到惯性冲击力，更严重的会发生挤压、异物刺入等场景。对应的验证测试有模拟碰撞测试、静态挤压测试、针刺测试等。基于市场端失效案例，结合整车与电池包强度，钢针刺入电芯发生的概率微乎其微，目前仅作为滥用测试来做特性研究，与此对标的有新开发的浅刺测试项。

（1）针刺测试

刺测试所反映的真实场景不明，与电池实际失效模式不符，早期主要是用于一些研发类测试中。国际标准法规中没有采纳针刺测试项目，如 IEC（国际电工标准）、ISO（国际标准）、ECE（欧洲法规）、GTR（联合国全球技术法规）中都没有针刺实验。我国 2015 版电池安全推荐性标准中有针刺测试，但在 2017 年工信部制定的《新能源汽车生产企业及产品准入管理规定》（工业和信息化部 第 39 号令）中，明确暂不执行针刺要求。2019 年 5 月 12 日，由工信部主导、国家标准委发布的我国动力电池领域首个强制性国家标准 GB 38031《电动汽车用动力蓄电池安全要求》中，也明确取消了针刺试验。锂离子电池内部短路可归因于制造缺陷（微观金属颗粒污染、电极损坏）和析锂刺破隔膜等。通过针刺测试无法完全模拟上述锂离子电池内部短路的场景，主要是因为钢针引起的短路范围大、针刺深度大无法用来等效金属颗粒带来的微短路行为。浅刺测试因此被开发，用来模拟电池发生内短路的真实情况，也为了验证制造、运输风险和外在因素对试验结果的不确定影响。

宁德时代开发了精准控制内短测试方案，并提案至 IEC 62660 标准。IEC 标准最终是中、日、韩三家方法的统一。对比针刺测试，浅刺测试有浅刺测试深度或层数的要求。标准内推荐了浅刺的层数 > 3 层，但是并没有明确定义从哪个位置开始算层数。基于此，文献中给出浅刺测试的刺入层数定义（图 6-20）：定义短路 $N$ 层为针尖接触到第 $N+1$ 层活性材料（针对最外层活性材料为负极的电池），即短路一层定义为一层负极和一层正极短路；短路两层定义为一层正极和两层负极短路；短路三层定义为二层负极和二层正极短路。

除了层数定义，这里还有一个技术难点，就是如何进行初始点定位，从而实现目标深度。浅刺测试中起始点定位方法采用人工多次测量取平均值法，主要依赖手动定位起始点，影响测试结果的一致性。宁德时代推广"正到针起始法"的方案，可实现起始点定位的自动化，具体方案如下：

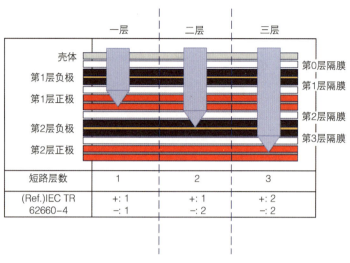

图 6-20　浅刺层数定义

1）电芯正极和钢针间布置电压采样线（图 6-21），测试过程中，当钢针触碰到电芯的最外层负极时，此电压突升（图 6-22）。

图 6-21　正极到针起始法示意图

2）当正到针的电压值 >1V 时，设备自动停止 5s，此位置作为浅刺测试起始点。

3）钢针以 ≤ 0.1mm/s 的速度（设备采样频率 20ms）从垂直于电池极板的方向刺入电芯的几何中心。

4）刺入深度达到目标深度时，试验停止，观察 1h。

监测钢针到电芯正极的电压，未刺到电芯时该电压为 0，当钢针刺到第 1 层负极时，电压将由 0V 发生突变，产生 > 1V 的压差，该位置即可当为针刺的初始点。相比人工测量，该方案能提高初始点的定位精度，且以此只要提前知道设计的正负极片的宽度，就能根据浅刺深度来换算目标层数。

（2）静态挤压测试

在众多的安全性测试中，模拟锂离子电池发生内短路和外短路的挤压测试是最为常规，也是最难通过的安全性测试。挤压测试考察的是在机械接触式受力作用下的安全性，它模拟的是在整车发生碰撞过程中，电池可能受到挤压而发生变形，进而可能造成危害事件，挤压测试研究的是样品在挤压时不同变形量的表现。

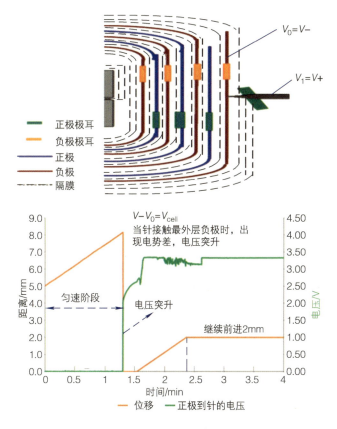

图 6-22 正极到针的电压曲线图

常见的挤压测试标准有 GB 38031—2020、UL 2580:2020、SAE J 2464:2009 等,标准中规定了挤压的关键参数:挤压头形状、挤压位置、挤压速度和截止条件(力和深度)等。挤压头形状主要有圆柱形、半圆柱形、球形、半球形,典型直径为 150mm。挤压的目的是造成局部变形产生短路点,因此要用棒压而并非板压的方式。静态挤压研究的是变形量,SAE J 2464 要求挤压速度应足够慢,以确定任何短路和可能导致热失控的来源(电池包在 0.5~1cm/min 之间,电芯在 0.5~1mm/min 之间)。

(3)模拟碰撞测试

整车碰撞可以分解为挤压和长脉宽冲击,其中长脉宽冲击分解为模拟碰撞测试,模拟碰撞则是模拟整车发生事故时,通过力传导,整车框架吸能后分解到电池包的惯性力。试验是为了考核试验件在冲击载荷作用下环境适应性和结构完好性,从损伤原理上讲,可以简单定义为一种强度试验,不考核产品的疲劳强度。

常见的测试标准有 GB 38031—2020、ECE R 100 等,标准规定了冲击波形、加速度、脉宽和方向等关键参数,试验的等效关系基于冲击响应,其可用最大位移响应、最大速度响应、最大加速度响应等来表征。在实际测试中,一般使用最大加速度响应参数。产品受冲击作用,其冲击响应的最大值意味着产品出现最大应力,即有最大的形变。如果试验件在冲击作用下的最大加速度响应相等，则可认为冲击脉冲对试验件的损伤也相当。

### 6.2.5 机械可靠性测试

在日常驾驶中，常能遇到过凹坑或井盖时车体的晃荡，或车轮卷起飞石不慎打击底盘。电池包作为汽车的重要部件总能遇到由外界力对其产生的作用，常见的有振动、机械冲击、底部撞击、碎石等工况的影响，能经受住这些机械作用考验是电池包经久耐用的基本保证。

#### 1. 振动测试

车辆在全生命周期内会经过各种复杂的路面，即经历不同程度的道路振动。试车场将其强化为石块路、卵石路、搓板路等，在试车场采集路谱，提取出振动的加速度、方向、时间以及频率几个关键参数因子，最后将通过仿真以及振动台架进行加速测试，从而模拟整个电池包全生命周期的疲劳耐久。若电池包在振动过程中出现失效，则可能引发安全性的问题，因此大多标准将振动测试归属于安全性要求。

常见的电池包振动标准有 GB 38031—2020、SAE J 2929、UL 2580：2020 以及 FreedomCAR：SAND 等。以 GB 38031—2020 的振动测试为例，按照车型进行划分，分为 M1、N1 类车型和其他车型（表 6-7）。以 Z 方向处于第一顺位考虑到先严苛后宽松的制定思路，兼顾了随机振动和定频振动两种模式。按该方法进行测试，每一方向 12h 测试时长的等效里程，可近似相当于 4000km（商用车为 5000km）的北京通县试车场典型破坏路面。测试里程按 CATARC 估算为 30 万 km，使用时根据目标里程，可通过比例调整时间，以满足不同目标里程的要求，如期望里程为 60 万 km，则测试时间可由每一方向 12h 延长至 24h。

表 6-7　GB 38031—2020 振动测试条件

| 项目 | 内容 |
| --- | --- |
| 初始 SOC | 不低于正常工作范围的 50% |
| 环境温度 | （22±5）℃ |
| 测试顺序 | $Z \to Y \to X$ |
| 振动条件 | 1.M1、N1 类车辆电池包或系统<br>1）$Z$ 向随机振动 12h（RMS=0.64$g$）+定频振动 1h（±1.5$g$，24Hz）<br>2）$Y$ 向随机振动 12h（RMS=0.45$g$）+定频振动 1h（±1.0$g$，24Hz）<br>3）$X$ 向随机振动 12h（RMS=0.50$g$）+定频振动 1h（±1.0$g$，24Hz）<br>2.除 M1、N1 类车辆电池包或系统<br>1）$Z$ 向随机振动 12h（RMS=0.73$g$）+定频振动 2h（±1.5$g$，20Hz）<br>2）$Y$ 向随机振动 12h（RMS=0.57$g$）+定频振动 2h（±1.5$g$，20Hz）<br>3）$X$ 向随机振动 12h（RMS=0.52$g$）+定频振动 2h（±2.0$g$，20Hz） |
| 通过要求 | 无泄漏、无外壳破裂、无起火或爆炸现象，且不触发异常终止条件。试验后的绝缘电阻应不小于 100Ω/V |

不同车型的质保里程和道路工况并不相同，许多车企需要依靠产品的定位匹配合适的振动测试条件。对于质保里程要求高的需求，需要考虑如何在测试标准的基础上去加

严制定适合的测试条件。常见的私家车、网约车和运营车的质保里程分别为 15 万~30 万 km、30 万和 50 万~60 万 km。一般地，针对延长里程的需求，目前对应加严振动测试标准的方法主要有以下三种：

方法一：直接线性延长振动时间，维持振动载荷。
方法二：振动时间不变，加强振动载荷。
方法三：振动时间和载荷均加大。

振动加速模型进行加严 PSD 载荷及等效时间的计算可参考 MIL-STD-810F 标准中的规定：

$$T_1/T_2 = (W_2/W_1)^{m/2}$$

式中，$m$ 为加速系数；$W_1$ 为加速前 PSD 载荷（$g^2$/Hz）；$W_2$ 为加速后 PSD 载荷，（$g^2$/Hz）；$T_1$ 为加速前测试时间（h）；$T_2$ 为加速后测试时间（h）。

### 2. 机械冲击测试

机械冲击测试是模拟车辆经过凹坑路面、减速带等场景工况下产生的冲击力对电池包机械结构强度的影响。其工况也是根据整车的路谱采集转化而来，根据全生命周期加速计算模型得出动力电池做机械冲击测试的等效条件（加速度、脉宽、方向、次数），最后输入给振动台进行测试。

在整车上，电池包受到的是车轮、悬架等弹性结构传递的冲击，其受力可分解成沿着行驶方向（$X$ 向）、水平垂直行驶方向（$Y$ 向）和竖直方向（$Z$ 向）；故而电池包的冲击测试标准是半正弦波，一般会进行 ±$X$、±$Y$ 和 ±$Z$ 6 个方向的测试。机械冲击主要考虑对产品极限强度的影响而不是累计损伤，因此不对电池包进行大量循环重复试验，但为了避免偶然性，标准中也要求实测需要一定的冲击次数。冲击测试目前参考的标准有 GB 38031—2020、UL 2580：2020、ECE R100.03 等。

### 3. 底部冲击

电池包作为电动汽车底盘关键组成，防底部撞击能力同样至关重要。电池包底部发生磕碰的场景千奇百怪，过减速带、撞击路沿、上坡顶、走坑洼路以及压过路面上的石头或砖块，甚至连车轮带起石子击打车底的情况也可能归属到底部碰撞工况。

早期电池包较多运用静态挤压和动态落球验证。前者是对电池包底部施加恒定的力，其实际遭遇的场景较少；而后者需要将电池包翻转使底部朝上后以小球自由落体撞击，其与装配整车状态的电池包底部刚度存在较大偏差，故这两种测试方法已逐渐淘汰。考虑到不同的异物形状、材质、撞击速度和位置等，底部碰撞的工况较难复现。通过损伤分解，将底部碰撞工况分解为平行和垂直行驶方向，即刮底和托底，后者的危害影响较前者大得多，可能造成下箱体破裂及电芯变形等失效风险。针对该类失效模式，团体标准[1]应运而生（表6-8），其测试方法是找准电池包下箱体的薄弱点，以小球撞击电池包下箱体方式验证底部防碰撞性能。

表 6-8 纯电动乘用车底部冲击团体标准

| | |
|---|---|
| 测试条件 | 测试初始 SOC：不低于正常工作范围的 90% |
| | 撞击头形式：撞击形式如图 6-23 所示，撞击头前端为半球形，尺寸为直径 25mm，撞击头质量 10kg，材质为 45 钢 |
| | 撞击方向：沿 Z 方向垂直向上 |
| | 撞击位置：以动力电池包整车安装点的几何中心为原点、在半径 240mm 水平区域以内，根据主机厂提供的电池包或系统布置示意图选定一点进行撞击 |
| | 撞击能量：120J ± 3J |
| 通过要求 | 车辆底部碰撞试验后，应无起火，无爆炸，电解液、冷却液无泄漏，绝缘电阻应不小于 100Ω/V，满足 IPX7 |

根据宁德时代在市场收集的刮底数据，20mm 以下坑深度占比 83.4%，20mm 坑深对应电池包能量载荷 150J 左右，基于整车悬架可吸收的部分能量，标准中定义的底部球击能量为 120J。测试小球的直径 25mm/10kg 可以覆盖市场 80% 的障碍物的尖锐程度。

图 6-23 展示的是新型的底部冲击设备台架，电池包通过夹具固定（无须翻转），球头通过电磁系统赋能弹射冲击样品，测试台架首次运用 3D 结构光技术生成底部冲击点位的局部三维坐标图，自动对比测试前后的形变量。采用对电池包边缘区域重复拍摄获取数据，根据数据相似度把不同照片关联拼接形成完整的电池包底部点云数据，是该 3D 结构光扫描电池包底部这种大面积对象的一大亮点。

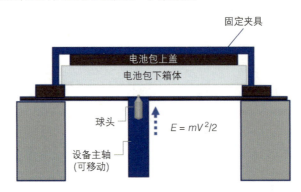

图 6-23 底部动态冲击测试台架

### 6.2.6 环境可靠性测试

除了各种路况施加给电池包的机械环境，恶劣的气候环境如盐雾腐蚀、温度骤变、高温高湿、暴雨洪涝等都会给产品带来较大影响。电池包能否经历各种磨难并持续安全可靠地工作，就需要通过相应的环境测试来验证。

#### 1. 盐雾测试

盐雾的主要成因是海水扰动产生的含盐小水滴随气流升入空中最终演变的弥散系统，所以盐雾的主要成分便是 NaCl，它沉降于金属表面并形成湿气膜或水膜时对金属产生腐蚀作用。自然界中的大气腐蚀环境通常是盐雾环境。例如在海边使用时，空气中含有一定的盐分；冬季在雪后撒盐的路上行驶，带盐的雪水被车轮卷到车轮底盘等。汽腐蚀不仅会破坏汽车的外观，严重情况还直接影响到汽车质量、安全与寿命，所以盐雾测试是检验产品耐蚀可靠性的重要评测手段。

针对电池包，通常采用中性盐雾（NSS）考核其耐蚀性，其测试方法为持续喷雾以及循环喷雾。循环喷雾又分为喷雾期和温湿度期、干燥期交替进行循环的交变盐雾，以及有喷雾期和静置期且循环上电监测样品通信状态的间歇盐雾；前者是关于壳体耐蚀性的评价（如标准 GB/T 31467.3—2015），后者为是否能耐盐雾渗透避免出现电池包功能和安全问题的评价（如标准 GB 38031—2020）。盐雾的测试参数有温度、湿度、溶液浓度、pH 和沉降量，各个测试标准对其参数的数值选取一方面是为了起试验加速作用，另一方面又要保证所用的试验条件能保证试验结果的重现性。

### 2. 防水测试

当发生城乡内涝或者山洪导致汽车被水淹没时，当驾驶汽车以一定速度经过在有水路面溅起带有一定压力的水冲向汽车底部时，当使用高压水枪清洗车辆时……以上场景都需要电池包具备良好的防水能力。电池包密封失效进水通常会导致绝缘耐压不良，甚至导致冒烟和着火。因此，密封防水性能已逐渐成为电池包设计关注的重点之一。

GB/T 4208—2017《外壳防护等级（IP 代码）》中规定的 IP 代码是指外壳对人接近危险部件、防止固体异物或水进入的防护等级；其中 IPX7、IPX8、IPX9 分别对应短时间浸水、长时间连续浸水、高温高压喷水的三种场景测试，旨在评估产品的外壳防护能力。

### 3. 高海拔测试

在地心引力作用下，空气附在地球周围形成了大气层，大气层从地面一直向上延伸数百千米，形成大气压力。高海拔测试的目的是评估产品在高海拔条件下存储、运输和使用的气压耐受能力，一般采用恒定压力条件来模拟相应的工作条件。国内外多数相关标准对于电池包的测试气压为 61.2kPa，等同于 4km 海拔高度，其几乎覆盖了陆地上的所有气压。

### 4. 湿热循环测试

湿热环境对动力电池产品的影响也是不容忽视的，可能导致箱体腐蚀、绝缘性能不良或者湿气渗入引发电气故障通信异常等。在湿热试验中，温度和湿度协同作用，会形成一些物理现象并使电池包表面或内部受潮，其验证电池包在使用、运输或贮存场景下受温度/湿度交变影响下的可靠性。

为了让电池包在合理的环境条件下产生足够多的凝露，以便充分暴露其设计问题，其工况的关键因子定义思路通常如下：

1）环境温度上限：结合不同产品选取自然环境数据和市场端失效的极大值，让空气中的饱和湿度更高，最大限度地提高严苛程度。

2）环境温度下限：结合市场端失效以及温湿度箱设备的湿度启动条件来控制温度的极小值，尽量让析出的凝露更多。

3）高低温持续时间：考虑让更多水汽进入电池包内，直至热平衡。

4）升降温速率：针对户外自然存放的场景如夏季昼夜变温情况，并考虑温箱设备温度、湿度变化的控制能力；取变化率的极大值，以更容易在箱体外产生凝露。

5）相对湿度：结合不同产品选取自然环境数据和市场端失效的极大值，让更多水汽进入电池包内。

6）循环次数：梳理出连续出现高温高湿的自然环境天数，制定总循环次数的凝露总理论产量不小于连续高温高湿自然天数的极大值。

#### 5. 温度冲击

温度冲击主要模拟动力电池在某一个短时间内进入相对极端高温或者极端低温状态下，比如汽车下线进入烤漆房、从地下行驶至夏日极高温或者冬天极低温路面时、昼夜交替时等情况，评价温度骤变对动力电池的结构和功能状态的影响。

电池包温度冲击的测试标准如 SAE J 2929：2013、ECE R100、ISO 12405-3、GB 38031—2020 等，基本包括了高温、低温、高低温的保持时间、高低温的转换时间以及试验循环数这几个参数。

### 6.2.7 电子电气和电磁兼容测试

#### 1. 电子电气测试

电动汽车除了电池包外，内部通常还具备电机、电控等相关电气装置，三者共同组成了电动汽车的三电系统，整个电动汽车的电子部件构成了一个复杂的电气环境。作为驱动源，电池包在实际使用时会接入整车的电气回路，整车通过相应的电气连接控制其功能。作为电动汽车的"心脏"，电池包的实际工作状态会受到与之相连的其他整车部件的影响。

电池包内部的电池管理系统，通过电池包低压接口与整车低压电网（铅蓄电池）和信号端口进行连接，整车可通过信号端口发送相应的控制信号从而控制电池包的工作模式。同时，整车铅酸蓄电池连接的低压电网上还有其他用电设备，这些设备的异常直接会导致电池包低压供电网络的异常。比如前照灯的长时间开启、收音机引入的纹波干扰、铅蓄电池连接接触不良、线路突然断开等，这些场景都会使得低压供电曲线发生波动。

为了验证电池包是否会因为电气环境的变化而造成样品功能失效或硬件损坏，我们通常会进行一系列电气测试。电气测试通过将实际的整车工况转换为具体的测试条件，通过专业设备进行模拟，从而验证电池包的电气环境适应性是否满足整车需求。

电气测试大致分为如下两类，具体如图 6-24 所示。

（1）波形类测试

此项测试主要关注当整车的低压电网在行驶过程中发生变化时对电池包的影响。测试主要包含缓降缓升、叠加交流电、瞬态欠电压等测试。

（2）保护类测试

此项测试主要关注当电池包与整车的电气连接回路发生突变或异常时，电池包对此表现出的自身硬件特性，主要包含短时中断、Y 电容、静态电流等测试。

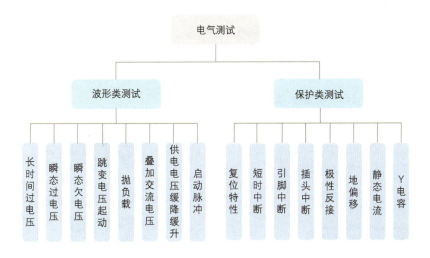

图 6-24 电气测试项总览

大部分测试项所使用的测试方法是清晰明确的,但其中 Y 电容的测试方法仍然存在争议。GB 18384—2020《电动汽车安全要求》中仅规定了 Y 电容所存储的最大电能:电压电路正极侧 Y 电容或负极侧 Y 电容最大存储电能应不大于 0.2J,而未明确具体的测试方法。Y 电容越大,代表所存储的电能越高,从而使整车漏电风险和人为触电风险也越高。因此,准确测量 Y 电容就显得尤为重要。

Y 电容是描述在正极或负极与外壳地之间的电容,一般有两种存在形式:一个是自身结构特性所产生的寄生电容(未知),比如高压线内芯与屏蔽层或者高压带电体与外壳地之间;另一个是为了改善整车的 EMC 性能而人为增加的安规电容(已知),比如 BMS 上电源线、采样线对地的滤波电容。

针对未知的寄生电容,可以通过模型及相关零部件的参数(距离、面积和介电常数)来推算 Y 电容值。

以 1P18S 模块为例,把模块拆分成相应的端板、侧板、隔热垫、蓝膜等(图 6-25),再对中间电芯考虑两个端板情况,侧面电芯考虑端板 + 侧板情况;然后标明相关参数的定义和位置,具体如图 6-26 所示。

$C_{\text{module}}$ 可根据如下公式计算:

$$C_{\text{module}(-)} = C_{\text{module}(+)}$$

$$\begin{aligned} C_{\text{module}(+)} &= \sum_{i=1}^{18} C_{\text{cell}i} \\ &= 2C_{\text{(end cells)}} + 16C_{\text{(middle cells)}} \\ &= 2\left(2\frac{\varepsilon_1 s_0}{d_0} + \frac{\varepsilon_2 s_1}{d_1}\right)\varepsilon_0 + 32\frac{\varepsilon_1 s_0}{d_0}\varepsilon_0 \\ &= 2\frac{\varepsilon_0 \varepsilon_2 s_1}{d_1} + 36\frac{\varepsilon_0 \varepsilon_1 s_0}{d_0} \end{aligned}$$

式中，$C_{module(-)}$为模块负极对 GND 的电容值；$C_{module(+)}$为模块正极对 GND 的电容值；$C_{(end\ cells)}$为端部电芯对 GND 的电容值；$C_{(middle\ cells)}$为中部电芯对 GND 的电容值。

但当被测对象内部高压母排交错复杂时，会引入额外的母排对外壳的寄生电容，因此推算法只适用相对简单的部件（比如模块）。针对有复杂结构的电池包，Y 电容就需要用相关的工具来定量计算或者测量了。

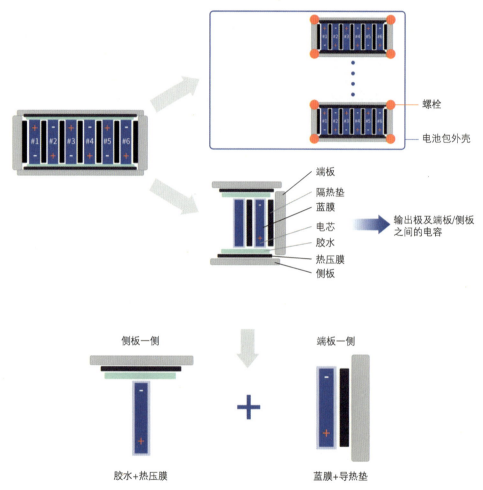

图 6-25  1P18S 模块拆分示意图

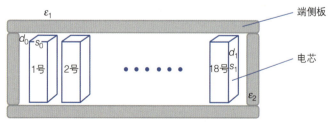

图 6-26  模块相关参数简化示意图

$d_0$—电芯侧面到侧板之间的距离  $d_1$—电芯大面到端板之间的距离  $\varepsilon_1$—电芯侧面到侧板之间的介电常数
$\varepsilon_2$—电芯大面到端板之间的介电常数  $s_0$—电芯侧面面积  $s_1$—电芯大面面积

一般 Y 电容常见的测试方法有两类：物理设备测量法（LCR 数字电桥测量、数字万用表测量、绝缘耐压仪测量）和放电回路测量法（示波器），两类方法的比对见表 6-9。

表 6-9 测量方法的比对

| 测量方法 | | 测量步骤 | 优缺点 |
|---|---|---|---|
| 物理设备测量法 | LCR 数字电桥测量 | ① 设置电容档位并设定测量频率<br>② 连接测量点位 | ① 若被测样品绝缘值较低时，可能损坏 LCR<br>② 测量精度及准确性高<br>③ 测量台架简单 |
| | 数字万用表测量 | ① 设置电容档位<br>② 连接测量点位 | ① 若被测样品绝缘值较低时，可能损坏万用表<br>② 测量精度及准确性一般<br>③ 测量台架简单 |
| | 绝缘耐压仪测量 | ① 先进行漏电流测量<br>② 根据公式算出具体的电容值<br>$I=\dfrac{U}{Z},\ Z=\dfrac{1}{2\pi fC},\ C=\dfrac{I}{2\pi fU}$ | 需要在正/负极与外壳之间施加交流电压（50Hz），可能损坏被测样品 |
| 放电回路测量法 | 放电回路测量法（示波器） | ① 添加平衡电阻及泄放电阻，并计算回路中的总电阻<br>② 使用示波器记录泄放过程的电压曲线并记录时间 $\tau$<br>③ 根据公式算出具体的电容值<br>$C_{y,\text{tot}}=\dfrac{\tau}{R_{\text{tot}}}$ | ① 需要手动编辑放电曲线及相关电压值、时间常数；存在人为误差<br>② 不受电池包绝缘值影响<br>③ 测试台架复杂 |

从表 6-9 可以看出，当被测样品的绝缘较低时，需要使用放电回路测量法；而当样品绝缘正常时（大于 200MΩ），使用 LCR 数字电桥法测量更快更准确。

### 2. 电磁兼容测试

生活中经常会遇到这样的场景：坐飞机时，需要关闭手机、平板等电子设备；雷雨天气时，计算机显示屏突然闪烁。这些场景的背后往往有一种神秘的力量——电磁场。生活中的电子、电气产品随处可见，它们与自然共同构成了复杂的电磁环境。对于电动汽车来说，除了与传统的燃油汽车一样搭载了丰富的电子设备外，它还具有高压零部件，如图 6-27 所示，包括电池包、驱动电机、高压配电箱（PDU）、直流变换器（DC/DC）、交流变换器（DC/AC）、车载充电机（OBC）、高压线束等。一般情况下，高压零部件在工作时会对外产生电磁干扰。因此，这些零部件在整车中或者在车辆使用情况下的电磁环境适应性需要进行验证，一般会对其进行电磁兼容（Electromagnetic Compatibility，EMC）测试。

EMC 就是指电子、电气设备或系统在预期的电磁环境中按设计要求正常工作的能力。EMC 包括电子产品在电磁场方面的对外干扰能力（Electromagnetic Interference，EMI）和抗干扰能力（Electromagnetic Susceptibility，EMS）。通俗来讲，就是样品在运行时，既不干扰其他电子、电气产品，也不被其他电子、电气产品干扰。

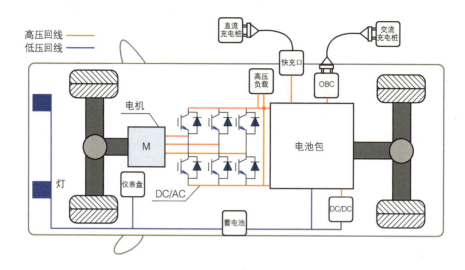

图 6-27　整车中的高压零部件示意图

电池包是整车中的供电单元,电压一般为 DC 300~800V。电池包是由一个个电芯串并联而成。电池包在工作时会对外输出直流电(稳定电场),进而会产生稳定的磁场。根据麦克斯韦电磁理论,不会再次产生电场,进而不能对外产生带频率的电磁辐射。但电池包内部搭载了 BMS。BMS 内有相关的采样和通信信号,这会通过低压线和电池包外壳对外产生电磁辐射。同时,电池包的高压线连接整车中的电机或直流/交流变换器,当电机和变换器在工作时会将电磁干扰通过高压线或者空间耦合到电池包;一方面通过耦合到低压进行辐射发射,另一方面可能影响电池包内部的相关通信和采样。因此我们有必要进行 EMC 测试,以便支持整车层级的 EMC 验证。

电池包的 EMC 测试大致分为电磁抗扰类测试(EMS 类测试)和电磁发射类测试(EMI 类测试),如图 6-28 所示。

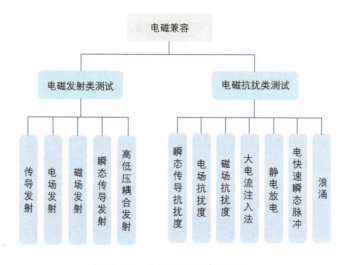

图 6-28　电磁兼容测试项总览

抗扰类测试，是指在电池包正常工作时，使用外部设备施加一定频率下的电场、磁场、瞬态脉冲等干扰，观察电池包在测试过程及测试后自身的功能等级是否满足规定测试的功能等级要求。

发射类测试，大多是指在电池包正常工作时，使用设备接收电池包对外的发射量；由于高低压耦合发射不同，需要额外在高压线上使用注入钳施加一定频率下的电磁波，再使用设备接收电池包对外的发射量。增加的电磁波是为了模拟整车内高压线上其他零部件工作时耦合到高压线上的干扰。

由于高低压耦合发射测试需要额外引入外部干扰源，因此测试方法和台架相对复杂。CISPR 25：2021 中 H.6 章节有定义具体的高低压耦合发射类型和校准方法。高低压耦合发射一般有三种：高低压耦合传导发射电压法，高低压耦合传导发射电流法，高低压耦合辐射发射法。这三种方法测试前都需要校准，目的是获得实际设备所需的输出能量值。

实际校准时，一般是在高压人工电源网络两侧使用线缆短接，并在一侧使用电流钳注入一定频率的干扰，干扰电压值一般参考高压传导发射限值，这样更符合实际高压端发射情况；同时一个高压人工电源网络连接 50Ω 负载，另一个高压人工电源网络使用 EMI 接收机测量具体的发射值，做到闭环验证。校准平台如图 6-29 所示，高压人工电源网络内部布置如图 6-30 所示。

此后进行底噪测量。一般为电池包未上电时，单纯注入干扰能量，测量在此时空间的电磁发射量，同时验证高压线及高压人工电源网络的屏蔽效果。一般要求底噪小于测量限值 6dB 及以上。在底噪低于限值 6dB 的情况下，进行实际的高低压耦合测试的平台如图 6-31～图 6-34 所示。下面介绍高低压耦合发射测试的三种方法：

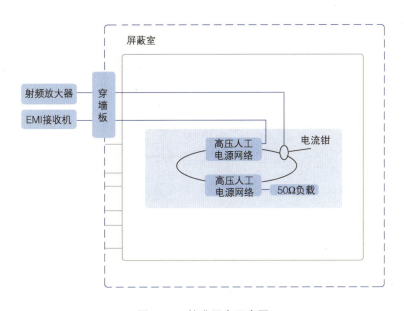

图 6-29　校准平台示意图

图 6-30　高压人工电源网络内部布置图

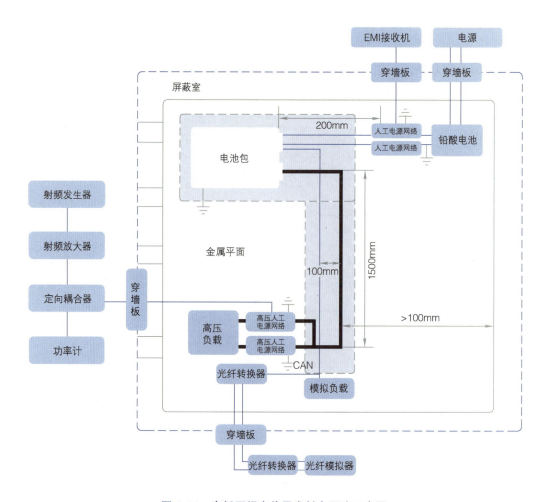

图 6-31　高低压耦合传导发射电压法示意图

第 6 章 动力电池测试验证方法及标准

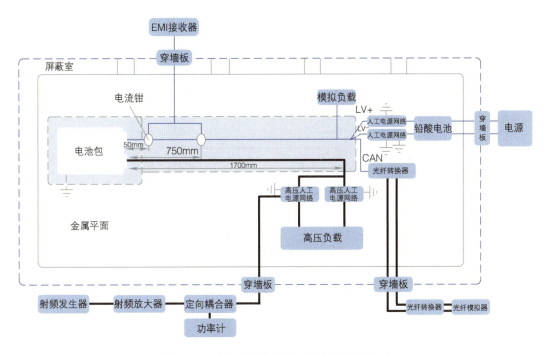

图 6-32 高低压耦合传导发射电流法示意图

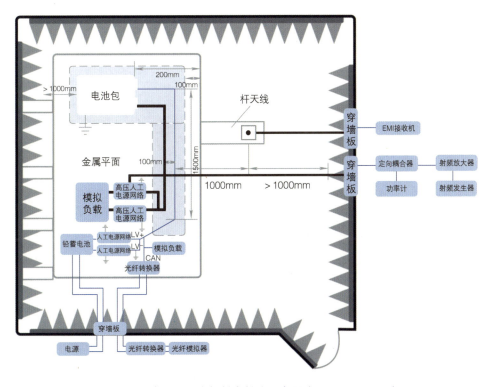

图 6-33 高低压耦合辐射发射法示意图（0.15～30MHz）

243

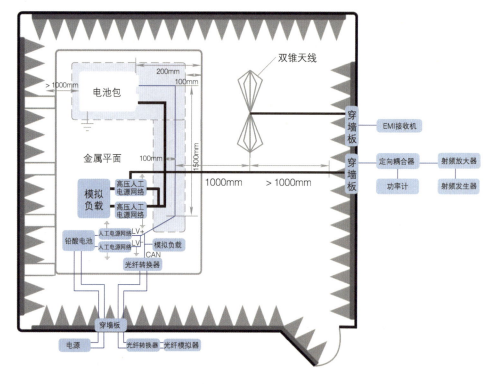

图 6-34　高低压耦合辐射发射法示意图（30～108MHz）

（1）高低压耦合传导发射电压法

在常规的传导发射电压法的基础上，在高压人工电源网络内增加注入钳；注入钳闭环夹着被测高压线，一端连接屏蔽室外的射频发生器及放大器。

（2）高低压耦合传导发射电流法

在常规的传导发射电流法的基础上，在高压人工电源网络内增加注入钳；注入钳闭环夹着被测高压线，一端连接屏蔽室外的射频发生器及放大器。

（3）高低压耦合辐射发射法

在常规的辐射发射测试的基础上，在高压人工电源网络内增加注入钳，注入钳闭环夹着被测高压线，一端连接电波暗室外的射频发生器及放大器。

## 6.2.8　系统功能测试

智能系统的应用给人们的生活带来了极大的便利。大至智慧城市，小至快递取件，智能系统让多个单元形成了能够高度自治、智能决策的整体。动力电池同样也搭载着其特有的智能系统——电池管理系统（BMS），它能够对每个电芯单元与执行器进行实时监测与管理，以保障动力电池产品工作时的安全性、稳定性与可靠性，是动力电池的核心技术之一[2]，系统功能测试正是围绕着 BMS 的设计策略展开的。

电动汽车用户启动车辆后，BMS 随即被唤醒，从而激活通信模块包覆着各节点的 CAN 通信网络，以承载各节点数据传输与信息交互行为。电池数据采集模块对电压、电流、温度等电池参数进行实时监测，控制模块等待接收整车指令以控制电池内部执行器。在车辆行驶过程中，电池能力管理模块确保电池在规定充放电平台内运行，故障诊断与管理模块也在时刻运行以应对不同的车况。当车辆电量即将耗尽时，用户可以通过充电桩进行充电，在此过程中，BMS 同样会激活充电控制模块，确保充电流程顺利执行。在长期的使用过程中，由于电芯自放电等原因，电芯一致性会逐渐变差，从而导致可用容量变少，造成寿命降低的假象，此时均衡模块将通过均衡回路改善电芯一致性，提升电池产品的可用容量。

由此可见，系统功能的应用贯穿着电动汽车的操作全流程。全面的系统功能测试能够识别系统设计问题，有效管控并提升产品质量，足以体现其在研发、生产过程中的重要作用。针对不同功能模块，验证侧重点也有所不同：

1）通信模块：对物理层、数据链路层、应用层、网络管理与诊断的分层验证，在不同层级根据开发协议进行 CAN 总线的一致性测试、路由测试与鲁棒性测试，以评估电池 CAN 网络的一致性与稳定性，此模块不仅是电池内部节点通信的基础，也是 BMS 与整车控制器交互的重要枢纽。验证内容主要包括输出电平测试、输入阈值测试、采样点测试、容错性测试等[3]。

2）电池数据模块：在不同运行工况下，对比同一时刻 BMS 上报数据与测试设备表显数据，以验证整包层级采样精度是否符合要求，这是 BMS 最为基础的功能。验证内容主要包括总电压采样功能与精度、温度采样功能与精度、总电流采样功能与精度等。

3）故障诊断与管理模块：针对 BMS 故障触发的策略给予相应的外部激励，观测故障是否被正确上报，并在触发故障后消除置位条件，给予相应的故障清除激励（通常为驾驶循环、UDS 清除等），验证故障恢复后，相关告警是否能够被消除。此模块防止了过充电、过放电等滥用行为对电池寿命造成的损伤，也是电池运行安全性可靠的保障。验证内容主要包括电池过温故障、电池过电压故障、电池过电流故障、碰撞故障、绝缘故障等。

4）控制模块：主动触发控制模块，通过测试设备发送执行器控制指令，观测执行器是否按照指令执行正确的动作。被动触发控制模块，基于故障诊断与管理模块触发相应故障，观测执行器是否按照故障等级执行对应的动作。控制模块是故障诊断与管理模块在检测到故障时，保障用户安全最直接的途径，验证内容主要包括继电器控制等。

5）电池能量管理模块：在不同运行工况下，按照估算逻辑换算并对比测试设备相关数据与 BMS 上报信号值，对电池荷电状态（SOC）、能量状态（SOE）、健康状态（SOH）进行信号发送完整性的确认与计算精度的验证，并且基于设计标准进行不同温度与 SOC 状态下的充放电功率核验，确保电池按照设计要求进行能量管控。验证内容主要包括 SOC 估算与精度测试、SOE 估算与精度测试、SOH 估算与精度测试等。

6）充电控制模块：使用通信设备模拟整车充电桩、车载充电机（On-Borad Charger, OBC）、整车控制器与 BMS 进行交互，使 BMS 进入对应充电模式（快充模式或慢充模式），之后通过测试设备根据 BMS 的请求电流进行充电，对充电全流程进行功能验证，要求全程顺利交互、无故障上报、正确上报相应参数，并且在充电完成后修正SOC，按照对应流程退出充电模式。验证内容主要包括快充功能测试、慢充功能测试。

7）均衡模块：使用特定仪器或特殊软件对样品制造电芯间的压差，运行对应长期工况，观测均衡置位行为与均衡功能执行情况是否符合设计标准，并在指定时间内通过电芯压差等指标观测均衡效果。验证内容主要包括均衡置位测试、均衡效果测试。

系统功能测试方法需要根据整车功能设计来确定，其中充电通信协议的测试必须遵循国家充电标准（GB/T 27930—2023）进行设计；而对于其他模块的测试，则需要根据技术规范来制定相应的测试案例。

## 6.3 新型测试方法及展望

### 6.3.1 新型测试方法

#### 1. 充电窗口测试方法

快充是产品最重要的一个性能指标，也是汽车厂商的核心卖点之一。如6.2.1节中有关快充性能测试所述，在ISO等标准中，对电池系统层级的快充能力测试均有规定，其中的关键问题在于制造商如何制定出合理的快充流程？即不同温度和不同SOC下的快充窗口如何制定。

充电窗口与如下因素强相关：

1）电池系统的过电流设计，包括铜巴、铝巴的过电流能力、熔断器的熔断电流、焊接设计（影响焊接处的过流能力）等。过电流能力可以通过仿真、高精度电阻测试、过电流温升测试、熔断器熔断测试等进行计算或测量。

2）电池的热管理策略，热管理策略直接影响了电芯的温度，而温度是决定电芯充电窗口的最关键因素之一。

3）电芯的过电流设计，包括正负极箔材的材质和厚度、极耳设计、转接片设计、正负极极柱设计、焊接设计、熔断器设计等。与电池系统的过电流影响机理类似，电芯的过电流能力也可通过仿真和实测的方法进行评价。

4）电芯的析锂窗口，这是决定电池系统充电窗口的最重要的因素。析锂窗口与化学体系选择（正极、负极、电解液）、工艺设计（涂布重量、压实密度等）和温度有关。

另一方面，化学体系选择与工艺设计除了影响析锂窗口，还影响能量密度、寿命、安全等，电池制造厂商会进行综合考虑，给出兼顾电池全方面能力的设计。这些可能需要付出较大的代价才能使电芯具备良好的快充能力；而电池的过电流设计、电池的热管理、电芯的过电流设计三个方面付出的代价相对较低，因此这三个方面往往不是限制快充的瓶颈因素。总之，电池系统的快充能力通常由电芯的析锂窗口决定。下面介绍电芯的析锂窗口测试方法。

析锂检测是业界的研究热点，目前文献报道过的检测技术超过10类，但其中仅有三电极技术、全电池电压曲线形状判断方法、高精度库伦效率法、阻抗分析法、动态电容法等少数方法[4-7]适用于容量不同、形状各异的商品化电池，且兼容不同的测试温度环境。在这些方法中，仅三电极技术能够提前或者及时识别析锂，其他技术均以析锂后电池产生的热、电等信号变化为检测信号，由于灵敏度限制，因此皆存在一定的滞后性。

三电极测试析锂窗口的步骤如下：

1）制作内置参比电极的电池，使用前进行参比电极的活化。一种典型的方式是在正负极极片之间植入锂参比（镀锂铜丝，直径50～100μm与正负极极片之间用隔膜隔开）。

2）测试某一温度下电池在不同倍率下的充电曲线，如图6-35所示。

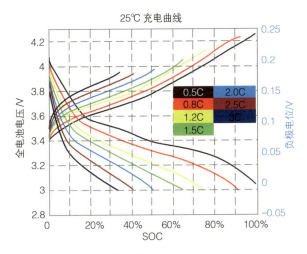

图6-35 不同倍率的全电池和阳极电势曲线

3）从每个倍率下的负极电势曲线中，获得每隔10%SOC时的负极电势，作图，线性拟合，求出特定负极电势下的倍率值，如图6-36所示。

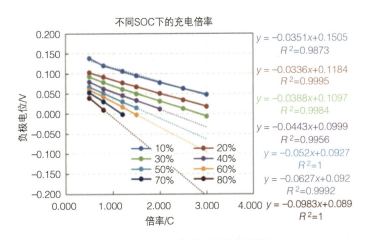

图6-36 负极电位-倍率关系图

4）将第3）步中的结果作图，获得充电窗口-SOC的散点图，指数拟合，这样可以获得充电窗口-SOC曲线，此为该温度下电池的充电窗口，如图6-37所示。

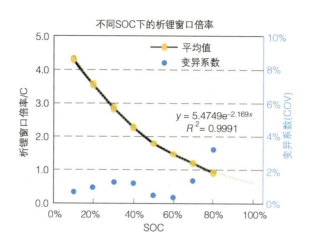

图6-37 析锂窗口（析锂窗口倍率-SOC关系图）

5）在不同温度下，重复第2）~4）步，可以获得不同温度时的充电窗口。

从上述测试步骤可以看出，关键在于：第一，参比电极的电势稳定性，即参比电极的寿命。由于充电倍率测试持续1~7天，因此参比电极的稳定性非常重要。如果电位在测试过程中发生偏移，将直接改变获得的析锂窗口。第二，析锂过电势选择，在上述案例中，以锂为参比电极，过电位选择0mV，此为热力学析锂点，由于析锂存在过电位，因此采用热力学析锂点判定的析锂窗口比实际值小。如果过电位选择大于0V，将增大此偏差；如果过电位选择低于0V，将使测试结果与实际值更为接近，但存在判定滞后的风险。由于析锂的过电势与温度、电池设计、充电倍率等密切相关，无法准确地计算或测量，因此析锂过电位的选择缺乏依据。这不仅导致测到的结果与真实值存在偏差，且偏差值无法准确预估。宁德时代在此两个关键技术难题上均有突破性进展，下面分别介绍。

（1）长寿命参比电极

参比电极（RE）测试方法作为检测/估计正负极电化学状态的有效工具，被广泛使用在电池研究中。高可靠RE的发展为准确监测工作电极（WE）状态提供基础。学术研究中通常在锂离子电池中使用RE实现对电池内部极片的极化状态进行原位定量评估，例如：

1）单个电极组件对整体电池性能的不同贡献。

2）正确解释单个电极与整体相关的电流/电压数据。

3）研究单个电极的反应机制等。在企业的研发过程中，参比电极测试方法主要用于检测负极电势以判断电芯析锂的安全状况，以及有效研究单个新电极开发过程中全生命周期的健康情况。

传统的锂金属参比电极（Li-RE）由于使用便捷性被广泛用于锂离子电池的电化学测试中。但是由于金属锂与电解液之间的强副反应消耗，因此 Li-RE 始终面临着一致性低、寿命短等实际问题。针对产业研发的痛点问题，宁德时代实际构造一种满足长寿命周期研究和工业化规模应用的可靠 RE 替代传统 Li-RE。如图 6-38 所示，长寿命参比电极（LLR-RE）的开发将低温（-10℃）测试一致性从传统 Li-RE 的 COV < 50% 提升到 COV < 20%，保证参比电极测试一致性。如图 6-39 所示，长寿命参比电极的开发可以实现 65℃单次寿命 > 3000h 的数据获取，满足单电芯全生命周期历程中的单电极衰减因子参数收集的需求。

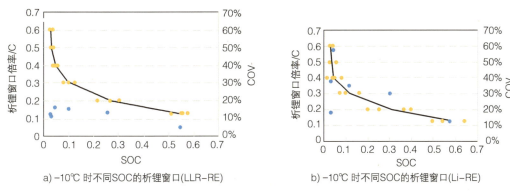

图 6-38　LLR-RE 与 Li-RE 在低温 -10℃的 ALP_COV 对比

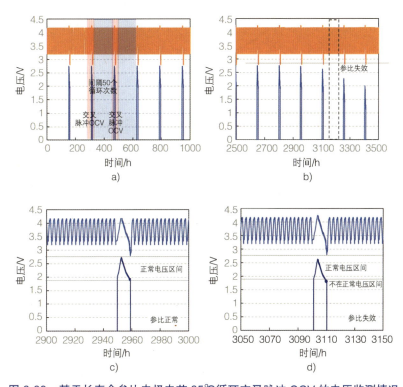

图 6-39　基于长寿命参比电极电芯 65℃循环交叉脉冲 OCV 的电压监测情况

长寿命参比电极可以突破性地解决传统 Li-RE 所带来的测试一致性低、寿命短等实际痛点问题,为高比能、高功率和安全性负极的研究提供可靠支撑,并可作为电势传感器植入应用到实际商业化电池产品中,为服役电芯的安全实时监测提供信号基础。

(2)析锂起始点判定新方法

宁德时代在通过阳极电势曲线判定析锂起始 SOC 方面取得突破。电池未发生析锂时,充电电流完全由石墨嵌锂过程贡献,负极电势曲线如图 6-40 中的黑色曲线所示,随着充电进行,阳极电位逐渐降低。增大充电倍率时,在析锂前充电电流仍然完全由石墨嵌锂贡献,由于电流增大,极化变大,因此阳极电位曲线下移,下移量可以通过 $\Delta IR$ 计算($\Delta I$ 为电流增量,$R$ 为总阻抗,包括欧姆阻抗 $R_\Omega$、扩散阻抗 $R_{diff}$、电化学阻抗 $R_{ct}$),若 $R$ 变化量不随 SOC 改变,则 $\Delta IR$ 仅引起负极电势曲线向下平移。在析锂后,充电电流由石墨嵌锂和析锂共同贡献,此时负极电势与 SOC 的关系发生显著改变。这一变化可以通过图 6-40a 中的蓝色曲线进行描述:在低于析锂起始的 SOC 区间,蓝色曲线为黑色曲线的平移;在析锂之后的 SOC 区间,蓝色曲线与黑色虚线相比发生偏离(黑色虚线为黑色曲线的平移)。如果将蓝色曲线和黑色曲线相减,即可得到图 6-40b 所示的结果,相减的差值 $\Delta E$ 在析锂起始 SOC 时开始降低,因此通过 $\Delta E$ 与 SOC 的曲线形状可以直接判定析锂起始 SOC,规避了析锂过电势无法准确测量的业界难题。

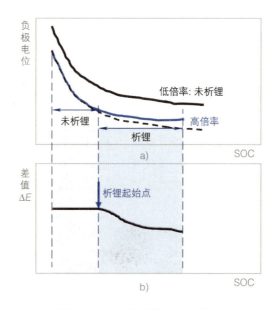

图 6-40 $\Delta E$ 方法的原理示意图

上述理论成立的关键在于阻抗 $R$ 的变化量不随 SOC 而发生改变。经过仿真和实测,在恒流充电过程中,欧姆阻抗 $R_\Omega$ 和扩散阻抗 $R_{diff}$ 随 SOC 的变化较小,而 $R_{ct}$ 随 SOC 存在一定的变化关系。值得庆幸的是,$R_{ct}$ 随 SOC 不会发生突变,从而不会对析锂引起的 $\Delta E$ 变化产生明显干扰。基于不同温度下、不同 SOC 时 $R_{ct}$ 实测结果和不同倍率三电极实测结果,我们将析锂起始 SOC 的判定规则更新如下:$\Delta E$-SOC 曲线中,$\Delta E$ 在析锂前可能存在增长的趋势,因此将 $\Delta E$ 趋势改变点作为析锂起始 SOC。为了避免不同人员处理数据带来的差异,宁德时代编写了数据处理工具,自动判定 $\Delta E$-SOC 曲线中斜率发生改变的点位,如图 6-41 所示。同时,通过调节数据处理工具中的析锂判定阈值,可以调节析锂判定的灵敏度。通过调节此阈值,使得判定结果略微提前于真实析锂起始 SOC(通常提前 2%SOC),以免出现析锂判定滞后的情况。

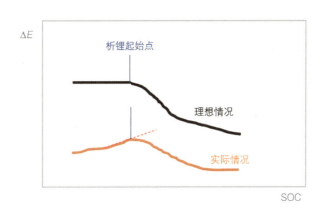

**图 6-41　考虑实际情况后的析锂起始 SOC 判定方法(示意图)**

　　如下是一个实际案例,电池内置铜丝,测试前对铜丝镀锂活化,作为参比电极。在常温下,我们进行了 1C、1.3C、1.9C、3C、4C、5C 倍率充电,获得不同倍率下负极电势曲线(图 6-42);将负极电势曲线两两相减,获得 $\Delta E$ 随 SOC 的变化曲线(图 6-43),从中可以判定出析锂的起始 SOC(图 6-43 曲线中的箭头所示);进一步,做出充倍率-析锂起始 SOC 的关系图,通过指数拟合,获得充电窗口(图 6-44 中蓝色曲线)。由于图 6-42 中的倍率测试经过了阳极电极 0mV 点,因此可以同时获得负极电势 0mV 时的充电窗口(图 6-44 中红色曲线)。可以看出,与负极电势 0mV 时的判定结果相比,$\Delta E$ 判定的析锂窗口更宽。我们基于 $\Delta E$ 判定结果进行了实际拆解,根据目视和 SEM 测试,均未发现锂枝晶,证明 $\Delta E$ 方法的结果更加接近真实情况。

　　为了验证新方法的普适性,我们针对不同负极体系(石墨、石墨/硅复合负极)在不同环境温度(常温、-20℃)下进行了测试,均证明以 $\Delta E$ 方法判定的结果更加准确,拆解均不析锂,且精度优于 5%SOC(精度指三电极判定结果与真实析锂起始 SOC 的偏差,后者以 SEM 图片中是否有锂枝晶为判据)。图 6-45 是某电芯在 -20℃ 下的测试结果,由于低温下极化大,因此析锂过电势较高,用 $\Delta E$ 方法判定的析锂窗口比 0mV 判定的结果明显更宽。

　　进一步,基于图 6-46 中 $\Delta E$ 方法的判定结果,进行了电芯拆解目视和 SEM 表征,可以看出:第一,采用 $\Delta E$ 方法判定的析锂窗口进行测试,电池均不析锂,证明方法更加符合真实情况,且判定不存在滞后现象;第二,$\Delta E$ 方法判定的析锂窗口与真实析锂 SOC 的差异在 0~3%SOC,证明精度极高。

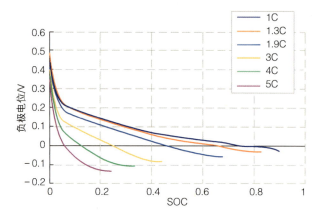

图 6-42　不同倍率下负极电势曲线

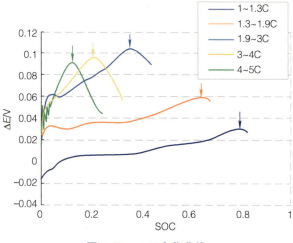

图 6-43　ΔE 变化曲线

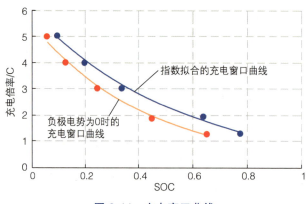

图 6-44　充电窗口曲线

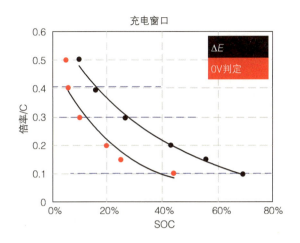

图 6-45 某款电芯在 -20℃下的析锂窗口测试结果

| 充电倍率 | | 0.1C | | | | 0.3C | | | | 0.4C | | |
|---|---|---|---|---|---|---|---|---|---|---|---|---|
| 析锂起始点 | $\Delta E$判定 | 69% | | | | 27% | | | | 16% | | |
| | 0V判定 | 44% | | | | 10% | | | | 6% | | |
| 实拆结果 | SOC | 80% | 75% | 72% | 70% | 35% | 30% | 27% | 25% | 20% | 18% | 16% |
| | 拆解目视 | 析锂 | 不析锂 | | | | | | | | | |
| | SEM | | | | | | | | | | | |

图 6-46 某款电芯在 -20℃下的析锂窗口对标结果

总之,我们基于电化学原理,成功开发了一种新型析锂窗口测试方法,从根本上解决了析锂过电势未知导致的问题。该方法的判定结果与真实析锂 SOC 偏差低于 5%SOC,且具备普适性。

### 2. 产气内压测试方法

电池产气会引起电池内压增大,当内压值超过电池封装结构的压力承受阈值时,电池结构失效,会产生漏液等问题,通常体现为绝缘故障报警;另外,因为气体存在于界面,所以还可能引起浸润问题,干扰锂离子正常传输,导致界面产生黑斑或析锂。电池产气主要存在于化成阶段和电池使用阶段。化成阶段产气主要来源于阳极 SEI 成膜,由于电池通常在化成和老化后才进行封口,因此这部分气体不会存在于电池内部,不会对电池的使用带来负面影响。在电池使用阶段,产气主要来源于阳极 SEI 的破裂和修复、阴极上电解液氧化。因为电池已经封口,所以使用过程中产气将引起上述两个方面的问题。因此,尽管各项标准中均未对产气进行规定,但是监控电池使用过程中的产气具有重要意义。

软包电池可以通过测试电池体积变化反映产气,硬壳电池产气测试有两种方法:一种是"气压表法",即电池生产后,通过注液口连接气压表,以气压表读数反映产气大小;另一种是"扎针法",即采用连接气压表的钢针扎入电芯,通过气压表测试内压。两种方法的示意图如图 6-47 所示。

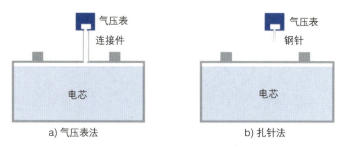

图 6-47 硬壳电芯产气测试方法

两种方法的优缺点见表 6-10：气压表法适用于研发测试，实现电池全生命周期内产气监控；扎针法适用范围广，不仅适用于研发测试，也适用于市场上电池包中电池内压测试，但缺点在于易漏气导致测试结果偏低，且对电池封装结构造成破坏，难以重复测试。除了上述典型的问题外，一个经常忽视的问题在于气压测试系统引起的残空间改变，电池无论连接气压表还是扎针，连接管路和传感器本身都会存在一定的内部空间，都将引起电池真实残余空间变化，导致相同产气量下气压不同。因此测到的气压与真实值存在偏差，无法反映电池的真实产气行为。

表 6-10 气压表法和扎针法优缺点对比

| 序号 | 测试技术 | 优点 | 缺点 |
| --- | --- | --- | --- |
| 1 | 气压表法 | 不破坏电池，可以产气监控 | 需外接气压表，只能用于研发测试 |
| 2 | 扎针法 | 适用于所有电芯 | 易漏气，破坏电池封装结构 |

为此，宁德时代开发了残空间测试技术，以测试电池自身的残空间以及气压测试设备的残空间，获得两者的残空间后，可以根据气压测试结果，准确计算出电池的真实气压[8]。这种方法大幅提升了产气测试的准确性，目前已经成功在公司内获得了应用。

残空间测试基于理想气体状态方程和质量守恒定律，兼具成本低、操作简易、准确度高的优点。其原理如下：

如图 6-48 所示，左侧是已知体积（$V_1$）的标准腔体，内压为 $P_1$（以大气压为零点）。右侧是待测样品（内部体积 $V_2$ 未知）。测试前，样品接通大气，内部气压 $P_2$ 为零。测试时将二者接通，有如下关系：

$$V_1 P_1 + V_2 P_2 = (V_1 + V_2) P$$

式中，$P$ 为平衡气压；$P_2$ 为零。

由此可得样品体积 $V_2 = (P_1/P - 1)V_1$，即已知 $V_1$ 时，待测样品体积 $V_2$ 可以通过测试 $P_1$ 和 $P$ 计算获得。标准腔可以采用不锈钢等材料制成，其内部体积 $V_1$ 可以通过注水等方式计算获得（注满去离子水，以电子天平称量获得水的质量，除以水的密度可以获得体积）。$P_1$ 和 $P$ 可以通过气压表进行精确测量。我们发现，待测样品体积的测试精度与气压表精度密切相关，采用高精度气压表时，测试偏差仅 0.04% 左右。

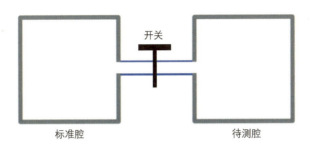

图 6-48 测试原理示意图

### 6.3.2 先进测试方法展望

动力电池系统是电动汽车领域的心脏,其性能的优劣直接影响到电动汽车的续驶里程、安全性和经济性,而动力电池测试技术是评价其性能的天平。随着近年动力电池测试技术快速迭代发展,当前行业的测试技术已经走过了粗放发展的阶段。随着动力电池产品应用多元化、系统智能化、高性能需求等发展,动力电池测试技术需不断迭代优化,主要优化方向聚焦在如下几点:

1)测试标准参数缺乏与用户的关联性。虽然行业针对中国应用场景建立了国内测试标准体系,但参数大多直接引用国际标准,缺乏基于国内用户实际工况的研究,导致测试结果无法反映实际产品性能,如电池包容量受到环境参数、用户使用习惯、道路工况的影响。放电过程电流属于动态变化过程,且放电能力与电池经历和热管理相关,但容量测试时多以 1/3C 或 1C 恒流放电,与实际用户工况不符,导致台架容量测试与实车存在偏差。

2)测试标准载荷单一,未考虑产品的多样性。随着动力电池终端产品种类多、应用场景差异性大,GB/T 15089—2001《机动车辆及挂车分类》和 GB/T 3730.1—2022《汽车及汽车列车的术语和定义 第 1 部分:类型》均对道路汽车按类型、载人/载物及车重等规则进行了详细细分,但动力电池测试标准多以一个标准载荷覆盖所有车型,导致测试载荷与产品应用场景匹配度差。

3)电池包台架与实车界面存在差异性。电池包与终端产品的界面交互涉及环境、机械、电性能、热管理及通信等多场耦合作用,特别是热管理系统的特性影响电池包的热性能及电性能,如电池包温升速率、最大最新温度、容许充放电功率及能耗等。但随着新能源汽车的发展,电池包热管理系统种类多、复杂度高、耦合实车空调热管理系统,使电池包台架测试时热管理系统的等效难度增大,现有标准和台架仍选用水冷机简单地模拟电池包热管理系统的开关和最大能力,台架缺乏与实车热管理系统实际的等效性,且台架测试时未考虑电池包热管理的耗能,导致台架测试结果优于实车。如低温快充时,台架水冷机的能力高于实车,台架测试时快充时间会少于实车。

4)零部件测试标准缺乏与电池包的等效性。电池包内零部件测试载荷多参考汽车电子电器测试标准,缺乏从整车或电池包系统分解的零部件载荷的研究,未考虑电池包产品特性，使电池包零部件测试无法与实际载荷等效，导致产品过测试或欠测试。如模组实际安装在电池包内部，电池包气密通常在 IP67 以上，模组实际工作湿度和随环境温度变化速率均低于电池包，但现有模组湿热循环测试多参考电子电工产品环境试验标准 IEC 60068，其适用对象为直接安装在车辆上暴露在环境中的电子电器件，其测试条件远高于电池系统的湿热循环测试标准，导致模组测试过测试。BMS 通过对电芯单元与执行器的实时监测与管理，它的可靠性和合理性是动力电池产品工作时的安全性、稳定性与可靠性的保障，但 BMS 功能测试多是基于 BMS 的设计策略开展，现有 BMS 功能测试多为单点功能验证，缺少对电芯不一致性、整车复杂工况、充电桩差异性等模拟，且行业内缺乏统一的测试规范，导致 BMS 部分功能验证依赖实车，不利于提前识别和优化产品设计问题。

随着电动化的渗透、大数据应用普及、设备智能化发展、虚拟试验等科技的快速发展，使我们有能力进一步优化动力电池测试技术，实现动力电池测试技术模拟实际应用场景，提高台架测试的准确性和可靠性，同时实现基于零部件测试提前探测产品设计问题，缩短产品开发周期及成本，为电动汽车的发展提供有力支持。主要发展方向如下：

1）建立等效实际用户工况的测试工况载荷。随着新能源汽车渗透率的逐步增加，国家及各公司均逐步建立了新能源汽车运营数据中心，如北理工的新能源汽车国家监测与管理平台，形成了电池包海量的实际用户工况库和故障信息库，为等效用户工况的制定提供了基础。借助数据中心的实际用户工况数据，通过数据进行分类、统计、聚类、载荷规整、载荷加速等算法开发，对动力电池应用场景及工况载荷实现精细化，建立动力电池测试工况场景载荷库，包括终端系统类型、应用场景、工况载荷等信息。动力电池测试标准将规范测试方法，基于动力电池的应用场景选择对应的测试载荷实现验证，主要适用于机械、电性能、循环寿命及环境等测试项的优化。

2）建立模拟整车多物理场的综合测试平台。动力电池检测设备经过几代的迭代发展，不同厂家和设备间实现了通信协议标准化、传感器配置多样化、数据采集及控制智能化；电动整车仿真技术与硬件在环测试技术的发展，使台架测试模拟实车界面成为可能。为实现模拟电池包在整车的界面，将建立模拟整车物理场的综合测试平台，包括但不限于利用温箱及风机模拟整车环境场、充放电机模拟电性能和充放电交互、智能水冷机模拟实车热管理系统、整车仿真模型模拟实车系统运行及控制、中控平台实现多物理场的耦合控制，代替实车在台架提前实现对电池包系统的综合检测及优化，主要适用于热管理、快充、系统功能等测试项的优化。

3）从整车/电池包系统测试分解零部件测试规范。现有电池包测试方法和载荷逐渐合理性，数据采集系统能力逐渐完善，可在整车或电池系统测试时增加电池包内外部的机械、环境、电性能及热管理的载荷采集，通过测试数据统计分析、载荷归一化处理及增设安全系数等处理，使零部件测试载荷与系统载荷相对匹配；并通过分析零部件在整车/电池包的工作界面，开发模拟电池包的零部件测试平台和方法，从而建立等效整车和电池包系统的零部件测试载荷和方法。将在电池包系统测试前实现对零部件的测试验证,实现产品问题前置探测,缩短开发周期,降低产品整改成本,主要适用于模组、电芯及 BMS 等核心零部件的机械、环境类测试项的载荷优化。

总之,动力测试技术期望实现等效终端用户工况、等效整车界面和前置探测的目标,保证动力电池检测的完整性和有效性,优先保证新能源产品在终端应用的可靠性,同时兼顾产品开发周期和成本的降低,促进新能源行业竞争力的提升和发展。

### 6.3.3 智能测试装备展望

以上章节介绍的动力电池系统的检测方法需要依托于测试装置来实现。目前,我国动力电池测试装置已经形成了一定规模和自主研发能力,并逐步实现了国产化。然而,随着动力电池应用领域的扩大、生产成本降低和市场竞争的加剧,动力电池测试装置仍存在不足点,需要不断迭代升级。主要问题包括:

1)测试装置的自动化程度不高。当前的测试装置往往需要人工干预和操作,导致测试过程烦琐复杂,耗费大量时间和人力物力资源。此外,由于人工操作的主观性和误差性,因此测试结果可能存在一定的偏差和不确定性。

2)测试装置的智能化程度普遍水平较低。当前测试过程需要人工介入判断测试装置是否存在异常、测试数据是否存在异常、测试标准或参数是否满足要求等,对人员的强依赖性限制了测试研发效率的提升。例如:当装置故障发生后,通常需要依靠人员的经验进行装置的维修,导致问题的解决较为滞后,进而影响测试时效。缺乏智能化的故障诊断和维修系统,无法快速准确地定位和解决装置故障。此外,装置的校准通常按照固定期限进行,缺乏智能化的监测和校准系统,无法实时追踪和评估装置在使用期间的精度变化。这可能导致装置的精度出现偏差,而无法及时发现和校准。若装置精度超出偏差,则会导致测试数据无效,进而影响测试的交付。

3)动力电池测试装置能耗高是一个具有挑战性的问题。现有测试装置在进行动力电池测试时,通常需要消耗大量的电能,这不仅增加了测试成本,也对能源资源造成了不必要的浪费。同时,高能耗还需要额外的冷却系统来处理测试过程中产生的热量,进一步增加了能源消耗和运行成本。此外,测试装置在工作过程中还会产生废气和废热,对环境造成一定程度的污染和负面影响。这些问题的存在限制了动力电池测试装置的可持续发展和应用。

在工业 4.0 的技术浪潮下,传感器、大数据分析、人工智能、数字孪生等新兴技术逐步渗透到制造业中,为动力电池测试装置的优化升级奠定了技术基础,使我们有能力实现测试装置的全面自动化、高度节能化、应用智能化,提高测试效率、节省测试成本、提升测试准确性和安全性。主要发展方向如下:

首先,建立大规模的自动化测试能力是关键。随着传感器技术及控制技术的发展,自动化技术广泛应用于制造企业的经营管理和生产管理中,使企业的资源计划和制造过程管理的效率显著提高,成为提高企业竞争力的核心技术。因此,动力电池测试装置自动化也是测试领域的必然发展方向。在自动测试系统中,用计算机控制可以实现自动编写流程、自动测试、自动记录、处理和分析数据，测试速度比人工测试快几十到几百倍。只有自动测试才能提供足够快的速度进行实时测量、实时处理、实时控制，使测试、分析和测试结果的应用融为一体。在测试速度、精度，测量准确度等方面全面超越传统测试装置。

其次，测试装置应实现碳中和，减少对环境的影响。这可以通过采用可再生能源供电，如太阳能和风能，以降低碳排放。优化能源利用效率也可以减少能源消耗和碳排放。智能算法的引入可以实现对测试装置的自动控制和优化，进一步减少能耗和碳排放。同时，通过建立数字化管理系统，实时监测和分析测试装置的运行状态和能耗情况，可以更好地管理和优化能源使用。

最后，测试装置的智能化是关键，通过引入人工智能和大数据技术，可以实现以下方面的改进：实时监测和深度挖掘测试数据，提高对动力电池性能和健康状态的准确评估，实现风险预警和异常判断，并为产品能力水平提供决策所需的量化数据。此外，智能化测试装置还能预测其自身健康状态、故障发生概率和寿命，并提供维修、保养和汰换建议，从而提高测试装置的可靠性和稳定性。

为此，我们需要进一步研究测试装置的高度自动化和智能化，持续节能降耗。以提供最可靠、高效和精准的动力电池产品测试解决方案。我们将持续改进和创新，以满足不断发展的行业需求，并为用户提供卓越的产品和服务。

## 参 考 文 献

[1] 中国汽车工程学会．纯电动乘用车底部抗碰撞能力要求及试验方法：T/CSAE 244—2021[S]．北京：[出版者不详]，2021．

[2] 冯刘中，张雅文，张舟．电动汽车 BMS 系统架构与发展趋势 [C]// 中国汽车工程学会（China Society of Automotive Engineers）．2021 中国汽车工程学会年会论文集（2）．北京：机械工业出版社，2021：6．

[3] 张秀．CAN 总线协议与自动化测试系统的设计分析 [J]．今日制造与升级，2023（7）：60-63．

[4] JANAKIRAMAN U，GARRICK T R，FORTIER M E．Review—Lithium Plating Detection Methods in Li-Ion Batteries[J]．Journal of The Electrochemical Society，2020，167（16）：1-22．

[5] 周宇，邓哲，黄震宇，等．锂离子电池负极析锂检测方法的研究进展 [J]．硅酸盐学报，2022，50（1）：17．

[6] 樊亚平，晏莉琴，简德超，等．锂离子电池失效中析锂现象的原位检测方法综述 [J]．储能科学与技术，2019，8（6）：10．

[7] 邓林旺，冯天宇，舒时伟，等．锂离子电池无损析锂检测研究进展 [J]．储能科学与技术，2023，12（1）：263-277．

[8] 苏育专．动力电池残空间测试技术开发和应用 [J]．时代汽车，2023（24）：115-118．

# 第7章
# 动力电池的智能制造

制造技术是实现动力电池高品质要求的重要保障，也是支撑动力电池高质量发展的重要基石。动力电池制造所涉及的工艺环节多、工装设备和工艺控制较为复杂。从大的环节来划分，动力电池制造包括电芯制造和模组与电池包制造。从具体工序来划分，电芯制造又包括搅拌、涂布、滚压、分切、卷绕/叠片、壳体焊接、卷芯烘烤、注液、化成等工序；模组和电池包制造包括组件清洗、组件贴胶、侧板涂胶、组件堆叠、侧板焊接、电连接片焊接、上盖安装等。经过多年的实践与创新，动力电池产线已实现高度自动化，基于自动化产线建设超级大工厂已成为提高产品一致性和可靠性、降低产品制造成本、提高产品市场竞争力的重要策略。然而，全球电动化的高速发展对动力电池大规模制造的水平提出了更高的要求，要求电池生产线必须具备自适应性和可重构性，以满足不断变化的市场需求。因此，利用物联网、大数据等数智化技术推动制造端智能化转型、构建柔性智能制造生产线、实现从"制造"到"智造"的创新升级已成为动力电池大规模制造的新态势。

本章从制造工艺入手，全面介绍了动力电池制造的重点工序、核心工装设备和关键控制点，旨在帮助读者了解动力电池的基本制造过程；在此基础上，介绍了智能制造关键技术和发展趋势。

## 7.1 电芯制造技术

本节旨在系统介绍电芯制造技术，包括基本工艺流程、关键工序，以及专用制造、控制和检测装备等。其中，关键工序按搅拌、涂布、冷压、卷绕以及烘烤顺序进行介绍。

### 7.1.1 电芯制造工艺流程图

电芯制造涉及三大工序，包括极片制造、电芯装配和化成检测。极片制造工序又包括搅拌、涂布和辊压等具体工艺；电芯装配工序包括卷绕、叠片和焊接等工艺；化成检测工序包括化成和容量检测等工艺。整个制备工艺流程如图7-1所示（见文后插页）。

电芯制造技术经历了从"半自动化模式"到"自动化模式"的转变。

在2013年之前，电芯的制造生产主要依赖于"密集劳动力"+"单机自动化"的"半自动化模式"。在这种模式下，自动化设备主要用于对精度要求较高的工序，以提高生产效率和保证产品质量。而对于精度要求较低的工序，则通常采用更加灵活且成本更低的人工操作。半自动化生产模式虽然生产线的柔性较高，但精度不高，整体生产效率较低。

2013年之后，新能源汽车需求爆发，动力电池产量激增，传统的半自动化生产模式已无法满足规模生产需求，且人工带来的产品成本问题和一致性、可靠性问题日益凸显。此外，随着产能的提升，电芯制造生产过程中的信息化需求也明显提高，包括电芯制造的优率、劣品质量追溯以及原材料利用率等问题，半自动化生产模式越来越不能适应动力电池的发展需求。为此,人们在电芯制造生产中逐渐引入更先进的自动化设备和更完善的信息化管理系统,以提高生产效率、产品质量和制造管理水平。在技术发展和业务需求的双重推动下,电芯制造生产技术逐渐向自动化模式转变。

### 7.1.2 关键工序及工装设备

电芯制造工艺关系到电池电性能及其安全可靠性。为保证电芯产品的一致性,需要严格管控各个工序的参数。本小节将以卷绕结构方壳电芯为例,选取关键制造工序中的关键工艺、设备进行介绍。

#### 1. 搅拌工艺及设备

电极极片是锂离子电池的基本结构单元。极片制造首先需要将活性物质和其他功能组分混合分散,制备成组或高度一致的流变性浆料;而浆料制备的关键就是搅拌。

(1)搅拌工艺

为了获得均匀一致的浆料,无论采用何种搅拌方式,都需要考虑搅拌工艺对材料的作用过程。总体来看,搅拌有三个关键要素:润湿、分散和稳定化,如图 7-2 所示。

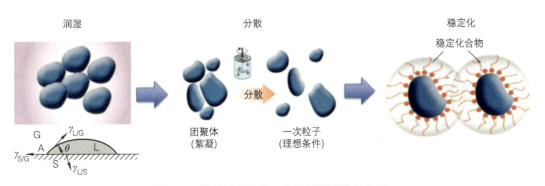

图 7-2 搅拌过程及其三个关键要素的示意图

1)润湿。润湿是指液体与固体接触时,液体在固体表面扩展分布的现象,即液体取代气体占据固体表面的过程。在制备锂离子电池浆料时,常用的溶剂包括 N-甲基吡咯烷酮(NMP)和去离子水,需要被润湿的固体包括正负极活性物质和导电剂粉体。如图 7-3 所示,当溶剂无法自发、均匀地润湿固体表面时(如去离子水在石墨表面),可以观察到浸入水中的石墨颗粒会发生团聚,并且在颗粒-颗粒之间保留薄层吸附气体形成固-气界面。如果搅拌设备无法施加足够的机械力,团聚的颗粒就无法被分散开。即使使用强力进行分散,静置之后颗粒仍会重新团聚,无法保持稳定的分散状态。相反,当溶剂能够自发、均匀地润湿固体表面时(如石墨在 NMP 中),溶剂能迅速排除固体表面的气体,形成良好的固-液界面,并将颗粒隔离开来,自然形成均匀分散的状态。

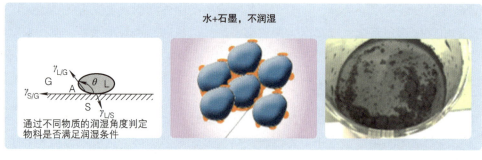

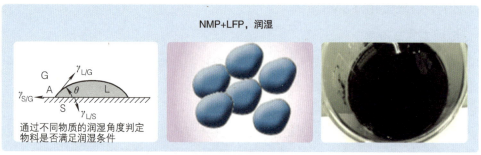

图 7-3　石墨在去离子水中和磷酸铁锂（LFP）在 NMP 中表面润湿情况对比

G—气相　S—固相　L—液相　A—三相交界点　$\gamma_{S/G}$—固气界面表面能
$\gamma_{L/G}$—液气界面表面能　$\gamma_{L/S}$—液固界面表面能　$\theta$—润湿角 / 接触角

2）分散。分散是指通过强烈的湍流运动或剪切力使团聚颗粒解聚，并均匀分散于介质中。然而，仅靠机械分散作用难以获得均匀的分散效果，因为一旦机械外力消失，颗粒就又可能重新团聚。因此，机械搅拌与化学分散相结合是较为理想的分散手段。

常见的分散设备包括以下几种类型：

① 定转子类：如研磨机、乳化机（高剪切分散）、双螺杆挤出机和高速分散机等。这些设备通过旋转或搅拌，产生强大的机械力来分散团聚的颗粒。

② 剪切型：如双行星搅拌机、分散盘以及其他类似的分散设备。这些设备通过创建湍流环境，使团聚的颗粒受到强烈的湍流剪切力而迅速分散。

③ 其他作用力型：例如超声分散机。超声波在液体中产生高频振动，形成局部的高压和低压区域，从而产生剪切力和微小气泡爆破力实现固体颗粒分散。

3）稳定化。分散颗粒的稳定化主要依靠两种力：静电斥力和位阻斥力。

在阴极和阳极浆料中，通常采用有机高分子材料（如 PVDF 等）来提供位阻斥力，以保持颗粒的稳定悬浮。高分子材料的类型、质量、分子量、取代度和改性基团等因素都对浆料的分散和稳定化产生重要影响。分散稳定化是指在静电斥力和空间位阻斥力作用下，原生颗粒或较小的团聚体被屏蔽范德华引力，从而避免颗粒的重新聚集。锂离子电池浆料属于悬浮液体系，在静止状态下随着时间的延长会发生絮凝，并由于重力作用迅速分层。为了抵御絮凝和分层的发生，浆料在使用之前需要一直保持低速分散。

（2）搅拌系统

搅拌系统包括配料系统和搅拌装备。

1）配料系统。配料系统是指将原材料（粉体、液体）按照设计剂量供给搅拌系统的装置，用于控制配料节拍及供料精度，保障制浆系统的效率与质量。配料系统包括粉料配料系统和溶剂配料系统（这里不再赘述）。其中粉料配料系统又包含行吊设备、解包站、吸料枪、料仓、正压发送罐、高位缓存罐、气力输送单元、除尘单元、称重系统等。下面展开介绍粉料配料系统。

解包站：解包站通过行吊设备将主粉料吨袋吊起，从吨袋底部解开包装，使主粉料落入解包口内。解包口下方的电动旋转阀将主粉料定量输送至料仓内缓存，如图7-4a所示。

吸料枪：对于包装较小的辅料，使用吸料枪将其输送至辅料仓。辅料枪上方有除尘口，以避免在吸料时辅粉料扬尘。

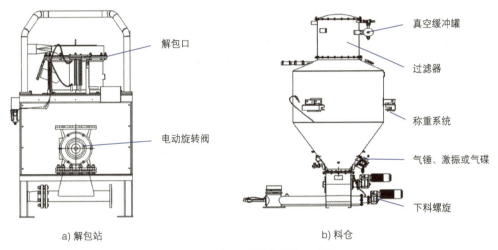

a) 解包站　　　　　　　　b) 料仓

图7-4　解包站和料仓结构示意图

料仓：作为输送过程的中间设备，料仓对粉料进行存储。料仓上带有真空上料机、过滤器、气锤、激振或气碟、下料螺旋、称重系统等设备，如图7-4b所示。真空上料机连接气力输送单元，将粉料从解包站（主粉料）或吸料口（辅粉料）通过负压吸至主料仓或辅料内。料仓内的粉料输送速度可由下料螺旋调控。为了防止料仓下部锥形结构处形成粉料搭桥，需要使用气碟、激振或气锤，对料仓内的粉料进行破拱作业。

正压发送罐：粉料输送过程的中间设备，如图7-5a所示。对于使用正压输送的粉料，需要配置正压发送罐。与料仓一样，正压发送罐也需要有气锤、激振或气碟等破拱设备。

高位缓存罐：是粉料的最终端存储设备。确定配方中粉料的重量后，高位缓存罐通过底部的电动旋转阀定量往搅拌设备（双行星搅拌机、高速制浆机）供料。

气力输送单元：粉料的气力输送包括正压输送和负压输送，需要选择合适孔径的输送管道。气力输送还需要考虑粉料对管道磨损的影响。磨损不仅缩短输送管道寿命，还会产生金属杂质，影响后续搅拌设备所生产浆料的质量。

除尘单元：在有粉料逸出风险的位置如解包站、吸料口、料仓或发送罐的呼吸口等，要连接除尘单元。除尘单元利用除尘罗茨风机使除尘管道产生负压，将逸出的粉料吸至高效过滤器中收集，如图 7-5b 所示。

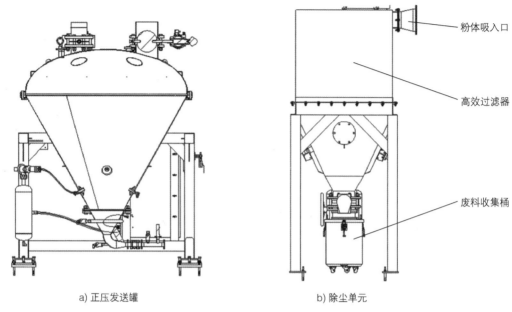

a) 正压发送罐　　　　b) 除尘单元

图 7-5　正压发送罐和除尘单元结构示意图

称重系统：称重系统是配料系统的重要组成部分。锂离子电池浆料的配料过程对配方中粉料和溶剂重量计量的精度要求很高。为了能满足工艺所要求的称重精度，称重模块的选择及安装、钢平台的结构强度、管道与需称重设备的连接方式，都要进行合理设计。

2）搅拌设备。搅拌设备主要有两种：双行星搅拌机和双螺杆制浆机。

① 双行星搅拌机是最常用的搅拌设备，主要用于电池浆料搅拌，包含两套低速搅拌装置和两套高速分散装置，并在各轴自转的同时围绕中心轴公转，从而实现高效分散和匀浆。双行星搅拌机由搅拌及分散装置、搅拌罐、液压系统、控制和显示单元、机械保护装置等组成。

a）搅拌及分散装置：包括传动机构、齿轮箱、搅拌桨（图 7-6a）、分散轴（图 7-6b）。工作时，传动机构通过空心轴减速机和齿轮箱带动搅拌桨和分散轴。两个搅拌桨同向运转，将物料由下往上翻转，搅拌转速为 1~30r/min；同时 2 根分散轴通过轴上的 5 个齿形分散盘，将物料快速分散剪切。齿形分散盘齿数在 24~28 个之间，齿高 9~14mm，齿厚 3~10mm，通常线速度为 5~20m/s。

b）搅拌罐：搅拌罐分为上罐体和下罐体。上罐体（图 7-7a）固定，与进料管道、真空管道连接，并安装有压力表、压力传感器、真空过滤器、喷淋装置（图 7-8）、视镜等。下罐体（图 7-7b）可上下活动，工作时通过液压系统提升与上罐体密封对接。物料在下罐体内进行搅拌分散。

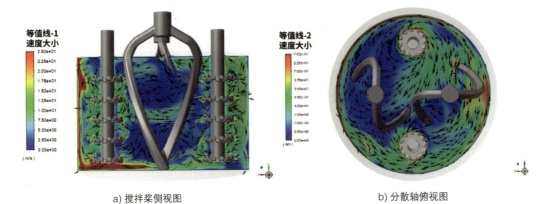

a) 搅拌桨侧视图　　　　　　　　b) 分散轴俯视图

图 7-6　搅拌桨及分散轴工作示意

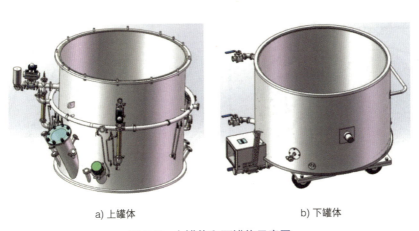

a) 上罐体　　　　　　　　b) 下罐体

图 7-7　上罐体和下罐体示意图

图 7-8　喷淋装置示意图

c）液压系统：由液压油泵提供动力源，换向阀进行方向控制，油缸执行下罐体的提升和下降动作。

d）控制和显示单元：控制单元对搅拌及分散的转速、时间，以及搅拌罐内的温度、压力等参数进行控制，以保证生产出合格的电池浆料。显示单元实时显示各部件的运行状态、各项参数设定值及实际值、配方信息等内容。

e）机械保护装置：搅拌罐下罐体提升并与上罐体对接后，由此机械保护装置对下罐体进行机械保护，防止液压系统异常导致下罐体倾覆、掉落对作业人员造成伤害。如果机械保护装置未到位，则搅拌装置无法运行。

② 除双行星搅拌机外，双螺杆制浆机也是一种比较常用的搅拌设备，主要用于一些难分散粉体的分散。双螺杆制浆机主要由两根高速旋转的组合式螺旋轴和组合式机筒构成。双螺旋具有强制输送作用和优异的混合分散能力，螺旋轴可以根据物料和配方混合工艺设定多个混合区，对物料进行强烈的剪切、研磨、分散，两根螺旋轴互相啮合，互相清理，防止混合分散过程中物料的滞留，严格保证了浆料的均一性。双螺杆制浆机工作时物料的移动方向如图 7-9 所示。

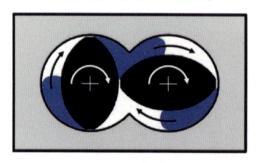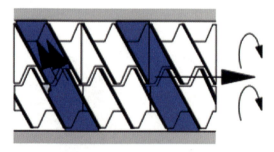

图 7-9　双螺杆制浆机工作时物料的移动方向

## 2. 涂布工艺及装备

（1）涂布工艺

涂布是电极制造的关键工序，其质量直接影响极片厚度的均一性。涂布是指将浆料均匀涂敷在基体表面的过程。本小节将介绍涂布工序的工艺流程、工艺原理以及相关设备。

涂布技术主要可分为自身计量式涂布和预先计量式涂布两种，如图 7-10 所示。自身计量式涂布方式包括浸涂、气刀涂布、刮刀涂布、辊涂、凹版涂布等。这些涂布方法的特点在于机械系统较为简单，薄膜厚度由机械系统本身和流体物性共同决定，无法用简单而精确的函数关系来确定膜层厚度。预先计量式涂布的典型方法包括挤压涂布、坡流涂布和落帘涂布。这类涂布的特点是涂布薄膜厚度可以通过涂布速度和流体流量等参数简单计算，方便进行精密控制，但其系统相对复杂。

涂布主要用于极片和功能性涂层的制备。在用于极片制备时，涂布工序将阴阳极浆料涂敷在集流体表面；在制备功能性涂层时，涂布工序将功能性浆料涂敷于改性基体的表面，以改善基体的性能。如将陶瓷粉体涂敷在隔膜基体表面，改善隔膜的机械强度和热稳定性。

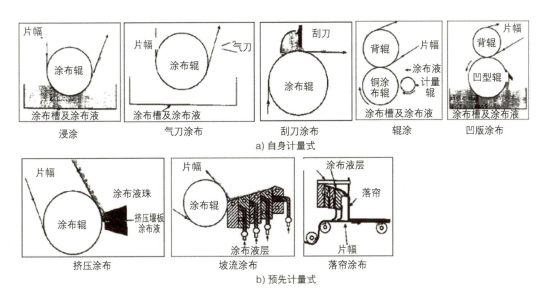

图 7-10 自身计量式和预先计量式涂布的主要方式及其工作原理示意图

涂布方式是影响薄膜产品质量的关键。常用的涂布方法包括凹版涂布和挤压涂布两种，下面分别予以介绍：

1）凹版涂布。凹版涂布装置含有一个表面布有定量格的雕花辊和一个挠性刮刀，其中雕花辊表面的定量格可以通过机械雕刻、化学蚀刻或机电雕刻获得。涂布时，雕花辊下部与待涂浆料接触，通过旋转将浆料带起，挠性刮刀将辊表面多余的浆料刮除，只留下定量格内的浆料；在格子通过雕花辊与涂布辊之间的间隙时，格中的部分涂液被转移到片幅上。浆料的覆盖范围取决于雕花辊表面定量格中浆料的数量。凹版涂布可用于精确的薄层涂布，其涂布精度比其他方法更高。

以上是常规的凹版涂布。随着科技的发展，人们开始采用微型凹版涂布技术。其与常规凹版涂布的最大区别是涂布辊也是网纹辊，网纹直径一般在 $\phi 20 \sim \phi 50 \text{mm}$ 之间。它是一种反向、接触式涂布方式，即微型涂布辊的旋转方向与料膜的走料方向相反，且料膜没有被压辊加压在涂布辊上。图 7-11 所示为微型凹版涂布和传统凹版涂布的原理图。

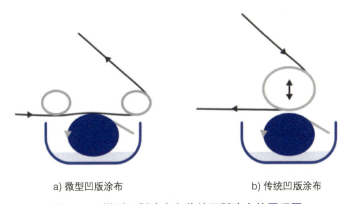

图 7-11 微型凹版涂布和传统凹版涂布的原理图

2）挤压涂布。挤压涂布是一种通过涂布头内部扁平通道端部流出涂层的涂布方法。涂布头内的条缝通道非常靠近片幅，使得流体从狭缝中排出形成涂珠，并由片幅带走。通常在涂珠下方施加负压以稳定涂珠，因此可以很好地控制涂层厚度。目前在锂离子电池行业的涂布过程中，由于涂层较厚、涂布速度较慢（目前未超过100m/min），因此尚未采用负压装置。

挤压涂布的核心是挤压涂布头腔体结构与浆料的流变性之间的配合。浆料经泵输送到涂布头腔体中，由于挤压涂布头唇口间隙较小，浆料会受到较大的流动阻力，填充整个腔体后再经过唇口涂覆在基材上。在这个过程中，要求刀模的变形尽可能小，以确保涂布的一致性。

如图 7-12 所示，挤压涂布唇嘴模型主要由上液面唇口＋上弯月面和下液面唇口＋下弯月面构成。涂层按照流量 $Q$ 从唇口的狭缝 $w$ 中挤出，在一定的间隙 $h$（包括 $h_u$ 和 $h_d$）中，按照速度 $U$ 沿特定方向涂敷在被涂物质上，最终形成厚度为 $t$ 的液膜，并进行干燥。

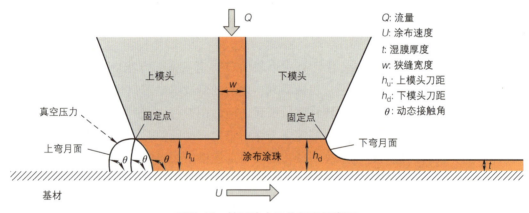

图 7-12 挤压涂布工作原理示意图

需要强调的是，涂布是各种因素综合平衡的结果。如何确保涂布涂珠稳定且连续是涂布工序的核心要素。如图 7-13a 所示，如果上弯月面填充不饱满，外部空气压力会进入涂珠，导致漏涂。一般而言，这种现象主要是由于涂布速度 $U$ 过大、涂布流量 $Q$ 过低引起的。为了保证涂布涂珠的连续性，需要尽可能减小 $h_d$（建议 $t = h_d/2$）。从这种失效模式出发，我们可以发现除了减小 $h_d$ 之外，还有其他解决方案可以实现稳定涂布。其中一个方案是在上弯月面处添加负压装置，以降低空气压力。

除了采用负压装置外，通过合理设计涂布结构也可以实现在较小间隙条件下的稳定涂布。例如将挤压头与微凹版接合，可以避免直接涂布到基材上带来的刮痕，但这需要对浆料进行特殊设计，如尽可能降低浆料的黏度，以扩大涂布窗口。

除了外部空气压力对涂珠的影响，过小的间隙 $h$、过大的流量 $Q$ 和较低的涂布速度 $U$ 也会导致涂珠异常。这类问题通常被称为淌料，即浆料无法完全涂布到目标物体上，而是沿着下端唇口向下流淌，导致面密度波动和物料浪费，如图 7-13b 所示。

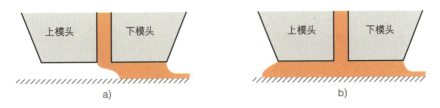

图 7-13 挤压涂布唇口涂珠对涂布质量的影响示意图

目前主流的挤压涂布方式大多采用了支持体的涂布方法。这种方法通过稳定的背辊来减小挤压头的跳动影响和基材高速移动时的张力影响（图 7-14）。

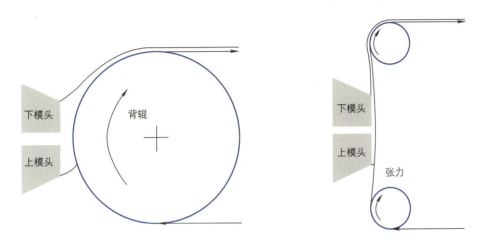

图 7-14 不同背辊挤压涂布

除了上述单层挤压涂布外，还有多层涂布技术。双层涂布在锂电行业较为常见。这种涂布方式是单次将两层组成不同的浆料同时涂布至集流体上，如图 7-15 所示。

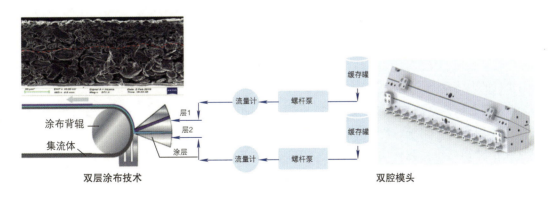

图 7-15 双层挤压涂布示意图

（2）涂布装备

挤压涂布机为当前主流的高速涂布设备，其由四大部分组成：张力传动系统（收/

放卷)、涂布系统(含供料)、涂布重量监控系统和烘箱干燥系统。其机构组成如图 7-16 所示,工作流程如图 7-17 所示。

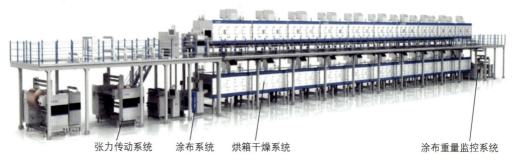

图 7-16 挤压式涂布机构组成示意

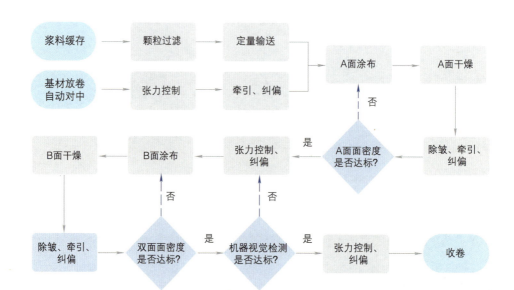

图 7-17 挤压式涂布机工作流程示意图

1)张力传动系统:包括放卷和收卷两大机构。

① 放卷机构。放卷机构包括转塔机构、驱动装置、放卷夹头、摆臂切刀组件、摆辊组件、安全防护系统、电箱以及触摸屏等部件。转塔式自动放卷机构可以实现连续放卷,在摆臂切刀组件和转塔机构的配合下,无须停机即可自动更换卷材。通过张力摆辊控制放卷张力,实现均匀放卷。放卷自动接带的过程为:贴胶机先在新的料卷外侧贴上双面胶带,然后利用自动引导车(AGV)将新卷材送到转塔的外轴上;当转塔内轴上的旧卷卷径达到换卷提示值时,操作员在操作屏上点击"换卷"按钮;此时,转塔内轴会带着旧卷转动到外侧,然后内外轴同步保持线速度一致,切刀摆臂抬起,经过操作员确认后点击"切断"按钮,新旧卷材就完成了自动接续。目前常见的涂布放卷方法多采用

恒定张力放卷，以保证涂布后续工艺对基材张力稳定性的要求。这种方法的特点是随着生产进行，放卷轴的卷径逐渐减小，通过张力摆辊（浮动辊）和张力传感器的检测控制来实现带材的稳定走动和张紧。

② 收卷机构。收卷机构整体组成与放卷机构类似，唯一增加的是收卷压辊组件。其作用是将制成的极片卷紧并固定，防止料卷松脱或滑动，保证收卷的质量和稳定性。在收卷过程中，为了防止极片因收卷过松而出现打滑错位，或因收卷过紧而出现锥形错位现象，除了采用上述的收卷压辊外，还需要对收卷张力进行锥度调节。锥度张力与收卷卷径有关，其计算公式为

$$F = F_0 \left[ 1 - k \left( 1 - \frac{d_0}{d} \right) \right] \tag{7-1}$$

$$F = F_0 \left[ 1 - k \left( \frac{d - d_0}{d_n d_0} \right) \right] \tag{7-2}$$

式中，$F$ 为目标张力；$F_0$ 为设定张力；$k$ 为锥度系数；$d_0$ 为锥度起始直径；$d$ 为当前实际料卷直径；$d_n$ 为锥度结束直径。

以式（7-1）进行的张力锥度调节称为曲线锥度拟合，此方式需根据实际多个样品情况，选择与张力匹配最佳的样本进行曲线锥度拟合，得出最佳的 $k$ 值系数。当 $d<d_0$ 时，张力为恒张力；而当 $d>d_0$ 时，张力随着直径的增加逐渐减小。以式（7-2）进行的张力锥度调节称为区间锥度拟合，区间锥度多为根据实际应用场景设定的卷径区间。收卷张力根据当前卷径所处区间的张力公式进行调节，设置区间越多，控制效果越佳。

2）涂布系统。涂布系统由涂布机头和涂布单元组成。其中，涂布机头主要由供料单元和涂布单元两部分组成。涂布工艺过程为：通过螺杆泵将预先制备好的浆料从储料罐中定量泵入挤压模头内；在模头腔体受到压力作用的情况下，浆料被均匀地展开并从模头的狭缝出口挤出；在与涂布背辊的配合下，浆料被均匀地涂覆在箔材表面上。涂布厚度可以根据以下公式进行计算：

$$\text{涂布厚度} = \frac{\text{计量泵流量}}{\text{涂布宽度} \times \text{涂布速度}} \tag{7-3}$$

供料单元主要包括浆料缓冲罐、过滤器、浆料输送泵、压力传感器、液位传感器等。

涂布单元包括纠偏装置、挤压模头、涂布背辊、接料槽、操作平台和过辊组件等。箔材从放卷机导入后，首先进入纠偏装置进行校正，确保没有偏离。随后，经过入料胶压辊组件进行张力隔断处理，再通过涂布背辊，在挤压模头的配合下完成浆料的涂覆。最后，涂覆的极片在辊组件引导下进入涂布烘箱内干燥。挤压模头是挤压涂布机的关键组件之一，也是决定涂布精度的重要因素之一。它由上下模具、垫片和其他配件构成，

具体结构如图 7-18 所示。

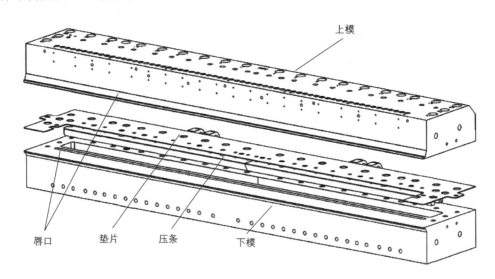

图 7-18 挤压模头组件示意图

涂布唇口由上模唇口+上弯月面和下液面唇口+下弯月面构成。当涂层从唇口狭缝中挤出时，如果上弯月面填充不足，则外部空气会侵入涂布区域，导致漏涂现象。而如果上弯月面填充过多，则浆料无法完全涂覆在基材上，会沿着下唇口流淌，导致涂布厚度波动并造成物料浪费。保证稳定且连续的涂布是涂布工序的核心要素。为了确保稳定的涂布，首先需要解决模头的选型设计问题。模头设计主要考虑以下几个方面的因素：上下模唇口的直线度，流道面平面度和粗糙度，不同浆料的流变参数（对应垫片的流道设计），模头材质的耐蚀性，以及清洗与更换的便捷性。

此外，保持稳定涂布的另一个关键点是模头与背辊之间的间隙。模头与背辊之间的位移由两部分驱动：较大范围的位移由气缸推动模头底板实现；微小调节则依靠两侧的伺服电动机驱动。通过高精度接触式位移传感器实时检测整体间隙量，其分辨率可达到 $0.01\mu m$。

3）烘箱干燥系统。目前，动力电池极片常用的烘干方式包括热风对流干燥法、红外辐射干燥法和辊接触式干燥法等。其中，热风对流干燥法是利用高温热风作为干燥媒介，在烘箱内设置密布的风嘴，将热风吹送到极片上进行干燥。常见的加热新风方式包括电加热、导热油加热和蒸汽加热等方法。红外辐射干燥法是根据辐射原理，通过烘箱内的石英红外灯管发出的电磁辐射波来干燥极片。当红外射线的波长与浆料层吸收的波长范围相符时，浆料层会吸收红外辐射能量，分子发生自由振动，热运动加剧，温度升高，从而实现快速干燥。目前，大多数涂布机采用热风对流冲击干燥方式进行烘干，接下来我们将重点介绍热风干燥式烘箱。

涂布烘箱作为烘干极片的主要单元，其组成包括上下船体、驱动辊、循环风机、换热器、过滤器、风嘴等，其主视图和俯视图分别如图 7-19 和图 7-20 所示。

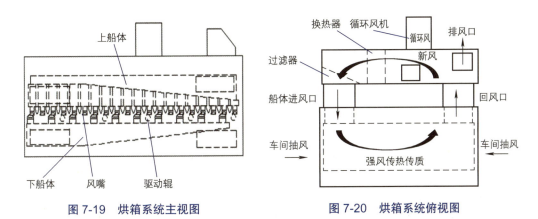

图 7-19 烘箱系统主视图　　图 7-20 烘箱系统俯视图

通过循环风机，内部循环风和外部新鲜风从入风口被吸入后箱体。在换热器的作用下，新鲜风被加热，然后加热后的热风经过过滤网从上下船体的入风口进入船体内。在船体的均风作用下，热风被均匀分配到各个风嘴，并通过上下风嘴射流出来对极片进行烘干。含有溶剂的热风一部分经过上下船体的出风口进入循环风机，另一部分通过排风口进入回收装置。经过回收处理后的部分热风会重新经过风机进行循环，以提高能源利用效率。

在上述干燥过程中，为了安全高效地蒸发溶剂，我们需要精确控制各阶段烘箱的温度、进/排风量等参数。同时，技术人员可根据温度值手动调节风阀开度来控制进/排风量，以确保烘箱内部维持负压状态，从而实现更安全、更高效的极片烘干。

4）涂布重量（Coating Weight, CW）监控系统。涂布重量是指一定面积的涂层重量，通常利用面密度仪进行测量与监控，涂层面密度，即单位面积内涂层物质的质量，对最终成品动力电池容量的一致性和各项性能具有直接影响。为了提高涂布工序的一致性，改善极片的品质，在生产过程中需要实时检测极片的涂布重量。

目前，极片涂布重量的检测方法主要分为接触式人工测量和非接触式仪器测量两种方式。接触式人工测量由于取样过程的不确定性和对生产过程的干扰，多用作抽样检查手段。非接触式仪器在线测量方式中，激光测厚仪是过去涂布行业中较常使用的一种方法。然而，此类仪器对环境、温湿度、洁净度和振动等因素较为敏感，对使用和维护要求较高。此外，采用激光测厚仪，涂布重量的结果需通过厚度换算得到，但由于被检测物为电极材料与金属箔材的复合物，其材料组成复杂，导致结果的精度难以保证。

### 3. 滚压工艺及设备

（1）滚压工艺

极片滚压工艺一般在涂布工序之后、模切工序之前，是阴阳极金属集流体（阴极是铝箔，阳极是铜箔）上涂布粉体电极材料经过辊压机压实的过程。极片进入辊压机后，在对辊压力的作用下，极片中的活性颗粒发生流动、重排，颗粒之间的空隙减少，排列紧密化。辊轧的主要目的是减小极片厚度，提高粉体层单位体积的活性物质担载量，即提高压实密度，从而达到提高电池容量的目的。

滚压有多种实现方法：从电极厚度控制方式可分为"零"间隙＋恒压力轧制、恒间隙＋恒压力轧制、恒压力轧制；从轧辊温度可分为冷轧、热轧；从电极极片轧制次数可分为一次轧制、二次轧制、多次轧制。

滚压过程中极片往往会发生一定程度的延展。如图 7-21 所示，极片在滚压时所受到的轧制力 $N$ 可以分解为水平方向的推力 $N_x$ 以及垂直方向压力 $N_y$。其中，垂直方向分力 $N_y$ 主要起到压实极片的作用，而水平方向的推力 $N_x$ 则会导致极片在机械运动的纵向（MD）方向发生延展。

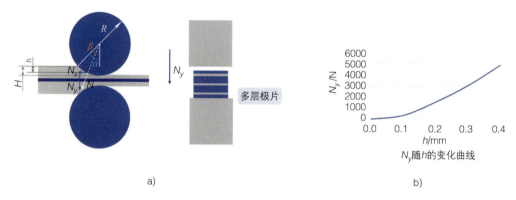

图 7-21　滚压过程中极片受力分解示意以及垂直分力 $N_y$ 随压下量 $h$ 的变化曲线

$H$—涂层厚度　$h$—实时压下量

通过测试正压力 $N_y$ 与压下量 $h$ 的关系，可得到极片滚压过程中水平方向的受力变化，即 $N_x$ 的变化，如图 7-22 所示。由图可知，极片水平方向的受力 $N_x$ 在轧制过程中呈现先变大后变小的趋势。相应地，极片延伸率 $\beta$ 也符合这一趋势。影响极片延伸率的因素主要有压下量 $h$（涂层的压缩比）、涂层厚度 $H$、轧辊半径 $R$ 以及咬合角 $\alpha$ 等。其中，咬合角 $\alpha$ 与轧辊半径 $R$ 密切相关。轧辊半径 $R$ 越大，极片与轧辊的咬合角 $\alpha$ 越小。图 7-23 分别给出了 $N_x$ 与延伸率随辊径、极片单位面积涂布质量（CW）、极片压实密度（PD）的变化曲线。由图可见，随辊径的增大以及单位面积涂布质量和极片压实密度的降低，极片水平受力 $N_x$ 与延伸率下降。

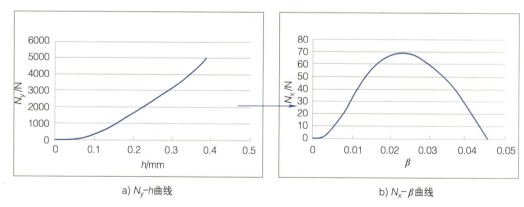

a) $N_y$-$h$ 曲线　　　　　b) $N_x$-$\beta$ 曲线

图 7-22　极片滚压过程中垂直受力随压下量 $h$ 的变化曲线和相应的水平受力 $N_x$

$h$—实时压下量　$\beta$—极片压下 $h$ 时膜片与轧辊接触弧对应的圆心角

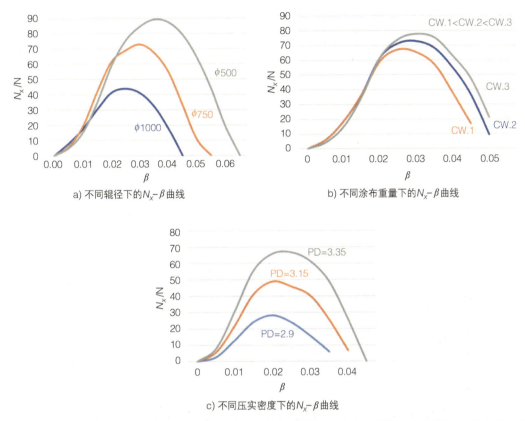

图 7-23 $N_x$ 和极片延伸率分别随辊径 $R$、极片单位涂布质量（CW）和极片压实密度（PD）的变化曲线

延展给极片滚压过程带来较大影响。当极片两侧预留有用作极耳的空箔区域时（即涂层与空箔区交替出现的斑马纹极片），由于涂层区域在 MD 方向发生延展，而空箔区域因没有受到轧辊作用力而不发生延展，因此极片在 MD 方向会出现皱褶变形，甚至断裂，如图 7-24 所示。

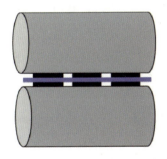 

图 7-24 斑马纹极片滚压时出现的皱褶现象

为避免极片在滚压时出现皱褶变形，人们提出了冷压 Pinch 技术。冷压 Pinch 技术的基本原理为：采用差速拉伸原理，在轧辊前后增加传动辊。前传动辊、轧辊、后传动辊速度分别为 $V_0$、$V_1$、$V_2$，其中 $V_0 < V_1 < V_2$。速度差异使轧辊前后产生张力，张力作用于空箔区使其发生拉伸延展。当控制空箔区与涂层区延展相同时，极片均匀延展，不会

因各区域延展程度不同而出现褶皱。图 7-25 所示为冷压 Pinch 的工作原理，图 7-26 所示为采用冷压 Pinch 技术前后极片滚压后的外观。

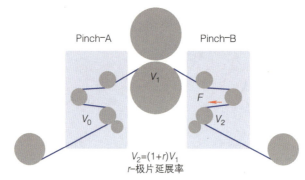

图 7-25　极片冷压 Pinch 机构示意图

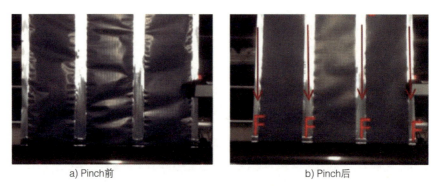

a) Pinch前　　　　　　　　　　b) Pinch后

图 7-26　采用冷压 Pinch 前后极片滚压后的外观

除避免滚压时极片出现皱褶外，滚压后极片厚度的一致性也是需要重点考量的一个指标。对于横向厚度来说，由于极片轧制时，轧制力通过油压缸作用于轧辊两侧，极片从轧辊中间穿过，两侧轧辊在受力时发生挠度变形，因此极片在轧制过程中会出现两侧厚度偏薄、中间厚度偏厚的现象。尤其在使用大压力轧制阴极极片时，轧辊变形引起极片横向厚度差异比较明显。为避免这一现象，人们提出了轧辊预弯技术，即在轧辊两侧外加与轧制力相反的作用力，以扭正轧辊在横向（TD）方向的挠度变形，从而改善极片在 TD 方向的厚度差异。轧辊预弯技术的原理如图 7-27 所示。

a) 轧辊挠度变形　　　　　　　　　b) 高精度轧机预弯技术

图 7-27　轧辊预弯技术的原理示意图

对于纵向厚度来说，受来料厚度、设备启停等因素的影响，极片滚压后在 MD 方向的厚度也存在一定波动。厚度闭环控制系统是解决这一问题的有效方法。该系统采用激光测厚仪测量极片厚度，并通过与压力调节装置的协同来实行闭环控制。当轧辊在升速或降速过程中产生较大压力波动时，厚度闭环控制系统通过实时压力和速度补偿保持极片受压和厚度稳定，从而保证极片在 MD 方向的厚度一致性。图 7-28 和图 7-29 分别给出了厚度闭环控制系统的工作机制和速度补偿机制。

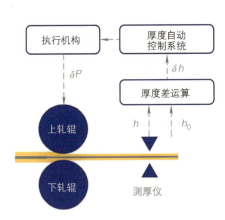

图 7-28 极片厚度闭环

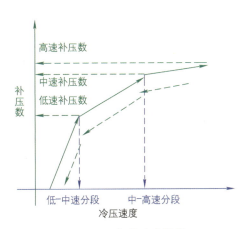

图 7-29 极片速度补偿

（2）冷压设备

轧制可使正负极片上涂覆层压实。压实不仅可以改善粉料颗粒间的电接触，减小极片的膜片电阻，提高其倍率性能，还可提高极片粉料层与集流体间的黏结力，改善极片的加工性能与循环寿命。

电极的轧制一般在冷压预分切一体机上进行。该一体机用于极片冷压和分切，主要包含放卷装置、缓存机构、轧辊系统、激光测厚仪、纠偏系统、分切装置和收卷装置等，其组成如图 7-30 所示，对应的工作流程如图 7-31 所示。以下对各部分组件分别介绍。

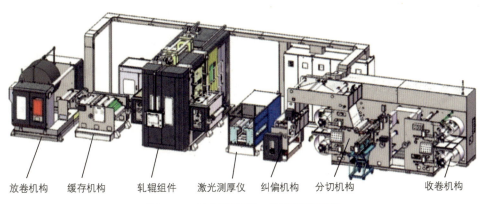

图 7-30 冷压预分切一体机组成示意

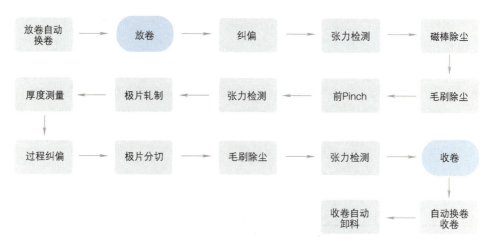

图 7-31　冷压预分切一体机工作流程图

1）放卷机构。放卷机构有手动换卷和自动交换放卷两种。手动放卷机构主要由机架组件、空箔检测机构、卷径检测机构、气胀顶锥机构、升降 V 形块机构组成，如图 7-32 所示。

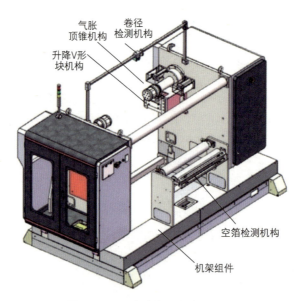

图 7-32　手动放卷机构组成示意

① 机架组件用于安装和固定其余机构和电气控制系统，是放卷机构的重要组成部分，其结构尺寸取决于极片宽度、极片膜卷最大卷径、卷筒内径和放卷轴高度等。

② 空箔检测机构采用光学传感器对放卷的极片进行检测，对漏涂的极片进行识别。当发现漏涂极片时，空箔检测机构发出停机指令，以便对异常料进行处理。

③ 卷径检测机构采用超声波传感器对放卷卷径进行实时监测，当放卷卷径接近设置的安全直径时，系统声光报警提醒；当放卷卷径低于设置的安全直径时，系统停机，须进行换卷处理。

④ 气胀顶锥机构采用双 6in（1in = 2.54cm）锥顶气胀卡头，气动胀紧方式固定，用于对极片膜卷固定，同时通过旋转电机转速控制，实现对轧制速度和极片张力的控制。

⑤ 升降 V 形块是配置在放卷机构上的一种可升降的 V 形块，用于换卷时卷料的放置及气胀顶锥的定位。V 形块配轴向限位块，防止顶锥运动时卷筒掉落。

2）缓存机构。缓存机构主要由纠偏感应器、张力检测器、摆辊机构、除铁机构、接带平台组件等组成，如图 7-33 所示。

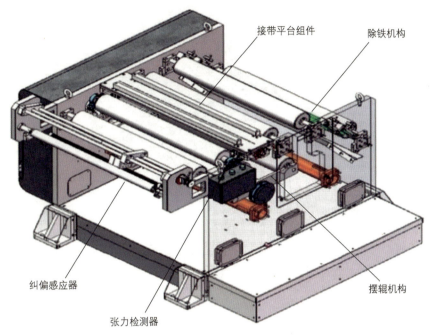

图 7-33　缓存机构组成示意图

① 纠偏感应器又由传感器、执行机构（含控制器）和两根丝杆组成。一根丝杆用于手动调节双传感器之间的距离，另一根丝杆用于手动调控双传感器的整体平移。纠偏感应器采用对射式超声波传感器对极片位置进行检测，检测精度可达 0.1mm。

② 缓存机构中的张力检测器通过张力传感器对极片张力进行检测，并指导摆辊机构进行张力闭环控制。

③ 摆辊机构由气缸、电位器、摆辊组成，根据张力传感器实测数值与设定的张力值曲线拟合来进行比例积分微分（Proportional-Integral-Derivative，PID）控制，并通过电位器控制气缸摆辊，实现张力的闭环调节。

④ 缓存机构中的除铁机构主要用于极片入辊前其表面金属粉尘的清除处理。除铁机构采用强磁（≥4500Gs，1Gs = $10^{-4}$T）的永磁磁棒，靠近极片正反面消除铁粉尘。

⑤ 接带平台组件由接带底板、压带杆及气缸组成。当需要换卷时，轧制侧压带杆闭合，将新卷极片牵引至接带底板上，闭合放卷侧压带杆，将新卷极片与旧卷极片对齐，裁切多余极片，采用胶带将极片连接，释放两侧压带杆，实现换卷接带。

3）轧辊系统。轧辊系统主要由轧制组件、控制组件、擦辊平台、换辊支架、驱动组件和拉伸组件组成，是冷压设备的"主机"，其组成如图7-34所示。

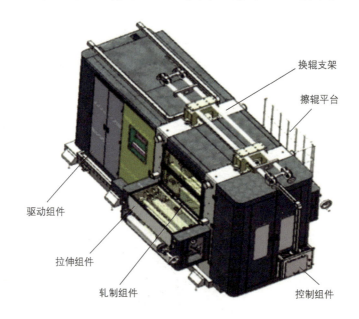

图 7-34　轧辊组件组成示意图

① 轧制组件。轧制组件主要由牌坊、轧辊副、辊面清洁机构、走带牵引装置、液压系统、动力传动系统等部分组成，如图7-35所示。

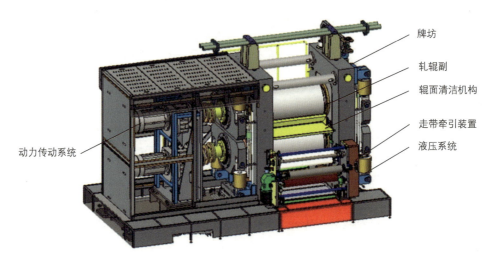

图 7-35　轧制组件组成示意图

② 轧制系统的控制组件主要由控制系统和显示屏幕组成，用于轧制过程中的参数和状态控制。

③ 擦辊平台主要用于上轧辊的表面状态确认和人工擦拭支撑。

④ 换辊支架用于轧辊更换时的吊装支撑，便于快速换辊，其固定在牌坊上面。

⑤ 驱动组件包含上下轧辊驱动电机和轧辊控制系统,用于轧制参数(如轧制速度、轧制力、弯辊、辊缝)的调控,实现精确的碾压厚度控制。

⑥ 极片冷压前后均需通过拉伸组件。拉伸组件主要用于避免电极出现褶皱,它通过Pinch机构来是实现。Pinch机构由电位器、主钢辊、拉伸摆辊、张力传感器、调节手柄、胶辊气缸、胶压辊等组成。

4)激光测厚仪。激光测厚仪用于极片厚度的实时监测。为提高极片轧制厚度的一致性,需要实时监控极片在生产过程中的厚度波动。目前极片厚度检测方法主要分为接触式人工测量和非接触式仪器在线测量。接触式人工厚度测量一般多作为抽样校验手段;而非接触式在线测厚仪行业多采用激光测厚仪。该测厚仪具有精度高、无辐射、安全性好、测量范围大、响应快速、不受被测目标材质影响的特点。

5)纠偏机构。纠偏机构通过控制系统对极片轧制过程中产生的走带偏差进行检测和修正,使极片在轧制过程中保持正确的位置和方向。纠偏是一个动态平衡过程。自动纠偏的原理是采用传感器扫描物料的实际位置,并将位置信息传输给控制器;控制器根据实际位置与设定位置之间的偏差,将纠偏信号传输给纠偏执行器;纠偏执行器立即对物料的位置进行精确纠偏。

6)分切机构。分切机构主要由接带平台、分切可调辊、分切动力机构、分切刀组组成,主要实现分切前手动接带和轧制后极片分切,其结构组成如图7-36所示。

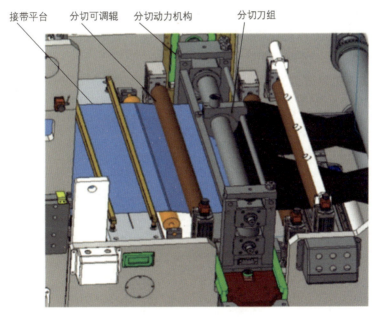

图7-36 分切机构组成示意图

7)收卷机构。收卷机构由两套双轴收卷装置构成,采用上下排布双工位滑差轴结构,配有辅助卸料机构,托臂机构、伸缩式隔板机构等,其组成结构如图7-37所示。

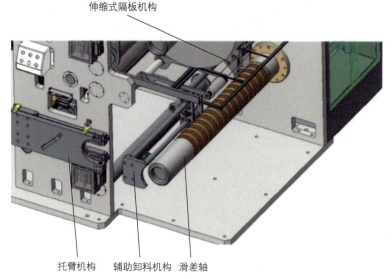

图 7-37 收卷机构组成示意图

### 4. 卷绕工艺及设备

（1）卷绕工艺

卷绕是将正极、负极和隔膜按照螺旋形式缠绕在一起，构成正极-隔膜-负极交替排列的卷芯的过程，如图 7-38 所示。在锂离子电池的卷芯制备过程中，分切后的极片和隔膜大卷卷料被装载在卷绕机的放卷轴上，极片和隔膜经过多个过辊的引导，延伸至卷针的附近位置。根据隔膜-正极极片-隔膜-负极的叠加顺序，通过机械入料动作，将它们包裹在卷针表面。接着，通过卷针的转动，形成数圈到数十圈的裸电芯结构（图 7-39）。图 7-40 所示为卷绕的工艺全流程。卷绕时的主要动作控制要点、控制手段和影响要素见表 7-1。

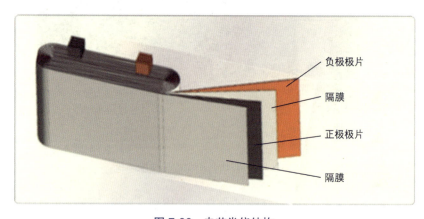

图 7-38 电芯卷绕结构

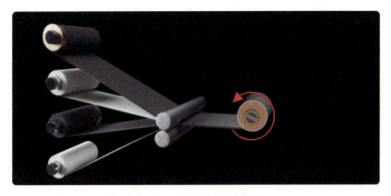

图 7-39 卷绕方式示意图

卷绕的工艺流程由图 7-40 所示。

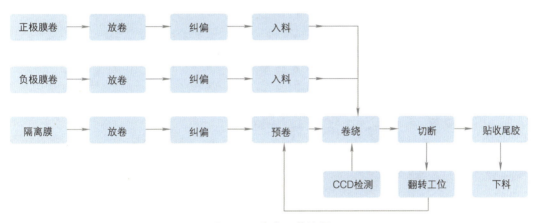

图 7-40 卷绕工艺流程

卷绕主动作控制要点见表 7-1。

表 7-1 卷绕主动作控制要点

| 基本动作 | 控制要点 | 控制手段 | 影响要素 |
| --- | --- | --- | --- |
| 极片入料 | 极片长度方向准确性 | 伺服电机控制<br>+测长联轴器定位 | 长度方向正负极错位控制 |
| | 极片宽度方向准确性 | 极片入料夹棍<br>+吹气辅助入料机构 | 宽度方向正负极及隔膜错位控制 |
| 卷绕 | 卷绕张力 | PLC 张力控制系统 | 裸电芯变形（张力过大）<br>设备运行（张力过小） |
| | 极片、隔膜边缘纠偏控制 | 多级纠偏控制系统 | 宽度方向正负极及隔膜错位控制 |
| | 卷绕速度 | 卷针旋转速度 | 设备运行效率<br>张力波动（对于各向异形卷针，卷绕速度越快，张力波动越大） |
| | 卷针形状 | 卷针设计 | 张力波动<br>电芯结构稳定性 |
| 极片切断 | 极片端部毛刺 | 切刀结构和材质 | 电芯短路，影响安全性和自放电 |
| | 极片切断过程的 Particle 控制 | 切刀位置的吸尘设计 | 电芯自放电 |

（2）卷绕设备　卷绕一般在全自动卷绕机上实现。全自动卷绕机是一种可以自动将正极极片、负极极片和隔膜卷绕成裸电芯，并粘贴收尾胶带的设备。该设备主要由机架大板、阴阳极极片和隔膜的主动放卷部分、极片的自动更换部分、至少三级的自动纠偏系统、自动张力控制和测量系统、计长系统、极片和隔膜坏品监测系统、破损检测系统、极耳打折翻折检测系统、隔膜翻折检测系统、CCD自动检测系统、卷绕完成后的自动工位切换、隔膜切断、终止胶带粘贴、下料、电芯预压、自动扫码上传等组件构成。品质良好的电芯沿着物流线拉带进行流向，而次品电芯则会分类流向NG槽。图7-41所示为全自动卷绕机的主要部件及其功能示意图。

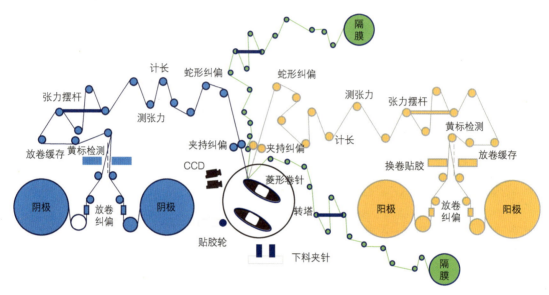

**图7-41　全自动卷绕机的主要部件及其功能示意图**

2015年以前，卷绕机普遍采用菱形卷针结构（图7-42），存在线速度低、张力周期性波动大等问题；2016年开始采用椭圆形卷针（图7-43），线速度得以提升到1200mm/s，匀速段张力波动可以控制在5%～15%内；2017年开始至今，一直采用圆形卷针（图7-44），最大线速度进一步提升到3000mm/s，匀速段张力波动可以精确控制在5%以内。

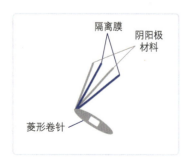

**图7-42　菱形卷针**

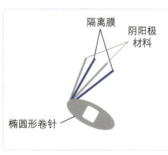

**图7-43　椭圆形卷针**

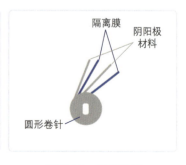

**图7-44　圆形卷针**

全自动卷绕机各部件的功能介绍如下。

1)卷绕纠偏系统。卷绕纠偏系统是用于控制膜片对齐度的主要装置。在传统的动力电池卷绕机上,膜片的控制精度通常在 ±0.5mm(CPK能力1.67)以上,这严重制约了卷芯的质量品质。而量产卷绕机采用独特的纠偏系统,极大地提升了纠偏的控制精度,达到了 ±0.35mm,并且成功解决了膜片打皱的问题。

卷绕机的纠偏系统由放卷纠偏、蛇形纠偏和入卷夹持纠偏等组成,如图7-45~图7-47所示,确保在高速运行条件下极片料线不会发生偏移。以放卷纠偏为例,纠偏控制回路由膜片、纠偏感应器、PLC(控制器)和纠偏执行机构组成。纠偏传感器通过红外光、超声波或激光等方式监测膜片是否发生偏移,并将信号输出给PLC。根据预设的料线位置,PLC发出一个校准信号给放卷纠偏机构,驱动放卷纠偏伺服电机使挂轴前后移动,从而纠正膜材的位置。

图 7-45 放卷纠偏

图 7-46 蛇形纠偏

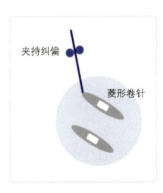
图 7-47 夹持纠偏

目前常用的纠偏方式主要有两种:边缘纠偏和对中纠偏。边缘纠偏是以分条边作为纠偏基准,但当正负极极片的宽度差异较大时,容易导致极耳侧的错位加剧。这时需要采用对中纠偏,即以极片中心线作为基准,使电芯顶部和底部的错位相等,减少不良的错位,最大限度地利用错位设计,同时减少人工干预。

在实际生产过程中,由于夹持纠偏距离卷针的距离大于200mm,且头部和尾部的极片因自由端不受控制,因此头尾的错位波动较大。这时可以采用头尾纠偏闭环控制,根据前一个电芯头部位置和料线中位数提前对当前电芯进行纠偏,以达到精确控制头尾的目的。

纠偏系统的目标是通过逐级纠偏,在放卷、输送和卷绕过程中控制正极极片、负极极片和隔离膜相对于基准位置的偏移量,以确保电芯在卷绕过程中的正确相对错位量。

2)张力控制系统。张力是卷绕过程中的关键控制指标,其控制效果直接影响卷芯的质量。一方面,卷绕过程必须保持适度的张力,以克服极片和隔膜在过辊时产生的摩擦力,并确保隔膜和极片处于适度的紧绷状态,以避免影响纠偏系统感应器检测的准确性;另一方面,卷绕过程中的张力也不能过大——过大的张力会导致裸电芯内部过度紧绷,在卷针与裸电芯分离时,裸电芯释放的张力容易造成变形,例如内圈极片的打皱等问题。因此,张力控制在卷绕过程中扮演着重要的角色。

张力是指物体在受到拉力作用下,存在于物体内部并垂直于两相邻部分接触面上的相互牵引力。卷绕过程中的张力控制有两个重要参数:张力大小和张力波动大小。通过控制卷绕张力的大小,可以避免隔膜的拉伸变形以及卷绕电芯拔针时因内应力释放导致的电芯变形问题,同时也可以调节卷电芯中膜片之间的紧密程度。而张力的控制精度不仅会带来瞬间张力过大或过小问题,还会影响到卷绕膜片的对齐度。当张力波动过大时,在高速卷绕过程中,膜片可能会跳离过辊,导致膜片料线偏移。为解决这一问题,先进的行业卷绕机采用实时快速精准的张力控制系统,实现了小张力和小波动的张力控制(在速度不超过 2500mm/s 时,可实现 4.9N 的张力控制,张力波动在 -5% ~ 5% 之间)。

张力控制系统由张力测量机构和张力控制机构组成。张力控制机构通过伺服电机驱动张力摆杆,对走带极片施加恰当的张力(图 7-48)。同时,压力传感器实时监测极片的张力,并将反馈信号传输给 PLC,形成闭环控制。为确保精准的张力控制,张力测量的频率需要达到 100Hz 以上,测量误差需在 1% 以下。此外,张力摆杆的响应时间应不超过 0.2s。为满足卷绕过程中不同阶段的需求,系统还可以独立控制卷首、过程和翻转过程中的张力。

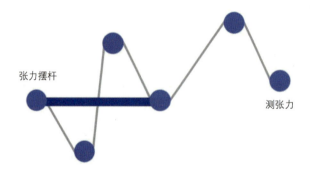

图 7-48 张力控制系统及张力在线测试

张力控制系统的稳定性受多个因素影响,除了与系统自动控制能力(如反馈调节控制模型和硬件机构的精确性和敏感性等)有关外,卷针结构也是一个重要的影响因素。卷针结构的不均匀性会导致卷绕过程中线速度的突然增减,这是造成张力变化的根本原因。因此,卷针结构对张力控制的稳定性有着显著影响。

此外,卷绕速度也是影响张力控制稳定性的重要因素。卷绕速度越快,各向异形卷针产生的线速度差值也会被放大,从而导致张力波动增加,增加了张力控制的难度。为了更好地控制各向异形卷针的张力稳定性,卷绕过程采用了变角度速度的卷绕模式,通过调整角速度来抵消卷针各向异形产生的线速度差。这种方式可以提高张力控制系统的稳定性。

3)CCD 位置检测系统。在卷绕过程中,纠偏系统为控制正极极片、负极极片和隔离膜的相对位置,避免它们之间出现错位起到了关键作用。而 CCD 位置检测系统使用

CCD 相机以相同角度逐圈拍摄膜区和隔离膜边缘，通过图像处理技术捕捉膜区边缘和隔膜边缘的像素位置，并计算极片与极片、隔膜与极片之间的相对位置关系。通过这种方式，完成对卷芯品质的检测，CCD 检测系统结构如图 7-49 所示。

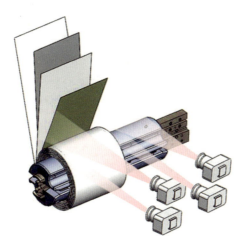

**图 7-49　CCD 检测系统结构**

CCD 位置检测主要基于以下步骤：首先，对卷绕处的相机进行像素分辨率标定，使其在卷绕过程中，持续拍摄正负极片与隔离膜的图像，根据正负极片膜区与隔离膜边缘的成像特征，通过抓取边缘确定极片膜区边缘和隔离膜图像中的像元位置。然后，计算像元位置与基准位置之间的关系，得出正负极片与隔离膜三者之间的错位情况。因此，CCD 检测的主要过程包括像素标定、图像获取、边缘抓取和错位计算。

① 像素标定：将标定尺放置在卷绕极片位置，调整相机镜头使其对焦于该位置。通过测量标定尺之间的距离（以 mm 为单位）并除以像素数（以像素为单位），可以获得相机的分辨率（以 mm/ 像素为单位）。

② 图像获取：在卷绕过程中，起动低速卷绕，并调整卷针的角度位置，使电芯的拍摄位置进入相机的视野。从初始角度开始，每圈增加 360° 的拍摄角度，以确保进行全面的检测。

③ 边缘抓取：在相机拍摄图片后，使用图像分析软件选择分析区域，并根据选定区域内的灰度值变化抓取边缘，确定边缘在图像中的像元坐标。

④ 错位计算：确认了极片膜区与隔离膜边缘的像素坐标后，根据它们之间的错位关系，CCD 软件会自动计算像素之间的间隔。通过将像素间隔数乘以分辨率，即可得到错位信息，从而完成检测过程。

4）卷绕缺陷检测系统。在卷绕过程中不仅可以检测极片与极片、隔膜与极片之间的错位，还可以检测来料异常和极片输送过程中产生的缺陷等。其中包括来料异常标识检测、极片开裂检测、极耳翻折检测和错位检测。

来料异常检测是指在前工序的生产过程中，可能存在接带、模切尺寸错误和直边余料等缺陷。这些缺陷如果进入电芯中，可能会阻断正负极之间锂离子的传输，或刺穿隔离膜导致短路,造成安全风险。因此,需要对前工序膜卷进行检测,并对异常部分进行标识。卷绕机在放卷后增加了坏品感应器,通过该感应器识别来料异常。程序通过编码器自动计算出坏品的位置,如果坏品位于当前电芯内,则在卷绕完成后排除废品电芯;如果坏品位于当前电芯之外,则在卷绕完成后进行极片单独卷绕,去除异常极片。

极耳翻折检测主要用于检测极耳的翻折现象。极耳由正负极片的箔材经模切而得,然后经过模切收卷、卷绕放卷和收卷等多道工序。在这些过程中,极耳经过了数十根过辊,自身强度较弱。由于模切走带和卷绕走带速度都较快(前者80m/min,后者120m/min),产生的离心力比较容易引起极耳出现翻折。此外,模切下料后的运输过程也容易因发生磕碰而导致极耳翻折。如果翻折的极耳被卷入电芯中,将对电芯的安全构成严重风险。极耳翻折在以往常采用人工目视检查的方法,并对出现极耳翻折的卷芯进行返修,但目前行业先进公司已经在卷绕设备中加入了翻折检测功能,以实现 $1\times 10^{-9}$ 级别的漏杀比率。

极片开裂检测是检测极片的边缘破损或开裂情况。在极片膜卷的运输、上料和收放卷等过程中,由于异常原因可能导致极片边缘破损或开裂。通常情况下,极片在模切后没有CCD二次膜区检测,此时,如果边沿开裂或破损的极片被卷入电芯中,将会造成严重的安全隐患。目前,行业内先进的公司已经在卷绕设备中增加了极片开裂检测。

极耳错位检测是检测卷芯极耳的平齐度。卷绕设备如果能够稳定控制极片和隔膜的张力,所得到的卷芯的极耳基本上是平齐的。然而,由于电池的能量密度需求增加,极片厚度和卷芯的圈数也相应增加,导致卷芯的极耳错位量也在增加。一旦错位量超过规定值,超声波将无法很好地完成极耳焊接,同时还可能给橡塑胶或防爆阀的装配过程带来干扰。通过感应器标定无错位的卷芯极耳经过感应器的位置,之后将每颗卷芯的极耳位置与标定电芯进行比较,即可得到当前电芯的错位值,完成错位检测。

### 5. 烘烤工艺及设备

(1)烘烤工艺

水分、粉尘和毛刺是锂离子电池生产过程中需严格控制的关键因素。对于锂离子电池来说,严格控制电芯中的水分至关重要。研究表明,适量的水分有助于形成以 $Li_2CO_3$ 为主、稳定性好且均匀致密的SEI膜;然而,过量的水分会导致电解液中的 $LiPF_6$ 分解,并使其产物 $POF_3$ 和 LiF 沉积在 SEI 膜表面,从而增加电池内阻极化。此外,副产物 HF 对正负极材料和集流体的腐蚀还会缩短电池的循环寿命,降低电池的安全性能。水与电解液反应机理如下:

$$LiPF_6 \longrightarrow LiF + PF_5 \tag{7-4}$$

$$PF_5 + H_2O \longrightarrow POF_3 + 2HF \tag{7-5}$$

锂离子电池一般采用真空烘烤。该过程是将待干燥的物料置于密闭的干燥室内,在抽真空的同时对物料进行加热。当物料中的吸附水获得足够的热能后,就会从物料中逸出,并通过压力差或浓度差扩散到真空室的低压区域,然后被真空泵抽走。

一般来说，电芯的真空干燥经历三个过程：脱附、迁移和扩散，如图 7-50 所示。首先，电芯从热源吸收热量，升温并使极片和隔离膜中的吸附水脱附；其次，脱附的水以气态形式迁移到极片和隔离膜的表面，然后从表面解离；最后，解离的水分子通过电芯内部空隙逐渐扩散到真空室，并向外界流动。

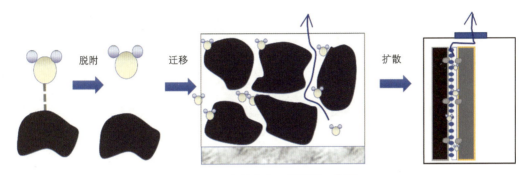

图 7-50　电芯真空干燥历程示意图

影响电芯烘烤效率的因素主要有升温速度、烘烤温度、扩散系数、压强、水蒸气分压等。

1）升温速度。锂电池真空干燥分为升温阶段及抽真空干燥两个阶段。升温速度的快慢对锂电池的烘烤效率有着重要影响。目前，电芯的升温途径主要有热辐射、热对流和热传导三种。相比于热辐射和热对流升温，热传导升温能显著提高电芯的烘烤效率。电芯不同升温方式效率对比如图 7-51 所示。由图可知，对于 EV 电池来说，采用热传导升温方式，其升温速度较热辐射与热对流联合方式快 6 倍。

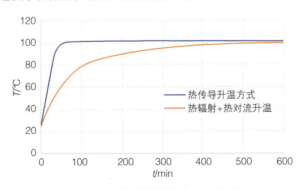

图 7-51　电芯不同升温方式效率对比

2）烘烤温度。在电芯的耐温范围内，尽可能提高烘烤温度，电芯在不同温度下的除水效果如图 7-52 所示。图 7-52a 是电芯在不同温度下的除水曲线。由图可见，对于处于同一含水量水平的材料来说，烘烤温度越高，所需烘烤时间越短。这说明提高温度可以提高干燥效率和除水效果。将图中除水平台对温度的倒数作图，可以发现两者符合 Arrhenius 方程 $k = A\exp\frac{E_a}{RT}$，由此可以推算出本体材料中水分脱附所需能量，如图 7-52b 所示。

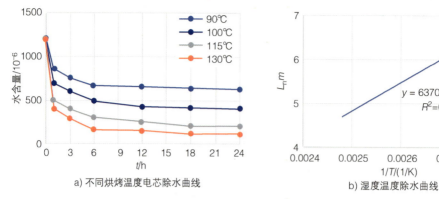

a）不同烘烤温度电芯除水曲线

b）湿度温度除水曲线

图 7-52　电芯在不同温度下的除水效果

$m$—水的质量

3）扩散系数。扩散系数是衡量水分在干燥过程中扩散难易程度的参数。水分扩散包括电极材料内部、电芯厚度和高度方向的扩散。内部扩散与材料比表面积相关，比表面积增加，材料的吸附能力增强，脱附活化能增大，水分在电极材料多孔中的扩散阻力增大，导致烘烤效率降低。目前新能源车用电池主要采用磷酸铁锂正极，消费电子电池主要采用钴酸锂正极体系。一般而言，磷酸铁锂阴极比表面积远大于石墨阳极，其对烘烤效率的影响更大，不同因素对烘烤效率的影响如图 7-53 所示。图 7-53a 表明，随比表面积增加，除水平台升高，除水时间变长。相比于表面积，电芯高度的增加对电芯烘烤效率的影响较小，如图 7-53b 所示。其原因在于，水分脱附的控制步骤为通过电极厚度方向的扩散，而不是沿着正负极间距在高度方向的扩散。

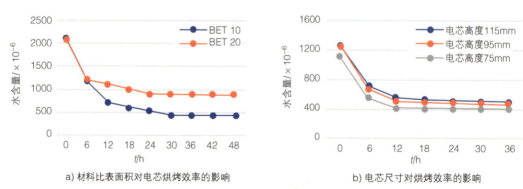

a）材料比表面积对电芯烘烤效率的影响

b）电芯尺寸对烘烤效率的影响

图 7-53　不同因素对烘烤效率的影响

4）压强。电芯内部的水分迁移除了受到温度影响外，还受到极片内部水分饱和蒸汽压与环境中水蒸气的压差的影响。一般而言，压差越大，水分迁移的动力就越大。传统的干燥工艺通常采用 $-99 \sim -90$ kPa 的真空度，在气体平衡时，电芯内外的水蒸气压差较小，使得水分子脱附后很难从电芯内部扩散到烘箱中。相比之下，采用真空度为 $0.1 \sim 100$ Pa 的真空干燥工艺，在气体平衡时，电芯内外的水蒸气压差较大，使得水分子脱附后比较容易从电芯内部逸出，从而提高烘烤效率。研究表明，随着烘箱真空度的提高，烘烤所需时间减少，如图 7-54 所示。

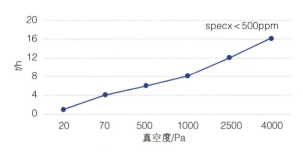

图 7-54 烘箱真空度对烘烤效率的影响

5）水蒸气分压。在真空干燥过程中，周期性地向真空腔内注入低露点热干燥气体或惰性气体的干燥方法被称为"呼吸干燥"或"置换干燥"。其原理是通过使用低露点热干燥气体或惰性气体，使得电芯周围环境中的水蒸气分压保持在较低水平，从而增大电芯内部与外部环境之间的水蒸气分压差，提高水分迁移的动力。在传统的真空干燥工艺中，这种影响尤为显著。

锂离子电芯的烘烤工序包括上料、调度、干燥和下料 4 个主要模块，其中干燥是核心模块。干燥模块的工艺流程包括电芯进入烘箱、烘箱升温、真空干燥、气体置换和水含量检测，如图 7-55 所示。烘箱是干燥模块的核心设备。常规的烘烤工艺采用全自动真空对流式烘箱，它通过一个密闭的加热装置将热风送入烘箱内部，并形成循环加热的效果。此外，烘箱内部还安装有加热板以增强保温性能。尽管该工艺方法具有较好的温度均匀性，但由于对流传热方式的效率相对较低，电芯的升温时间较长，因此烘烤效率较低。

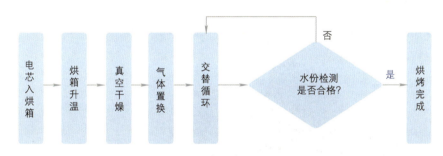

图 7-55 干燥模块工序流程

为了解决电芯升温速度慢的问题，人们提出了一种新的加热模式。该模式通过在底板设置加热膜或加热管以及大面夹具来进行加热。这种方法采用热传导方式代替传统的对流和热辐射方式对电芯进行加热，通过在烘箱底板上增设加热膜或加热管来对电芯底部进行加热，并且在电芯夹具中集成了加热单元，用于对电池两侧进行加热，如图 7-56 所示。这种工艺具有良好的保温性能和高效的烘烤效率。相比于热辐射和热对流加热，采用热传导的方式能够将电芯的升温速度提升 6 倍。

随着电池生产效率的提高，对电芯烘烤效率的要求也日益提高。增大真空干燥箱的高度来提高腔体容量是一种提高电芯烘烤效率的有效方法。与传统真空干燥箱相比，大腔体具有更高的空间利用率、更好的保温效果和更高的干燥效率。图 7-57 为采取这种方式的加热小车的示意图。

图 7-56　底板加热及大面夹具加热

图 7-57　大腔体加热小车示意图

（2）烘烤设备

烘烤设备包括烘烤调度系统和烘烤水含测试系统两大部分。

1）烘烤调度系统。烘烤调度系统是一种可用于电池自动烘烤的系统，其主要由上下料单元、调度单元、辅助单元和软件单元组成。所有的单机设备和分布式系统通过调度系统与 MES 进行数据交互，实现设备和上下游系统的集成，以满足生产线的生产能力匹配。

① 上料模块的功能是负责将物流线上的物料抓取到托盘上。上料模块包括以下组件：上料对接物流线、扫码模块、上料机器人（或上料三坐标机器人）、扫码 NG 放置平台、复投线拉带和上料夹具放置平台，具体结构如图 7-58 所示。

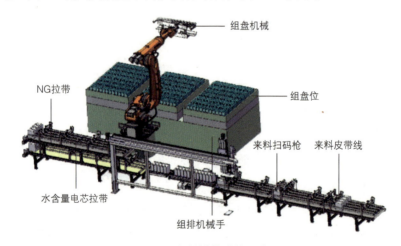

图 7-58　上料模块结构示意图

② 调度模块的功能是负责电芯的转运和调度。它采用航车提升机调度，以航车为驱动方式，使用提升机提升方式，将电池从上料模块转运至炉体或从炉体转运至下料模块，是烘烤系统电芯转运的枢纽，如图 7-59 所示。此外，它还采用机器人调度，负责搬运加热夹具，使其在上料区、真空干燥炉炉区、下料区、夹具缓存位、人工上下夹具位之间按系统指令灵活转移，如图 7-60 所示。

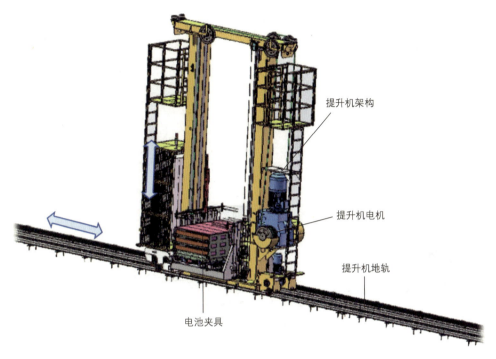

图 7-59　航车调度示意图

图 7-60　机器人调度装置示意图

2）烘烤水含测试系统。烘烤水含测试系统是负责电芯中水分含量测试的一套系统。水分会对锂离子电池的工艺特性、使用寿命、安全性和质量产生影响，因此监控水含量至关重要。该系统一般采用卡氏库伦法进行水含量的测量。

卡氏库伦法的测量原理为，在仪器的电解池中注入含水的样品时，样品中的水参与到碘和二氧化硫的氧化还原反应中。在吡啶和甲醇存在的条件下，水会生成氢碘酸吡啶和甲基硫酸吡啶，并耗尽电解过程中产生的碘。根据法拉第电解定律，电解生成的碘与所消耗的电量成正比。依据这一关系可以准确获悉样品中的含水分。库伦水含量测试仪如图 7-61 所示。

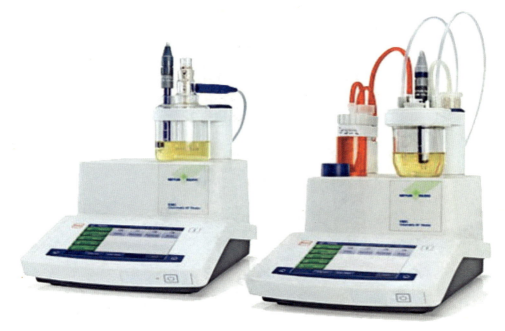

图 7-61　库伦水含量测试仪

## 7.2　电池包的制造技术、关键工艺和专用设备

本节在简要介绍电池包制造技术发展历程之后，重点介绍了电池包的制造工艺，包括制造流程、关键技术与专用装备等。其中，关键技术包含宽幅涂胶技术、激光填丝焊技术、超声键合技术、尺寸工程技术、以及气密测试技术。本节还对这些技术的优劣势进行了分析。

### 7.2.1　电池包制造技术的发展

（1）电池包技术发展简介

在电池包技术发展早期，由于简单的"油改电"，几乎所有的车都没有为电池包专门进行空间设计，因此电池模组尺寸及布置方式五花八门。随着电动汽车市场的逐渐增大，以及规模化制造的降本需求，整车开始进行专门的电动化设计，模组标准化被提上日程，并逐渐形成了一些尺寸相对规范的标准模组。但基于模组到整包的（Module to Pack，MTP）的电池系统，其空间体积利用率不高，成组效率较低。为在有限的底盘空间内装配具有更大能量的电池包，行业开始发展大模组技术，以减少模组量、增大电芯配置空间。进一步地，人们设想若能彻底去除模组，就可最大限度地得到电池包的体积。由此，CTP（Cell to Pack）技术应运而生，并很快得到广泛应用。随着电动汽车底盘和车身技术的发展，电池包的概念也在逐渐被淡化，基于的电池-底盘一体化（Cell to Chassis，CTC）技术和的电池-整车一体化（Cell to Body，CTB）技术正在紧锣密鼓地开发当中，成为下一步动力电池系统技术的重要发展方向。

模组和电池包的制造工艺，本质上是将电池单体及相关零部件通过最优的连接方式组合在一起。这些连接主要作用有支撑、固定、缓冲、过流、导热、密封等。电池系统制造技术的发展就是寻找最优连接、组合方式以及最前沿技术应用的历程。下面简要介绍电池包的一些关键制备工艺。

1）焊接：一种以高温熔合工件的制造工艺，应用于电池包制造的焊接工艺包括冷金属过渡（Cold Metal Transfer，CMT）焊接、激光焊接等。其主要用于模组围框连接（即端板和侧板的连接）、电连接（即电芯之间、模组之间、电池包与外部的电气连接）等。其中激光焊接具有焊接效率高、一致性好的优点，是较为常见的焊接方式。

2）铆接：一种利用轴向力将零件孔内的铆钉镦粗并形成钉头，使多个零件相连接的方法，包括抽芯拉铆、TOX 铆接、自穿刺铆接（SPR）等。因为材料适用范围广，成本较低，所以也应用于模组围框连接。早期应用于电气连接，但目前已被激光焊接取代。

3）螺栓连接：螺栓与螺母配合用于紧固两个带有通孔的工件，是一种可拆卸连接方式。除了用于上文提到的模组围框连接，还可用于模组连接、电池包箱体连接、电池包上盖与箱体连接、模组之间高压连接器连接以及各种零部件安装等。螺栓连接应用限制条件少，一致性高，再加上装配效率高、可返工等优点，在电池包内应用十分广泛。

4）胶粘连接：粘接工艺在动力电池中同样应用广泛，其胶粘剂类型主要有结构胶、双面胶以及导热胶，通过涂胶、喷胶、灌胶以及贴胶等工艺施胶。应用界面有电芯组件间粘接、电芯和侧板粘接、电芯和水冷板粘接、电芯和电池包箱体粘接等。

5）电性能测试：一种为了检查产品的电气绝缘性能，确保产品电气安全的方法。主要是检测系统的绝缘性能、BMS 采样、通信、控制、数据处理、充放电、故障诊断等功能，确保产品电气功能完整性。

（2）电池包制造技术发展简介

总体来看，电池包制造技术的发展经历了半自动化、全自动化、高智能化三个阶段，如图 7-62 所示。

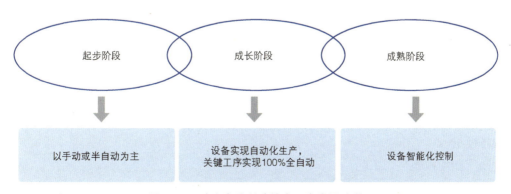

图 7-62　动力电池制造技术三个发展阶段

第一阶段：电池包制造技术的起步阶段。行业发展初期，新能源汽车处于初始渗透推广阶段，市场对电池包的需求量不高，高端制造设备被日韩所垄断，国内电池包制造主要以手动＋半自动设备为主，关键工段设备的自动化也未实现全自动化及智能集成（如成组装配、结构涂胶、汇流排焊接、成品测试），整线设备自动化程度偏低。

第二阶段：电池包制造技术的成长阶段。随着市场需求的爆发式增长，终端对电池包产能、质量、性能等要求不断提高，为电池包制造业的高质量快速发展迎来了契机。借此契机，国内锂电行业加大技术投入，快速推动技术迭代和设备自动化升级。整线级制造能力、制程稳定性、数据可追溯性、质量控制及自动化水平等均得到大幅度提升，整线人工工位大幅度缩减90%以上。业内首次导入线束隔离板自动安装、模组上盖自动安装、模组标签自动粘贴、模组保护盖自动装配、模组自动入箱、电芯自动物流派送、仓储自动物出入库外观自动检测、电芯自动成组装配、自动涂胶、线束隔离板焊接、上盖自动拧紧等全自动化设备。关键工序设备自动化及数据质量检测自动化率提升到100%，产品一致性和质量控制水平得到大幅度提升。

第三阶段：电池包制造技术的成熟阶段。电池包制造技术发展至今，已不仅仅是简单满足电池包的装配、功能、产能的要求，而是在满足质量和产能需求的前提下，实现了产线柔性化、换型自动化、设备模块化、结构精益化、物流系统化、IT系统智能化、流程可视化等智能化产线要求。在柔性生产方面，应用单排、双排、双拼等产品跨平台混线生产技术，实现了跨平台多品种小批量生产、小时级快速换型，以快速响应不同类型的市场需求。在模组与电池包的智能制造方面，通过虚拟仿真、数字孪生、精准物流规划等方法，提高了设备制造的时效性、安全性、可靠性，确保产线参数化、模块化、可视化设计落地。在制造创新升级方面，电池包制造业内首次导入模块化标准物流线设计、高效磁驱输送系统、AGV互联精准派送，提高了配方逻辑单点、多点随动配送，实现5G全时段互通互联，达到了省人增效目的。

本节旨在对电池包的制造技术进行系统且全面的介绍，涵盖电池包制造技术的发展、制造流程、关键技术与专用装备。其中，关键技术包含宽幅涂胶技术、激光填丝焊技术、超声键合技术、尺寸工程技术以及气密测试技术；本节将对以上主流技术进行优劣势分析。

### 7.2.2 电池包制造工艺流程

**1. 模组制造流程**

本小节将针对传统模组和大模组中的双拼模组为例来简述制造流程。其中，传统模组指长度为355mm、390mm、590mm的标准模组；大模组包含三明治模组、双拼模组和双排模组。

（1）传统模组生产工艺

传统模组工艺路线如图7-63所示。根据不同的产品需求，此工艺路线中往往会增加一些特定的工序。

图 7-63 传统模组工艺流程图

各工序的作用及要求如下。

1）大包装上料：将电芯从泡棉包材中转运到电芯流水线托盘上，放置到合适位置。该工序的关键控制点为抓取电芯精度、电芯转运速度、电芯编码识别准确度、电芯正负极识别准确度、电芯底部脏污识别准确度等，以避免出现电芯损伤、信息无法一一对应、电芯放反以及表面异物等问题。

2）组件清洗：通过等离子清洗技术，对电芯/侧板进行清洗，提高电芯和侧板的表面能。该工序的关键控制点为清洗速度、清洗距离、清洗功率、清洗转速、清洗效果时效性等，以保证电芯表面清洁度满足胶粘界面需求。

3）组件贴胶：将隔热垫、缓冲垫粘贴到电芯大面，并检测粘贴效果。其关键控制点为垫子粘贴精度、有效粘接面积、有效粘接强度、垫子滚压强度、离型纸残留，以满足零部件粘贴装配后的尺寸、粘接面积及粘接强度管控的要求。

4）侧板涂胶：将结构胶水涂敷至侧板表面，并检测涂胶效果。其关键工艺控制点为涂胶胶水重量、涂胶胶水比例、涂胶胶水轨迹、胶水剪切力、有效粘接面积等，以满足侧板装配后胶水粘接强度的要求。

5）组件堆叠：指按一定的顺序堆叠端板、绝缘罩、电芯、隔热垫等零部件，并在堆叠完成后从模组长度方向大面加压直至模组达到指定长度。其关键工艺控制点为堆叠组件顺序、堆叠的定位基准、模组大面加压力、模组加压强度、模组加压时间等，以保证模组的装配尺寸达到要求。

6）侧板焊接：将侧板安装至模组侧面，并采用焊接、铆接等工艺将其连接，起到固定强度的作用。该工序的关键工艺控制点为侧板装配位置精度、侧板和端板配合间隙、侧板和端板焊接强度、焊缝的熔深熔宽、焊接的工艺参数等，以避免出现端侧板错位、连接强度不足等问题。

7）加热静置：将焊接后的模组放置到侧板加热工位，使胶水快速固化。其关键工艺控制点为加压压力、加热温度、加热时间、静置时间、加压精度等，以避免出现模组尺寸不良、因胶未固化而在搬运时出现电芯滑移，以及压胶面积不足、侧板/电芯压伤等问题。

8）电连接片焊接：将电连接片安装至电芯极柱，并采用激光焊接工艺将其连接。其关键工艺控制点为电连接片位置精度、电连接片和巴片间隙、电连接片和巴片焊接强度、焊缝熔深熔宽、焊接工艺参数等，以避免出现虚焊、爆孔等焊接不良，导致有效过流面积不足。

9）电性能测试：对电池施加高频交流电流，测量电流流过后的压降，计算电池交流内阻。其关键工艺控制点为模组对壳绝缘、模组对壳耐压、模组总电压、电芯间压差（串联）、模组交流内阻等，以避免出现模组低电压、绝缘耐压不良等不良品流出。

10）上盖安装：将上盖按压装配到模组上方，并用铆钉使其固定。其关键工艺控制点为上盖装配尺寸、上盖正负极纠偏、上盖不破损、铆钉数量、铆钉安装压力等，以避免发生上盖装反、模组高度尺寸不良、上盖安装不良、脱落导致模组短路风险等问题。

11）全尺寸测试：使用2D/3D视觉装置成像原理结合产品实际状态，输出相关形位公差数值。其关键工艺控制点为识别精度、量程覆盖、状态稳定、节拍满足、光源亮度等，应保证模组尺寸测量的准确性，以避免尺寸不良品流出。

12）模组终检：指出货的目视检查，包括制程及外观的一些关键要求确认。关键控制点为模组表面是否损伤、零部件是否漏装、条码位置/内容是否准确、线束隔离板是否正常等，避免模组外观不良产品流出。

（2）双拼模组生产工艺

双拼模组工艺路线如图7-64所示。根据不同的产品需求，此工艺路线中有时还会增加或删减一些特定的工序。

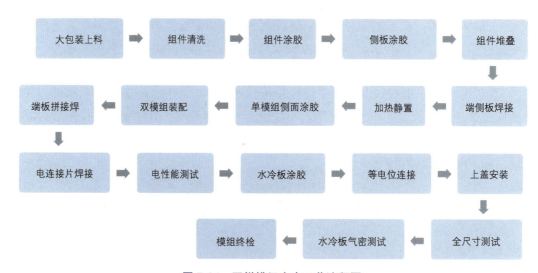

图7-64 双拼模组生产工艺流程图

各工序的作用及要求如下：

1）大包装上料：与传统模组工艺要求相同。

2）组件清洗：与传统模组工艺要求相同。

3）组件涂胶：将结构胶水涂敷到电芯、端板、绝缘罩，并检测涂胶效果，用于增加模组强度。其关键工艺控制点为涂胶胶水重量、涂胶胶水比例、涂胶胶水轨迹、胶水剪切力、有效粘接面积等,以保证组件装配后电芯大面间胶水的粘接强度满足要求。

4)侧板涂胶:与传统模组工艺要求相同。

5)组件堆叠:与传统模组工艺要求相同。

6)端侧板焊接(激光填丝焊):将侧板安装至模组侧面,采用激光填丝焊等工艺将其连接,起到固定强度作用。其关键工艺控制点为侧板装配位置精度、端侧板配合间隙、侧板与端板焊接强度、焊缝的熔深和熔宽、焊接的工艺参数(如激光功率、送丝速度等)等,以避免出现端侧板错位、连接强度不足等问题。

7)加热静置:与传统模组工艺要求相同。

8)单模组侧面涂胶:将结构胶水涂敷至侧板外面,并检测涂胶效果,用于连接两个模组。其关键工艺控制点为涂胶胶水重量、涂胶胶水比例、涂胶胶水轨迹、胶水剪切力、有效粘接面积,以满足双模组装配后胶水粘接强度的需求。

9)双模组装配:指通过装配,将两个单排模组拼在一起,确保加压压力满足产品要求。关键工艺控制点为双拼模组间隙、侧面压力、模组 $X$,$Y$,$Z$ 向尺寸等,以保证双模组装配后的尺寸要求及双模组端板拼接焊的间隙满足要求。

10)端板拼接焊:将两个单模组焊缝对齐,通过 CMT 焊接、激光焊接等工艺将其连接,起到拼接固定作用。关键工艺控制点为端板开坡口设计、端板与端板配合间隙、焊缝焊接强度、焊缝的熔深熔宽、焊接的工艺参数(焊接电压、送丝速度等),以避免出现端板间错位、连接强度不足等问题。

11)电连接片焊接:与传统模组工艺要求相同。

12)电性能测试:与传统模组工艺要求相同。

13)水冷板涂胶:为模组零件中含水冷板时必选工序。该工序将结构胶水涂敷到水冷板表面,并检测涂胶效果,用于连接冷板和模组。关键工艺控制点为涂胶胶水重量、涂胶胶水比例、涂胶胶水轨迹、胶水剪切力、有效粘接面积,以满足水冷板装配后胶水粘接强度的需求。

14)等电位连接:为模组零件中含水冷板时必选工序。该工序是指水冷板和模组装配完成后,将等电位片用焊接、螺栓等工艺连接起来,起到等电位作用。关键工艺控制点为等电位片装配尺寸、等电位片有效连接面积、等电位片连接强度,以避免出现水冷板和端板等电位失效,造成漏电等。

15)上盖安装:与传统模组工艺要求相同。

16)全尺寸测试:与传统模组工艺要求相同。

17)水冷板气密测试:为模组零件中含水冷板时必选工序。该工序将测试设备腔体和产品注入气体至相等的压强,然后测试固定时间内腔体与产品的压差值 $\Delta P$ 以获悉产品的泄漏率。关键工艺控制点为产品自由体积、气密测试时间、气密堵头精度、气密测试精度等,防止水冷板气密测试不准确,拦截不良产品流出。

18)模组终检:与传统模组工艺要求相同。

## 2. CTP 制造流程

（1）CTP 1.0 工艺路线

CTP 1.0 Pack 组装工艺路线如图 7-65 所示。根据不同的产品需求，此工艺路线中有时还会增加或删减一些特定的工序。

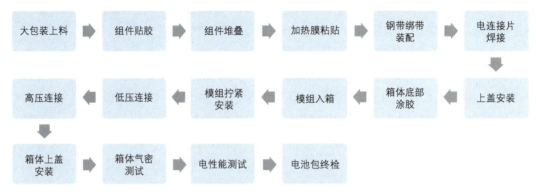

图 7-65　CTP 1.0 工艺路线

1）大包装上料：将电芯从泡棉包材中转运到电芯流水线托盘上，放置到合适位置。关键工艺控制点为抓取电芯精度、电芯转运速度、电芯编码识别准确度、电芯正负极识别准确度、电芯底部脏污识别准确度等，以避免出现电芯损伤、信息无法一一对应、电芯放反以及表面异物等问题。

2）组件贴胶：将隔热垫、缓冲垫粘贴到电芯大面，并检测粘贴效果。关键工艺控制点为垫子粘贴精度、有效粘接面积、有效粘接强度、垫子滚压强度、离型纸残留等，以保证零部件粘贴装配后的尺寸、粘接面积及粘接强度满足管控要求。

3）组件堆叠：指按一定的顺序堆叠端板、绝缘罩、电芯、隔热垫等零部件，并在堆叠完成后从模组长度方向大面加压直至模组达到指定长度。关键工艺控制点为堆叠组件顺序、堆叠的定位基准、模组大面加压力、模组加压强度、模组加压时间等，以保证模组的装配尺寸符合要求。

4）加热膜粘贴：使用双面胶、胶水等将加热膜粘贴至模组侧面。关键工艺控制点为有效粘贴面积、加压压力和时间、粘贴强度、加热膜无破损等，以避免出现加热膜粘贴不牢、加热时干烧等现象。

5）钢带绑带装配：通过上套钢带、下套绑带固定模组尺寸，为模组膨胀时提供预紧力。关键工艺控制点为钢带尺寸公差、钢带安装位置公差、钢带绝缘防护、绑带机打紧力和熔接力、绑带接口无锐边或毛刺等，以保证模组尺寸，避免电芯划伤。

6）电连接片焊接：将电连接片安装至电芯极柱，并采用激光焊接工艺将其连接，使电路导通。关键工艺控制点为电连接片位置精度、电连接片和巴片间隙、电连接片和巴片焊接强度、焊缝熔深熔宽、焊接工艺参数等，避免出现虚焊、爆孔等焊接不良，导致有效过流面积不足。

7）上盖安装：将上盖按压装配到模组上方，并用铆钉固定。关键工艺控制点为上盖装配尺寸、上盖正负极纠偏、上盖不破损、铆钉数量、铆钉安装压力等，以避免发生上盖装反、模组高度尺寸不良、上盖安装不良、脱落导致模组短路等问题。

8）箱体底部涂胶：将结构胶水涂敷至箱体大面，并检测涂胶效果，用于连接电芯和端板。关键工艺控制点为涂胶胶水重量、涂胶胶水比例、涂胶胶水轨迹、胶水剪切力、有效粘接面积等，以保证模组入箱后与箱体间的粘接强度满足要求。

9）模组入箱：将模组转移至箱体内部。关键工艺控制点为模组数量管控、模组放置位置、模组放置公差、设备夹取力等，以保证模组在电池包内的排布准确性，并避免入箱过程中模组损伤。

10）模组拧紧安装：使用螺栓将模组与箱体连接，以确保其稳固。关键工艺控制点为安装扭力、螺栓数量、拧紧顺序、残余扭力、拧紧曲线等，避免螺栓未拧紧到位，产生松脱风险。

11）低压连接：通过插接的方式连接模组间的低压连接线束，保证总成能采集各模组信息。关键工艺控制点为安装位置防呆、线束类型防呆、线束插接力、线束插接可靠性等，避免插接不到位导致电池包电性能测试失效。

12）高压连接：采用螺栓、焊接等方式连接模组间和模组间的高压铜巴。关键工艺控制点为安装扭力、螺栓数量、拧紧顺序、残余扭力、拧紧曲线等，避免连接不到位、高压未接通导致电池包电性能测试失效。

13）箱体上盖安装：采用螺栓、胶粘等将上盖与下箱体连接在一起。关键工艺控制点为上盖安装方向准确、上盖&箱体螺栓孔尺寸、上盖安装螺栓数量防呆、螺栓拧紧曲线监控、螺栓拧紧顺序防呆等，避免上盖与下箱体未装配到位导致电池包气密失效。

14）箱体气密测试：将测试设备腔体和产品注入气体至相等的压强，然后测试固定时间内腔体与产品的压差值 $\Delta P$，来检测产品的泄漏率。关键工艺控制点为产品自由体积、气密测试时间、气密堵头精度、气密测试精度等，防止箱体气密测试不准确，拦截不良产品流出。

15）电性能测试：通过检测仪表设备对电池包进行测试，用于检测数据采集功能、电气安全性能、电池系统性能等。关键工艺控制点为安规类测试（如短路侦测，绝缘耐压等）、功能与性能的测试（如程序烧录、编码、采样测试等）等，避免出现电池包绝缘耐压不良、通信故障等不良品流出。

16）电池包终检：指出货的目视检查以及制程及外观的一些关键要求确认。关键工艺控制点为产品表面是否损伤、零部件是否漏装、条码位置/内容是否准确、高压插头是否正常等，以拦截外观不良的电池包，避免不良品流出。

（2）CTP 2.0 工艺路线

CTP 2.0 Pack 组装工艺路线如图 7-66 所示。根据不同的产品需求，此工艺路线中有时还会增加或删减一些特定的工序。

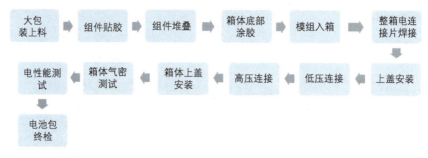

图 7-66 CTP 2.0 工艺路线

大包装上料、组件贴胶、组件堆叠、箱体底部涂胶、模组入箱、整箱电连接片焊接、上盖安装、低压连接、高压连接、箱体上盖安装、箱体气密测试、电性能测试、电池包终检等工序与上述CTP1.0模组工艺要求相同，在此不再赘述。主要不同之处在于整箱电连接片的焊接。该工序是采用激光焊接工艺将电连接片安装至整箱电芯极柱，使电路导通。关键工艺控制点为：电连接片位置精度、电连接片和巴片间隙、电连接片和巴片焊接强度、焊缝熔深熔宽、焊接工艺参数、箱体定位精度，避免出现虚焊、爆孔等焊接不良，导致有效过流面积不足。

### 7.2.3 关键工序工艺和设备

电池包的制造工艺对其自身的结构强度和整车装配管控的关键尺寸非常重要。为保证电池包的关键性能，涉及结构连接、电性能连接强度的工艺为重中之重；同时为保证产品的一致性，涉及检测类的工艺更是必不可少。本小节将针对模组和电池包制造过程中关键连接和检测的工艺及设备进行简要介绍。

#### 1. 宽幅涂胶

（1）工艺介绍

宽幅涂胶是指为了能快速均匀地将胶粘剂涂敷在被粘物表面，通常在静态混胶管出口处连接宽幅扁平胶嘴进行涂胶的一种工艺技术[1]。相较于常规的静态混胶管涂胶，由于涂覆宽度增加、流量增大，宽幅涂胶效率可提升 4~8 倍，因此宽幅涂胶被广泛应用于需要大面积快速涂覆的电池包液冷板以及箱体底部。如图 7-67 所示，宽幅胶嘴是宽幅涂胶工艺中的重要部件之一，通常采用模具注塑加工成型，可根据工艺需求制作与生产效率适配的胶嘴尺寸，但作为一次性消耗物料，辅材成本有所上升。

宽幅涂胶是应动力电池 CTP 技术而生的关键工艺，也是实现大规模电池包制造的关键技术。以 1:1 双组分胶粘剂[2]应用为例，宽幅涂胶工艺的关键控制参数见表 7-2。在实际生产过程中，由于涂覆宽度增加，宽幅涂胶在涂胶过程中气体可能来不及逃逸而出现裹挟气泡。涂胶产生的气泡会影响粘接面积，局部的涂胶空位还会导致应力集中，影响界面的粘接质量。因此，如何避免涂胶气泡的产生是宽幅涂胶工艺控制的关键。影响气泡产生的因素主要有三个：涂胶嘴与产品表面距离（即涂胶高度）、涂胶机械手涂胶速度（即涂胶速度）、涂胶机出胶流量（即出胶速度），如图 7-68 所示。因此，需要重点控制这三个关键参数,防止在涂胶过程中产生大量气泡而影响粘接质量。

a) 静态混胶管　　　　　　　　　　b) 宽幅胶嘴

图 7-67　静态混胶管和宽幅胶嘴

表 7-2　宽幅涂胶工艺(以 1∶1 双组分胶粘剂为例)关键控制参数

| 编号 | 控制参数 | 参数说明 | 一般要求 |
| --- | --- | --- | --- |
| 1 | 涂胶量 | 设备出胶体积/重量 | 由被粘物面积 × 胶层厚度决定 |
| 2 | 胶比例 | 双组分胶粘剂体积比 | 1(±10%)∶1(材料特性) |
| 3 | 涂胶轨迹 | 胶在工件表面的涂覆形状 | 涂覆形状常规为"N"字形 |
| 4 | 剪切力[3] | 双组分胶固化后剪切力大小 | (12.5mm×25mm)× 剪切强度 |
| 5 | 可操作时间 | 胶混合到工件装配完成的时间 | 可根据工艺节拍进行定制 |

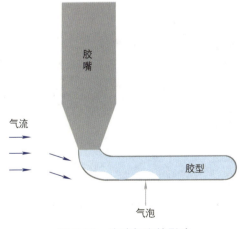

图 7-68　涂胶气泡的影响

（2）设备介绍

涂胶设备主要由供料模块、中转模块、计量模块、分配模块组成（图7-69），其中计量模块是最重要的一环，用于控制出胶比例。供料模块配有高性能大容积供料泵，采用特殊的非金属材质制成密封部件，可有效应用于高压力、高磨损输送场合。中转模块采用特殊的处理方法，可有效对胶水进行脱泡、搅拌处理。计量模块采用伺服精密控制流量，可实现高精度配比，并可通过流量或压力监控出胶配比有无异常。分配模块采用静态混合技术实现胶水的均匀混合，以保证性能。应更高节拍的要求，传统的单头涂胶已无法满足高速涂胶需求。宽幅涂胶是传统涂胶宽度的8～9倍，覆盖更均匀、流速更大，因此更适应高效率涂胶，宽幅涂胶嘴组件如图7-70所示。采用大流量循环涂胶机配合宽幅涂胶头，有效发挥了大流量涂胶机的流速优势，可更快地完成箱体涂胶且胶面覆盖更均匀。

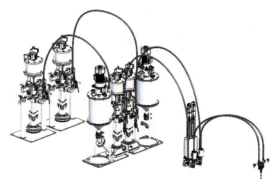

图7-69　涂胶设备结构

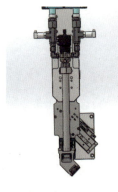

图7-70　宽幅涂胶嘴组件

（3）案例介绍

在电池包下箱体涂胶工序中导入了宽幅涂胶。相对于传统涂胶，宽幅涂胶轨迹均匀、一致性好、胶面均匀、形态美观，如图7-71所示。因此模组安放后与电芯底部接触面积更大，能更好地提升粘接性能和散热效果。从生产效率上看，宽幅涂胶效率更高，速度可提升300%以上。

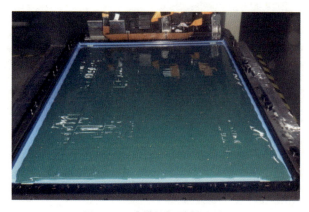

图7-71　电箱宽幅涂胶示意

## 2. 激光填丝焊接

（1）工艺介绍

激光填丝焊接是指围框焊接时在端侧板对接焊缝中填入特定焊接材料后，用激光照射熔化以形成高强度焊缝的方法，如图 7-72 所示。

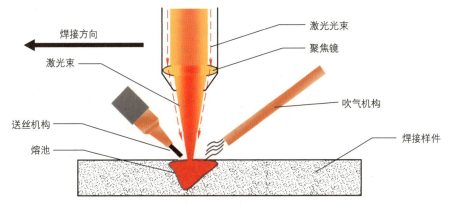

图 7-72　激光填丝焊

传统激光焊具有热输入低、焊接速度快、热影响区小、热变形小等[4]显著的优势，近年来激光焊接在行业内得到了广泛应用，但也存在一定的应用局限性，主要包括以下几点。

1）激光焊接对焊缝的装配间隙要求非常严格，易形成焊接缺陷。

2）激光焊接在焊接裂纹敏感性高的材料时，非常容易造成焊缝产生裂纹。

3）激光焊接厚工件板材时需要超高功率的激光器，激光器额定功率不足。

4）激光焊接易出现"激光高反"现象，相对传统焊接设备一次性投入较大，焊接定位要求高，激光光路容易被烟尘等离子体污染发生虚焊。

为了适应行业发展需求，激光焊接的方式也在改进升级，激光填丝焊就是一种改进型方法。相比于传统激光焊，激光填丝焊具有以下明显的优势：

1）大幅度降低工件的装配要求，由于焊丝的加入，焊缝熔池金属会大幅增多，因此能够桥接更大的焊缝间隙。

2）可改善焊缝区域的组织性能，焊丝熔入熔池后可调整焊缝熔池的质量、成分及其比例，控制其凝固过程及微观组织的产生。

3）线能量输入较小。热影响区及变形均较小，非常有利于焊接对变形要求严格的工件。

4）可实现使用较小激光功率焊接较厚的材料，因为焊缝熔池金属显著增多，可以对焊缝接头进行开坡口处理，所以可减小焊件的实际激光焊接厚度。

激光填丝焊的关键工艺控制点有：

1）焊缝外观成形：焊缝宽度及长度、焊缝余高需要满足设计图样需求。

2）焊缝内部气孔及裂纹需要满足 ISO 相关要求。

3）过程能力指数（Process Capability Index，CPK）要求 >1.67。

4）焊接熔深需要满足工艺要求，CPK>1.33。

（2）设备介绍

激光填丝焊设备包括流水线、集尘器、激光器、水冷机、机器人、填丝焊接头、变位机等设备，如图 7-73 所示。

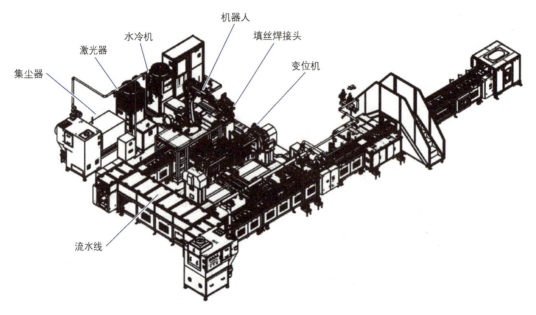

图 7-73 激光填丝焊设备

激光填丝焊接的焊接工艺流程如图 7-74 所示：模组通过托盘运输到激光填丝焊房内→移栽机构将托盘模组送到变位机中→定位机构将模组定位准确并夹紧→变位机转动到焊接位置→机器人移动到焊接位置→保护气开启→送丝机启动→填丝焊接头开始焊接。焊接完成后，移栽机构将模组托盘移送到流水线上，完成焊接过程，如图 7-74 所示。激光填丝焊接头（图 7-75）相比于传统的激光焊接振镜（图 7-76），增加了导丝模块，以便于将填充焊丝送至加工点，并保持特定的送丝速率。激光填丝焊接头没有传统激光焊接振镜的 $X$、$Y$ 向偏转镜。

图 7-74 激光填丝焊接工艺流程

### 3. 超声键合

（1）工艺介绍

超声键合技术属于微电子电气互连技术中的引线键合技术，可用于高效、精准的焊接，其超声波的频率通常在 20～70kHz 之间[5]。超声键合在不加热（通常是室温）的环境下对铝丝进行超声振动，破坏其表面的氧化膜并在劈刀处施加较小压力，使铝丝和键合区铝层发生塑性形变，靠原子间的固相结合实现连接（图 7-77）。超声键合具有以下优点：

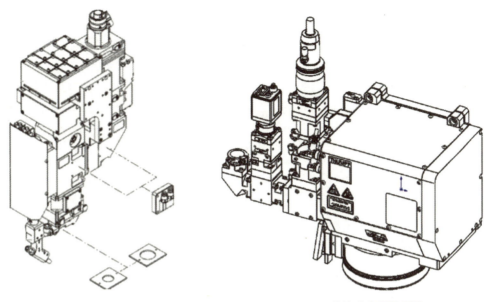

图 7-75 激光填丝焊接头　　　　图 7-76 传统激光焊接振镜

1）可以焊接各种材料，包括金属、塑料、陶瓷等。

2）可以焊接很小的部件，甚至可以焊接微型电子元件。

3）焊接速度非常快，通常只需要零点几秒就可完成一次焊接。

4）焊接点强度高、密封性好、外观美观等。

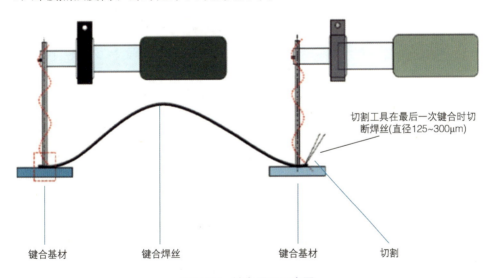

图 7-77 键合原理示意图

超声键合的关键工艺控制点包括：

1）键合强度。需满足设计要求，且拉力 CPK $\geq$ 1.67。

2）键合弧高。满足设计弧高需求，确保留有足够的带内心充放电带来的膨胀。

3）键合外观。键合点表面平滑、无裂纹，两边"耳朵"扩散均匀、无严重溢料。

（2）设备介绍

超声键合机是一种利用超声波进行冷焊接的设备，如图7-78所示，适合细丝、粗丝以及金属扁带焊接。

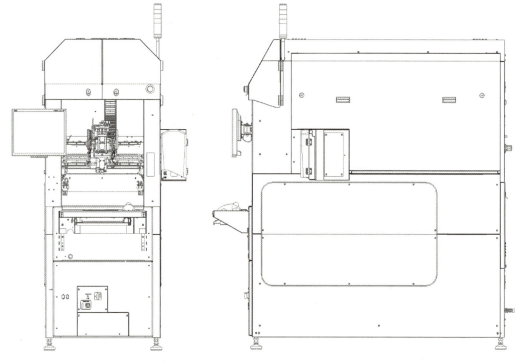

图7-78 超声键合机设备

与其他焊接设备相比，超声键合机占用体积小，能耗需求低；相比于激光焊接、CMT等焊接方式，其成本较低。此外，超声键合机还具有操作方便、焊接质量可靠、焊接效率高、无明显热源、安全风险低等优点。超声键合机焊接流程如图7-79所示。

图7-79 超声键合机焊接流程图

（3）案例介绍

目前超声键合主要应用在模组或箱体的采样连接方面，适用于PCB、FPC等各种结构。得益于制程极低的成本和较高的效率，其在目前的采样连接方式中具有明显的成本优势。

### 4. 尺寸工程

（1）工艺介绍

尺寸工程控制是由宁德时代在动力电池行业首家引入的控制管理体系。对标国际一流车企的尺寸管理体系，建立了产品分级精度控制，产品持续改进指标（Continuous Improvement Indicator，CII）前后拉通，为客户带来超过预期的尺寸质量。

全尺寸测试是对制造完成的产品进行关键尺寸项的测试。常通过 2D/3D 相机及软件算法对产品的长度、宽度、高度、孔位置度、面轮廓度、平面度、孔距等尺寸公差 / 形位公差项进行检测。传统的尺寸检测方法需要人工测量，耗时耗力且容易出现误差。全尺寸检测方式精度高、测试结果准确、可覆盖产品需求的所有检测项，整个过程无须人工干预，完全自动化，大大提高了生产效率。

为保证测量准确性，其关键工艺控制点包括：①在测试过程中，被测部件的尺寸与理论尺寸的差值变化都不允许超过公差带（图 7-80）；②全尺寸测试过程的技术要求见表 7-3，确保产品检测质量，防止不良品流出。

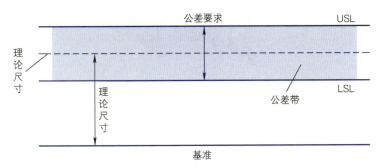

图 7-80　轮廓度原理

表 7-3　全尺寸测试技术要求表

| 工艺技术要求 | 模组 | 电池包 | 重点要求 |
| --- | --- | --- | --- |
| 系统综合精度 | √ | √ | √ |
| 量程范围 | √ | √ |  |
| 基准定位 | √ | √ |  |
| 测试及时性 | √ | √ | √ |
| 节拍需求 | √ | √ |  |
| 产品安全 | √ | √ | √ |
| 环境影响 | √ | √ |  |
| 兼容能力 | √ | √ | √ |
| 程序安全 | √ | √ |  |
| 点检维护 | √ | √ | √ |

（2）设备介绍

全尺寸检测设备主要包括 CCD 相机（一种采用电荷耦合器件作为图像传感器的相机）、激光雷达、传感器检测模块（如蓝光扫描等）、产品抓取翻转模块、软件算法及图像处理模块。在线全尺寸检测工站如图 7-81 所示。

各种传感器的测量原理如下。

1）CCD 相机测量原理　CCD 感光晶体捕获图像，将图像的物理信息转化成电信号；系统获取拍照特征相对相机的位置关系，从而进行尺寸测量。CCD 成像原理如图 7-82 所示。

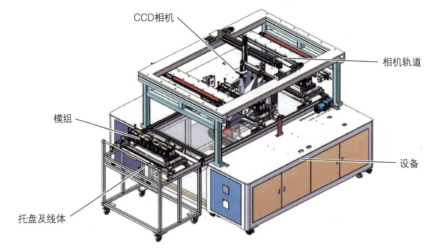

图 7-81 在线全尺寸检测工站

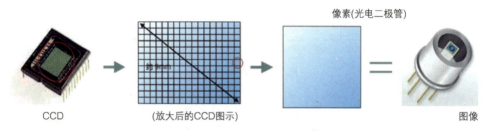

图 7-82 CCD 成像原理

2）蓝光结构光测量原理：通过 DLP 投影仪向被测物体投射蓝光结构光，并拍摄经被测物体表面调制而发生变形的结构光图像，从而计算出被测物体的三维形貌数据。蓝光结构光测量原理如图 7-83 所示。

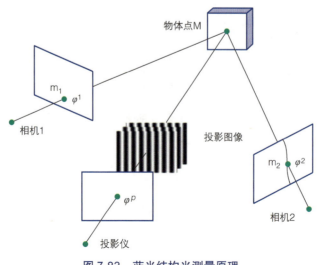

图 7-83 蓝光结构光测量原理

3）激光雷达测距原理：测量被测目标的坐标信息，进而转换成直角坐标系坐标。通过频率调制同轴激光雷达技术实现距离计算。激光雷达测距原理如图 7-84 所示。

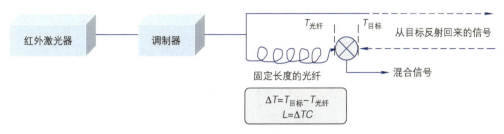

图 7-84　激光雷达测距原理

不同类型的传感器在运动方式、应用场景、测量范围、稳定性、精度、测量节拍等方面存在差异，需要根据拉线开发的具体场景进行传感器选择，传感器方案对比见表 7-4。

表 7-4　传感器方案对比

| 特点 | 2D 视觉 | 蓝光结构光 | 激光雷达 |
| --- | --- | --- | --- |
| 运动方式 | 伺服导轨固定 | 机器人携带 | 机器人/升降架 |
| 应用场景 | 推荐孔、销、边 | 所有特征 | 所有特征 |
| 测量范围 | 低 | 中 | 高 |
| 稳定性 | 低 | 高 | 高 |
| 精度 | 中 | 高 | 高 |
| 测量节拍 | 高 | 中 | 低 |
| 柔性 | 低 | 高 | 高 |
| 成本 | 低 | 中 | 高 |

5. 气密测试

（1）工艺介绍

气密测试是指一种将测试设备腔体和产品注入气体至压强相等，然后测试固定时间内腔体与产品的压差值 $\Delta P$，以此来表征产品泄漏率的方法。箱体的密封性能直接决定了电池包的安全性能，密封不良的电池包在潮湿的环境下使用时，水分容易进入电池包内部引发短路，造成起火事故等不良后果。因此，气密测试在电池包制造过程中是需要重点管控的关键工序。常用的泄漏检测方法有气泡法、涂抹法、沉水法、超声波法和气密检测法等[6]。目前业内使用的气密检测方法主要包含流量法及压差法，如图 7-85 和图 7-86 所示，其测试原理如下：通过理想气体状态方程 $PV = nRT$（$P$—气压，$V$—体积，$n$—物质的量，$R$—气体常数，$T$—温度）可知，在 $V$ 和 $T$ 不变的情况下，产品发生泄漏时 $n$ 减小，$P$ 随之减小，出现压降值 $\Delta P$，因此，根据压降值可以判定产品是否符合气密标准[7]。

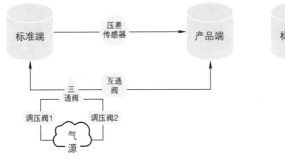
图7-85 气密测试原理（压差法）

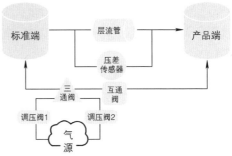
图7-86 气密测试原理（流量法）

气密测试需控制充气、稳压和测试三个阶段[8]。①在充气阶段，打开调压阀，气源往标准端与产品端充气，压力逐步上升；②在稳压阶段，关闭调压阀，标准端与产品端互通，压力逐步趋于稳定；③在测试阶段，断开产品端与标准端互通，测试设定时间后通过标准端与产品端之间层流管的流量大小或标准端与测试端两端压差来判定气密是否合格。从理想气体状态方程可知，气密测试极易受外界环境温度及产品本身体积形变的影响，因此还需注意为气密工位配备隔离恒温房、保温装置、限位工装等，使产品测试结果更精确。此外，为了防止产品出现过充、空测现象，在气密测试过程中，开发了压力截止功能，实时监控产品端的压力；为了解决现有的气密检漏设备充气慢、效率低导致拉线产能受限的问题，导入了高压气密测试技术，提高拉线测试节拍，提高测试效率和产能。

（2）设备介绍

气密测试设备主要包括测试框架、上盖自动整形限位机构、集成式气密测试柜、首件自动检验系统、气密仪、自动封堵机械机构、顶升定位系统、电气控制系统、高压预充回路和上位机控制软件。其中高压预充测试设备整体布局如图7-87所示。

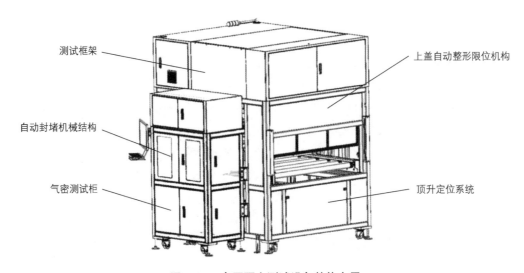

图7-87 高压预充测试设备整体布局

自动封堵机械机构由高压插接器仿形机构、低压插接器仿形机构、MSD 仿形机构及配套的三轴气缸定位系统组成，如图 7-88 所示，其主要作用是完成对电池包外部接口的定位、封堵和充气接口的连接。上盖自动整形限位机构主要由气缸、导向轴、可调节定位板及辅助的线路、线缆托链组成，如图 7-89 所示其功能是完成对电池包外形的整形和限位，防止检漏过程的形变影响测试结果的准确性。

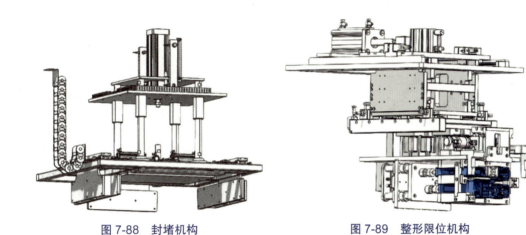

图 7-88　封堵机构　　　　　　　　图 7-89　整形限位机构

（3）案例介绍

图 7-90 所示为产品测试过程中的压力曲线，从图中可以清晰分辨产品测试过程中的三个阶段：充气、稳压与测试。图中展示的测试方法为差分流量法，与压差法不同之处在于：流量法是通过计算固定时间内由于压降引起的标准端经过层流管通往产品端的气体流量值来表征泄漏率。

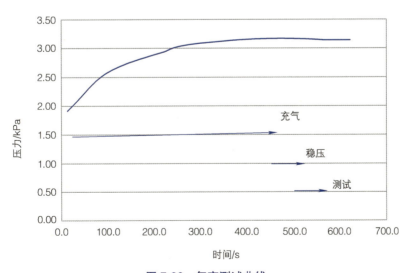

图 7-90　气密测试曲线

## 7.3 锂离子电池极限智造

### 7.3.1 锂离子电池极限智造技术的发展

从生产制造上来看,实现DPPB级的单体安全失效率是确保锂电池高安全性、高可靠性的重要品质标准以及超越当前制造能力的必要条件。全球电动化的高速发展,要求电池制造商创建自适应和可重配置的产线以满足不断变化的市场需求。此外,为响应"双碳"战略,制造商需致力于电池产品的零碳制造,以减少能源消耗和碳排放。

从技术实现上来看,锂电池制造涉及材料、软件、机械、化工等多个领域,集多项前沿技术于一身,生产标准极为严格、技术研发更为尖端,其大规模生产需满足极高的产出效率、极好的安全性能、极低的缺陷率和快速技术迭代等多项要求。如此高度行业集成的产业,在制造工艺、生产速度、制造精度等方面遇到的技术难度高、难点多。

为了面对"极高的质量要求""极复杂的工艺流程""极快的生产速度"三大挑战,实现零品质缺陷与零碳排放,锂电池的智能制造需要围绕电芯、模组、电池包产品设计开发到量产,跨领域协同创新,从流程数字化、研发智能化、拉线智能化的全链路实现智能化升级。图7-91概括了锂电池智能制造的主要技术环节。

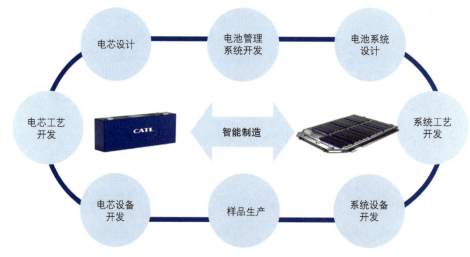

图7-91 锂电池智能制造的主要技术环节

**1. 锂电池极限智造面临的"六新"挑战**

随着全球电动化的加速以及新能源汽车与储能市场的双重驱动,锂电行业不仅迎来了TW·h(亿千瓦时)时代,同时也迈向了极限智造时代。在新时代下,锂电池极限智造面临着"六新"挑战。

(1) 新态势

新能源作为全球能源转型的重要方向,是支撑全球可持续发展的必选之路,也是世界各国技术竞争的战略要点。复杂的世界格局给锂电池制造业发展带来了巨大的挑战。

在国际上，考虑到地缘政治、保护主义、宏观经济下行等影响，锂电池制造企业既要预防市场和供应链被分割、被打击等潜在风险，也要重视绿色低碳，避免新壁垒的形成；在国内，锂电行业时刻面临竞争不断加剧、暂时性产能过剩、政府扶持政策变化等压力，需要不断提高产品的市场竞争力，为消费者提供安全可靠的产品，提高市场对新能源电池的信赖。

（2）新竞争

不管是动力电池还是储能电池，市场需求多变而且追求"极致"的质量创新，对锂电池在长寿命、长续航、高安全、高低温、超快充、低成本等方面的要求越来越高。

（3）新诉求

为了保持代际、议价、量产等方面的优势，锂电池产品不仅要有遥遥领先的性能，同时还需要具备成本、量产与交付能力的优势。

（4）新趋势

随着近年来以 ChatGPT 为代表的人工智能技术的快速发展，锂电池制造技术出现了颠覆性变革趋势。大数据、大语言模型（LLM）、云边端等技术必将颠覆以往的传统制造理念，依赖大算力、大模型和大数据的锂电池制造技术成为发展趋势，数字化和智能化技术的引入必将为生产要素带来革命性改变。根据 AI 算力增长预测（图 7-92），AI 算力将以 18 个月为周期指数倍增，未来 10 年会出现垂直式爆发性增长，因此带来的制造技术变革将不可估量。

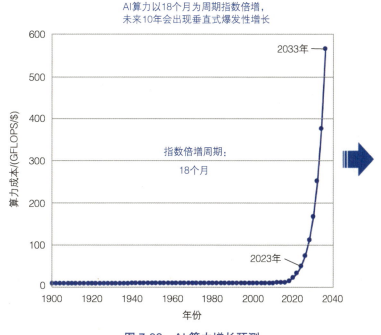

图 7-92　AI 算力增长预测

（5）新思考

在新的时代背景下，如何做好有组织的研发、如何确保研发成果的先进性、如何利用好内外部研发资源等，为锂电行业发展带来新的思考。

（6）新贡献

为了实现柔性制造、DPPB级产品质量、零碳排放等目标，可重构敏捷制造、绿色低碳制造等新制造范式被不断提出。

### 2. 锂电池智能制造成熟度评价体系

锂电池智能制造可以分为制造与智能两个方面。制造方面侧重于提升产品全生命周期中各业务环节的智能化应用水平；智能方面则是充分利用数字化、网络化和智能化技术，赋能感知、通信、执行和决策全过程进行模式创新。

基于基础要素状态、感知计算能力、智能功能布局以及制造合格率等，锂电池智能制造的成熟度可分为五个级别，见表7-5。

表7-5 锂电池智能制造成熟度

| 智能级别 | 基础要素状态 | 感知计算能力 | 智能功能布局 | 制造合格率 |
|---|---|---|---|---|
| 一级（规划级） | 初步规划，单机生产 | 半开环，无反馈 | 手工抄写数据 | <80.0% |
| 二级（规范级） | 基于模型设计制造，数字化设计，标准化 | 状态感知、边缘计算、工序闭环 | 产能、质量统计，产品安全诊断，设备诊断，产品过程追溯 | <95.0% |
| 三级（集成级） | 数字化验证、优化、网络互联互通，透明工厂 | 数据建模、模型分析、质量安全分段闭环 | 工序闭环，质量、产能反馈分段闭环，预测性维护，故障预测及健康管理 | <99.0% |
| 四级（优化级） | 互联互通互操作、设计制造数字孪生 | 模型自学习、整体质量闭环 | 质量、安全、产能整线闭环，物料、产能自平衡，人工智能应用 | 99.80% |
| 五级（引领级） | 虚拟现实制造、绿色低碳、模块化系统设计、产线高柔性可重构、全透明工厂 | 深度自学习、自动建模、自优化、自优化 | 材料和电化学体系创新、黑灯工厂、资源循环利用、VR/AR生产同步、自动闭环、自适应定制化生产、柔性可重构 | 99.99% |

一级（规划级）：规划实施智能制造的资源和路线，对电池生产核心业务进行流程化管理。

二级（规范级）：对电芯设计、生产工艺、制造装备等进行智能化升级与规范，共享算力平台、部署私有模型，实现单一业务活动的数据共享。

三级（集成级）：对装备、工具、平台与系统等进行集成与互联互通，开展产品设计与制造验证，实现跨业务活动的数据共享与智能化协同。

四级（优化级）：建立机理与数据融合模型，对电池设计与制造过程进行分析，实现对电池质量和安全性能的精准预测、闭环控制和优化，扩大数智化应用。

五级（引领级）：基于模型持续驱动业务活动的优化和创新，创造全新材料和电化学体系，搭建基于产品族的柔性可重构制造系统，实现可重构的敏捷制造以及DPPB级产品质量。

### 3. 国内外智能制造发展成果与趋势分析

（1）行业对标

世界发达国家纷纷布局以智能制造为核心的极限智造来实现传统产业升级，集成性综合科技和产业创新步伐明显加快，在建设智能制造示范工厂、示范车间、行业工业制造业标杆上发力，打造出先进制造业集群。

美国提出"重振制造业"战略，以"人工智能+机器人+数字化制造"为核心，主推"工业互联网"；德国以"智慧工厂"和"智慧生产"为两大主题，重点依托信息通信技术、强大的机械和装备制造业，在嵌入式系统和自动化工程方面实现先进工业4.0工厂；日本从产学研相结合的战略高度来推进人工智能的研发和应用；韩国也将人工智能战略作为推动第四次工业革命的重要任务，尤其侧重于高级人才培养。

总体上看，发达国家纷纷通过人工智能、大数据、信息化等手段布局制造业创新升级，以智能为核心的新一轮制造业竞争日趋激烈。国内通过自主研发解决了不少制造业"卡脖子"难题，尤其是在新能源电池领域，中国作为全球制造中心，在极限智造开展了大量的创新探索并已处于全球领先位置，例如贯通全流程数字化实现极快研发迭代、构建熟悉孪生模型实现极高精度制造、引入机器视觉和边缘计算实现极高效检测、建立全球追溯系统实现全链条全周期溯源、依托智慧能源管理系统实现极低碳足迹等。

（2）国内锂电池制造工厂行业标杆

"灯塔工厂"被誉为"世界上最先进的工厂"，代表着当今全球制造业领域智能制造和数字化的最高水平。2022年，宁德时代打造了全球首个荣获"灯塔工厂"称号的锂电池工厂，并且截至2024年，已获得三个"灯塔工厂"称号。宁德时代"灯塔工厂"凝聚了多项高精尖技术突破，成为行业创新的典范，主要有以下几点。

1）实现产能质量双提升。智能制造驱动了生产与研发效率提升，缩短了50%的研发周期，减少了90%的测试时间，提升了250%的动力电池的续航能力。

2）批量生产产品一致性提高。通过全流程的智能优化反馈控制，降低了50%的产品波动率，提高了70%的人效，节省了50%的节拍时间，使设备使用寿命提升了20%。

3）实时缺陷检测能力更高效。AI智能缺陷检测系统，实现了产品单体安全失效率由PPM降至十亿分之一，截至目前，AI算法推广度已达65%，精简目检人力超30%。

4）产品全生命周期有迹可循。依托建立起产品全生命周期的全球追溯系统，降低了80%的人工成本，同时提高了99%以上的追溯效率，实现了全生命周期品质追溯。

5）智慧能源管理实现节能减排。电池的碳足迹系统覆盖矿产、原材料供应、制造、使用以及回收整个全生命周期，实现了单位千瓦时每年10%的能耗降低，同时降低了57%的碳排放。

## 7.3.2 智能制造新技术

智能工厂的建设是实现智能制造新生产方式的核心，是在全球化工业4.0转型浪潮下，提升生产运营竞争力的重要手段。以ABCDEFGR（A—人工智能、B—大数据、C—

云计算、D—数字孪生、E—边缘计算、F—频谱技术、G—5G工业物联网、R—机器人）8大使能技术赋能智能工厂建设，已成为引领锂电行业高质量发展的智能制造新技术。图7-93给出了构建智能工厂的八大赋能技术。

图7-93 构建智能工厂的八大赋能技术

### 1. 人工智能技术（AI）

人工智能技术是一种模拟人类智能的先进科技，通过让计算机系统具备学习、推理、理解和决策的能力，从而实现自主解决问题和创新。近年来，随着算法、大数据和计算能力的飞跃发展，人工智能在各个领域展现出巨大的应用潜力。在锂电行业，人工智能技术正以其独特的优势，推动行业向智能化、高效化迈进，为锂电池的设计、生产、质量控制和售后服务等环节带来革命性的变革。

（1）AI电子警察

为了实现现场的透明化管理，生产现场的核心管控位置通常会加上监控摄像头。AI电子警察通过这些摄像头画面，可以对员工操作规范、设备运行状态、有无安全风险等状态进行识别，保障生产的正常进行。

比如裸电芯产品外观目检环节，通过对人工目检动作的拆解，梳理了如何判定产品是否被有效目检的逻辑规则，再将各种模型（产品识别、人员动作识别、区域跨越等）进行逻辑组合，实现了一旦产品没有被有效地目检，就会触发报警的AI实时监控功能。功能上线后，有效降低了现场人工漏检事件的发生，后续陆续上线了劳保用品使用检测、产品状态检测、设备状态检测等各种模型的应用。图7-94展示了AI电子警察的实时监控功能。

（2）生成式AI的应用

AI技术近几年发展十分迅速，其应用领域不断拓宽，深度与广度均取得了显著进展。其中，最为亮眼的生成式 AI 技术，其以独特的数据处理能力和创新性的应用模式，在锂电池制造行业展现出了巨大的应用前景。

图 7-94　AI 电子警察的实时监控功能

通过深度学习和大数据分析，生成式 AI 能够在锂电池设计、生产、质量控制等多个环节发挥关键作用，推动锂电池制造行业的智能化、自动化和高效化。随着 AI 技术的持续进步，生成式 AI 将在锂电池制造领域实现更多创新和突破，为行业的未来发展注入强大的动力。

首先，在锂电池设计阶段，生成式 AI 可以通过对大量电池设计数据的学习和分析，自主生成新的、更优化的设计方案。这不仅可以大大缩短设计周期、提高设计效率，而且能够基于实际需求和性能要求，生成更加精准、高效的电池设计方案。

其次，在锂电池生产过程中，生成式 AI 可以应用于生产线的自动化和智能化。通过对生产流程数据的实时分析和处理，生成式 AI 可以预测生产线的运行状态，提前发现并解决潜在问题。同时，它还可以根据生产需求自动调整生产参数，优化生产流程，实现生产线的智能调度和优化。

此外，生成式 AI 还可以应用于锂电池的质量控制。通过对电池性能数据的分析和学习，生成式 AI 可以自主识别出电池生产过程中的质量问题，并提出相应的改进措施。这将有助于降低电池的故障率，提高电池的一致性和可靠性，从而提升锂电池的整体品质。

未来，随着生成式 AI 技术的不断发展，其在锂电池制造行业的应用将更加深入和广泛。我们可以预见，未来的锂电池制造将更加智能化、自动化和高效化，而生成式 AI 将成为推动这一变革的重要力量。同时，随着锂电池在电动汽车、储能系统等领域的应用不断扩大，生成式 AI 的应用也将为这些领域的发展提供强有力的支持。

**2. 大数据技术（Big data）**

大数据技术在锂电池行业的应用是当前智能制造的重要组成部分之一。基于生产制程大数据,借助大数据分析技术,可以实现生产过程的实时监测和优化,从而提高生产效率、降低成本,并确保产品质量和一致性。

例如,大数据技术可以用于分析生产线上的传感器数据,监测生产过程中的各项指标如温度、湿度、压力等,及时发现异常情况并采取相应措施,避免生产中断或产品质量问题。同时,通过对大量生产数据的分析,企业可以识别生产过程中的瓶颈和优化空间,进一步提升生产效率和资源利用率。

此外,大数据技术还可以应用于供应链管理和预测性维护。通过分析供应链数据,企业可以实现对原材料和零部件的精准管理,确保供应链的稳定性和效率性。同时,利用大数据技术进行设备运行数据分析,可以实现对设备状态的实时监测和预测性维护,提高设备的可靠性和使用寿命。

综上所述,大数据技术在锂电行业的应用涵盖了生产过程监测优化、供应链管理和设备维护等多个方面,为企业实现智能化生产和持续发展提供了重要支撑。

### 3. 云计算技术(Cloud computing)

云计算是一种提供虚拟算力,将单点算力变成群体算力的技术。锂电行业通常有"三朵云"(图7-95):第一朵是研发云,即通过第一性原理,利用算力进行原材料的研究和仿真;第二朵是制造云,依靠数据资产,制造云的算力可以支撑制造过程中海量数据;第三朵是售后云,电池在装车后向制造云回传数据,捕捉电池在出现轻微异常时的趋势,从而提前进行处理,为用户保驾护航。

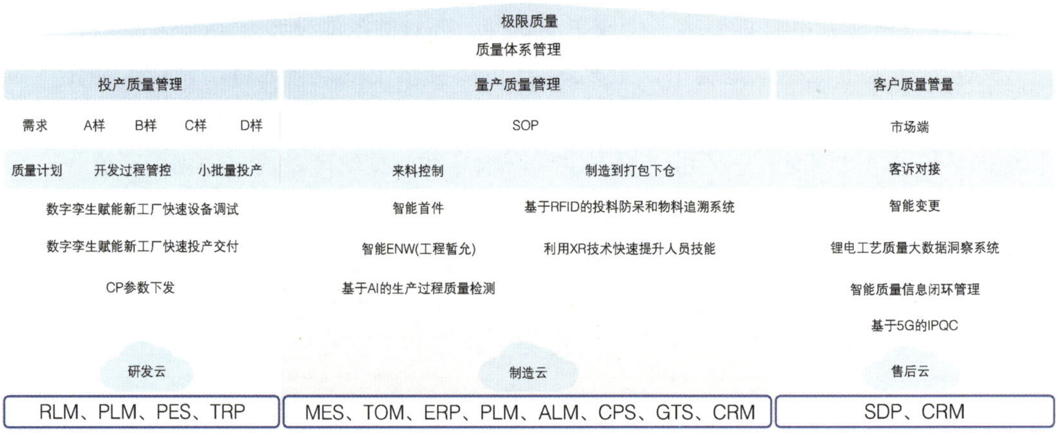

| 极限质量 | | |
|---|---|---|
| 质量体系管理 | | |
| 投产质量管理 | 量产质量管理 | 客户质量管量 |
| 需求 A样 B样 C样 D样 | SOP | 市场端 |
| 质量计划 开发过程管控 小批量投产 | 来料控制 制造到打包下仓 | 客诉对接 |
| 数字孪生赋能新工厂快速设备调试 | 智能首件 基于RFID的投料防呆和物料追溯系统 | 智能变更 |
| 数字孪生赋能新工厂快速投产交付 | 智能ENW(工程暂允) 利用XR技术快速提升人员技能 | 锂电工艺质量大数据洞察系统 |
| CP参数下发 | 基于AI的生产过程质量检测 | 智能质量信息闭环管理 |
| | | 基于5G的IPQC |
| 研发云 | 制造云 | 售后云 |
| RLM、PLM、PES、TRP | MES、TOM、ERP、PLM、ALM、CPS、GTS、CRM | SDP、CRM |

图7-95 锂电行业的"三朵云"

### 4. 数字孪生技术(Digital twin)

数字孪生是一种具备数据交互的仿真,借助它可对产品、设备、拉线、工厂等进行虚拟设计验证和虚拟调试控制,来实现全生命周期的数字化管理。图7-96示意了数字孪生技术在锂电制造的数值化管理方面的应用。

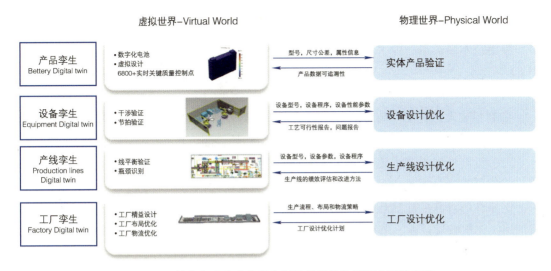

图 7-96　数字孪生技术在锂电制造的数值化管理方面的应用

例如,锂电行产线上的机器人工位众多,以前每次切拉换型都需要工程师对机器人的运行轨迹进行重新示教,每次调试可能需要花一天的时间。在导入数字孪生应用后,可以提前在产线切换之前,通过在虚拟环境里对孪生体进行调试,输出轨迹。在正式切拉开始后,将轨迹程序下发给对应机器人,即可将停机时间压缩到 2h 以内,大幅提升现场切拉效率。

### 5. 边缘计算技术（Edge computing）

边缘计算实际上是一种算力分配模式,通过将集中式的大算力变成了放置到设备边缘端的小算力,实现 AI 识别、数据分析等工作在设备边缘端的快速解析和反馈。边缘计算适用于现场实时性较高的计算场景,具有延迟降低、带宽优化、安全性与可靠性提高等优势,边缘计算在锂电制造中的应用示意如图 7-97 所示。

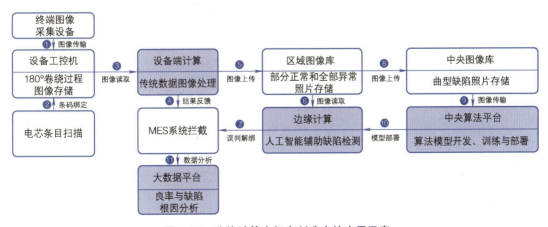

图 7-97　边缘计算在锂电制造中的应用示意

### 6. 频谱技术（Frequency spectrum）

频谱技术是锂电行业大范围应用的一类技术的统称，例如 X-ray、近红外光谱分析、RFID 等技术。

（1）X-ray 技术

在电芯装入铝壳后，传统的监测方法难以实现从外部对电芯内部结构进行检测。通过利用 X-ray 的穿透性，可以实现对电芯内部结构的检测，从而确保产品质量。

（2）近红外光谱分析技术

近红外光谱分析是一种通过检验被测样本的反射光谱特征来进行样本异常识别的技术。比如在电解液的检测环节，借助近红外光谱分析技术实现实时在线监测，避免因电解液用错、电解液过期、电解液有杂质等造成产品异常。

（3）无线射频识别技术（RFID 技术）

RFID 技术是一种近场感应技术，被广泛应用于锂电行业的防错和追溯场景。例如，通过在前工序设备上安装 RFID 读写器，并在膜卷的卷筒上粘贴 RFID 标签，借助 RFID 技术便可实现膜卷的精准追溯，如图 7-98 所示。

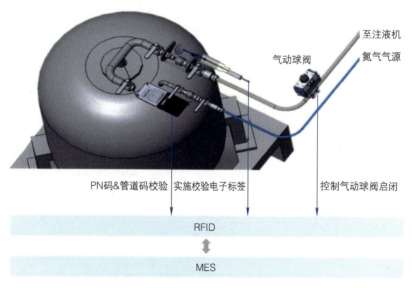

图 7-98　RFID 技术用于产品的防错和追溯

### 7. 5G 技术

5G 智能工厂可以为锂电池制造过程中的生产运营管理、设备状态采集、设备故障诊断、远程运维等多个应用场景提供支持。

基于 5G 的无纸化工厂，取消了现场的所有纸质单据，员工通过平板计算机进行资料查询和点检记录，大大提升了工作效率。此外，5G 的主要应用还有：5G AGV 物流小车解决了 WiFi 版 AGV 小车常出现的掉线问题；5G 巡检机器人可以实现无人巡检，并且快速回传数据进行分析预警等。

#### 8. 机器人技术（Robot）

机器人技术是自动化转型的重要工具之一，锂电行业的生产现场有各种各样的机器人用于生产操作，替代了大量的手工劳作，提升了生产效率和质量。

应用最为广泛的是各类工业机器人，它们以大负载、高稳定性、高重复精度等优势使生产现场的自动化水平和生产效率大幅提升，如图 7-99 所示。

协作机器人则是另外一个技术方向，它们以较小的尺寸和负载，以及超高的安全性适用于更多与人员协同作业的场景。

图 7-99　机器人在锂电制造中的应用示例

### 7.3.3　智能化技术的应用

智能化建立在信息化、数据化、数字化的基础上。信息化是将数字化的信息进行条理化，通过分析、查询、回溯，为决策提供有力的数据支撑。数据化是建设计算机系统，将传统业务中的流程和数据通过信息系统来处理，提高效率。数字化是利用数字技术驱动企业创新，推动商业生态系统重构，驱动企业服务大变革。智能化是从人工、自动到自主的过程，在大数据、物联网和人工智能等技术的支持下，系统辅助或直接进行决策，并指挥相应的部门执行决策。

智能化在动力电池的需求分析、研发、生产等环节起着重要作用。通过智能化可以实现数据透明化、流程自动化和场景智能化，从而赋能加快电芯及电池产品的研发及上市。

图 7-100 示意了智能化技术在电池研发中的应用。如,通过打通数据结构不一、各层级口径多样的断点,建立统一的数据模型,从而统一数据口径、源头和逻辑,实现电池研发过程中的数据透明化;通过建立端到端的标准自动化流程体系,实现电池研发过程的"推式"工作流。又如,以 AI 技术为助手,建立智能化场景,建立以智能数据分析为基础的业务洞察,赋能电池研发 What If 分析,寻找全局最优解决方案。

图 7-100　智能化技术在电池研发中的应用示意

### 1. 工艺工程智能化

工艺工程的智能化是保障可制造性的必经之路。其核心是围绕工艺工程核心业务模块,通过数字化与智能化两大模块,引入知识图谱、机器学习模型与自然语言算法,结合信息化技术来实现工艺工程的智能化。工艺工程的智能化覆盖新工艺开发、产品量产方案与落地、量产持续改善等全业务链条,实现工艺工程从信息化到智能化的升级以及多系统互联。工艺工程的智能化需要在产品开发阶段开始就建立全面、量化的可制造性管理,将可制造标准和生产线设备关键指标量化,结合数字化系统,实现新产品量产方案最优;将控制计划、质量相关等文件电子化,保障产品数字化量产落地。通过智能化模块,结合失效机理、特征分析与大数据模型,进行智能失效分析;结合专家多年在电池领域深耕的智慧结晶,引入知识图谱以及自然语言模型,构建锂电池领域专有工程知识库,并结合机理与数据驱动建模,提高分析准确率与根因排查效率;同时,集多项特征因子分析并结合大数据算法,对生产过程进行系统化监控和防呆,配合智能分析提前预警质量波动,快速有效避免质量风险,以此保障大规模生产下的电池产品高一致性,为客户产品的高安全高可靠性保驾护航。工艺工程智能化涉及下列几个方面：

（1）智能工艺设计

锂离子电池的制造已经进入了极限智造的范畴，制造过程中追求极致的效率、精度和可靠性，产品失效率需要达到DPPB的级别。传统的制造方式已无法与极限智造匹配。智能工艺工程具有更加极致的工艺设计，优中选优的工艺基因、全制程的闭环管控等特性，是极限智造的核心部分。

动力电池工艺开发按照技术成熟度（TRL）可划分为8个等级，见表7-6，对应于关键任务，在市场调研、可行性验证，量产导入等阶段充分协同各部门进行风险与收益评估，实现流程标准化、开发资料完整化和技术风险前置识别，极大地提高了新工艺开发效率与成功率。

表7-6 工艺开发技术成熟度等级

| TRL | 研发方法 |
| --- | --- |
| TRL1 | 机理推理、仿真模拟 |
| TRL2 | 可行性分析、仿真模拟 |
| TRL3 | 试验验证、可行性分析 |
| TRL4 | 可行性验证 |
| TRL5 | 可靠性验证 |
| TRL6 | 小批量试产验证 |
| TRL7 | 小批量量产验证 |
| TRL8 | 批量量产验证 |

智能工艺的开发流程如下：

首先，工艺开发结合智能化系统仿真，建立虚拟实验室。根据产品及生产过程的大数据及模型，分析及呈现工艺创新想法的具象场景，识别风险点并提出系统寻优的建议，帮助开发人员高效、全面地完成工艺开发。

其次，借助智能化系统，生成产品最优的制造方案。锂离子电池的工艺由多达1000个关键工步所组成，过程复杂且精度要求高。新产品如何根据自身特点及性能要求完成定制化的整线工艺方案，是传统工艺过程的一大挑战。只有借助智能化系统，根据产品的特点、需求，匹配与集成整线工艺方案，生成产品最优的制造方案，才能做到产品与工艺精准匹配。

然后，通过数字化技术，实现制造过程全方位的标准化。标准化的工艺对于TW·h级的制造尤为重要，随着工艺不断进步，如何让制造中的工艺技术有序迭代并保证标准化的制造过程，是对产品一致性、成本等极致要求的基本保障。通过数字化的CP文件、设备/拉线验收标准,实现制造过程全方位的标准化。工艺变更触发产品及生产操作变更,设备参数与MES系统监控的闭环变化,保证中心控制,同步推广与落地的大批量制造。

最后,大批量、快节奏的制造对工程问题的发现及解决提出了极高的要求。汇集工程人员对工艺及产品的深入理解,打造工艺工程的知识图谱,并将其精准完整地转换成智能化系统;通过系统模型对产品制造过程细微、实时的监控,有效识别风险并提出解决方案。工程人员在系统的基础上,找到最优的问题解决方案。同时,系统进一步将发生的问题传递回到各个对应的系统中,触发工艺、产品、文件的进一步升级。

(2)智能工艺调节

涂布是锂电池制造的核心工序之一。业内普遍采用条缝式挤压涂布机(SlotDie)将电池正、负极浆料分别涂在铝、铜箔集流体上,形成均匀覆盖的湿膜层,再经过烘箱干燥除去湿膜中的溶剂,最终得到几十到上百微米厚的干极片。集流体上干膜层的均匀性(又称面密度一致性)对于最终电池产品的电性能一致性和安全性能有着直接且显著的影响。因此,面密度一致性是涂布工序的核心指标,也是衡量工序制程的关键。

SlotDie自从国外引入以来,随着行业对锂电池质量的要求不断提升,针对面密度一致性改善的设计不断涌现,包括唇口调节机构、衣架形分流腔、千分尺调节块等,但始终摆脱不了需要操作员根据实时监测的面密度分布情况手动调节相关参数或机构这一环节。该环节既占用了操作员的精力,增加了不必要的人力,又过于依赖操作员的经验和责任心,结果做不到最优。因此,导入智能化的工艺调节系统势在必行。

为了将涂布极片的面密度一致性做到最优,宁德时代自主研发了智能工艺调节装置,给SlotDie装上了"智能大脑"。该装置具有一套超精密伺服控制机构,能够同时驱动几十个调节块上下运动,以改变浆料流道的横截面积来调节面密度的横向一致性。其运动控制精度可达微米级,响应速度可达毫秒级,且每个调节块均可独立控制,性能远超普通的电机驱动机构。在程序控制上,智能工艺调节装置读取极片面密度实时监测的数据,采用模型预测算法,避免了调节块之间耦合参数的解耦难题,不断输出几十个调节块的控制参数,实现了极片横向面密度的实时闭环调节,大幅提高了极片生产一致性。

另外,对于涂布极片的纵向面密度一致性,智能工艺调节装置也有极具创新性的优化。涂布过程中机械结构固有的周期性扰动(例如挤压涂布模头对面的背辊转动时产生的圆跳动)会实时影响涂布间隙的大小,继而使得极片纵向面密度产生周期性的波动。而这种微米级的圆跳动,光靠提高机械加工精度是无法完全消除的。对此,宁德时代的智能工艺调节装置采取了预测补偿算法,通过累积的实时监控数据,分析出周期性波动的特征,给出调节块的反向补偿曲线。智能工艺调节装置每秒钟向超精密伺服控制机构的每个调节块发送上百个控制参数,以"抵消"机械扰动产生的纵向周期性波动,大幅提升了纵向面密度的一致性。

涂布智能工艺调节装置不仅取消了传统人工调节,节省了人力,更突破了涂布一致性提升难的瓶颈,将公差水平从 ±1.0% 提升至 ±0.6%,极限情况甚至可以做到 ±0.3%,领先行业,成为智能化引入改善制造水平的典型应用案例。

#### 2. 装备设计的智能化

智能化装备设计是通过将数字化和智能化技术应用于装备设计过程中,实现装备设计的数字化表达、智能化决策和优化。智能化装备设计结合了数字化技术和智能化算法,通过计算机技术,将设计过程中的各种信息和数据进行数字化处理,从而实现对设计过程的自动化控制和管理。这种智能化的设计方法可以提高设计效率、降低成本、提高产品质量和可靠性,也可以加快装备标准化进程。

装备设计的智能化主要体现在以下几个方面。

1)设计自动化。通过利用先进的 CAD(计算机辅助设计)和其他自动化工具,设计师能够更快地创建、修改和优化装备设计。自动化工具可以自动完成许多重复性和烦琐的任务,从而减轻设计师的工作负担,使他们能够专注于创新和优化。

2)数据驱动设计。通过收集和分析装备设计过程中产生的数据,利用统计学、机器学习和优化算法等技术,设计师可以更加准确地预测装备的性能和行为,通过数据分析可以帮助设计师更好地理解装备性能的影响因素,实现设计的优化和改进,并提供决策支持。例如,可以使用仿真软件对装备的设计进行模拟分析,包括结构分析、流体动力学分析、热力学分析等,以预测装备的性能和行为智能优化算法。

此外,利用机器学习、虚拟仿真、机电仿真、优化算法等先进技术,设计师可以自动找到设计的最佳方案。这些算法可以根据一组设计要求和约束条件,自动调整设计参数,以找到设计方案的最优解。

3)智能化决策与支持。利用人工智能和 AI 专家系统等技术,构建智能化决策支持和知识库系统,为设计师提供智能化的设计建议和决策支持。AI 专家知识库系统可以学习和模拟人类专家的经验和知识,通过推理和判断,辅助设计师进行设计决策,提高设计的创新性和质量。

4)数字化协作。利用数字化协作工具,如云办公平台、版本管理系统等,实现设计团队之间的实时协作和数据共享,数智化技术使得不同部门和团队之间的协同设计变得更加容易。设计师可以在一个统一的平台上共享数据、讨论问题和协作设计,从而提高设计效率和质量。

5)数据管理。通过数字化数据管理系统(如 PDM 等),可以实现对装备设计数据进行存储、版本控制、变更管理和追溯等。

6)制造协同。制造协同打破时间、空间的约束,通过企业间的紧密合作,提高生产效率、降低成本,并最终满足装备交付需求。使企业的生产过程符合数字化和一体化管理标准,有效地缩短研发周期,并优化了数字化设计上下游的协同设计流程。

7)项目管理。通过数字化工具对项目流程进行标准化和规范化管理,确保项目各项任务能够按照统一的标准和规范进行,提高项目管理的规范性和一致性;通过数字化平台促进项目团队成员之间的跨部门沟通和协作,打破信息孤岛,提高团队协作效率,确保项目各项任务能够高效完成;建立实时反馈机制,通过数据分析和智能化算法对项目进度、质量、成本、风险等进行实时监控和预测,及时发现问题并进行调整,确保项目按计划顺利进行。

### 3. 拉线设计的智能化

新拉线落地前,要经历需求评审、方案开发、详细设计、设备制造、入厂调试、生产爬坡等多个阶段,最终才能达到稳定生产的状态。因此,新拉线经常会出现如下问题:①需求不明确、需求变更多;②参与部门多、沟通不顺畅、信息不共享;③建设周期长、过程交付物+数据+流程繁多、人工统计效率低、易丢失。

为解决业务痛点,确保新拉线保值、保量、按时交付,宁德时代联合各业务部门精英进行流程梳理与重构,并借助信息化手段,开发出集成需求管理、计划管理、成本管理、质量管理、交付物、报表分析等功能,"科学、高效、高质、智能、协同"五位一体的新拉线开发全生命周期管理系统,如图7-101所示。

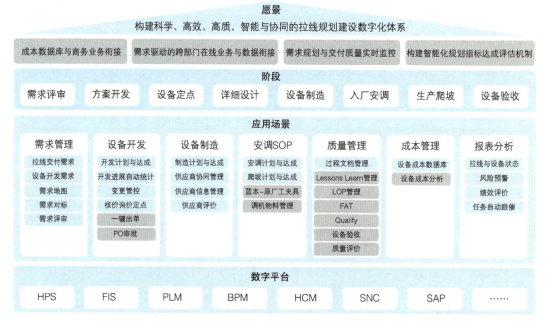

图 7-101 新拉线开发全生命周期管理系统

智能化除体现在拉线开发管理方面外,还体现在产线设计方面。

(1) AI 质检

传统的生产过程质量管控通过人工目检、首件计量、过程抽检等方式进行。一方面人工的检测一致性、稳定性受主观认知、精神状态等影响;另一方面随着产线不断升级,检测需求也不断提高,必须导入自动化手段替代大量人工动作。

针对检测速度越来越快、检测规格越来越高、质量把控越来越严的高要求,锂电池行业已经大规模导入视觉质检系统（设备）。产线前工序（凹版机、涂布机、辊分机、模切分条机等）、后工序（卷绕机、裸电芯配对机、超声波焊接机、转接片焊接机、包Mylar入壳机、顶盖焊接机、密封钉焊接机等）设备中均配置有视觉检测系统，并在卷绕后、电芯成品下仓位置分别配置有极耳检测机和外观检测机。利用先进成像、图像处理、AI诊断等技术，对电芯生产过程400余项关键规格、300余种缺陷进行高精度管控，有效拦截不良产品并排出。目前，宁德时代已全面导入视觉质检系统（设备）替代人工目检，达到1DPPB级产品安全保障，如图7-102所示。

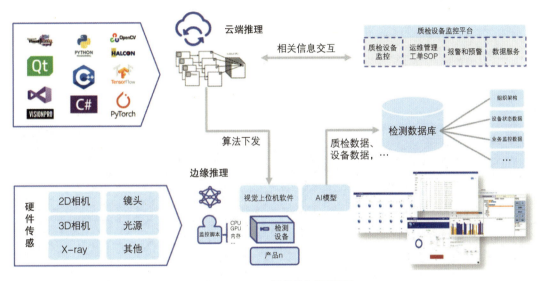

图7-102　AI视觉检测逻辑图

（2）大/小物流智能

在电芯制造生产过程中，原材料和成品的搬运及存储是不可或缺的一部分。企业的生产过程实际上是物料不停搬运的过程。在不停搬运的过程中，物料得到了加工与存放，这些搬运及存储的过程统一由工厂大物流系统进行管理。

工厂大物流是指在生产制造过程中负责原材料的接收、分配、成品的入仓存储以及出厂等活动的一整套流程。它的核心目的是确保生产的各个阶段能够流畅地进行，从而支撑整个生产过程的效率和质量。

具体来说，工厂大物流涵盖以下几个关键方面：①信息集成。与ERP对接实现接收和反馈单据状态信息，实现自动过账；同时与下游系统衔接，实现仓储管理信息系统与仓库硬件控制系统以及其他物流硬件设备的信息与作业集成，整个物流体系信息无缝衔接。②仓储管理。全方面覆盖仓库业务，对不同业务形态的物料进行出入库管理，包括出入库单据、出入库作业、物料绑定关系等，对仓储货品、物流资源、仓库作业等环节进行精细化管理，支持与上位系统对接单据及出入库数据，兼容自动化平库、立库、高位货架等存储场景。③货物搬运。生产物料的运输主要包括从原材料仓库运送到生产入库，以及将生产所需的半成品和成品运送到下一个生产环节或者存储仓库，这些过程需要根据物料的特性和要求选择合适的运输方式和物流计划，确保物料的安全和准时送达。④物流设备。制定标准的通信接口，协调各种物流设备（如 AGV、输送机、堆垛机等）之间的运行，主要通过任务引擎和消息引擎，优化分解任务、分析执行路径，为上层系统的调度指令提供执行保障和优化，实现各种设备的统一调度和监控。

工厂大物流通过上述各个方面的有效整合和协同作用，实现生产的高效运转和产品质量的提升。

除大物流外，前工序物流信息管理系统也至关重要。前工序物流信息管理系统对设备运行状况、物料信息、库存信息、账务信息进行统一管理，对 AGV 设备进行统一调度管理，统筹整个备料车间的物流系统，根据前后工序生产情况进行动态调整物流任务，减少人员干预。图 7-103 示意了前工序物流信息管理系统设备运行状态图。

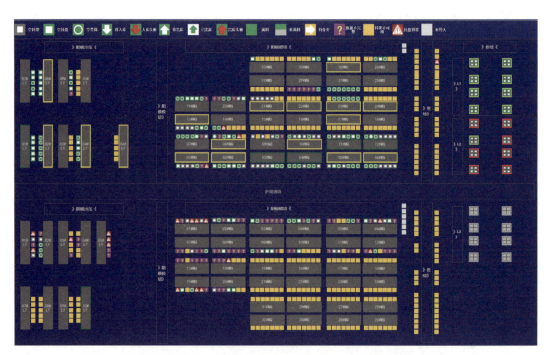

图 7-103　前工序物流信息管理系统设备运行状态图

该系统主要包括以下几个方面：①集中监控。实时监控机台、OHT、料架、大小 AGV 运行状态和运行情况，定时收集各种状态并持久化数据，为系统运行提供数据支撑。②物料库存及账务管理。对物料库存进行管理，满足不同工序生产需要。对每道工序的账务提供详细化管理，确保每个工序库存和账务是一样的。③自动过账。根据系统收集的物料信息按需自动过账，账务自动流转下一工序，提升过账效率。④智能搬运。

根据叫料系统需求，自动产生搬运任务，并可根据场景生成关联任务，提升搬运效率和设备利用率。

通过以上几个方面，实现工序间库存及账务管理精细化管理、系统自动过账、按需叫料、智能搬运，规避了待料风险，提升了整体搬运效率和 AGV 利用率，减少了过账人力。

（3）拉线运维智能

动力电池生产拉线是一个涉及极片制造、电芯装配、化成封装、检验测试等多阶段的过程。随着第四次工业革命与碳中和理念的不断普及深化，打造生产运维智能拉线，以提高生产效率与产品质量，降低生产成本与能耗浪费，将有助于加速全球新能源转型和可持续发展。

生产运维智能拉线的实现，可分为智能感知、智能分析与智能决策等阶段。智能感知阶段通过运用智能传感、物联网与边缘计算等技术，实现拉线设备的联结，获取生产过程实时数据，并在边缘侧完成数据预处理，之后打通各系统之间的链路，完成数据上传与转发至各平台系统，如图 7-104 所示。

图 7-104　生产运维拉线的智能感知系统

智能分析阶段应用数据挖掘、机器学习与人工智能等技术，从原始生产数据中提取出有价值的信息，建立基准模型进行健康评估；之后收集产线各异常信息进行失效诊断，最终获取全生命周期的数据实现寿命预测，如图 7-105 所示。

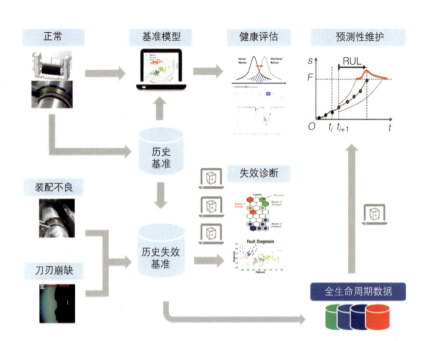

图 7-105　生产运维拉线的智能分析系统

智能决策阶段，首先对输入的信号进行提示（Prompt）工程，再应用大语言模型（LLM）识别用户意图，并从知识库与工具中整合历史信息，生成结果推送给用户。在收集用户反馈的信息后，通过模型训练实现大语言模型的迭代与更新，最终赋能拉线实现生产运维的智能决策，如图 7-106 所示。

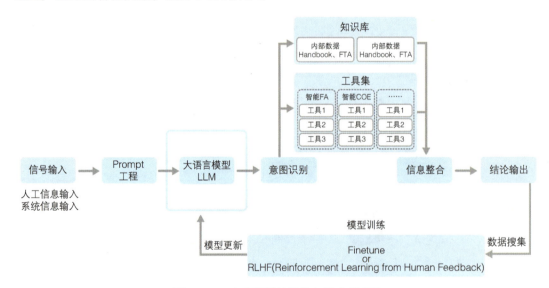

图 7-106　生产运维拉线的智能决策系统

生产运维智能拉线，可以通过实时在线监测降低拉线巡检的人力投入，并通过故障预测与方案推送，降低设备故障率与维护成本。宁德时代已全基地覆盖智能运维，可实现提前 14 天预警故障，降低 20% 的部件故障率。

（4）M/P 柔性可重构制造

宁德时代自主研发及导入了新一代 M/P 柔性可重构制造产线。通过虚拟调试将产线模型与物理世界的真实控制进行衔接实现虚拟调试，在业内首创多平台产线级混线生产技术，使得设备数智化水平和产线柔性大幅升级，人员数量下降 50%，切拉时间缩短 90%。

M/P 柔性可重构制造产线的设计理念基于标准化、智能化和柔性化的原则。智能物流、仿真及虚拟调试和行业先进技术的引入，实现了新一代的高柔性产线。考虑到 M/P 产品种类繁多的特点，在切换型过程中需要进行硬件和软件的切换，因此全兼容的无序上料设备的开发，通过全兼容的抓手 /3D 视觉 / 机器人程序 /PLC 进行优化，满足了近 400 款电芯的大包装来料的自动兼容需求。

M/P 柔性可重构制造产线具有以下几点优势。

1）在电池包制造过程中，模块化标准物流线设计的引入、高效磁驱输送系统和 AGV 互联的精准派送，提高了配方逻辑单点和多点的随动配送能力，实现了 5G 全时段的互通互联，最终达到了省人增效的目标。

2）引入了虚拟调试技术，通过在三维环境中验证制造工艺的仿真平台，利用专业软件对设备进行验证和确认其合理性。极限智造还将通过提前识别问题并在设计阶段解决该问题，缩短了设备开发周期，降低了潜在的设计风险。

3）采用了行业首创的飞行焊接工艺，解决了核心工艺难题。在焊接过程中，实时采集光辐射信号并建立光谱大数据模型，通过 AI 视觉深度学习算法，实现焊接外观无缝检查；同时监测焊接的内在质量，使得工艺更加可靠。值得一提的是，柔性焊接单元能够自动且快速地切换 T 型系统，实现柔性快速切换并提升了兼容性。

4）引入了高压气密测试，通过在 20kPa 高压冲击下进行 30s 气密测试，极大地缩短了传统测试所需的 600s 时间，效率提升了 2000%，同时保证了较高的可靠性与稳定性。相较于传统手动插接测试，该产线克服了传统测试接口多、精度差等技术难点，采用了柔性接口、复合型机器人和视觉自动引导，实现了自动插接。

该柔性可重构制造产线还首次创制了全自动一体化的测试设备，实现了产品数据的实时上传和监控，确保了产品的一致性。电池包数据库管理系统的开发，可以实时集中管理超过 10 万条数据和超过 1000 项实时质量检测项，从而更好地管理海量数据和进行质量检测。系统具备 100% 的防错纠错机制，确保流出的产品零缺陷，铸就了高品质的防护墙。此外，全生命周期的数字化追溯系统的建立，可以追溯 20 年的生产数据，使得产品质量有据可查。

## 参 考 文 献

[1] 胡东昇，徐多文. 动力电池 CTP 结构需要什么样的结构胶粘剂 [J]. 汽车制造业，2021（7）：26-29.
[2] 余冬梅. 双组份胶粘剂在金属防腐型新能源汽车动力电池中的应用 [J]. 中国金属通报，2019（2）：175+177.

[3] 应天祥，陶小乐，方康峻，等.新能源汽车动力电池用双组分聚氨酯灌封胶应用研究[J].中国胶粘剂，2022，31（12）：32-37.

[4] 许飞，陈俐，巩水利，等.铝锂合金激光填丝焊接接头组织性能研究[J].稀有金属材料与工程，2011（10）：1775-1779.

[5] 广明安，陈威，潘峰.全自动引线键合机相关键合工艺分析.[J]电子工业专用设备，2008（1）：19-23.

[6] 席兰霞，柳继昌.密封性检测方法综述[J].火工品，2002（3）：44-48.

[7] 刘军.产品气密性检测技术研究[D].哈尔滨：哈尔滨工业大学，2013.

[8] 万许东.新能源汽车电源系统IP68气密性检测方法的研究[D].南昌：华东交通大学，2019.

# 附 录

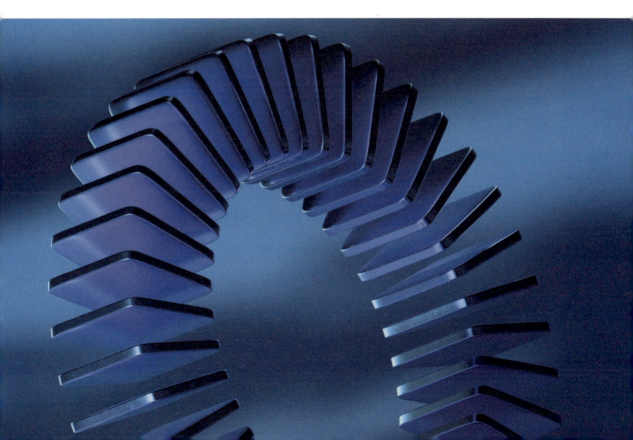

# 附录 A　DFMEA 严重度评价标准

表 A-1　DFMEA 严重度评价标准

| 产品通用严重度评价标准 S (DFMEA 中关于最终用户的潜在失效影响评估) ||||
|---|---|---|---|
| S | 影响 | 评测准则：后果的严重度 | 后果 |
| 10 | 安全 | 影响到车辆和/或其他车辆的操作安全，驾驶员、乘客、道路使用者或行人的健康状况 | 不能满足安全 |
| 9 | 法规 (非常高) | 不符合法规 | 不满足法规 |
| 8 | 功能 (高) | 在预期使用寿命内，失去正常驾驶所必需的车辆主要功能<br>基本性能丧失（车辆不能运行，不影响车辆安全） | 基本性能丧失或下降 |
| 7 | 功能 (高) | 在预期使用寿命内，失去正常驾驶所必需的车辆主要功能<br>基本性能丧失（车辆可运行，但性能下降） | 基本性能丧失或下降 |
| 6 | 中 | 失去车辆次要性能（车辆可运行，但舒适性/方便性项目不能运行） | 次要性能丧失或下降 |
| 5 | 中 | 降低车辆次要性能（车辆可运行，但舒适性/方便性项目性能下降） | 次要性能丧失或下降 |
| 4 | 一般特性 (低) | 绝大多数顾客不能接受的外观、声音或触觉的感知质量（令人感觉非常不舒服） | 烦忧 |
| 3 | 一般特性 (低) | 多数顾客不能接受的外观、声音或触觉的感知质量（中度的不舒服） | 烦忧 |
| 2 | 一般特性 (低) | 一些顾客不能接受的外观、声音或触觉的感知质量（略微感觉不舒服） | 烦忧 |
| 1 | 非常低 | 没有明显可察觉到的影响 | 无 |

# 附录 B　DFMEA 发生度评价标准

表 B-1　DFMEA 发生度评价标准

| 产品设计潜在发生度 O ||||
|---|---|---|---|
| | 在考虑预防控制的情况下，导致失效模式的潜在失效原因的发生标准，为项目的预期使用寿命额定（定性评级） | 公司内产品使用历史（设计、应用或用例的新颖性） | 使用产品设计的最佳实践、设计规则、公司标准、经验教训、行业标准、材料规格、政府法规和预防为主的分析工具的有效性，包括计算机辅助工程、数学建模、模拟研究和公差堆栈 | 空白处由使用者填写 |
| 分级 | 评估发生度 | 产品经验 | 预防控制 | 企业或生产线案例 |
| 10 | 在预期使用寿命内的发生率目前无法确定，没有预防控制，或项目在预期使用寿命内的发生率极高 | 首次应用新技术，在任何地方都没有操作经验和/或在不受控制的操作条件下，用例或操作条件变化很大且不能可靠地预测 | 标准不存在以及最佳做法尚未确定。分析无法预测市场表现 | |
| 9 | 在该项目的预期使用寿命内，发生率非常高 | 首次使用公司内部技术创新或材料的设计<br>新用例，或占空比/操作条件的变化<br>以前未验证 | 新开发的这种设计<br>第一次在没有经验的情况下应用新标准<br>针对特定要求的性能识别没有分析目标 | |
| 8 | 在该项目的预期使用寿命内，发生率高 | 首次使用的技术或材料首次使用在新的应用中<br>新的应用，或工作循环/运行条件的变化<br>先前未验证 | 该设计很少有现行的标准和最佳实践，没有直接应用<br>该分析对市场表现没有可靠的指标 | |
| 7 | 在项目的预期使用寿命内，发生率是中等偏高的 | 基于相似技术和材料的新设计<br>新的应用，或工作循环/运行条件的变化<br>先前未验证 | 标准、最佳实践和设计规则适用于基线设计，但不适用于创新<br>分析对性能能够提供的指标有限 | |
| 6 | 在项目的预期使用寿命内，发生率是中等的 | 类似于以前的设计，使用现有的技术和材料<br>类似的应用并伴随着工作循环或运行条件的变化<br>以前的测试或市场经验 | 存在标准和设计规则，但不足以确保故障不会发生<br>分析提供了一些防止失败原因的能力 | |

（续）

| 分级 | 评估发生度 | 产品经验 | 预防控制 | 企业或生产线案例 |
|---|---|---|---|---|
| 5 | 在项目的预期使用寿命内，发生率是中等的 | 使用成熟的技术和材料，对以前的设计进行了详细的修改<br>类似的应用、工作循环或运行条件<br>以前的测试或市场经验，或新设计时有一些与失败相关的测试经验 | 从以前的设计中吸取经验教训，为本设计重新评估的最佳实践，但尚未得到证明<br>分析能够在系统/组件中发现与故障影响相关的缺陷，并提供一些性能指示 | |
| 4 | 在项目的预期使用寿命内，发生率是中度偏低的 | 几乎相同的设计但上市时间短暂<br>类似的应用包含工作循环或运行条件<br>以前的测试或现场经验 | 以前的设计和新设计的更改符合最佳实践、标准和规范<br>分析能够在系统/组件层级发现与故障类型相关的缺陷，并表明类似设计一致性 | |
| 3 | 在项目的预期使用寿命内，发生率是低的 | 详细更改已知设计（相同应用、工作循环或操作条件略有变化）和可操作条件下的测试或现场经验，或成功完成测试程序的新设计 | 设计预期符合标准和最佳实践，已考虑到从以前设计中吸取的经验教训<br>分析能够在系统/组件中发现与故障相关的缺陷，并表明对设计一致性的信心 | |
| 2 | 在项目的预期使用寿命内，发生率是非常低的 | 几乎完全相同的成熟设计且具有长期的应用数据<br>一些应用，具有可比的工作循环和操作条件<br>类似操作条件下的测试或现场经验 | 设计预期符合标准和最佳实践，已考虑到从以前设计中吸取的经验教训，并具有显著的置信度<br>分析能够在系统/组件中发现与故障相关的缺陷，并表明对设计一致性的信心 | |
| 1 | 通过预防性控制和无故障系列生产的历史，几乎消除了故障的可能性<br>该故障不会在量产阶段发生 | 相同的成熟设计<br>相同的应用、工作循环和操作条件<br>在类似操作条件下的测试或现场经验，或在类似操作情况下具有长期无故障系列生产经验的成熟设计 | 设计证明符合标准和最佳实践，考虑到经验教训，有效地防止了故障的发生，分析有高信心度确保故障不会发生 | |

注：10、9、8、7级可以在开始批量生产之前根据工艺验证活动进行降级。

# 附录 C　DFMEA 探测度评价标准

表 C-1　DFMEA 探测度评价标准

| 用于产品设计验证的探测度 D ||||
|---|---|---|---|
| 产品在交付生产前执行的每一个检测活动的探测评估。根据每个检测活动的最佳匹配度进行探测评估。在 FMEA 或控制计划中应创建检测频率。适于用公司/业务单位不合格品处理程序 ||| 空白处由使用者填写 |
| 分级 | 探测能力 | 探测标准 | 探测机会 | 企业或生产线案例 |
| 10 | 完全不能确定 | 没有测试或没有测试程序 | | |
| 9 | 几乎不能确定 | 测试程序不是专门为检测原因和/或故障模式而设计的 | | |
| 8 | 不能确定 | 根据验证或确认程序、样本量、任务剖面等，检测控制检测故障原因或故障模式的能力是遥远的/渺茫的 | | |
| 7 | 非常低 | 根据验证或确认程序、样本量、任务剖面等，检测控制检测故障原因或故障模式的能力是非常低的 | | |
| 6 | 低 | 根据验证或确认程序、样本量、任务剖面等，检测控制检测故障原因或故障模式的能力是低的 | | |
| 5 | 中等 | 根据验证或确认程序、样本量、任务剖面等，检测控制检测故障原因或故障模式的能力是适中的 | | |
| 4 | 中度高 | 根据验证或确认程序、样本量、任务剖面等，检测控制检测故障原因或故障模式的能力是中等高的 | | |
| 3 | 高 | 根据验证或确认程序、样本量、任务剖面等，检测控制检测故障原因或故障模式的能力较高 | | |
| 2 | 非常高 | 基于验证或验证程序、样本量、任务剖面等，检测控制检测故障原因或故障模式的能力非常高 | | |
| 1 | 几乎确定 | 设计证明符合标准和最佳做法，考虑到前几代的经验教训和检测行动，有效防止了失败的发生 | | |

# 附录 D  PFMEA 严重度评价标准

表 D-1  PFMEA 严重度评价标准

| | 过程通用评价标准严重度 S<br>PFMEA 中制造、装配和最终用户的失效影响评估 | | | |
|---|---|---|---|---|
| | 当前过程<br>（内部工厂） | 下一个过程（已知时）<br>（客户工厂） | 最终用户（已知时）<br>（最终用户） | 空白处由使用者填写 |
| 分级 | 严重度标准 | 严重度标准 | 严重度标准 | 企业或生产线案例 |
| 10 | 失效可能危及操作人员（机器或装配），可能长期影响生产人员健康 | 失效可能危及操作人员（机器或装配），可能长期影响生产人员健康 | 影响车辆和/或其他车辆的安全运行，影响操作人员或乘客、道路使用者或行人的健康 | |
| 9 | 失效可能导致工厂不符合法规 | 失效可能导致工厂不符合法规 | 不符合法律法规 | |
| 8 | 100% 受影响的产品可能不得不报废 | 停线时间大于全部生产班次<br>可能的话停止发货<br>要求现场返修或替换组件（组装到最终用户），而不是不符合法规 | 在预期的使用寿命期间正常行驶所必需的基本车辆功能丧失 | |
| 7 | 部分生产批量可能不得不报废，可能长期影响生产人员健康 | 停线时间 1h 到全部生产班次，可能的话停止发运<br>要求现场返修或替换组件（组装到最终用户），而不是不符合法规 | 在预期的使用寿命期间正常行驶所必需的基本车辆功能降级 | |
| 6 | 100% 生产批量可能不得不做离线返工后再被接受 | 停线达到 1h | 便利性功能丧失 | |
| 5 | 部分生产批量可能不得不做离线返工后被接受 | 不到 100% 产品受影响<br>极有可能需要对其他不良品进行分选<br>没有停线 | 便利性功能降级 | |
| 4 | 100% 生产批量在再加工前，可能不得不在线返工 | 不良品触发重要的反应计划<br>不太可能有其他不良品，不需要分选 | 感知质量（外观、噪声或触感）不被大多数客户不能接受 | |
| 3 | 部分生产批量在再加工前，可能不得不在线返工 | 不良品触发较小的反应计划<br>不太可能有其他不良品，不需要分选 | 感知质量（外观、噪声或触感）不被多数客户不能接受 | |
| 2 | 对过程、操作、操作员造成轻微的不便 | 不良品没有触发反应计划<br>不太可能有其他不良品，不需要分选<br>要求反馈给供应商 | 感知质量（外观、噪声或触感）不被某些客户不能接受 | |
| 1 | 无明显影响 | 不良品没有触发反应计划<br>不太可能有其他不良品，不需要分选<br>不需要反馈给供应商 | 无明显影响 | |

# 附录 E　PFMEA 发生度评价标准

表 E-1　PFMEA 发生度评价标准

| 过程潜在发生度 O ||||||
|---|---|---|---|---|---|
| 在制造或组装工厂导致失效模式发生的潜在失效原因的发生度，对发生度有效评价时需要考虑过程经验列和预防措施列的标准，没有必要对每个单独的因素进行评估和分配评级 ||||||
| | 考虑过程经验和预防措施后的发生度（定性评级） | 公司内该过程使用的历史 | 使用最佳实践，对过程设计、夹具和工装的设计和/或换模的有效性和校准过程、错误校对、预防性维护工作指导和统计过程控制制图 | 空白处由使用者填写 ||
| 分级 | 发生度评估 | 过程经验 | 预防措施 | 企业或生产线案例 ||
| 10 | 在制造或装配过程中发生的事件不能确定，不能进行预防性控制，在制造或组装过程中发生率非常高 | 无任何经验的新过程、新产品的应用 | 无最佳实践和程序 | ||
| 9 | 在制造或装配过程中发生率非常高 | 有限的过程经验，应用过程与以前的过程应用差异很大 | 不针对具体的失效原因，新开发的过程，第一次使用无经验的新程序的应用 | ||
| 8 | 在制造或装配过程中发生率高 | 已知的、但有问题的过程，应用面临很大挑战 | 没有可靠的预防失效原因发生的控制手段，直接适用于此过程的程序和最佳实践很少 | ||
| 7 | 在制造或装配过程中发生率中等偏高 | 类似过程，证据显示不合格超出可接受的比率，公司没有这方面应用经验 | 预防失效原因的能力有限，过程和最佳实践应用于基础过程，但不能用于创新 | ||
| 6 | 在制造或装配过程中发生率中等 | 类似过程，证据显示不合格超出可接受的比率 | 在防止失效原因的发生上有些作用，程序和最佳实践存在，但不足以确保失效不会发生 | ||
| 5 | 在制造或装配过程中发生率中等 | 类似过程并成功完成过程验证，在工厂有有限的应用经验 | 能够在过程中发现失效，过程设计从以前的设计中汲取经验教训，最佳实践重新评估该设计，但未得到证实　能够提供一些过程不会出现问题的指示 | ||
| 4 | 在制造或装配过程中发生率中等偏低 | 基于已证实的过程新设置，应用不会带来重大的过程挑战风险 | 能够在过程中发现与失效相关的缺陷，新过程的前身过程和更改符合最佳实践和过程，基本能预测是否符合过程 | ||
| 3 | 在制造或装配过程中发生率低 | 在批量生产过程中已被验证并取得成功的结果，能力在控制范围内的历史类似应用 | 能够在过程中发现与失效相关的缺陷，过程符合最佳实践和程序并考虑从之前的过程中汲取经验教训，能预测生产是否符合设计 | ||
| 2 | 在制造或装配过程中发生率非常低 | 在批量生产过程中已被验证并取得成功的结果，能力在控制范围内的历史参考应用 | 能够在过程中发现与失效相关的缺陷，过程符合最佳实践和程序并考虑从之前过程中汲取经验教训，对生产符合设计有很大的信心 | ||
| 1 | 通过预防控制失效可能性已被消除，并且在过往批量生产中无失效历史，批量生产中失效不可能发生 | 失效不会发生，失效已被由经验验证的预防措施控制 | 批量生产不会发生失效，过程符合程序和最佳实践并汲取经验 | ||

# 附录 F  PFMEA 探测度评价标准

表 F-1  PFMEA 探测度评价标准

| 用于过程设计验证的探测度 D |||  |
|---|---|---|---|
| 产品在装运前执行的每一个检测活动的探测评估。根据每个检测活动的最佳匹配度进行探测评估。在 FMEA 或控制计划中应创建检测频率。适于用公司/业务单位不合格品处理程序 ||| 空白处由使用者填写 |
| 分级 | 探测能力 | 探测标准 | 企业或生产线案例 |
| 10 | 完全不能确定 | 无已知的测试或检验方法,失效不能或无法被检测到 | |
| 9 | 几乎不能确定 | 失效不易被检测<br>随机检测 <100% 的产品<br>测试或检测方法不太可能检测出可能的故障或失效机制 | |
| 8 | 不能确定 | 通过视觉、触觉或听觉方式向下游检测缺陷(失效模式)<br>测试或检验方法能力不确定,或公司/业务单位对定义的测试或检测方法没有经验<br>该方法依赖于人的验证和处置 | |
| 7 | 非常低 | 通过视觉、触觉或听觉方式站内检测缺陷,测试或检验方法能力不确定,或公司/业务单位对定义的测试或检验方法可用经验很少<br>该方法依赖于人的验证和处置 | |
| 6 | 低 | 通过使用可变测量(例如卡规、千分尺等)或属性测量(例如:过/不过,手动力矩检查,卡达扳手等)来探测下游缺陷(失效模式),测试或检验方法的能力未被证实适用于此应用<br>在公司/业务单位有一定的测试或检验方法经验<br>测试/检验/测量设备能力尚未证实 | |
| 5 | 中等 | 通过使用可变测量(如卡规、千分尺等)或属性测量(例如:过/不过,手动力矩检测/卡达扳手等)来站内探测缺陷(失效模式)或错误(失效原因)<br>相似产品已被证实的检测或检验方法应用于新操作/新边界条件<br>通过量具重复性和再现性评估确认相似过程的测试/检验/测量设备性能、对换型而言:首件确认并使用尾件检查,如适用 | |
| 4 | 中度高 | 通过使用能够检测和控制差异产品的探测方法来检测下游的缺陷(失效模式)<br>类似的操作/边界条件(机器、材料)下,经验证的测试或检验方法<br>通过测量重复性和再现性评估确认相似过程的测试/检验/测量设备性能,执行所需的防错验证 | |
| 3 | 高 | 通过使用能够检测和控制差异产品的探测方法来检测站内缺陷(失效模式)<br>类似的操作边界条件(机器、材料)下,经验证测试或检验方法,通过测量重复性和再现性评估确认相似过程的测试/检验/测试设备性能<br>执行所需的防错验证 | |
| 2 | 非常高 | 通过使用能够检测错误和防止产生差异产品的探测措施来检测站内缺陷(失效原因),相同的操作/边界条件(机器、材料)下的相同过程测试或检验方法<br>通过测量重复性和再现性评估确认相同的测试/检验/测量设备性能<br>执行所需的防错验证 | |
| 1 | 几乎确定 | 由于设计(零件几何尺寸)或工艺(夹具或工装设计)保证,产品不可能不一致,有效性已得到证明 | |

## 附录 G  FMEA AP 矩阵

FMEA AP 矩阵如图 G-1 所示。

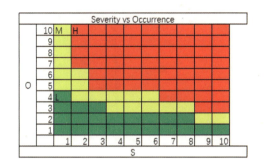 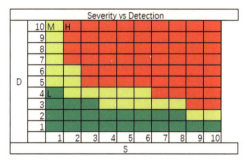

图 G-1  FMEA AP 矩阵

基于风险的行动应根据风险矩阵进行定义。不允许根据风险系数（RPN）进行优先级排序。

1）对于红色评估，应定义将预测风险转移到黄色或绿色区域的行动。注意：为此，可能有必要在项目中定义行动和上级决策级别。

2）对于黄色评估，应确定将预测风险转移到绿色区域的行动。

3）如果没有定义任何行动，则应在 FMEA 团队的决策层积极获取并标记。

## 搅拌

目的：将物料按照特定比例和顺序加入到设备中搅拌，得到满足要求的浆料

关键控制点：
① 非金属大颗粒/纤维
② 金属杂质含量
③ LiOH/游离Li含量
④ 设备转速
⑤ 物料配方
⑥ 环境行对湿度、温度

## 涂布

目的：将浆料均匀涂布在集流体上，再经过烘箱加热干燥形成满足要求的膜卷

关键控制点：
① 浆料气泡
② 浆料粘度
③ 涂布模头磨损程度
④ 过辊平行度
⑤ 涂布重量
⑥ 设备洁净度

## 冷压+预分切

目的：通过辊压使膜卷层压实，得到特定厚度的膜卷，而后将膜卷切成一定宽度的新膜卷

关键控制点：
① 冷压速度
② 冷压压力
③ 压辊间隙
④ 冷压厚度
⑤ 箔材来料质量
⑥ 膜片溶剂残留量

## 分条模切

目的：通过模切在集流体上切出极耳，同时将膜卷再次分切成最终需求宽度的极片

关键控制点：
① 模切速度
② 极耳尺寸及间距
③ 极耳加强筋
④ AT11宽度一致性
⑤ 分条刀间隙、磨损量
⑥ 膜片纠偏精度

## 卷绕

目的：通过卷绕设备将正、负极极片和隔离膜卷绕在一起形成裸电芯

关键控制点：
① 负极覆盖正极的宽度
② 极耳错位、极耳间距
③ 极耳翻折
④ AT11包负极，隔膜包AT11
⑤ 正负极极片间隙

## 冷压整形

目的：将卷绕后松散的裸电芯压实，从而控制裸电芯的尺寸一致性便于后续入壳装配

关键控制点：
① 压板压力、温度、平行度
② 压板防粘功能
③ 裸电芯位置精度
④ 冷压时间
⑤ 冷压后裸电芯尺寸

## 超声波焊接

目的：采用超声波焊接方法，将极耳和转接片焊接在一起，使极耳和转接片间形成导电通道

关键控制点：
① 焊接功率、频率、振幅
② 焊接压力、间隙、时间
③ 焊头焊座水平度、寿命
④ 焊后拉力、焊印面积、焊印外观
⑤ 焊印长度、宽度

## 注液

目的：将电解液注入铝壳内，为锂离子转移提供通道

关键控制点：
① 设备各连接件密封性
② 抽真空速率
③ 注液口洁净度
④ 电解液杂质含量
⑤ 注液夹具间隙
⑥ 注液量精度

## 真空干燥

目的：降低电芯水含量，提高电芯的循环性能和安全性能

关键控制点：
① 升温效率
② 温度均匀性
③ 真空度
④ 设备电流、电压稳定性
⑤ 夹具位置一致性
⑥ 夹具发热板表面压力

## 氦检

目的：检测顶盖焊缝、极柱防爆阀等的密封性

关键控制点：
① 氦检漏率检测精度
② 氦气压力
③ 夹具与铝壳间隙
④ 气嘴完整度
⑤ 检测后铝壳外观

## 顶盖激光焊

目的：采用激光焊接的方法对顶盖和壳体进行封口，顶盖焊接时先预焊后满焊

关键控制点：
① 焊接功率、离焦量、速度
② 焊接长度、深度、宽度
③ 焊接保护气体
④ 裸电芯位置精度
⑤ 夹具重复定位精度

## 入壳

目的：将裸电芯放入铝壳中，使裸电芯得到保护同时便于裸电芯后续组装

关键控制点：
① 压板平整度
② 压条材质及表面防护
③ 压条与铝壳间隙
④ 铝壳位置精度
⑤ 裸电芯位置精度
⑥ 入壳压力

## 包Mylar

目的：使电芯与铝壳间形成完整的绝缘层，便于入壳，同时防止电芯在使用过程中短路

关键控制点：
① 热熔温度准确性
② 热熔压力设置
③ 电芯对中度
④ mylar定位
⑤ 裸电芯位置精度
⑥ 裸电芯搬运夹爪高度差

## 转接片焊接

目的：采用激光焊接的方法，将极柱和转接片焊接在一起，使极柱和转接片间形成导电通道

关键控制点：
① 焊接功率、离焦量、速度
② 焊接长度、深度、宽度
③ 焊接保护气体
④ 裸电芯位置精度
⑤ 夹具重复定位精度

## 化成

目的：首次充电，使电极材料与电解液在固液相界面上形成钝化膜(SEI)

关键控制点：
① 化成负压值设置
② 真空度设置及精度
③ 可燃性气体监测
④ 化成时间
⑤ 电压电流精度

## 密封钉焊接

目的：用密封钉密封注液口，电芯完成最终密封，确保无泄漏

关键控制点：
① 焊接功率、离焦量、速度
② 焊接长度、深度、宽度
③ 焊接保护气体
④ 裸电芯位置精度
⑤ 夹具重复定位精度

## 容量测试

目的：测试电芯容量，保证电芯一致性。对BMS策略提供参数

关键控制点：
① 设备气压监控及报警
② 具备完整的充电、放电全量程校准功能
③ 电芯电压、电流精度
④ 温度监控功能
⑤ 压板温度均匀性
⑥ 消防系统的完善程度

## K值测试

目的：通过测量K值，筛选出自放电异常的电芯

关键控制点：
① 测量精度
② 探针下压精度
③ 探针压合对中度
④ 温度监控功能
⑤ 设备自动校验功能
⑥ 测量后电芯外观

## 包膜

目的：在电芯外表面包覆蓝膜以增强电芯表面抗腐蚀性和耐候性，同时起到绝缘和保护作用

关键控制点：
① 顶部蓝膜尺寸
② 底部蓝膜尺寸
③ 起始、收尾蓝膜错位
④ 包膜外观效果
⑤ 电芯表面异物扫除
⑥ 蓝膜切刀磨损及清洁

## 外观检测

目的：对电芯外观及尺寸进行检测，筛选出不符合尺寸及外观要求的电芯

关键控制点：
① 检测精度
② 检测准确性

## 打包

目的：对电芯进行打包，防护电芯在存储及运输过程中不受腐蚀磕碰，保证电芯安全

关键控制点：
① 电芯表面无污染
② 电极柱绝缘处理

图 7-1　电芯制造生产的基本工艺流程